普通高等院校学前教育规划教材
陕西省优秀教材

学前教育心理学

XUEQIAN JIAOYU XINLIXUE

刘如平　甄丽娜等　编著

陕西师范大学出版总社有限公司

图书代号　　JC12N0529

图书在版编目(CIP)数据

学前教育心理学 / 刘如平编著. —西安:陕西师范大学出版总社有限公司, 2012.8(2016.2 重印)
　ISBN 978-7-5613-6442-0

　Ⅰ.①学… Ⅱ.①刘… Ⅲ.①学前教育—教育心理学 Ⅳ.①G44

中国版本图书馆 CIP 数据核字(2012)第 188630 号

学前教育心理学
XUEQIAN JIAOYU XINLIXUE

刘如平　编著

责任编辑／	李彦荣
责任校对／	田均利
封面设计／	绿船文化
出版发行／	陕西师范大学出版总社有限公司
	(西安市长安南路 199 号　邮编 710062)
网　　址／	http://www.snupg.com
经　　销／	新华书店
印　　刷／	西安艺盟印务有限公司
开　　本／	787mm×1092mm　1/16
印　　张／	20.75
字　　数／	389 千
版　　次／	2012 年 8 月第 1 版
印　　次／	2016 年 2 月第 5 次印刷
书　　号／	ISBN 978-7-5613-6442-0
定　　价／	38.00 元

读者购书、书店添货或发现印刷装订问题,请与本社高教出版分社联系、调换。
电　　话／(029)85303622(传真)　85307826

前 言

心理学与学前教育教学密切相关。心理学需要用更真实的学前教育教学事件来研究心理现象和规律,学前教育教学需要在心理层面上科学地把握教育教学的规律,双方共同的需求导致和推动了学前教育心理学的产生和发展。

学前教育心理学是学前教育领域的一门新兴学科,是学前教育走向科学化的产物。学前教育心理学是运用心理学的原理探索0~6岁学前儿童的学习和教育规律的一门应用性学科。

作为一门新兴学科的学前教育心理学课程,近年来,各高等院校的学前教育专业已陆续开设,并将其作为主干课程。同时,在各种职后学历教育和学前教师培训中,大多也开设这门课程。国家自学考试委员会已将这门学科列为学前教育专业本科学生的必修主干课程之一。目前,我国学前教育专业的发展非常需要这样一类专业基础教材或阅读资料。因而在一定意义上,这样一本教材的出现是适应学前教育专业发展和课程走向专业化的时代产物。

本书的篇章结构

第一编为"走进学前教育心理学",进行元研究。介绍学前教育学学科基本概况,包括学前教育心理学的学科界定、学科性质、研究任务、研究内容、学科的发展历史和研究方法等主要内容。帮助学习者初步了解学前教育心理学这门学科的基本情况,做好学习本门课程的准备。

第二编为"学前儿童学习心理",这部分属于学习总论部分。探讨学前儿童学习的基本理论,以界定一般性学习概念和学前儿童学习概念为基础,探讨学前儿童学习的共同特点和学前儿童学习的差异,包括个体差异和群体差异;介绍几种主要的学习理论,包括行为主义、认知心理学、人本主义和建构主义学习理论,为学习者学习学前儿童学习心理和教学心理的各种理论和原理奠定基础;介绍学前儿童学习的动机和迁移理论,帮助学习者在教学实践中培养和激发儿童的学习动机,并能运用迁移的理论提高儿童学习的效率。

第三编为"几种不同类型的学习",这部分属于学习分论部分。介绍几种不同领域学习理论及教学方法。包括学前儿童动作技能学习和教学、学前儿童语言学习和教学、学前儿童情感学习和教育、学前儿童社会性学习和教育、学前儿童创造性学习和教育。

第四编为"幼儿教师心理",包括两个部分,第一部分介绍幼儿教师的职业心理,包括幼儿教师职业特点、职业素养和幼儿教师专业化发展，勾画出幼儿教师这一职业的轮廓，帮助学习者了解幼儿教师这一职业的基本性质，使学前教育师范生建立初步的职业认同感；第二部分探讨幼儿教师的职业幸福感，通过工作和谐、自我和谐、人际和谐几个方面，探讨幼儿教师实现职业解放、享受工作幸福的路径，增强学习者愿意将学前教育工作作为终身事业的职业情感，并为做好学前教育工作，享受职业幸福做好各方面的心理准备。

第五编为"学前儿童教育教学心理"。此部分以心理学为取向，探讨学前儿童教学活动设计与指导的方法和策略，此部分区别于学前教育师范生开设的"幼儿园教学活动设计与指导"，更加突出教学活动设计方法和策略背后的心理学原理；介绍幼儿园班级管理和学前儿童学习环境创设；介绍学前儿童学习评价的作用、评价的类型和评价的具体方法等。

五编内容基本涵盖了学前教育心理学的全部理论，包括学习心理、教学心理、教师心理、幼儿园管理心理等内容，结构较为合理和紧凑。第一编是对学科的基本介绍，在理解将要学习的这门课程的学科性质的基础上，学习后面章节。第二编、第三编和第四编是关于学前教育心理学研究内容中两个主体的探讨，一个是学习者——儿童，探讨儿童学习的特点、水平和规律，学习心理部分主要在这些章节中介绍；另一个是教育者——学前教师，探讨教师这一职业的性质、特点、专业化发展以及最终获得职业幸福感。第五编是关于学前教育教学中两个主体如何互动的方式研究，即学前教育、教学和管理心理，以及学前儿童教学质量评价。

本书的编写作者

第三章学习理论；第七章学前儿童情感学习与教育；第八章学前儿童社会性学习与教育；第十一章幼儿教师职业幸福感由刘如平撰写。

第一章学前教育心理学概述中的第一节、第二节和第四节；第二章学前儿童学习心理；第十二章学前儿童教学活动设计与指导；第十三章幼儿园班级管理和学习环境创设由甄丽娜撰写。

第五章学前儿童动作技能的学习与教学；第六章学前儿童语言学习与教学；第九章学前儿童创造性学习与教育由杨淑丽撰写。

第一章第三节学前教育心理学的发展历史；第四章学前儿童学习动机与迁移；第十四章学前儿童学习评价由江露露撰写。

第十章幼儿教师职业心理由姜晓玲撰写。

本书在内容上的特点

1. 考虑到学前教育师范生未来就业取向以及国际学前教育发展的趋势，我们将研究对象扩展至0~6岁，目的是使学前教育专业的师范生和在职教师能更全面和系统地了解学前儿童的特点,并进行有效的教育和教学。

2. 尝试把教育心理学的基本原理应用于学前儿童的学习和教育,尽可能让读者理解学前教育教学的心理学原理,并能在教育教学实践中更好地迁移。

3. 专章讨论学前儿童的情感学习与教育,力求反映心理学研究的前沿成果。

4. 在撰写学前教师职业部分,不仅探讨了学前教师的职业特点、角色和专业化发展,更加突出探讨教师的职业幸福感,旨在引导教师追求职业的内在成就感,为学前教师终身的可持续发展奠定良好基础。

5. 在撰写学前教育教学活动设计部分,作者按照学前教师开展教学活动设计的环节和思路进行探讨,并突出每个环节和教学操作的心理学依据,旨在加速学前专业师范生专业胜任时间,提高在职教师教育教学的效率。

本书在体例上的特点

本书的每一章包括"问题求索"、"正文"、"本章内容概览"、"思考题"四个部分。其中,为了方便读者了解理论前沿,并突出实践操作性,正文中设计了延伸阅读的内容,尽可能让读者学习起来更加感兴趣,并能与书中内容"对话"。

本书在文字上的特点

本书文字简练,概念精准,举例精当,引文翔实。有许多图片、表格等帮助读者理解,在保证学术水平和符合学术规范的基础上,尝试实现易读性、实践性和操作性。

本书采用了国内外许多研究者的研究材料并吸收了他们的思想,在此对这些作者表示衷心的感谢!

编 者
于2012年4月

目 录

第一编 走进学前教育心理学

第一章 学前教育心理学概述 （2）
第一节 学前教育心理学的学科性质 （2）
第二节 学前教育心理学的研究任务和研究内容 （3）
第三节 学前教育心理学的历史 （6）
第四节 学前教育心理学的研究方法 （11）

第二编 学前儿童学习心理（学习总论）

第二章 学前儿童学习心理 （22）
第一节 学习和学前儿童学习 （22）
第二节 学前儿童学习的个体差异 （28）
第三节 学前儿童群体差异 （47）

第三章 学习理论 （53）
第一节 行为主义学习理论 （54）
第二节 认知主义学习理论 （66）
第三节 人本主义和建构主义的学习观 （78）

第四章 学前儿童的学习动机与学习迁移 （89）
第一节 学前儿童学习动机 （89）
第二节 动机理论及其在学前儿童学习过程中的应用 （92）
第三节 学前儿童学习迁移及迁移理论 （97）
第四节 影响学习迁移的因素及提高迁移能力的方法 （102）

第三编　几种不同类型的学习(学习分论)

第五章　学前儿童动作技能学习与教学 ………………………………（108）
第一节　学前儿童动作的发展 ……………………………………（108）
第二节　学前儿童动作技能的学习 ………………………………（117）
第三节　积极开展动作教育,促进学前儿童发展 ………………（122）

第六章　学前儿童语言学习与教学 ……………………………………（128）
第一节　学前儿童的语言学习理论 ………………………………（129）
第二节　学前儿童语言的发展过程 ………………………………（133）
第三节　支持学前儿童语言发展的策略 …………………………（138）

第七章　学前儿童的情感学习与教育 …………………………………（144）
第一节　情绪情感及其学习 ………………………………………（144）
第二节　学前儿童的情感学习 ……………………………………（148）

第八章　学前儿童的社会性学习与教育 ………………………………（161）
第一节　儿童的社会性及其发展 …………………………………（161）
第二节　学前儿童的社会能力 ……………………………………（168）
第三节　学前儿童社会能力的学习 ………………………………（171）

第九章　学前儿童创造性的发展与教育 ………………………………（186）
第一节　认识创造性 ………………………………………………（186）
第二节　学前儿童创造性发展的特点 ……………………………（190）
第三节　学前儿童创造性教育的理念与方法 ……………………（192）

第四编　幼儿教师心理

第十章　幼儿教师职业心理 ……………………………………………（200）
第一节　幼儿教师的职业特点与职业角色 ………………………（200）
第二节　幼儿教师的职业素养 ……………………………………（204）
第三节　幼儿教师的专业化发展 …………………………………（208）

第十一章　幼儿教师职业幸福 …………………………………………（215）
　　第一节　解读幸福密码 ……………………………………………（215）
　　第二节　职业和谐:潜心研究和从容应对 …………………………（217）
　　第三节　自我和谐:悦纳自己和善待自己 …………………………（225）
　　第四节　人际和谐:付出关爱与享受亲密 …………………………（230）

第五编　儿童教育教学心理

第十二章　学前儿童教学活动设计与指导 …………………………（237）
　　第一节　教学活动目标的设计 ……………………………………（237）
　　第二节　教学活动内容的选择和编排 ……………………………（241）
　　第三节　教学活动方法的选择与运用——心理学取向 …………（247）
　　第四节　教学活动传播媒介的设计 ………………………………（263）
　　第五节　教学活动实施过程的设计 ………………………………（265）
第十三章　幼儿园班级管理及班级学习环境创设 …………………（276）
　　第一节　幼儿园班级管理 …………………………………………（276）
　　第二节　幼儿园班级学习环境创设 ………………………………（288）
第十四章　学前儿童学习评价 ………………………………………（296）
　　第一节　学习评价概述 ……………………………………………（296）
　　第二节　学前儿童评价的指标体系及各类常见评价工具 ………（306）

参考文献 ………………………………………………………………（317）

第一编

走进学前教育心理学

第一章 学前教育心理学概述

【问题求索】

1. 学前教育心理学是一门什么学科?
2. 学前教育心理学研究什么?能够解决哪些问题?
3. 我们用什么方法进行研究?

学前教育心理学是学前教育专业学生在校学习和在职教师继续教育的一门必修课程,它对提高学前教育者的业务素质,完善学前教育者的知识结构和心理结构具有非常重要的作用。学习学前教育心理学,能帮助学习者掌握现代学前教育心理学理论和方法,提高理论修养,为学习其他专业课打下基础,使学习者能应用所学理论和方法,分析、探讨、解决教育教学中的各种心理问题,掌握学前教育心理规律,提高教育能力和科研能力。

学前教育心理学作为一门独立的学科,不但有自身的学科性质和特点、学科体系和内容,而且有自身的发展轨迹和研究方法,这些是学习学前教育心理学需要首先明确的基本问题。

第一节 学前教育心理学的学科性质

一、学前教育心理学的界定

学前教育心理学作为教育心理学的一个独立分支,有它自己独立的研究对象和任务。但它也是在多种学科的基础上建立起来的一门交叉学科,与很多学前教育专业课程有密切的联系。这里我们讨论学前教育心理学与幼儿教育心理学、学前心理学、学前教育学、教育心理学等临近学科的关系,以进一步加深对学前教育心理学的认识。

(一)学前教育心理学与幼儿教育心理学的关系

从研究内容的体系和研究方法上看,学前教育心理学与幼儿教育心理学体系基本一致。两者的区别主要在于研究对象略有不同。两者研究对象都是儿童,但是,涉及的年龄段有区别:学前教育心理学的研究对象更广泛些,包括0~6岁的学前儿童,而幼儿教育心理学的研究对象主要是3~6岁的幼儿。因此,学前教育心理学不能等同于幼儿教育心理学。

(二)学前教育心理学与学前心理学的关系

学前教育心理学与学前心理学两门学科的研究对象都是学前儿童,研究方法上也存在一些相同之处,但在研究体系和内容上有所不同。学前教育心理学研究的是教育教学问题的心理学依据及回答为什么的问题,偏重解释学前儿童学习心理和教学心理的原理。学前心理学研究的是学前儿童心理特点和心理规律,偏重心理发展的研究。可见,两门学科的研究体系大有不同。因此,学前教育心理学不能等同于学前心理学。

(三)学前教育心理学与学前教育学的关系

学前教育学和学前教育心理学都是为学前教育服务的。学前教育学是研究与学前教育有关的种种现象和问题,并且探讨其一般规律的学科。学前教育心理学侧重研究教育过程中学前儿童学习心理和教学心理的原理,目的是提高学前儿童学习的效率。相比学前教育学而言,其研究偏重于微观层面的研究,而学前教育学包含了宏观层面的教育问题,如学前教育的本质、目的、内容、原则等,也包括教育微观层面的问题,如学前教育教学方法、组织形式等,但不同于学前教育心理学,学前教育学偏重于研究学前儿童教学的具体方法和策略,而学前教育心理学偏重于对具体教学方法和策略的原理的解释。因此,学前教育心理学不能等同于学前教育学。

(四)学前教育心理学与教育心理学的关系

两个学科所涉及的基本体系、基本原理和基本内容基本一样,以致不少师范生认为,学习了教育心理学就无需学习学前教育心理学了。其实,两个学科的侧重点不一样,学前教育心理学更加关注的是学前阶段的儿童学习和教学问题,学前儿童在学习水平、学习方式和学习策略等方面都区别于中、小学儿童的学习,因此,两者所探讨的问题也有区别。从学科性质上看,学前教育心理学是教育心理学的一个分支学科,教育心理学有着成熟的学科体系和研究方法,发展相对比较完善,而学前教育心理学尚处于发展的初始阶段。因此,学前教育心理学不能等同于教育心理学。

二、学前教育心理学的学科性质

学前教育心理学是一门独立的学科,它有着相对独立的学科体系和研究方法。学前教育心理学并不是直接指导学前教师运用具体的教育教学方法和策略,而是更深层次地引导幼儿教师理解教育教学行为背后的理论和原理,为教师提供正确的教学决策的科学依据。可见,学前教育心理学研究紧密联系学前教育、教学实践,具有很强的应用性,因此,学前教育心理学也是一门应用学科。

学前教育心理学是以0~6岁学前儿童为研究对象,以儿童的学和教师的教为核心内容,重点研究学前儿童学习的特点、规律和水平,探索幼儿教师教育、教学决策的科学依据,帮助教师解决如何依据儿童学习的特点开展高效的教育教学活动的一门应用学科。

第二节 学前教育心理学的研究任务和研究内容

一、学前教育心理学的研究任务

学前教育心理学的基本任务可以归纳为三个主要方面:
(1)科学地研究与阐释幼儿学习与教学的特征与规律。
(2)预期幼儿学习发展的规律和变化,预测教育教学的效果。
(3)运用科学的教育教学手段促进幼儿学习与发展,并有效控制与干预幼儿学习过程中遇到的种种问题。

学前教育心理学汲取并运用了幼儿心理学、幼儿教育学、学习心理学、教学心理学等多种学科的有关知识。在研究与揭示学前儿童学习与发展的规律时，仅依靠幼儿心理学、学习心理学，或是教学心理学中的一门学科，都难以科学、有效地说明和解决问题。因此，我们需要建立这样一门交叉性学科，它既能运用相关学科的多种理论，又能揭示学前儿童学习与教育教学的基本规律，还能对幼儿园教育教学指导提供理论依据，而这正是学前教育心理学所承担的任务。由此，我们可以从如下三个方面认识学前教育心理学的任务：揭示规律、形成理论和指导实践。

（一）揭示儿童学习特点与有效教学的规律

学前教育心理学作为一门学科的历史并不长，很多方面都值得继续深入地研究与探讨，特别是根据儿童发展特点，促进儿童的学习与发展，儿童学习的基本方式、特点与规律，游戏在儿童学习与发展中的重要作用，儿童认知、语言、社会性等领域学习与发展的特征与规律等，还需要深入系统地研究。对儿童学习与发展规律的揭示，对促进儿童有效学习与发展的教育教学问题的探讨，对教师在儿童学习与发展中重要作用的阐述，对儿童学习的测量与评价以及幼儿园有效教学评估等的揭示，不仅能充实学前教育心理学的理论体系，而且也为进一步丰富与深化教育心理学的相关理论提供借鉴与思考。理论的价值在于能够指导实践，而能指导实践的理论一定是符合事物发展规律的。所以，发现规律和总结规律，是学前教育心理学的固有使命，也是其体系建设的主要内容。

（二）形成有中国特色的学前教育心理学理论

学前教育心理学不仅要揭示儿童学习与教育教学的特点、水平与规律，而且更要通过对规律的发现建构起学科理论体系。尽管以儿童学习与教育为主题的研究积累了丰富的资料，但是，理论体系还未真正完善。因此，学前教育心理学的发展，首先要加强基本规律研究和学科理论体系的构建，形成富有儿童学习与有教育教学特点的理论体系。正如教育心理学的一项基本任务是，"不断地形成自身关于学习与教学的心理与教育理论"[①]。学前教育心理学也以科学建构关于儿童学习与教学的理论作为自己的重要任务。同时，还需指出的是，目前我国学前教育心理学的理论框架与体系，在很大程度上还是以借鉴国外为主，而儿童学习与教学是存在地区与文化差异的，表现为无论是儿童学习特点，还是教学方式，都有我国地域的特殊性与独特性。因此，我们不能仅仅依赖国外的研究来解释中国的儿童教育心理问题，这就迫切要求我们形成富有中国特色的学前教育心理学理论体系。

（三）科学指导幼儿园教师的教学实践

学前教育心理学的理论建设非常重要，但学前教育心理学还有一项重要任务，即将理论与原则用于指导父母、幼儿园教师及其他成人的儿童教育实践，帮助他们科学、有效地促进儿童的学习与发展。学前教育心理学特别要帮助幼儿教师理解儿童的学习过程、学习特点以及科学的儿童教育教学方法，并实施有效教学，促进儿童学习。儿童教育实践的科学性有赖于

---

① Clifford, M.. Practicing educational psychology[M]. Boston: Houghton Mifflin Company, 1981: 18.

其是否建立在心理学基础上,是否以科学的心理学,特别是学习心理学、教学心理学为依据。学前教育心理学的建立必然为科学的儿童教育,特别是为幼儿教师开展科学、适宜、有效的教育教学活动提供依据与实践指导。当前,我国儿童教育改革如火如荼,一方面,国外儿童教育理论与模式纷纷被引进我国,许多理论都涉及儿童学习与指导,至于它们的科学性、有效性,特别是对我国教育改革与发展实际的适用性,需要我们在实践中鉴别;另一方面,在新时期,我国儿童在学习与教育上表现出很多新问题、新现象、新特征,这也需要我们建立适合时代发展的学前教育心理学理论,以指导广大幼儿园教师正确认识当前儿童学习与发展的特点,掌握适宜、有效的教育教学方法。

二、学前教育心理学的研究内容

学前教育心理学的具体研究范畴是围绕学前儿童的学与教的相互作用过程而展开的。学前教育心理学研究内容总体而言,可以分为三个方面:一是儿童的心理,其中包括儿童的发展心理和差异心理;二是学习心理及其应用,包括各个理论流派对儿童学习行为的解释,以及儿童学习迁移和动机等问题;三是教学与课堂管理,包括幼儿园教育、教学活动设计和实施策略以及教学管理、评价的方式等问题。

根据我们对学前教育心理学研究对象的界定及其学科性质和研究内容的分析,结合当前学前教育专业师范生的专业需求,本书将学前教育心理学的具体内容体系概括为五个部分。

第一编为"走进学前教育心理学",进行元研究。介绍学前教育学学科基本概况,包括学前教育心理学的学科界定、学科性质、研究任务、研究内容、学科的发展历史和研究方法等主要内容。帮助学习者初步了解学前教育心理学这门学科的基本情况,做好学习本门课程的准备。

第二编为"学前儿童学习心理",属于学习总论部分。探讨学前儿童学习的基本理论,以界定一般性学习概念和学前儿童学习概念为基础,探讨学前儿童学习的共同特点和学前儿童学习的差异,包括个体差异和群体差异;介绍几种主要的学习理论,包括行为主义、认知心理学、人本主义和建构主义学习理论,为学习者学习学前儿童学习心理和教学心理的各种理论和原理奠定基础;介绍学前儿童学习的动机和迁移理论,帮助学习者在教学实践中培养和激发儿童的学习动机,并能运用迁移的理论提高儿童学习的效率。

第三编为"几种不同类型的学习",属于学习分论部分。介绍几种不同领域学习理论及教学方法。包括学前儿童动作技能学习和教学、学前儿童语言学习和教学、学前儿童情感学习和教育、学前儿童社会性学习和教育、学前儿童创造性学习和教育。

第四编为"幼儿教师心理",包括两个部分,第一部分介绍幼儿教师的职业心理,包括幼儿教师职业特点、职业素养和幼儿教师专业化发展,勾画出幼儿教师这一职业的轮廓,帮助学习者了解幼儿教师这一职业的基本性质,使学前教育师范生建立初步的职业认同感;第二部分探讨幼儿教师的职业幸福感,通过工作和谐、自我和谐、人际和谐几个方面,探讨幼儿教师实现职业解放、享受工作幸福的路径,增强学习者愿意将学前教育工作作为终身事业的职业情感,并为做好学前教育工作,享受职业幸福做好各方面的心理准备。

第五编为"学前儿童教育、教学心理"。探讨学前儿童教学活动设计与指导,此部分区别于学前教育师范生开设的"幼儿园教学活动设计与指导",侧重于教学活动设计方法和策略背后的心理学原理;介绍幼儿园班级管理和学前儿童学习环境创设;介绍学前儿童学习评价的作用、评价的类型和评价的具体方法等。

五编内容基本涵盖了学前教育心理学的全部理论,包括学习心理、教学心理、教师心理、幼儿园管理心理等内容,结构较为合理和紧凑。第一编是对学科的基本介绍,在理解将要学习的这门课程的学科性质的基础上,学习后面章节。第二编、第三编和第四编是关于学前教育心理学研究内容中两个主体的探讨,一个是学习者——儿童,探讨儿童学习的特点、水平和规律,学习心理部分主要在这些章节中介绍;另一个是教育者——幼儿教师,探讨幼儿教师这一职业的性质、特点以及职业幸福感。第五编是关于教育、教学心理。

第三节 学前教育心理学的历史

学前教育心理学作为专门的研究领域,历史并不长。20世纪七八十年代开始,很多专家学者就开始专注于学前儿童的教育心理学研究,研究取得了非常丰厚的成果。追溯历史,我们发现学前教育心理学的建立和发展源于两条脉络。第一条脉络源自于教育学学科及其分支学科教育心理学的发展,第二条脉络源于长期以来人们持续不断地对学前儿童学习和发展的关注。这两条脉络在历史中相互交织、不断影响,在科学化的进程中逐步构建起了学前教育心理学这门新兴学科。下面我们来详细看看这两条历史发展脉络。

一、学前教育心理学的学科历史起源

第一条脉络源自于教育学学科的独立以及作为分支的教育心理学的科学化发展。1632年,捷克教育学家夸美纽斯(J. A. Comenius)《大教学论》的出版标志着教育学初步成为独立的学科出现。19世纪初,裴斯泰洛齐(J. H. Pestalozzi)、赫尔巴特(J. F. Herbart)主张用心理学的方法来研究教育问题,于是将心理学引入教育领域,让心理学成为教育的基础之一,这极大地促进了教育心理学成为独立学科的发展。1806年,赫尔巴特出版的《普通教育学》标志着教育学学科体系的建立,之后他又于1816年出版了《心理学教科书》、1824—1825年出版了《科学心理学》,两部著作不仅论证了心理学是科学,而且成功地将教育学建筑在心理学科之上。值得一提的是,此时的心理学仍保留了较多的哲学思辨色彩。

随着心理学学科不断得到发展,教育学也沿着哲学取向和心理学取向进一步发展。其中,1868年,俄国的乌申斯基发表了《人是教育的对象》一文,第一次明确了"人"作为教育对象在教育学科框架下的地位,并且也从教育哲学的角度重申了"人是目的"的观点。1879年,德国冯特(W. Wundt)在莱比锡建立第一个心理实验室,标志着心理学正式成为科学。1877年,卡普杰列夫的《教育心理学》从教育实际出发,系统阐述教育过程中的心理学问题,1887年包尔文的《初等心理学与教育》,同年詹姆斯的《与教师谈心理学》都是早期的教育心理学著作。直到1903年,桑代克(E. L. Thorndike)《教育心理学》的出版,才最终标志着西方教育心理学名称的确立和体系的建立。从此,科学化的心理学成为教育学三大基础之一,教育心理学作为教育学中独立而不可获缺的分支学科应运而生。

学前教育心理学出现的另一条脉络始于对学前儿童的关注。中国自古便对儿童倍加关注。早在春秋战国时期，《礼记·内则》里就记载"子能食食，教以右手。能言，男唯女俞。男鞶革，女鞶丝。六年教之数与方名。"另外，中国古代有些教育家十分重视学前教育，如魏晋南北朝的颜之推在《颜氏家训》中提出，对儿童应从"婴稚"时期起"便加教诲"，认为俗谚"教儿婴孩"很有道理；并强调父母对年龄幼小的子女不能"无教而有爱"。宋代朱熹也重视儿童入学以前的教育，主张"生子必择乳母"，"乳母之教，所系尤切"，认为必须选择品德良好的乳母，才有利于婴幼儿的保教。尽管中国有悠久的育儿历史，但由于长期以来社会以自然经济为主，人们居得又比较分散，因此对于0~6岁的儿童，在西方新学引入之前，中国本土也尚未有科学系统的研究。此外，在中国漫长的封建社会，儿童的蒙养通常是从6~7岁开始，这与本书所阐述的学前儿童在年龄上并没有太多交集。

而在西方中古时代的封建社会，妇女和儿童是没有独立社会地位的，甚至会遭受迫害，因此没有太多关于儿童心理的研究。约从十四五世纪文艺复兴时期起，新兴资产阶级从经济上、政治上以至意识形态上进行了反封建反教会的斗争，一些进步的思想家开始提出尊重儿童、发展儿童天性的口号。例如，17世纪捷克的教育家夸美纽斯为儿童编写了第一本儿童课本《世界图解》；18世纪法国启蒙教育家卢梭（J. J. Rousseau）发表了被誉为"儿童宪章"的儿童教育小说《爱弥儿》。此外，科学的进步也使得人们更多地开始关注婴幼儿的发展，如1774年，裴斯泰洛齐还特别对他一个不到3岁的孩子用日记法写下了大约一个月观察记录；进化论的创造者达尔文（C. R. Darwin）1876年也出版了根据长期观察自己孩子心理发展的记录写的著作《一个婴儿的传略》。伴随着科学心理学的发展，1882年德国生理和心理学家普莱尔（Preyer，1842—1897）出版了《儿童心理》一书，该书成为心理学史上第一部用观察和实验方法研究儿童心理发展的比较系统的科学著作，标志着儿童心理学正式成为科学，同时该书也让普莱尔成为了科学儿童心理学的奠基人。20世纪早期，美国人霍尔（Hall，1844—1924）开展了儿童心理学研究运动，他因此被誉为"美国儿童心理学之父"。他首次提出了个体心理发展的"复演说"，并发明了探究儿童心理的新技术——问卷法。到了19世纪末20世纪初，杜威（John Dewey）开始倡导儿童中心主义，心理学的格式塔主义也让教育工作者意识到心理学于教育的独特意义，同时，桑代克强调教育测量和统计分析，把量化心理学研究方法引入到教育领域。随着心理学的不断发展，行为主义、认知主义、人本主义、建构主义等学派都在不断地影响着人们对学前儿童教育的理解。

二、学前教育心理学的发展

（一）萌芽期（20世纪初之前）

这一时期，学前教育心理学的思想和方法大多散见于一些哲学家、教育家、儿童教育家的著述当中。对于学前儿童的教育，最早予以关注的西方人是古希腊的柏拉图，之后的亚里士多德、昆体良、奥古斯丁等，也都曾对儿童教育有过论述。但是欧洲中世纪的儿童多在棍棒下接受教育，直到文艺复兴时期，人文主义者才重新提出学前教育问题。在学前教育心理学领域，值得一提的代表人物有：捷克的夸美纽斯、法国的卢梭、德国的福禄贝尔、英国的欧文、瑞士的裴斯泰洛齐和意大利的蒙台梭利等。

17世纪捷克教育家夸美纽斯认为,儿童生活的前六年,是为以后学习打基础的时期。这一时期儿童应该接受简易的实物课程,例如,教儿童认识石头、植物和动物,认识儿童自身肢体的名称和用途,辨识光亮和黑暗以及各种颜色;认识周围环境,如房间、农场等。一切教学必须依循自然的秩序;另外对儿童传授知识,必须依靠感官进行。因此,他特别强调,对幼儿的教育第一年必须在摇篮里,让幼儿听大人唱歌和细语,带幼儿到大自然中,尽量给予温暖和安全;第二年,应经常与幼儿做游戏,或让他们自己玩耍、跑动和追逐,并利用音乐及适合的图片,增进幼儿的身心愉快,要发展幼儿的感官知觉能力,重视幼儿的活动。关于教材的选择,夸美纽斯认为,应根据儿童的年龄特点,切勿超过其理解程度,否则,教师的努力将无法把握最佳时机,难让儿童做最大量的吸收;教材的选择应由浅入深,注意知识间的联系。

卢梭是18世纪法国的启蒙思想家。卢梭主张教育上以儿童为本位,认为儿童的教育应顺应自然。他在《爱弥尔》中开宗明义地说:"一切出于自然的创造者皆好,一经人手却变坏了。"他认为,人性本善,教育应顺应儿童的内在欲望而行动,不必加以干涉。一旦受了社会人为的干涉,儿童极易产生不自由、不平等,甚至产生罪恶。所以他极力主张,在儿童的理解力尚未发达之前,要让儿童远离社会,回返自然,到自然环境中去看、去听,不接受人类的影响。换言之,教育要发展儿童天生的禀赋,应使儿童有自然的生活,因为儿童身心发展有自己固定的顺序和阶段,每个阶段都有独特的任务;违背了它,就是不好的教育;最自然的教育就是最好的教育。卢梭立足于自然主义的儿童教育观,抨击当时儿童教育违反儿童天性的时代现状,指出:"……他们总是用成人的标准来看待儿童,而不去想想他在未成年之前是个什么样子。"

欧文是英国的慈善教育家。1813年左右,欧文根据自己的亲身实践,总结出了一整套学前教育理论,并把它反映在其新的著作《试论性格的形成》里。1816年,欧文在英国北部偏僻的新拉纳克正式创办了英国第一所幼儿学校(infant school),收托2～5岁的儿童。欧文当时目睹了英国工业革命带来的种种弊端,对劳动人民的疾苦也深表同情,他并且相信人的性格或好或坏是由环境决定的;改变生活条件同时施加教育的影响就可以培养任何性格的人。于是他将这所为工人阶级创建的幼儿学校命名为"性格陶冶馆"(Institute for the Formation of Character),从性格形成学说出发来开展幼儿教育。[1] 他主张从童年起就应该实施正确的教育;重视体育和户外活动,把"要尽力使小朋友快乐"作为应遵循的格言;反对处罚儿童。

裴斯泰洛齐(1946—1827)是瑞士著名的儿童教育家。他在《林哈德和葛笃德》一书中:主张儿童在"劳作"中学。例如,葛笃德一边教儿童识字、唱歌和计算,一边教儿童纺纱;又如,格吕菲在草地教儿童测量,这样大大有利于学生把所学的知识运用到生产实践中去。与封建教育的旧教学传统相比,这无疑开辟了一个新的方向,这个方向就是加强教学的实践性。此外,他还主张从简单到复杂的教学以及注意发展儿童的智力,并且重视教学过程中练习的作用。

德国教育家福禄贝尔在夸美纽斯和卢梭的影响下,又接受了瑞士教育家裴斯泰洛齐的儿童教育思想。福禄贝尔系统地论述了幼儿园教育的重要性、内容和方法。他认为儿童的发展

---

[1] 杨汉麟. 外国幼儿教育史[M]. 北京:人民教育出版社,2011(1):215.

是渐进的过程,教育应适合儿童的发展,教育应以儿童的自主活动为基础。他重视游戏的教育价值,把游戏作为幼儿园的主要活动,还设计了一套游戏和教学材料。

进入20世纪后,儿童研究与教育心理学研究日益紧密。意大利的蒙台梭利以医学心理学为背景,开始研究学前儿童的发展与教育之间的关系,1907年,她创办了"儿童之家"。蒙台梭利首先强调的是人的遗传素质和内在的生命力。她说,儿童的"生长是由于内在的生命潜力的发展,使生命力显现出来,他的生命就是根据遗传确定的生物学规律发展起来的"。对儿童来讲,生命力表现为自发冲动,因此她把对儿童的自发冲动是"压制"还是"引发"作为区分好坏教育的分水岭。蒙台梭利否定奖励、惩罚等强化的作用,强调儿童的内在力量、主观能动性;要求环境(刺激)要适合儿童的内在需要和兴趣,认为儿童不是消极被动地接受外界刺激,他们每个人都有自己的内部结构、变化和发展。蒙台梭利又认为,生命力的冲动是通过儿童的自发活动表现出来的,"生命是活动的,只有通过活动才能发展",为了使儿童的生命力和个性通过活动得到表现、满足和发展,就必须创造适宜的环境。蒙台梭利为"儿童之家"设置了一个良好的环境:有一个较大的花园,学生可自由进出;轻巧的桌椅,4岁儿童便能随意搬动;教室里放有长排矮柜,儿童可任意取用放在里面的各种教具。这样的环境设置明显的是服务于儿童的自由活动的。

(二)不断成熟、体系化的发展期(20世纪初至20世纪80年代)

随着心理学的不断发展,行为主义、认知主义、人本主义、建构主义等学派,都在不断地影响着人们对学前儿童教育的理解。不同的理论学派为学前教育心理学学科的科学发展奠定了基石。

1. 行为主义与学前教育心理学

20世纪初俄罗斯生理学家巴甫洛夫的"经典条件反射学说"对学前教育心理学有着很大影响。该理论认为两种不同的刺激建立暂时性联系后,就会获得自主性反应。这是习得性学习的重要理论基础。行为主义的很多理论最初源于对小动物的试验,而在儿童未受到重视之前,将学前儿童类比为小动物,也使得行为主义在学前教育心理学领域影响深远。行为主义代表人物华生曾有一句非常著名的言论(1930):"给我一打健康的婴儿和一个我自己可以给予特殊培养的世界。我保证在他们中间任意选择一个,训练成我想要培养的任何一种专家:医生、律师、艺术家、大商人,甚至是乞丐、小偷,而不管他的天赋、爱好、能力、倾向性以及他祖宗的种族和职业。"[①]他直接指出外部环境刺激对人成长的决定意义。

之后,美国心理学家斯金纳也提出了操作条件反射理论,并将之应用于教育中,20世纪60年代,斯金纳的程序教育法在美国曾风靡一时,并对世界教育产生了巨大影响。用程序教学法来开展对学前儿童的教育也成为潮流之一。

2. 认知主义与学前教育心理学

认知主义认为学习是使新材料或新经验和旧的材料或经验结为一体,这样形成一个内部的知识结构。代表人物是瑞士心理学家J.皮亚杰、美国心理学家J.S.布鲁纳以及奥苏贝尔。皮亚杰指出,这个结构是以图式、同化、顺应和平衡的形式表现出来的。布鲁纳认为,学习不

---

① 刘金花.儿童发展心理学[M].上海:华东师范大学出版社,1997(6):7.

是被动地形成反应,而是主动地形成认知结构。奥苏贝尔与布鲁纳一样,认为"学习是认知结构的重组"。因此,认知主义认为儿童的学习并不是被动地简单接受,而是积极地在旧有知识基础上主动形成新的"生长点"的过程。

3. 人本主义与学前教育心理学

人本主义代表人物是美国的马斯洛(Maslow)和罗杰斯(Rogers),他们认为关注学习者的学习不能只考虑智力的认知方面,而应该考虑学习者在学习过程中的需要以及情绪感受。因此对于学前儿童而言,我们既不能像行为主义那样将其看做是小动物,也不能像认知学派那样只关注其认知结构,而要全面地将学习者的情感、态度、价值观考虑到学习过程当中,开展以人为本的教育。

4. 建构主义与学前教育心理学

建构主义的思想来源于认知加工学说,以及维果茨基、皮亚杰和布鲁纳等人的思想。维果茨基所提出的"文化—历史"发展理论特别强调在人的发展过程中社会文化历史的作用,尤其是强调活动和社会交往在人的高级心理机能发展中的突出作用。他认为人的高级心理机能并不是人自身所固有的,而是在与周围人的交往过程中产生与发展起来的,是受人类的文化历史所制约的。因此,学前儿童是在与周围环境的互动与交往中逐步建构出自己的知识的。对于个体而言,建构主义认为知识不是对现实的纯粹客观的反映,而是人们对客观世界的一种解释、假设或假说。伴随着学前儿童的成长和与外部世界的交往,他们逐步建构着对外部世界的认知。

(三)学前教育心理学的独立时期(20世纪80年代至今)

在心理学学派的发展更迭过程中,学前儿童教育心理学发展的理论基石也日渐稳固,于是到了20世纪80年代后,一系列相关著作的出现让学前儿童教育心理学初步成为了独立的学科。

20世纪80年代,学前教育心理学开始从一个研究领域逐步成熟为一门独立的学科。1982年,日本学者若井邦夫撰写了《幼儿教育心理学》,较为全面地阐述了幼儿学习与教育问题。我国近年来也出版了多部幼儿教育心理学的相关著作[1],这些著作促使着幼儿教育心理学在我国的迅速发展。值得指出的是,正如前文所说,学前教育心理学与幼儿教育心理学虽然体系基本一致,但两者研究对象略有不同,学前教育心理学的研究对象更广泛些,包括0～6岁学前儿童,而幼儿教育心理学的研究对象主要是3～6岁的幼儿。

独立时期的学前教育心理学是伴随着20世纪下半叶人们对脑科学的不断重视而发展的。20世纪90年代,美日欧等发达国家纷纷制定了脑科学研究的长远计划,并宣称21世纪

---

[1] 谷淑梅.幼儿教育心理学[M].北京:高等教育出版社,1995.
姚梅林.幼儿教育心理学[M].北京:高等教育出版社,2001.
曹中平.幼儿教育心理学[M].大连:辽宁师范大学出版社,2001.
林泳海.幼儿教育心理学[M].北京:商务印书馆,2006.
陈帼眉.姜勇.幼儿教育心理学[M].北京:北京师范大学出版社,2007.

是"脑科学时代"[①]。脑科学的发展让人们不断关注早期教育的价值。研究发现,学前儿童的学习和发展存在着关键期,而所谓"关键期"指某一特性在一个特定的时期内得以形成的意思。在关键期内,学前儿童对于某些知识和经验的学习或者是行为的形成会较为容易,如果错过了这一时期,在较晚的阶段再弥补则十分困难。例如,有人认为0~2岁是亲子依恋关键期;6个月是婴儿学习咀嚼的关键期;8个月是分辨大小、多少的关键期;1~3岁是口语学习关键期;3岁是计算能力发展的关键期;3~5岁是音乐才能发展的关键期;0~4岁是形象视觉发展的关键期;4~5岁是学习书面语言的关键期;5岁左右是掌握数概念的关键期等等。

当然,个体发展的关键期与脑发展的关键期有着密切的关联,因为在0~6岁阶段,脑的发展是飞速的,脑的结构和机能在该时期的发展,很大程度上会受到外部环境和教育的影响,因此,早期教育日渐成为儿童研究关注的领域。

除了脑科学对早期教育的影响之外,独立阶段的学前儿童教育心理学更关注学前儿童的学习特点。在很多方面都已经形成了比较一致的认识。例如,学前儿童是主动的学习者,应该以游戏的方式来组织学前儿童的学习经验,依照马斯洛的需要层次理论来创设安全、良好的学习条件和环境,关注学前儿童在学习和发展过程中的个体差异等,这些是学前教育心理学独立阶段的特点。

第四节 学前教育心理学的研究方法

学前教育心理学服务于学前教育实践,这就要求学前教育心理学的研究遵循科学的原则,并运用科学的研究方法进行理论探讨和实践研究。

一、学前教育心理学研究的原则

学前教育心理学研究的原则,是指幼教工作者在进行儿童教育研究中必须遵循的基本要求,它既是科学研究的基本规律在儿童教育研究中的具体运用,又是对人们在儿童教育研究中积累的经验的总结和高度概括。

(一)客观性原则

客观性原则是指研究者必须从实际出发,实事求是地反映客观事实,按照心理的本来面目加以考察,并给予科学、合理的解释,反对主观臆断,妄自论断。它是科研工作者应遵循的基本原则。

人的心理总是通过个体从事相应的活动而表露于外并被他人所觉察,人们正是通过一个人的行为表现来了解其心理活动与变化的。在这一过程中,只有坚持客观性原则对个体外显行为进行客观的测量和描述,并给予科学的预测和合理的调控,才能获得预期的效果,同时也能为别人在相同条件下取得类似效果提供参照信息。

---

① 沈政.脑科学与素质教育[J].教育研究,1999(8).

客观性原则是开展学前教育心理学研究最主要、最基本的要求。由于儿童自身的特殊性,在进行儿童教育的心理学研究中对客观性原则的坚持显得更为重要。在日常生活中,儿童一般活动量较大,情绪变化很快,同时,他们对自己的行为表现难以作出完整的表述和解释。作为研究者,在进行有关资料的搜集过程中必须实事求是,如实详尽地真实记录儿童的外部行为和口语报告,在此过程中,切忌将研究者的主观体验及感受与客观观察到的事实混为一体,甚至以主观臆断来"改造"客观事实。因此,在确定所要研究的心理现象,控制和改变外部条件,观察心理现象的生理指标,以及对获得的材料或数据进行处理和作出结论的过程中,研究者都必须全面、确切、求实,保持严谨的科学态度。

在注重客观性原则的同时,还应坚持科学性原则。科学的知识才是有价值的,只有从大量的客观经验事实中,总结出带有普遍意义的经验并加以科学的验证,才可能具有推广价值。

(二)发展性原则

发展性原则是指把人的心理活动看做一个动态的变化发展过程的研究原则,它表明在对个体进行相关研究的过程中,应取动态的、发展的观点来加以分析。

客观事物总是处在不断地运动、发展和变化之中。作为反映客观现实的心理现象,自然不是静止的、凝固的,其活动的强度和性质也在不断地变化。因此,必须坚持发展的观点来考察个体的心理面貌和精神状态,既要了解其过去,看到其现在,又要预测其未来。只有这样,才能正确地认识和理解个体心理发展的规律,并采取适当的教育措施,以促进个体身心健康发展。

幼年期是人生当中的一个特殊时期,处在这一时期的儿童,其言语能力和动作技能水平等均有很大的发展,同时,儿童的道德发展水平也在逐步提高,这给我们开展相应的儿童教育提供了契机。由于在这一时期,儿童的生理、心理的发展和变化很大,在进行儿童教育的过程中,应坚持发展的原则。首先,必须把儿童心理活动看做是一个与环境交互作用的动态系统,用辩证的观点考察儿童心理形成的原因和变化的规律,并预测其发展变化的前景;其次,必须系统地分析和综合研究各种心理状态与现实生活,特别是幼儿园教育活动及家庭教育的依存关系;再次,在采取的教育方法和措施上应具有前瞻性,尤其是在个体品德教育的问题上更应如此。在充分考虑儿童身心发展水平的基础上,"教育先行"亦是坚持发展性原则的行动。发展性原则强调研究者应具有历史的观点,以历史唯物主义作为研究的准则之一。对学龄前儿童来说,由于其可塑性比稳定性更加显著,因而在了解他们过去、现在的同时,更应注重其未来的发展。切不可以偏概全,否则将给儿童身心造成难以磨灭的伤害。

(三)教育性原则

教育性原则是指研究者要以有效地提高儿童教育质量和科学性水平为宗旨,选择富有教育意义的课题,在研究过程中尽量使研究活动和教育活动达到和谐统一,有益于儿童身心的健康发展,防止和避免研究工作对他们造成不良影响。

教育教学过程中所进行的心理学研究,同时也是研究者对儿童身心发展施与的一种干预或影响,其结果既可能有益于儿童身心的健康发展,又可能起妨碍的作用,使用不当还有可能对儿童身心发展造成伤害。如在20世纪20年代,有位西方心理学家在研究儿童的表情时,通过给儿童看恐怖电影来观察儿童面部表情的变化,结果造成被试儿童受惊吓、情绪不安,甚至出现心理障碍,这就是研究活动没有考虑儿童身心健康而产生的教训。因此,在教育教学过程中开展的心理学研究,必须充分考虑它的教育意义,必须遵循教育性原则。

在儿童教育研究活动中贯彻教育性原则,首先,应牢固树立"自己是教育者"的信念,注意科学研究道德;其次,应尊重儿童的权利,不强迫他们从事其不愿做的事情,不使他们在研究中感到焦虑或压抑;再次,研究中所设计的活动或任务不能与日常教育中所倡导的行为规范相悖,避免产生与正面教育结果相矛盾;最后,研究活动应尽量保证学前教育机构正常的教育活动,尽可能地将研究活动和托幼机构有计划的教育活动结合起来,使二者相得益彰。

由于儿童教育活动大多以游戏活动方式来进行,在强调教育性原则的同时,学前教育心理学研究还应注重实践性原则,强调一切从儿童实际出发,注重研究或活动的互动性、实用性。在师生交互活动的过程中,进行有关的心理学研究,这不仅有助于儿童身心和谐地发展,其研究结果也更符合儿童的现实生活与发展水平。

上述各项原则是学前教育心理学研究中应遵循的基本原则,除此之外,还有诸如操作性原则、伦理性原则、创造性原则,等等,讲求原则有助于培养研究者的科学精神,提高自身研究的科学性水平,真正体现科学研究的价值。

二、学前教育心理学研究的基本方法

学前教育心理学研究的基本方法主要有观察法、实验法、调查法和测验法等。这些方法均各自有着长处与不足,研究者应根据研究的目的选择相应方法,扬长避短。

(一)观察法

观察法指通过感官或借助一定的仪器设备,有目的、有计划地对自然状态下发生的现象或行为进行系统、连续的考察、记录、分析,从而获取事实材料的研究方法。

科学研究始于观察,观察是研究的基础。在儿童教育研究中,由于儿童身心发展水平较低,言语理解与表达能力十分有限,无法用文字测验和书面调查来获取有关资料,同时,儿童较少对观察产生敏感,即使在不相识的观察者面前,儿童仍能表现其自然行为,我行我素,很少作假,因而观察所得资料通常比较真实可靠,这使得观察法成为儿童教育研究中最基本、最常用的一种研究方法。

学前教育心理学研究中对观察对象的观察,不同于日常生活中对一般事物的观察,前者称为科学观察,而后者称为日常观察。二者的区别主要表现在:(1)科学观察是出于特定研究课题的需要而进行的,它有确定的观察对象与明确的目的,是一种积极、主动地对特定事物加以考察的举动。而日常观察大多无十分明确的目的,一般表现为消极地接受种种现象。(2)科学观察为揭示研究对象的内在规律,总力求全面获得研究对象的各种表现,并以一定的理论知识去判断、理解观察所获的结果,而日常观察只限于短暂的"注视",并以常识或经验对所获结果进行分析和总结。(3)依据研究任务的需要,科学观察对所获取的结果要作准确而系统地记录,以便对研究对象的各种属性进行分析和研究,而日常观察则无须如此。尽管日常观察不如科学观察那么严谨与科学,但并不意味着日常观察不重要。在幼儿教师对儿童的了解过程中,大量信息来自日常观察,许多正式研究中的问题与假设,往往建立在研究者在日常观察中获得的经验和启示的基础上。因此,在不具备条件开展正式的观察研究时,也可以通过有意识地改进日常观察的方法来考察某些现象或问题。

观察法的适用范围很广,凡是儿童呈现的任何行为现象均可作为观察目标。通常观察法用于描述自然条件下的行为状态或正在进行着的某些过程,如研究班级中儿童之间的人际关系,儿童社会性发展水平,儿童道德水平发展状况等。另外,也适用于获取第一手资料或对研究对象进行纵向追踪研究,如儿童的语言发展水平,动作技能的发展过程,儿童思维能力发展变化状况等。

根据观察过程的结构性质与控制程度,可将观察法分为正式观察法与非正式观察法两大类。正式观察法结构严谨,计划周密,一般为科学研究所用,它是一种有计划、有目的、系统的观察。其特点是:严格地对观察行为下定义;细致制订记录表格;在一定目的下从事观察和翔实记录反应;训练观察者,建立观察者信度;用相对严格、先进的方法分析所得资料,结果较为真实可靠。

正式观察法的方法主要有实况详录法、时间取样法和事件取样法、特性等级评定法等。非正式观察法结构松散,无周密计划与控制,适用于教师获取有关日常教学和活动安排等方面的信息,或帮助观察者获得了解儿童身心发展各种特点的感性经验。该法在科学性上较为欠缺,但易于实施,较为实用,其主要方法有日记描述法、轶事记录法、频率计数图示法与清单法等。

观察法的优点在于能保持被观察者的心理活动和行为表现的自然性和客观性,简便易行,所获资料比较生动、真实,可收集到非语言行为的数据和资料,特别适合于对学前儿童的研究,且还可对观察对象作追踪研究,获取行为现象发展变化趋势情况。但由于观察者只能消极被动地期待某种心理现象的出现,对可能影响观察的内外部因素难以有效控制,造成难以分清哪些因素是引起行为表现的真正原因。

观察法既可作为一种独立的研究方法,也可作为其他研究方法的辅助手段。只要我们认识到它的优点和局限性,在研究中扬长避短,就能充分发挥它的作用。

(二)实验法

实验法是研究者根据研究假设,运用一定的人为手段,主动干预或控制研究对象的发生、发展过程,并通过观察、测量、比较等方式探索、验证教育现象因果关系的研究方法。它已逐渐成为包括教育科学研究在内的社会科学研究的重要方法之一。根据实验研究场所的不同,可以将教育心理实验分为实验室实验和现场实验两种类型。实验室实验指在实验室环境中借助于一定的仪器严格地控制实验条件的情况下进行的实验,如对儿童听力的测试就须在听力实验室中进行,以控制外部噪声对儿童听力的影响。这类实验的优点在于对实验条件控制严密,可保证实验结果的可靠性,便于进行精确的定量分析;其不足之处在于研究环境和条件的特殊化而使研究结论的推广应用受到限制。

现场实验是一种在实际生活条件下(如教育教学的现实情境)进行的、对实验条件加以适当控制的实验,亦称自然实验。这种实验的特点在于实验能在平静和谐的自然情境中进行,把心理学研究与日常的教育工作结合在一起,方便实用,实验结果结论较易在实践中得到推广应用;其缺点在于对实验研究中的无关变量难以完全控制,增加了形成研究结论的困难。在幼儿园中进行的学前教育心理学实验,绝大部分都是现场实验。一般来说,教育心理实验主要由四种基本变量构成,即自变量、因变量、干扰变量和中间变量。

自变量是研究者根据研究的目的,为引起研究对象的身心发生预定变化而确立并呈现或施加给研究对象的刺激,又称刺激变量。在儿童教育实验研究中,自变量可以是儿童教育活动中的各种相对独立的因素或条件,如教育内容、教育方法、教育组织形式、教师的态度和能力、教育管理的方式方法等。在实验研究中,研究者通过有计划地、主动地操纵自变量来探索自变量在教育活动中的作用和影响。根据研究变量的性质,一般可将变量分为连续变量和性质变量两种。在儿童教育实验研究中,如果采用连续变量作为自变量进行控制或操纵,必须注意它的使用范围大小;如果采用性质变量作为自变量进行控制或操纵,则须在操纵该变量之前赋予它一个操作定义。一般来说,大多数儿童教育实验研究使用的自变量都是性质变量,它们在使用之前都需要赋予相应的操作定义,这有助于提高实验研究的科学性和可重复性。在实验心理学中,对性质变量赋予操作定义的常用方法主要有条件描述法、指标描述法和行为描述法三种。

因变量是在教育实验中因研究者对自变量的操作而发生或产生变化的条件或因素,是在自变量作用下出现的结果。在儿童教育研究中,实验的因变量通常是研究对象(如儿童或教师、家长等)在自变量影响下身心品质或行为方面出现的变化。实验研究者的目的在于通过对因变量的观测,考察因变量的变化情况以及收集反映因变量变化的有关资料来说明自变量操纵的作用与效果。由于因变量在实验过程中受制于自变量的变化而变化,因而选取合适的因变量及其测量指标十分重要。在某种程度上,科学的实验源于量化的实验。另外,与自变量一样,如果因变量是性质变量,同样需要赋予相应的操作定义。

干扰变量又称"控制变量",指那些对实验效果产生干扰作用的因素。在儿童教育实验中,干扰变量主要有两大类:一是对自变量与因变量的关系起消极影响的因素,如实验场所中不利的环境因素(如噪声、光线、粘贴画等)以及对实验产生不良影响的人为干扰因素(如某些教师对实验的误解等)。这些因素对实验效果产生削弱、降低等不良影响,通常采用排除、化解、避免、预防等方法加以控制。二是有许多因素对因变量的影响并非是消极的,有时具有一定的促进作用。例如,在一项考察不同训练方式对儿童思维发展影响的实验中,儿童的年龄因素对儿童思维的发展就起着潜在的促进作用。在实验心理学中,有时把这种因素称为潜在自变量。由于这种因素干扰了实验效果的归因,从获得精确的科学的实验结论来说,它们也属于控制的"干扰"变量,常用的控制方法主要有保持恒定法、效果平衡法、消除法、抵消法、随机化法和统计处理等,同时还辅以相应的实验设计来进行。

中间变量是介于原因和结果之间,自身隐而不显,起媒介作用的变量,又称中介变量。它是一种不能观测和控制的变量,其影响只能从研究的自变量和因变量的关系中推断出来。例如,研究主题活动与儿童合作行为的关系,自变量为不同主题活动类型,因变量为合作行为的效果。在这项研究中,儿童对某一主题活动的兴趣(中间变量)会影响到其形成合作行为的过程、方式及其效果。这说明在儿童教育实验中,中间变量是客观存在的,它在实验中扮演着重要的作用。

上述四种变量是学前教育心理学中常见的变量,它们在实验中相互影响,构成一定的关系。它们的总体构成关系见图1.4.1。

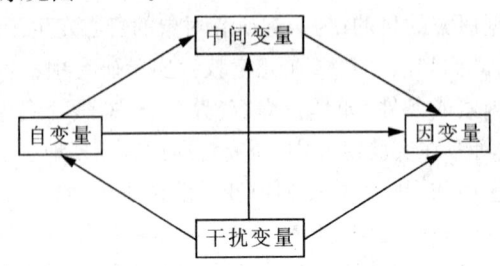

图 1.4.1 实验变量之间的关系

学前教育心理实验的开展可分为三个阶段。(1)准备阶段。包括选定课题;形成实验假设;确定变量并下定义;制订实验方案;选择并分配被试;选定合适的测量方法与工具等。(2)实施阶段。包括实验方案的实施;施加自变量;控制干扰变量;观察实验对象;观测和记录所需的资料和数据等。(3)总结与评价阶段。包括整理与分析资料数据;概括研究结果并撰写实验报告或论文;评价验证研究成果及推广应用等。

在教育心理实验过程的准备阶段中,有一项十分重要的工作必须切实关注,即实验设计。在长期的实验探索中,研究者们归纳总结出了许多不同的关于教育的、心理的实验设计模式,这些模式经过了理论的探讨,达到了规范化、系统化的水平,实验者完全可以根据自己实验的目的和类型,从中加以选择并在此基础上有所创新。

教育心理实验设计模式有许多种,根据坎贝尔等按照实验控制的严密程度,可将实验设计模式划分为前实验设计、准实验设计和真实验设计三种。

前实验设计具有实验设计的基本成分,但缺乏对干扰变量的控制,效度很差。该实验设计有三种常见模式:(1)单组后测设计;(2)单组前后测设计;(3)固定组比较设计。前实验设计的主要缺点在于无法有效地说明实验对象所发生的变化与实验处理(即自变量操作)之间的内在关系究竟怎样,以及这种内在关系的强度大小等重要问题。

真实验设计是指严格地根据实验的科学性要求,按照随机原则选取和分配实验对象,系统操纵自变量并严格控制干扰变量的实验设计。该实验设计模式较多,其中常用的主要有(1)随机化等组后测(或前后测)设计;(2)拉丁方设计;(3)所罗门设计等。真实验设计的优点在于既能很好地说明自变量与因变量之间存在的内在关系,又能有效地表述这种关系的紧密程度。

准实验设计在对变量控制程度上是一种介于前实验设计和真实验设计之间的一种实验

设计。该设计对实验对象不作随机化处理,对干扰变量作尽可能地控制,但无法保证完全控制实验误差。这类设计的模式主要有(1)不等组前后测设计;(2)时间序列设计;(3)单个被试设计等。准实验设计通常在难以或不可能进行真实验设计的情况下采用,如无法将成班级的儿童拆分重新组合成等组样本等。它通常是在自然情境或现场背景中实施,所获得的结果较好地反映了实验的作用及被试的真实状况,是教育实验研究中的常用方法。学前教育心理实验设计大多都属于这种设计。

由于准实验设计毕竟不是真正意义上的实验设计,因此,为了提高教育实验的内、外部效度,提高实验结论的科学性水平,在开展相应的教育实验时应尽量采用真实验设计。20世纪80年代以来,国际上兴起的"生态学运动"反映了这种趋势。这种"生态学运动"特点在于既不依赖于实验室,又不同于传统的观察,它强调研究的情境必须是自然的,但研究本身又必须是严格的。其优点在于既提高研究的外部效度,又无需以内部效度的降低为代价,从而达到二者的统一。这种新的方法论倾向,在学前教育心理学研究中表现得尤为强烈。

(三)调查法

调查法是研究者根据研究的目的和课题的需要,有计划地通过对事实的考察、现状的了解、材料的搜集来认识教育问题或探讨教育现象之间联系的研究方法。从19世纪开始,调查法成为许多学科的主要研究方法,在人们认识自然和社会,探索自然和社会发展变化规律的活动中发挥了重大作用。1910年,美国的肯德尔最早将它运用于教育研究,自20世纪30年代以后,调查法逐渐成为一种主要的教育科学研究方法。

由于调查法在自然情境中进行数据收集,通常不受时间、空间条件的限制,且不需控制条件或操纵被调查的对象,涉及范围广,手段多样,便于实施,因而适用于现状研究和描述性的研究。调查结果的可靠性取决于研究者对各种主观偏差的控制和被调查者所提供的资料的真实性。在对学前儿童的研究中,调查对象主要为儿童的家长与教师。

根据研究课题的性质不同,调查研究可分为现状调查、相关调查、原因调查和追踪调查等四种类型。学前教育心理学中的现状调查旨在了解儿童发展中某些特征或方面的发展现状,或学前教育中某些现象、问题的基本现状。例如,为了了解儿童入小学前后每日活动量的差别所进行的"大班儿童与一年级小学生24小时活动的调查"。通过现状调查,可把握研究对象的现实状态,开展针对性的教育和帮助,同时也可以从中发现实际问题,以改进今后的教育教学工作。相关调查旨在探讨两个变量相互联系的性质和程度,如"惩罚与儿童侵犯性行为的关系调查"就属于这类调查。进行相关调查研究时,首先要获取两个变量的数据资料,通过计算其相关系数来判断两个变量之间存在的关系。儿童教育中的原因调查主要在于了解儿童的某种现象或特征形成的原因,如"儿童合作行为成因调查"等。值得注意的是,原因调查的结果仅仅反映出产生某一现象的主要原因,但这些原因是如何对现象产生影响的,则很难调查清楚,要确证这种因果关系还需其他研究方法的配合与互证。对追踪调查来说,它是通过对同一组儿童的同一特征用同一种标准进行反复的观测,以探讨儿童某种特征随时间推移而变化发展的情况,有助于了解不同年龄阶段的儿童在某些方面的发展特点和规律,如"儿童口头语言和书面语言发展关键时期的调查"等。追踪调查是一种纵向研究方法，研究周期一般随研究目的不同而异，短则几十天、几个月，长则几年、几十年。由于研究周期较长，因此，在对调查资料进行分析时，一定要充分考虑时间因素对结论的影响。

调查研究法中常用方法主要有问卷法、访谈法、活动产品分析法及情境法等。在学前教育心理学研究中，问卷法的使用主要是通过儿童家长或教师来进行的。由于学前儿童的特殊性，研究者在调查了解儿童某一特征（如生活自理能力）的发展变化状况时，一般主要通过对其家长或教师的调查来进行。问卷法也常用于对教师的教学或家长对儿童教育的态度、措施等方面的调查。问卷设计的合理性是这种方法的关键。

目前，情境法在儿童教育心理研究中的使用逐渐增多。这是一种让儿童处于设计好的活动环境或问题情境中，对其进行观察或问卷调查，从而获得有关反应信息的研究方法。它常用于思想品德、价值观念及社会行为等方面的研究，特别适合于对幼儿园儿童的研究。

情境法的类型主要有活动情境法和问题情境法两类。活动情境法指在教育活动过程中创设一定的情境或控制一定的条件，然后对儿童在情境中的行为表现进行观测并加以研究的方法，如对儿童诚实行为的研究。而问题情境法是向儿童提供事先设计好的一个两难问题情境，要求儿童对情境中的问题作出回答，以此考察儿童道德判断水平或情绪反应，如美国心理学家柯尔伯格设计的道德两难故事情境"海因兹偷药"便是如此。另外，情境法还可以采用移情、投射等形式进行研究。如果想了解儿童心理倾向和态度，可设计情境让儿童通过绘画、角色扮演等形式表现自己的内心状态。由于情境法创设与生活、学习相似的研究背景，让儿童在没有外在压力的条件下，有机会表现真实的行为，因此，该法能测量儿童在真实情境中真实的情绪反应，探索其内心深层的变化并能高效率地收集有关资料，且所获资料具有比较价值。

综上所述，由于调查法是一种间接的研究方法，其使用过程及数据资料的获得与分析，受研究者和被研究对象的主、客观态度的影响，因而在使用调查法时应充分考虑到它的优点和不足，做到扬长避短。

（四）测量法

测量法是研究者根据研究的需要，采用标准化的测量工具，按照规定的程序，通过对研究对象的实际测定来收集有关的数据资料并加以分析，来揭示教育活动的效果，探索教育活动规律的一种研究方法。在幼儿园教育教学过程中，教育者对儿童不断地施加各种教育影响，这种影响既有积极的，又有消极的。通过测量可以找出教育实践中的不足，为改进教学提供反馈信息。

测量法是通过一定的测量工具来完成的。一般来说，测量要具备四个基本要素，即测量对象、测量内容、测量规则和测量工具。测验是测量的工具，在教育研究中，测验的种类很多，按行为目标和测验内容的不同，可以将测验分为智力测验、能力倾向测验、成就测验和人格测验等四种类型。

学前教育心理研究中，智力测验的运用较为广泛，它既可以了解儿童思维、动作及认知等方面的现状水平，也可用来考察研究或实验效果。常用的智力测验工具主要有中国比奈量表、韦克斯勒儿童智力量表、瑞文推理测验、画人测验及中国儿童发展量表等。其中，中国儿童发展量表主要用于测量儿童的语言能力、认知能力、社会认知能力和身体素质及动作技能发展状况等内容。对上述智力测验，研究者可根据自己研究的需要从中加以选择使用。

成就测验也称成绩测验，主要用于测试个人在经过某种正式教育或训练之后对知识技能掌握的程度，即被试的学习效果，它是在教育领域中(主要是学校教育)使用最多、最广泛的一种测验，可作为对个人学力水平进行评定的一项重要指标。在儿童教育心理研究中，成就测验的使用很少，其主要原因是由于学前儿童教育与学校教育不同所致，当然，也与目前缺乏适合于儿童教育的成就测验有关。另外，能力倾向测验主要用于测量研究对象能力发展的可能方向及在某个方面能力发展的潜在可能性，如音乐能力倾向测验等。而人格测验是指针对研究对象的个性倾向性和心理特征方面的测试，包括对人的兴趣、态度、意志、情绪、性格、气质等方面，其内容多涉及人的个性和社会性等方面的问题，如可用于儿童的人格测验——儿童统觉测验，它运用心理投射原理，通过儿童对图片中人物、景物等内容的描述与想象，来了解儿童内心世界的变化及个性状况。

除了上述测验以外，还有一类测验在当今社会越来越为人们所关注，这就是创造力测验，如托兰斯创造性思维测验(TTCT)等。这类测验的目的在于了解一个人的创造力潜能，它不同于智力测验，其测量结果反映的是思维的流畅性、变通性和超乎寻常的独特性等。由于创造力测验出现的历史不长，测验的标准化程度不高，尽管取得了一些有价值的测试资料，但离实际应用——预测和控制人的创造行为还有相当距离。因此，在使用创造力测验时，应充分注意它的适用范围及局限性。

上述测验大都属于标准化测验，由于目前我国用于儿童教育心理测验的标准化工具为数不多，且大多集中在测定儿童的智力方面，这很难充分满足我们对学前儿童心理与教育问题研究的需要。在这种情况下，适合于研究者特定需求的自编测验应运而生。自编测验是一种由研究者根据研究的需要自行制作测量工具并在特定的时间和条件下使用的测验(如皮亚杰的守恒测验)，其针对性、灵活性较好，且操作较简便，能较好地对儿童某种心理品质所涵盖的特殊心理状态和活动能力进行测定。但应注意，自编测验并非研究者随意编制的测验，它的编制过程也应符合标准化测验的编制过程，仅只在某些方面有所舍取而已。正因为如此，自编测验在使用时，其应用范围和结果可信度等均存在一定的问题。

综观测量法，虽然它具有其他研究方法所不具备的自身优势，但它测定的往往是人的各种心理特征，所研究的对象是有思想、有感情的活生生的人，其心理特征会随主观意志、外界刺激的变化而变化，尤其对学前儿童来说更是如此。因此，只有将测量法与其他方法相结合，走多层次、多方面、多角度研究之路，才能使儿童教育心理研究更为客观、可靠。

学前教育心理学的研究方法，除上述介绍的常用的基本方法以外，还有一些其他的方法，如作品分析法，即通过绘画、泥工等儿童作业分析学前儿童的心理活动。教育过程中心理现象是极为复杂的现象，这就决定了研究方法的多样性。上述方法各有其优点，也各有其局限性。在很多情况下，学前教育心理现象的研究，往往不是单一地采用某种方法就可以达到目的的，而是要根据研究的需要，采用综合的方法，即以某种方法为主，其他方法为辅，如研究儿童想象发展的特点,可以将观察法、谈话法、作品分析法等配合运用。

  总之,在学前教育心理学研究中,无论运用哪一种研究方式和方法,研究者都必须注意要从儿童的具体活动和行为表现来研究。另外,儿童心理是在外界社会生活条件、教育的影响下发展起来的。因此,如果我们要研究某一儿童的行为习惯,除了观察他的表现以外,还必须考虑他的家庭条件,过去所接受的教育等因素。最后,研究儿童心理,还必须从它的发展、变化中去研究它的规律,这是十分必要的。

【本章内容概览】

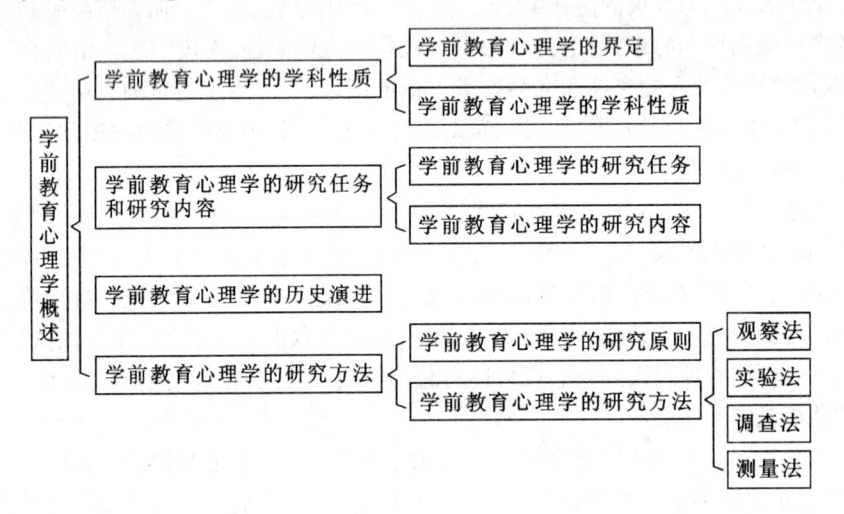

```
                                    ┌─ 学前教育心理学的界定
                 ┌─ 学前教育心理学的学科性质 ─┤
                 │                  └─ 学前教育心理学的学科性质
                 │
学前              │                  ┌─ 学前教育心理学的研究任务
教育 ─┤ 学前教育心理学的研究任务 ─┤
心理              │  和研究内容       └─ 学前教育心理学的研究内容
学                │
概                ├─ 学前教育心理学的历史演进
述                │
                 │                                      ┌─ 观察法
                 │                  ┌─ 学前教育心理学的研究原则   │ 实验法
                 └─ 学前教育心理学的研究方法 ─┤                  ├─
                                    └─ 学前教育心理学的研究方法 ─┤ 调查法
                                                           └─ 测量法
```

【思考题】

1. 为什么说学前教育心理学是一门独立的学科?
2. 学前教育心理学的研究任务是什么?
3. 简要说明学前教育心理学的研究方法。
4. 学前教育心理学的发展历程是怎样的?

第二编

学前儿童学习心理
（学习总论）

第二章 学前儿童学习心理

【问题求索】

1. 何为学习？
2. 学前儿童学习具有哪些特点？
3. 学前儿童以何种方式学习？
4. 学前儿童的学习存在哪些个体差异？
5. 学前儿童的学习存在哪些群体差异？

第一节 学习和学前儿童学习

一、学习

学习在个体孕育于母腹中时就已经开始了。它是有机体适应环境的一个必要的条件。有机体生活在不断变化的复杂环境中，必须经常调节自己的行为以求得与环境的平衡。学习贯串了个体生命的全过程。婴儿在母亲的怀里牙牙学语，这是学习；儿童听了老师讲课以后，知道怎样解决问题，也是学习；哥哥逃学受到父母的批评，改正了错误，而妹妹看到哥哥挨了批评，一开始就按时去学校，在这种情况下，兄妹两人同时都从父母的批评中得到了学习。学习可以发生在不同的场合，并以不同的方式改变我们的行为。学习不仅可以改变有机体外在的可以观察到的行为，也能影响有机体的成熟，促进人类智能的发展。学习是人和动物最重要的一种活动，也是心理学研究的一个重要领域。学习既包含了许多认知的因素，如感知、记忆、思维等，也涉及动机、情绪、社会行为以及人格等基本问题。

（一）学习的一般概念

学习是个体在一定情境下由于反复地经验而产生的行为或行为潜能的比较持久的变化。这一概念有三个含义。

首先，学习是以行为或行为潜能的改变为标志的。学习是有机体获得新的个体行为经验的过程。经过学习，有机体将出现某些可观察的行为变化，可以完成一些以前无法完成的事情。例如，儿童不知道怎样表达春节时对家人的祝福，学习了春节祝福语，以后能够正确表达祝福语，这就说明行为发生了变化。应该指出的是，仅仅听课还不是"学习"，如果听课以后，什么也不会，行为没有发生任何改变，这样的过程就不是学习过程。学习总会引起行为的改变，这种改变说明个体的确"学会了"什么。行为的改变有时是明显的、外在的，而有时是隐性的、潜在的，后者就是我们所说的"行为潜能"的改变。例如，给儿童学习50个新词，30分钟后进行测试，结果发现，儿童正确掌握了其中28个新词的含义，这是明显的行为改变。但是，这并不意味着儿童对其余的 22 个新词完全没有学习。或许是儿童对这些单词的学习程度可能还没有达到能立刻正确回答测试问题的地步。但是，在以后的学习中，当儿童再次学习这 22 个单词时，也许会学得更快、更好些，说明儿童的行为潜能已经发生了变化。

个体行为的变化可能是由反复经验引起的，也可能是由成熟、疲劳或疾病引起的。前者是学习，而后者不是学习。例如，我们从黑暗的电影院出来，在刺眼的阳光下，眼睛将产生明适应，瞳孔收缩，个体对光刺激的感受性降低，这种行为改变是一种本能的适应活动，不能叫做学习。又如，在长跑比赛中，运动员在起跑时跑得很快，后来速度越来越慢，这种行为速度上的变化是由疲劳引起的，也不能叫做学习。成熟和学习都能引起行为的改变，但两者是有区别的，不应混淆。成熟主要是由生理功能的发育所引起的变化，它不需要从外界获取经验，这和学习不同。但在个体发展中，成熟又常常与学习相互作用。例如，儿童语言的发展，其中既有生理成熟的作用，也有学习的作用。儿童到一定的年龄阶段才开始理解话语并进而表达话语，这是由生理成熟决定的，但是，如果没有正常的语言环境，儿童就不能学习到正常的语言，这又是学习的作用。正确区分成熟和学习，对理解学习的概念是很有意义的。

其次，学习引起的行为变化是相对持久的。无论是外显的行为变化还是行为潜能的变化，只有行为改变的持续时间较长，才可以称为学习。例如，疲劳和疾病都可以引起一些暂时的行为改变。疾病的折磨可能让人烦躁不安，改变了对别人的态度；麻醉药物可能使个体的正常意识受到破坏，作出一些怪异的行为，这些行为改变是暂时的，当引起这些变化的因素消失后，行为的改变也就停止了。这种暂时的行为改变和学习是有区别的。

敏感化和习惯化也是由经验引起的行为变化，但这些变化是暂时的。敏感化指有机体对环境中的某一个特定的刺激更容易作出反应。例如，人们不害怕正常的光、电现象，但是，在经历了一次地震以后，对正常的光、电现象就可能变得敏感起来。习惯化是与敏感化相反的过程，它指当一个特定的刺激单纯地反复出现时，有机体对这个刺激的反应将逐渐减少。对新异的刺激，有机体会给予特别的注意，产生定向反射，但是，一旦刺激多次重复出现，定向反射就会逐渐减少。例如，当你走进一间安静的房间时，你可能会听到空调机工作时嗡嗡的声音，但在这种声音持续一段时间之后，你就习惯了。对正常的有机体来说，敏感化或习惯化都可能是短暂的，因而不能叫学习。但当敏感化和习惯化是由复杂刺激引起的，而行为改变成为持久的改变时，也可以称为学习。

最后，学习是由练习或经验引起的。经验有两个含义，既可以指个体通过活动直接作用于客观现实的过程，也可以指在这一过程中所得到的结果，如个体学会的知识、技能和形成的人生观等。学习是在个体与环境的交互作用过程中产生的。有机体必须通过练习或经验才能使行为发生改变。有些行为的改变需要较长的时间，需要系统而反复的练习或经验，如学习某种动作技能；有些学习事先难以预料，也不需要多次重复。例如，在马路上看到有人由于高速闯红灯而造成车毁人亡的惨剧，仅仅一次经历就可以使你学习到遵守交通规则的重要性。

(二)学习的分类

学习过程非常复杂，学习内容非常广泛，学习的形式也是多种多样的，差异较大。因此很难对学习进行统一的分类。下面介绍目前较有影响的两种观点。

1. 加涅的学习分类

加涅(Gagne,1974)根据学习的复杂程度,提出了累积学习的模式,一般称为学习的层次理论。他将学习从简单到复杂分为八类。

(1)信号学习(Signal Learning)。即在经典条件作用的基础上形成的、对信号刺激作出的某种特定反应。例如,小孩子看见穿白大褂的护士就联想起打针,从而表现出恐惧,这种恐惧是由信号学习引起的。信号学习是形成行为的最小单位,也是最基本的学习,包括不随意反应和情绪反应等。

(2)刺激—反应学习(Stimulus - Response Learning)。这是基于操作性条件作用的学习,学习时具有一定的情境;有机体作出某种行为后得到强化,因而该行为将再次出现并得到巩固。例如,儿童在课堂上由于正确回答问题而得到表扬,多次以后变得爱在课堂上回答问题。

(3)系列学习(Chaining Learning)。又称"连锁"学习,指将一系列刺激—反应动作按一定系列联合起来。各种技能的获得都离不开系列学习。例如,学蛙泳就必须学会如何用手臂划水并夹水、蹬腿并夹水、抬头呼吸,以及如何将上述三个主要动作组成一个和谐的系列。

(4)语言联想学习(Verbal Association Learning)。这类学习与系列学习相似,只不过学习的单位是语词刺激,语言联想学习就是一系列连续性的词语联结。

(5)多种辨别学习(Multiple Discrimination Learning)。即学习辨别多种刺激的异同,并对之作出不同的反应。

(6)概念学习(Concept Learning)。在对刺激进行分类时,学习对同一类刺激作出相同的反应,即对该类事物的抽象特征作出反应。概念学习时,人不仅要比较事物的异同,而且要将事物的本质特征抽取出来,并将具有同样本质特征的事物归为一类,由此形成概念。

(7)原理学习(Principal Learning)。所谓原理(或法则)是指两个以上概念之间的关系,原理学习就是对概念关系的学习。例如,韦伯定律 $K = \Delta I/I$,说明了在不同感觉通道中刺激变化量与原刺激量之比是一个常数。[同一刺激差别量必须达到一定比例,才能引起差别感觉。这一比例是个常数,用公式表示:$K(常数) = \Delta I(差别阈限)/I(标准刺激强度)$,这就是韦伯定律。]在学习这一定律时,学习者必须了解差别感受性、差别阈限、刺激变化量、原刺激量和常数等一系列概念之间的关系。

(8)问题解决的学习(Problem Solving Learning)。即运用所学的原理解决问题,从问题初始状态达到目标状态的学习。

加涅的学习分类从简单到复杂,由低水平到高水平,前三类属于简单反应,是人和动物都可以完成的,后五类是人类的学习。后来,加涅将前四类学习归为一类,称为系列学习,这样学习一共有五类:系列学习、辨别学习、具体概念和定义概念的学习、原理学习以及问题解决的学习。

加涅认为,通过学习可以得到五方面的结果:①智慧技能。即个体运用符号与环境发生相互作用的能力,例如,儿童学会用拍手表示高兴和欢迎,用挥手表示再见等。智慧技能包括从最基本的语言到高级的专业技能等不同层次,是"知道如何去做(How)"的能力。②言语信息。通过言语讲述传达某种信息的能力,它是我们通常说的知识,即"知道是什么(what)"的能力。③认知策略。学习者用来指导自己的注意、学习、记忆和思维的能力,是控制学习者自身内部技能的能力。④动作技能。将各个相关动作组织成一个连贯的、精确的完整动作的能力。⑤态度。即学习者获得了能影响个体行为选择的心理状态,这也是学习的结果。例如,一位体育健将乐意把看小说当做自己的娱乐活动,而一位小说家更愿意在业余时间去游泳,而不是学习英国文学。加涅将学习者的这种选择"倾向"称之为态度(1999)。

2. 奥苏贝尔的学习分类

美国教育心理学家奥苏贝尔(Ausubel,1968)认为"一种真正实在的、科学的学习理论主要关注在学校里或类似的学习环境中所发生的各种复杂的、有意义的学习",他认为"影响学习最重要的因素是学生已知的内容"①。

奥苏贝尔根据学习材料与学习者原有知识结构的关系,将学习分为意义学习(Meaning Learning)与机械学习(Rote Learning),又根据学习的方式,将学习分为接受学习(Recetion Learning)与发现学习(Discovery Learning)。奥苏贝尔特别重视意义学习,这是他的学习理论的核心。

(1)接受学习与发现学习

奥苏贝尔认为,接受学习与发现学习有明显的区别。接受学习的特点是,讲授者将学习的内容以定论的形式传授给学习者,对学习者来说,学习就是被动"接受"知识的过程,学习中不要求学习者主动去发现什么,而只要求他们把学习的内容内化为自身的知识,以后能在恰当的时候把知识提取出来或加以运用。发现学习的基本特征是,讲授者不直接把学习内容教给学习者,而是在学习者内化之前,让学习者自己去发现这些内容。换句话说,学习者的主要任务是发现,然后再将发现的内容加以内化,成为学习者自身的知识。

(2)意义学习与机械学习

意义学习指通过符号、文字使学习者在头脑中获得相应的认知内容。也就是说,要在用符号代表的新知识与学习者原有的知识结构之间建立起一种"实质性的"和"非人为的"联系。所谓"实质性的"联系,是指人们可能用不同的符号表达知识,但它代表的意义是相同的。例如,在学习"等边三角形"这个新的数学概念时,学习者应该将头脑中已有的概念如"三角形"、"边"等,都和当前的新概念联系起来,掌握"等边三角形"就是"三条边长度相等的三角形"。学习者可以用不同的词语来描述这种知识,如"等边三角形就是三条边长度相等的三角形",或"等边三角形就是每条边都一样长的三角形",或"等边三角形的三条边等长",等等,这些词语的表达方式虽然略有不同,但表达的意义是一样的。"非人为的"联系,是指这种联系是内在的而不是任意的。例如,"等边三角形"也可以理解为"三个内角都相等的三角形",这种理解体现了三角形的边长与其对应的内角大小的关系,这种关系是一种内在的、必然的关系,而不是任意的、人为的关系。机械学习与意义学习恰恰相反。在机械学习中,学习者没有理解学习符号的真实含义,只是在学习内容与已有的知识结构之间建立一种非本质的、人为的联系。在课堂教学中,机械学习经常表现为一种死记硬背的学习。当然,接受学习是否就一定是机械学习?机械学习在课堂教学中是否完全没有运用的价值呢?奥苏贝尔一再强调,

---

① Ausubel D P. Educational Psychology:A Cognitive View[M]. NewYork:Jolt, Rine hamand Winston,1968:109.

接受学习不一定是机械学习,而发现学习也不一定是意义学习。无论是接受学习还是发现学习,都有可能是机械的,或者是有意义的。当学习者不具备必要的知识背景时,有些教学内容就只能以接受学习的方式进行传授。这时,只要教师的讲授得法,学习者的接受学习并不一定就是"机械的";同样,发现学习也不能保证学习者一定能进行意义学习,如果学习者只是机械地记住了"发现"的典型步骤,对自己正在做什么、为什么要这样做却认识模糊,他们的学习同样可能是机械的。实际上,意义学习与机械学习是一个发展连续体的两个极端,许多真实的教学都处在两者之间的某一点上。

二、学前儿童学习

(一)学前儿童学习的重要意义

学前阶段是人的一生学习的黄金时期。脑科学研究是支持这一观点的有力证明。脑科学研究认为,学前阶段是脑发育速度的高峰期。这一点可以通过婴幼儿脑重量的发育、脑细胞数目的增长、脑神经髓鞘化、神经系统可塑性强等得到证实。

1. 脑重量迅速增加

婴儿出生时脑重量 350 g~400 g,占体重的 1/8~1/9,约为成人脑重的 25%,1 岁时为出生时的两倍,达成人脑重的 50%,2 岁时为成人脑重的 75%,可见,在最初两年内,脑发育是快的。3~6 岁时,脑的发育仍较迅速,脑重已由 1 岁时的 900 g 增至 6 岁时的 1200 g。7~8 岁的儿童脑继续发育,脑重由 6 岁时的 1200 g 增加到 1300 g,接近成人的脑重(1350 g~1400 g)。

2. 脑细胞数目增长

妊娠 3 个月时,胎儿的神经系统已基本成形。出生前半年至出生后一年是脑细胞数目增长的重要阶段。1 岁以后虽然脑细胞的数目不再增加,但是细胞的突起却由短变长、由少到多。神经细胞就像棵小树苗,逐渐长成一棵枝繁叶茂的大树。细胞的突起就好像自树干长出的枝杈,一棵树的枝杈与其他的树相互搭连,建立起复杂的联系,这就为儿童智力的发展提供了生理基础。

3. 神经髓鞘化

髓鞘化也是婴幼儿期脑发育重要指标。髓鞘是神经纤维的绝缘体,包裹在神经突起的外面,就好像是电线的绝缘外皮,没有这层绝缘外皮,就会"跑电"、"串电",实则是神经传导互相干扰。例如,婴儿的髓鞘发育不完善,发烧时很容易引起全身抽搐;新生儿动作不精准,碰碰手,可能引起全身哆嗦。随着年龄的增长,髓鞘逐渐形成,婴幼儿的动作等才能迅速和准确。可以说,个体发育过程中神经纤维的髓鞘化是行为分化的重要条件,更为重要的是,学前期是神经髓鞘化形成的关键期。

4. 神经系统可塑性强

神经系统早期的可塑性表现为可变更性和代偿性。可变更性是指某些细胞的特殊功能可以改变,例如,视觉系统神经细胞可以改变其功能,与新的伙伴在一起而起新的作用。但是过了一定敏感期,视觉神经细胞不但不会起新作用,而且会萎缩。很多事例能够证实这一观点。如国外有科学家曾将黑猩猩从出生到 16 个月大时使其生活在黑暗中,黑暗将使它们永远失明。又如先天白内障的儿童,出生后及时治疗可以获得视力,但超过 5 岁,视觉皮层脑细胞将萎缩,此时大脑已失去辨认图像的能力,如意大利男孩由于婴儿期右眼感染包扎两周,导致脑内相应的神经细胞萎缩而右眼失明。

代偿性是指一些细胞能代替另一些细胞的功能,在神经细胞损伤或破坏以后可以得到功能的恢复。研究证明,只有在生长发育早期,局部细胞缺失可由邻近细胞所代偿,但过了一定关键期后,缺陷将成为永久性的。如在发育早期脑受损伤,到成年时功能很少影响。如生后2~3个月以内颅内出血引起的脑损伤,经系统康复治疗及早期认知教育训练,患儿在2~3岁时其运动、语言、智力发育均和正常同龄儿童相似。如果这种情况发生在成年人,肯定会引起明显的一侧肢体瘫痪和其他脑功能问题。

由此可见,婴幼儿时期是心理发展最迅速的时期,是学习能力发展的关键期。所谓关键期,也叫敏感期,是指某种知识或行为经验,在某一特定时期或阶段中最易获得、最易形成的时期,错过这个时期,就不能重获或达不到最好的水平。这个概念最初是从动物实验中得来的。20世纪50~60年代,奥地利动物行为学家、诺贝尔奖获得者劳伦兹发现,小鸭在出生后1~2天有追随一个活动着的物体的行为,错过这个时刻,就很难再形成这种追随行为了。劳伦兹把这种行为称为"印刻现象",即生后1~2天是小鸭形成追随活动物体的关键期。对于人类来说,无论学习音乐、舞蹈,或是某种运动项目、语言等,都有关键期。

根据脑科学的研究,我们不难发现,人的心智发展的关键期主要在婴幼儿期,意大利教育家蒙台梭利认为:人生的头三年胜过以后发展的各个阶段,胜过3岁以后直到死亡的总和。前苏联教育家马卡连柯说:教育的基础主要是在5岁前奠定的,它占整个教育过程的90%。因此,在学前阶段给予儿童丰富而适宜的教育环境,引导儿童进行有效的学习,是学前教育的关键所在。

(二)婴幼儿的学习

1. 婴儿学习的方式和特点

众所周知,饥饿常常会引起婴儿的啼哭,可当他(她)一看到母亲时,哭声常常会突然中止,这是因为在幼小的心灵里,母亲的到来已经成为食物来临的信号,他们已经有了这种经验。事实上,这种经验的获得就是学习。婴儿的学习主要是通过条件反射和模仿进行的。

(1)条件反射。婴儿学习的最主要的方式是条件反射学习,心理学家巴甫洛夫以狗的唾液分泌实验为例来解释这一学习过程。在婴儿期,儿童也能形成类似这样的条件反射。如实验人员在喂奶前几秒钟,总是打开蜂音器让婴儿听,5天之后,实验组中的婴儿一听到蜂音器的声音就会张嘴做吸吮动作,这说明他们已经在蜂音器的声音与喂奶之间建立了联系。

(2)操作性学习。操作性学习这一概念,是斯金纳行为主义学习理论的核心。他关于操作性条件反射作用的实验,是在他设计的一种动物实验仪器即著名的斯金纳箱中进行的。此理论的核心是:如果一个儿童做出成人所希望的行为,那么,成人就与此相联系提供强化行为;如果做出成人所不希望的行为,成人就应该给予惩罚。如此,儿童就能达到成人所期望的行为而避免不良行为。婴儿能否建立操作式的条件反射呢?有一种观点认为是可以的。其中有一个实验是对3个半月到4个半月的婴儿进行的。实验人员在婴儿微笑的时候把他们抱起来,然后放回到他们的小床上。这样做以后发现,参加实验的婴儿微笑的次数增加了。同时,研究人员也发现,当婴儿微笑时,间歇地抱一抱比起一笑就抱所引起婴儿微笑的次数要多。这种操作式的学习常用在婴儿学习的许多方面。

(3)模仿学习。可以说,婴儿阶段儿童主要是通过模仿来学习的,婴儿通过对成人的动作、语言等行为的模仿而发展。母亲拍手,婴儿会学着拍手;母亲笑,婴儿也跟着笑;母亲伸舌头,婴儿也会学着类似的动作。这种模仿式的学习在日常生活中无处不在。环境中的一切都能成为婴儿模仿对象,因此,不能忽视环境对孩子潜移默化的影响。

2.幼儿学习的特点和方式

广义上来说,学习对任何年龄的人都一样,就是接受知识、掌握技能适应环境的过程。但具体来说,幼儿期儿童的学习有其本身的特点。这些特点表现在:

(1)模仿性强。幼儿是好模仿的,几乎什么都要模仿,动作要模仿,说话要模仿,甚至连大人的语气也要模仿。

(2)同伴效应明显。幼儿期儿童喜欢与同伴儿一起学习,因此,他们的学习受同伴影响较大。有研究表明,和在与成人的交往中学习相比,在与同伴的交往中,学习的效果更好。

(3)直观性强。幼儿学习时需要具体的直观的实物作支持。例如,学习数算时,需要手指、糖果或其他实物的辅助,尽管到了幼儿晚期,离开实物能做一些简单的抽象运算,学会一些较抽象的字词,但总的来说,幼儿期的学习离不开实物的支持。

(4)在活动中进行。离开了活动,离开了游戏,幼儿的学习就难以进行。这是因为幼儿神经系统的抑制功能还不成熟,因而,他们还不能像学校里的学生那样长时间地坐在教室里学习。其次,儿童的思考离不开行动,这是儿童年龄特征决定的。

(5)以无目的学习为主。幼儿在好奇心的驱使下积极地探究周围的一切,从中学到不少东西,但这种学习是没有目的的。他们的学习任务常需要由成人提出。到了幼儿晚期,儿童也能确定一些较近期的目标。

(6)每次能接受的量较小。由于幼儿的大脑皮层尚未发育完全,很容易产生抑制,因此,幼儿每次只能学相对少量的内容。对于学过的内容,也需要以不同的形式作更多的重复才能巩固。

第二节 学前儿童学习的个体差异

学前儿童的学习存在个体差异,一直以来,这个问题就是教育心理学著作中的一个重要部分。学前儿童学习的个体差异,主要包括智力差异、学习风格差异、脑优势差异等方面。教师在进行教学活动前,认真分析儿童的个体差异,有助于教师开发和设计各种学习途径和方法,实现教育教学活动的目标。

一、学前儿童智力差异

学前儿童存在个体差异,其中智力差异就是最明显的表现之一。智力是使人能够顺利从事某种活动所必须具备的各种认知能力的有机结合,主要由注意力、观察力、记忆力、思维力、想象力等构成。学前儿童的智力差异主要体现在两个方面:一是纵向维度的智力水平上的差异,即智商的差异;二是横向结构上的差异,即多元智力的差异。

(一)智力在纵向水平上的差异

当提及"没有教不好的儿童,只有教不好的老师"这一观点时,很多教师表示不赞成此观点。一些教师很不解,为什么有的儿童一点就通,有的儿童怎么教都不会?当然,这种现象产生的原因,有可能是教师教学效率不高,但决不能排除儿童的问题。我们必须承认,学前儿童的智商存在差异,但差异有多大呢?学前儿童的智商差异能否成为教师评判其智力的有力支持呢?如果你认为是的,那么,你就错了。

自从智力测验问世后,要区别智力的差异就变得容易起来。1905年,法国心理学家制订出第一个测量智力的量表——比奈—西蒙智力量表,1922年时传入我国,1982年由北京吴天敏修订,共51题,主要适合测量小学生和初中生的智力。1916年,美国韦克斯勒编制了韦克斯勒成人智力量表(WAIS)和韦克斯勒学生智力量表(WISC)以及适用4~6.5岁儿童的韦克斯勒儿童智力量表(WPPSZ),韦氏量表于20世纪80年代中后期引进我国,又经过修订出版了中文版,经过湖南医科大学龚耀先等人修订,制订了中国常模。

心理学研究证实,人类群体的智商有规律可循。在现代典型的智力测验中,设定主体人口的平均智商为100,具体分布如表2.2.1。

表 2.2.1　智商及等级分布

IQ(智商)	70以下	79~79	80~89	90~109	110~119	120~129	130以上
等级	较弱	边缘	亚正常	正常	较高	优秀	超常
百分比%	2.2	6.7	16.1	50	16.1	6.7	2.2

图 2.2.1　同龄人中智力的分布图

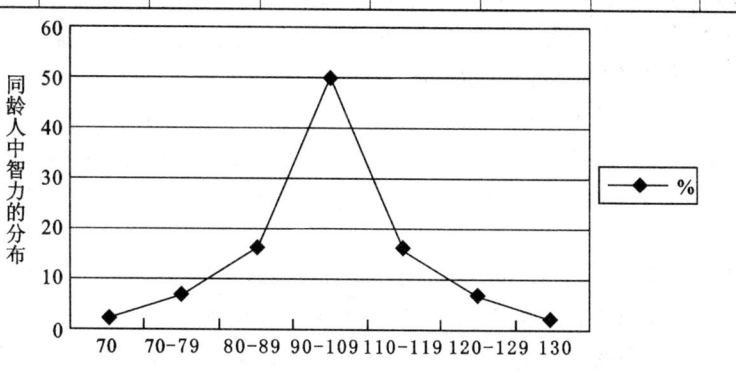

图2.2.1所示,人类群体的智商分布呈正态分布。也就是说,在我们面对的教育对象中,智力极高和智力极低的儿童并不多见,绝大多数的儿童智力处于中等水平,且差异并不大,智商相对比较集中。

但是,值得疑问的是,既然学前儿童智商差异不显著,为什么在教学活动中会出现儿童学业成就的差异呢?学前儿童学业成就的水平还与哪些因素相关呢?

【前沿投递】

成功智力理论

美国耶鲁大学的斯腾伯格长期从事智力的研究，提出了成功智力（Successful Intelligence）的理论，让人认识到，人生的成功，主要不是靠智商（IQ），而是取决于成功智力。斯腾伯格不仅从事成功智力的理论研究，而且也进行应用实践的实验。他出版的《成功智力》（1996）颇有影响，这本书已有中文译本。

关于成功智力的概念，斯腾伯格（1998）认为，我们应当少关注一些传统的智力观念，尤其是智商的概念，而多关注一些他所说的成功智力。他在《成功智力》一书的序里有趣地谈到，他曾在小学时考砸了智商测验，他下决心要表明，如果将来成功了，那也不是其智商的作用。为此，他最终走上探索智力的道路，并努力寻找能够真正预测今后成功的智力。所谓成功智力，就是为了完成个人的以及自己群体或者文化的目标，从而去适应环境、改变环境和选择环境的能力。如果一个人具有成功智力，那么，他就懂得什么时候该适应环境，什么时候可以改变环境，什么时候应当选择环境，能够在三者之间进行平衡。具有成功智力的人能够认识到自己的优势和劣势，然后能够想方设法地利用自己的优势，同时，能够补偿自己的劣势或者不足。这是人们之所以成功的原因之一。

珀金斯的"真"智力

美国哈佛大学另一位心理学家珀金斯（Perkins）于1996年提出"真智力"（True Intelligence）。他核查了大量关于智商测验和促进智商的研究，进而提出：智商包括三种主要的成分或者维度。

一是神经智力（Neural Intelligence）：这是指神经系统的有效性和准确度。神经智力具有"非用即失（Use It or Lose It）"的特点。显然，神经智力是可以通过运用先天因素而得到保持和加强的。神经智力同卡特尔（R. B. Cattell）所说的流体智力有些相似。

二是经验智力（Experiential Intelligence）：这是指个人积累的不同领域的知识和经验。这可以看做是个人所有专长的积累。经验智力的基础是积累知识和经验，这些知识和经验，可以使人们在一个或者多个领域中，具有高水平的技能。生长于刺激环境较为贫乏的人，较之一个生长在学习环境丰富的人，其智力显著地表现出差异来。丰富的学习环境能够促进经验智力。经验智力和卡特尔所说的晶体智力有些相似。

三是反省智力（Reflective Intelligence）：这是指解决问题、学习和完成挑战智力任务的广泛的策略。它包括支持性系统、系统性和想象力的各种态度。它包括自我监视和自我管理。反省智力可以看成是有助于有效地运用神经智力和经验智力的控制系统。人们是可以学会更有效地利用神经智力和经验智力的种种策略的。反省智力类似于元认知（Meta Cognition）和认知监视（Cognitive Monitoring）等概念。

情绪智商（EQ）

丹尼尔·格尔曼和其他几个研究者，揭露了情绪智商的概念，并声称它至少像更传统的"智力"一样重要。

（二）智力在横向结构上的差异

导致学前儿童在学习上的差异的主要原因并不是其智力在纵向水平上的差异，而是智力在横向结构上的差异。传统的智力测试量表只能测出学前儿童三个方面的智力，包括语言智能、数学智能以及空间思维能力，除此之外，这些量表并未涉及其他能力的测评。但是，人类的智能仅限于语言、数学和空间能力吗？答案是否定的。

哈佛大学心理学家加德纳给我们提供了很好的理论支持。加德纳在1983年提出了多元智能理论。他认为过去对智力的定义过于狭窄，未能正确反映一个人的真实能力。他在《心智的架构》(*Frames of Mind*)这本书里提出，人类的智能至少可以分成八个范畴：

- （1）逻辑（Logical）
- （2）语言（Linguistic）
- （3）空间（Spatial）
- （4）音乐（Musical）
- （5）肢体运动（Kinesthetic）
- （6）内省（Intra‐personal）
- （7）人际（Inter‐personal）
- （8）自然探索（Naturalist）

加德纳的研究充分揭示了一个更为宽泛的智能体系。加德纳谨慎地指出，人类智能不应局限于他所确认的这几种类型。下面对加德纳智力分类进行详细阐述。

加德纳将智能分为三大类：与物体无关的智能、与物体相关的智能、与人相关的智能。

与"物体无关"的智能：不依赖于物理世界形成，而是有赖于语言和音乐系统。

（1）语言智能——是指用语言思维、用语言表达和欣赏语言深层内涵的能力。作家、诗人、记者、演说家、新闻播音员都显示出高度的语言智能。

加德纳将语言智力列为第一种智力，是因为"语言是最广泛最公平地在人类中得到分享的一种智力"。语言智力是指读、写和言语交流的能力。

（2）音乐智能——是指人敏锐地感知音调、旋律、节奏和音色等的能力。具有这种智能的人包括作曲家、指挥家、乐师、音乐评论家、制造乐器者和善于领悟音乐的听众。

与物体相关的智能：这些能力是个体在环境中被所面临的物体控制而形成的。

（3）逻辑—数学智能——是指人能够计算、量化、思考命题和假设，并进行复杂数学运算的能力。科学家、数学家、会计师、工程师和电脑程序设计师都显示出很强的逻辑—数学智能。

（4）空间智能——这项智能包括对色彩、线条、形状、形式、空间及它们之间关系的敏感性，也包括将视觉和空间的想法具体的在脑中呈现出来，以及在一个空间的矩阵中很快找出方向的能力，如航海家、飞行员、雕塑家、画家和建筑师所表现的能力。

（5）身体—运动智能——是指人能巧妙地操纵物体和调整身体的技能。运动员、舞蹈家、外科医生和手工艺人都是这方面的例证。

(6)自然观察智能——在环境中,对多种植物和动物的一种认识和分类的能力。不像其他的一些智能,自然智能更关注在大自然、户外这样特定环境中的各种生命形式。学有专长的自然观察者包括农夫、植物学家、猎人、生态学家和庭园设计师。

"与人相关"的智能:指人在社会活动中对自我、他人及人际互动的认识能力。

(7)人际关系智能——是指能够有效地理解别人和与人交往的能力。核心是察觉并区分他人的情绪、意向、动机及感觉的能力。这包括对脸部表情、声音和动作的敏感性,辨别不同人际关系的暗示以及对这些暗示作出适当反应的能力。人际关系智能强的人,通常比较喜欢参与团体性质的运动或游戏,如打篮球、玩儿桥牌;而较不喜欢个人性质的运动及游戏,如跑步、玩儿电动玩具。当他们遭遇问题时,他们比较愿意找别人帮忙;喜欢教别人如何做某件事。他们在人群中感觉很舒服自在,通常是团体中的领导者,他们适合从事的职业有政治、心理辅导、公关、推销及行政等需要组织、联系、协调、领导、聚会等的工作。这一类的学前儿童靠他人的回馈来思考,对他们而言,理想的学习环境必须提供下列的教学材料及活动:小组作业、朋友、群体游戏、社交聚会、社团活动、社区参与等。

(8)自我认识智能——是指关于建构正确自我知觉的能力,并善于用这种知识计划和引导自己的人生。神学家、心理学家和哲学家,就是拥有高度的自我认识智能的典型例证。

多元智力给我们的启示:

第一,多元智能中八种智能彼此独立,一种智能很好,另一种却可能很差,很少有人能样样突出。首先这一观点为教师提供了一个积极的儿童观,防止教师在教育过程中产生"晕轮效应",即认为某个学前儿童"一好百好,一差百差";其次,教师在教学中习惯运用语言、数学等途径刺激儿童学习,而不擅长于此方面智能的学前儿童,学习效率自然就不高。

第二,每个人各种智能的先天潜质不同,比如,有些人语文和音乐方面很强,但是,社交却特别差。通过多元智能理论的评价体系,可以找出每一个人的最佳智能方面。

第三,对儿童多元智能的评价,不是为了区分儿童的优劣,而是为了发现每个儿童的智能潜力和特点,识别并培养他们区别于他人的智能和兴趣,为他们提供一条建立自我价值感的有效途径,从而帮助他们去实现富有个性特色的发展。

第四,通过评估找出智能强项,可以帮助儿童找出最佳学习方式。例如,语言智能强的儿童,可以使用背诵的方式来记忆;但对于身体运动智能强而语言文字智能弱的儿童,可能无法静下来阅读和记忆,而使用连动带唱的方式来记忆比较有效。

第五,多元智能理论也为教师提供了一种教学设计的思路,要求教师在教学过程中,应设计多种途径,满足不同智能优势的学前儿童以他们擅长的方式学习,以便很好地实现教学活动目标。

为了便于师范生们更好地理解多元智能在教学中的运用,提供以下教学实例,以供参考。

【实例分析】

幼儿园主题活动：认识彗星①

组织方式：教师根据学前儿童自己的兴趣和喜好，将学前儿童分成八个小组，每个小组可以以自己擅长的方式学习彗星的相关知识。

(1) 莎士比亚中心(言语—语言智能)：儿童阅读关于彗星的书籍和画册，并回答相关问题，给其他组儿童讲解有关彗星的问题。

(2) 爱因斯坦中心(逻辑—数理智能)：儿童解决与彗星尾巴长度有关的问题。

(3) 玛莎葛莱姆(身体—动觉智能)：儿童用木棍、软糖和丝带制作彗星的模型，然后扮演彗星在椭圆轨道上行走，并保持尾巴朝向与太阳相反的方向。

(4) 毕加索中心(视觉—空间智能)：儿童使用胶水和闪光片在彩色纸上制作彗星，并正确标示各组成部分。

(5) 查理士中心(音乐—节奏智能)：运用《小星星》的旋律，创编有关彗星的歌词，必须包含几项事实。

(6) 德雷莎修女中心(人际交往智能)：儿童通过合作，制作一个关于彗星和太空的资料库。或每个小组制作一个展示太空的游戏，并向其他小组提出有挑战性的问题。

(7) 狄更斯中心(自我反省智能)：说出自己与彗星相比，有何相同和不同之处。

(8) 古德尔中心(自然观察智能)：呈现有关彗星和彗星轨道的图片，并根据彗星的相似性进行分类。

教师按照多元智能的类型，将儿童分成不同优势智能组，通过引导儿童以自己优势的学习方式认识彗星，能够取得最佳学习效果。

教学过程中，教师创设的学习方式越多，就越有可能满足不同优势智能领域的儿童以自己最容易接受和喜欢的方式学习。

二、学前儿童学习风格分析

你是否发现，在学前儿童中，有的儿童容易冲动，而有些较为谨慎；有的儿童喜欢自己完成任务，有的则喜欢与同伴合作完成任务；有的儿童通过谛听能更好地学习，有的儿童则需要动手操作才能更好地学习。儿童之间在学习的过程中各有不同，我们将这种在学习过程中形成的比较稳定的行为模式称为学习风格。学习风格也称学习类型或是学习方式，包括认知风格、学习策略、内外控制点、焦虑、兴趣、态度等。学习风格能够影响学前儿童的学习方式，当教师倡导的学习方式和学前儿童的学习风格吻合时，儿童的学习效率最高。

目前，学习风格的研究成果多数是从心理学的角度出发，通过对个体的生理和心理特点进行研究，总结出个体之间在感知觉、认知、动机、意志等方面表现出的差异。具体来说，在生理方面主要表现为年龄、性别、体质特征、时间知觉的不同，以及对声音、光线、温度的偏爱和

---

① 孙庆均. 借鉴多元智能提高中学教学[EB/OL]. http://www.hs8z.net/Article/jxky/200801/257.htm.

对感知觉通道的偏爱等;在心理方面,学习风格主要表现为信息加工、思维方式、爱好、动机、情感意志等方面的差异。

(一)学习者的生理差异

目前,对学习者生理差异的研究很多,从各种不同角度和侧面揭示了与学习相关的个性生理特征,为了让大家对这方面的知识有个全面的了解,以下我们对学习者生理差异包含的各种因素进行简单的归纳和描述,详见表2.2.2。

表2.2.2 学习者生理差异各因素描述

年龄性别特征	不同的个体由于遗传和环境因素而具有不同的性别和年龄特征	Witkin(1977)、Zenhausern(1980)、周润民(1990)、叶一舵(1985)、毕世响(1992)
体质特征	个体由于遗传和后天环境而具有不同的生理机能。也称为与健康有关的行为	Keefee(1979)
时间节律	学习个体有自己的生物节律,分为清晨型、上午型、下午型、夜晚型,不同的时间段会产生不同的学习效果	Keefee(1979)、Witkin(1977)、Zenhausern(1980)、周润民(1990)、叶一舵(1985)、毕世响(1992)
感知觉通道偏爱	个体倾向于通过某种感觉器官的刺激而接受信息和学习。包括视觉型、动觉型、听觉型	Dunn & Dunn 夫妇、Witkin(1977)、Zenhausern(1980)、周润民(1990)、叶一舵(1985)、毕世响(1992)
环境因素	个体倾向于在不同的环境中进行学习,物理环境因素,包括对声音、光线、温度、坐姿的偏爱;社会环境因素,则包含小组竞争、小组合作、独立学习、结伴学习、成人支持、亲密关系	Witkin(197)、Zenhausern(1980)、周润民(1990)、叶一舵(1985)、毕世响(1992)
活动性	由于先天或者后天的影响,个体对活动的偏爱程度不同	Dunn & Dunn 夫妇、Keefee(1979)

在以上各种因素中,对学习时间的偏爱和感知觉通道的偏爱与学前儿童学习关系较为密切。因此我们重点围绕这两方面进行分析,并提供相应的学习建议。

1.对学习时间的偏爱

每个学习者都有自己的生物节律,表现在学习时间上也有不同的偏爱,在不同的时间段里进行学习会产生不同的效果。有人喜欢在清晨学习,有人喜欢在上午学习,有人喜欢在下午学习,还有人喜欢在晚上学习。根据学习者对不同学习时间的偏好,可将学习者分为四种类型。

清晨型(又称为百灵鸟型):这类学习者在清晨时头脑清醒,反应敏捷,记忆和思维效率高。

上午型:这类学习者在四个时间段中,上午学习的效率最高。

下午型:这类学习者偏爱下午学习,此时学习效率最高。在四种类型中,该类型的学习者较少,但确实存在。

夜晚型(又称为猫头鹰型):这类学习者在夜间大脑高度兴奋,且特别清醒,注意力集中,精力充沛,思维活跃,学习效率特别高。

学习者偏爱哪一时间进行学习,受许多因素的制约,其中有些因素,如生活习惯等,是可以调节的。幼儿教师和家长应了解儿童的时间偏爱,合理、科学地安排作息制度和最佳学习时间,提高儿童学习的效率。

2.对感知觉通道的偏爱

人们接受和加工信息、进行学习,要借助不同的感觉器官,如凭耳朵听,用眼睛看,用手摸等。由于个人身心特点的差异,不同的人对不同的感觉器官和感知觉通道有不同的偏爱。有些人喜欢通过视觉的方式接受信息,也有些人更喜欢通过听觉了解外在世界,还有些人更习惯通过动手(或身体运动)来探索外部世界,从而掌握有关信息。不同感知觉类型的学习者,在学习上有不同的表现,所应采用的学习策略也各不相同。从感知觉方面看,学习者主要有视觉型、听觉型、动觉型三种类型。

(1)视觉型

视觉型学习者善于通过接受视觉刺激而学习,喜欢通过图片、图表、录像、影片等各种视觉刺激手段接受信息、表达信息。他们将所听到的事情想象成图像,将所要说的话以形象来代替。他们通过观察所获得的信息和知识,往往比从交谈、聆听或是实际习作中所获得的还要多。在学习上,他们通过自己动手涂写和阅读,要比聆听语言更有效。这种类型的学习者喜欢阅读,而且能够比较容易地从阅读材料中吸收知识。他们能将所阅读的内容轻而易举地记住,并转换为口语,因而在复述或书面测试中容易取得好成绩。

这类学习者可通过下列方式加强学习能力:

* 用视频、图像进行学习
* 画图表、地图
* 做想象中的活动
* 运用模拟游戏表演进行学习
* 运用多媒体计算机和互联网创设的虚拟仿真情境进行学习

(2)听觉型

听觉型学习者善于通过接受听觉刺激进行学习,喜欢通过教师讲解、讨论、听录音等口头语言的方式接受信息。这种类型的儿童在学习活动中一般都能认真听讲,能够完成老师布置的任务。

听觉型学习者可通过下列方式加强学习能力:

* 演奏乐器
* 通过歌曲进行学习
* 通过参与或者听音乐会来进行学习
* 伴随音乐锻炼身体
* 把音乐与其他学科领域结合起来
* 用音乐调节和改变自己的情绪

* 通过音乐来构想画面

(3)动觉型

动觉型学习者喜欢通过双手和整个身体运动进行学习,如通过亲自动手操作或是表演等来学习。他们不擅长言语表达。他们往往在需要他们动手操作、实验的学习方式中表现较为突出。

当然,对这类学习者来说,周围的学习环境安静一些对他们是最有利的,因此,应该尽可能为这类儿童创造一个和谐、安静的活动环境,因为这样可以尽量排除对他们学习的各种干扰。

动觉型学习者可通过下列方式加强学习能力:
* 通过舞蹈和肢体运动来学习
* 在自然领域和数学方面多动手
* 通过多改变学习状态获得积极的休息
* 把运动与所学习的内容结合起来
* 利用模型、机器和各种工具辅助学习
* 利用游戏活动和通过在戏剧中扮演角色来学习

(二)邓恩的学习类型理论(学习偏好)

邓恩认为学习者在学习的过程中会产生一定的偏好或是倾向,分别体现在五个方面的要素上:环境类要素、情绪类要素、社会性要素、生理性要素和心理性要素。

环境类要素:包括学前儿童对学习环境安静或热闹的偏爱;对光线强弱的偏爱;对温度高低的偏爱;对坐姿正规或是随便的偏爱。

情绪类要素:包括自我激发动机;家长激发动机;教师激发动机;缺乏学习动机;学习坚持性强弱;学习责任感强弱等。

社会性要素:包括学前儿童是否喜欢独立学习;是否喜欢结伴学习;是否喜欢与成人一起学习;是否喜欢和各种不同的人一起学习;是否喜欢合作或竞争。

生理性要素:包括喜欢听觉刺激,还是视觉刺激或是动觉刺激;学习时是否爱吃零食;学习效率高时的最佳时间段。

心理性要素:主要指大脑加工信息的方式的偏好,如分析型或是综合型,沉思型或是冲动型;对大脑左右半球的偏爱等。

每个学习者在学习的过程中都会受到学习风格的影响,当影响学习的各种要素恰好与学习者学习风格相似时,学习者就能提高学习效率,进而取得好的学习效果。如学习者属于合作型学习风格的人,但教师倡导学习者独自完成学习任务,那么,学习者有可能就会因为不能合作学习而无法取得好的学习效果,或是不愿意参与学习。

(三)学前儿童认知风格差异的研究

所谓认知风格,也称认知方式,指个体偏爱的加工信息方式,表现在个体对外界信息的感知、注意、思维、记忆和解决问题的方式上。目前,学术界将认知风格主要分为两类模型:一类是"整体—分析"特征的风格模型,所测评的是个体倾向于把信息组成整体还是不同部分。属于这类范畴的典型认知风格有场依存型—场独立型、粗放型—敏锐型、冲动型—反思型等。第二类是有"言语—表象"特征的风格模型,这个范畴的风格测量,所测评的是个体在思维时倾向于借助言语还是心理学表象来分析信息。属于这一范畴的典型代表有言语型—视觉型和言语型—表象型。认知风格具体维度的描述见表2.2.3。

表2.2.3 认知风格维度[①]

整体—分析型维度	
场独立型—场依存型	个体在分析作为场的一部分的某个结构或格式时依赖于知觉场的程度
粗放型—敏锐型	倾向于迅速同化和放弃细节,还是强调细节并把它转换成新信息
冲动型—沉思型	倾向于迅速作出反应,还是深思熟虑后再作出反应
聚合型—发散型	采用狭窄的、聚敛的、逻辑性的、归纳式的思维方式,还是宽泛的、开放的、联想性的思维方式来解决问题
整体思维型—序列思维型	倾向于以整体方式还是逐步递进方式来完成学习任务、解决问题、同化细节
具体的顺序性/具体的随机性——抽象的顺序性/抽象的随机性	学前儿童随机地还是有序地、通过具体的还是抽象的经验来学习
适应者—革新者	在解决问题的过程中,适应者偏好于采取保守的、固定的程序;革新者偏好于重新组织结构,生成新的观点
言语—表象型维度	
抽象思维者—具体思维者	偏好水平性思维,还是具有抽象能力
言语型—视觉型	在表征知识和思维过程中应用言语或视觉策略的程度

下面的讨论,将围绕认知风格的每一个主要方面,来考察几个主要的认知风格类型。

1. 场独立型与场依存型

场独立型与场依存型这两个概念来源于威特金(Witkin)对知觉的研究。第二次世界大战期间,威特金为了研究飞行员怎样利用来自身体内部的线索和见到的外部仪表的线索调整身体的位置,专门设计了一种可以摇摆的座舱,舱内置一座椅,当座舱倾斜时,被试可调整座椅,使身体保持垂直。研究发现,有些被试者主要利用来自仪表的视觉线索,不能使自己的身体恢复垂直。另一些人则主要利用来自身体内部的线索,尽管座舱倾斜,仍能使身体保持垂直。威特金将前一种人的知觉方式称为场依存方式,后一种称为场独立方式。后来的研究发现,场独立型与场依存型是两种普遍存在的认知方式。场独立型者对客观事物作判断时,倾向于利用自己内部的参照,不易受外来因素影响和干扰;在认知方面独立于周围的背景,倾向于在更抽象和分析的水平上加工,独立对事物作出判断。场依存型者对物体的知觉倾向于

[①] R. 赖丁,S. 雷纳. 认知风格与学习策略[M]. 庞维国译. 上海:华东师范大学出版社,2006:19.

以外部参照作为信息加工的依据,难以摆脱环境因素的影响。他们的态度和自我知觉更易受周围的人,特别是权威人士的影响和干扰,善于察言观色,注意并记忆言语信息中的社会内容。

场独立型、场依存型与学前儿童的学习有着密切的关系。研究表明,场独立型儿童一般偏爱自然科学、数学,他们的学习动机往往以内在动机为主。场依存型儿童一般较偏爱社会科学,他们的学习更多地依赖外在反馈,他们对人比对物更感兴趣。

2. 粗放型—敏锐型

豪兹曼和科莱因首先使用"粗放型和敏锐型"这一术语来描述在记忆加工中的个体差异。加德纳等(1960)把这种认知过程描述为"在当前的知觉和记忆登记过程中,当前知觉与相关记忆痕迹之间的相互作用或同化程度方面的特征"。

"粗放型"和"敏锐型"的区分,依据的是个体对视觉任务的知觉方式。豪兹曼和科莱因指出,某些个体过于简化他们的知觉(粗放加工),而另外一些个体则倾向于以一种复杂的、分化的方式来知觉任务,很少显示出同化(敏锐加工)。

"粗放型"倾向于用先前贮存的事件来同化新事件,而"敏锐型"则倾向于凸显当前知觉的事件,把它与先前贮存的事件区别对待。知觉任务被同化的水平,引出了一个同化维度。"敏锐型"居于一端,他们很少显示出同化;"粗放型"居于另一端,显示出高度的同化水平。从粗放到敏锐这一连续体被认为是认知风格的一个维度,它在个体成熟的过程中不断发生变化,反映了从粗放到敏锐的过渡。更为具体地说,这涉及记忆结构从"流动"到"稳定"的发展,或者说,是过去和现在的表象与事件从"概括"到"不断"分化的发展。表2.2.4是粗放型—敏锐型维度相关联的学习方法上的差异。

表2.2.4:粗放型和敏锐型的特征[①]

粗放型	敏锐型
过去—现在混淆	对时间有清楚的知觉
喜欢抽象的推理	喜欢具体的推理
记忆表象不稳定	记忆表象随时间推移比较稳定
表象或记忆模糊	主要的直觉方式是视觉
概括化的知觉	集中性的知觉
整合的观点	分离的观点

3. 沉思型与冲动型

沉思与冲动的认知方式反映了个体信息加工、形成假设和解决问题过程的速度和准确性。沉思型学习者在碰到问题时倾向于深思熟虑,用充足的时间考虑、审视问题,权衡各种解决问题的方法,然后从中选择一个满足多种条件的最佳方案,因而错误较少。而冲动型学习者倾向于很快地检验假设,根据问题的部分信息或未对问题作透彻的分析就仓促作出决定,

---

[①] R.赖丁,S.雷纳.认知风格与学习策略[M].庞维国译.上海:华东师范大学出版社,2006:24.

反应速度较快,但容易发生错误。总之,冲动与沉思涉及在不确定的情境中,个人对自己解答问题的有效性的思考程度,对其判别标准题的反应时间与精确性。研究表明,约30%的学前儿童和小学儿童都属于冲动型,有的可能是对任务很熟悉,或者思维很敏捷的缘故。

研究发现,沉思型儿童与冲动型儿童相比,表现出具有更成熟的解决问题策略,更多地提出不同的假设。而且,沉思型儿童能够较好地约束自己的动作行为,忍受延迟性满足,比冲动型的儿童更能抗拒诱惑。此外,沉思型儿童与冲动型儿童的差别还在于,沉思型儿童往往更容易自发地或在外界要求下对自己的解答作出解释;冲动型儿童则很难做到,即使在外界要求下必须作出解释时,他们的回答也往往是不周全、不合逻辑的。

在学习方面,沉思与冲动这两种方式存在明显差异。一般来说,沉思型儿童阅读成绩好,再认测验及推理测验成绩也好于冲动型儿童,而且在创造性设计中成绩优秀。相比之下,冲动型儿童往往阅读困难,较多表现出学习能力缺失,学习成效不佳。不过,在某些涉及多角度的任务中,冲动型儿童则表现较好。

由于阅读、推理之类的任务需仔细分辨概念,因而粗心大意的儿童处于不利地位,尤其是当一个问题的答案不能直接得到,需要从一开始就仔细阅读材料,注意分析各种可能的条件时,更是如此。为了帮助冲动型学前儿童克服他们的缺点,心理学家着手创造一些训练方法,对他们的不良认知方式进行纠正。研究表明,单纯提醒学前儿童,要他们慢一些作出反应,对他们并无帮助。但通过教他们具体分析、比较材料的构成成分,注意并分析视觉刺激,对克服他们的冲动型认知行为较为有效。也有人让冲动型学前儿童大声说出自己解决问题的过程,进行自我指导,当获得连续成功以后,由大声自我指导变成轻声低语,而后变成默默自语。目的是训练冲动而又粗心的儿童有条不紊、细心地进行学习和解决问题。这种具体训练收到了较好效果。

4. 聚合型—发散型

这一维度由吉尔福德(Guilford,1967)提出。该维度反映了一种思维类型,以及与解决问题相关联的策略。学习者解决一个问题或任务,通常要么采用目标开放式的、探索性的"思维"方式,要么采用目标封闭式的、高度集中的"思维"方式。

该理论被哈德森(Hudson,1968)进一步发展,它对教学和学习过程的含义也得到更为充分的发掘。据哈德森报告,那些聚合思维型的学前儿童,偏好形式性的问题和结构化的、需要逻辑思维的任务。相比之下,那些发散思维型的学前儿童,偏好目标更为开放、需要创造性的任务。对常规任务或熟悉的、可预料的并且需要一个正确答案的任务,发散型思维者更可能作出消极反应。据此可以推断,聚合型思维者在认知风格上可能是分析型的,发散思维者可能是整体型的。

哈德森发现,与发散型思维者更喜欢答案开放性的问题相比,聚合型思维者喜欢结构良好、更多地需要逻辑推理能力的正规问题和任务。与发散型思维者相比,聚合型思维者明显地具有更强的情感控制能力,好像是把不同的生活方面分置在不同的格子里(Austin,1971)。一种可能的解释是,与发散型思维者相比,聚合型思维者更喜欢在各种水平上把自己的经验组织起来,更善于利用任何结构化的经验。

5. 整体思维—序列思维

这一名称由帕斯克和施克特(Pask & Scott,1972)提出,它分别反映两种能力:一种是个体倾向于对学习任务采用整体性的"假设—引导"策略作出反应,一种是个体倾向于对学习任务采用"材料—引导"、逐步加工的集中策略作出反应。这反映了人们的这样一种认识:学习一个复杂的问题包含两种基本的操作活动。

帕斯克(1972)指出,整体思维者主要采用一种整体性的、主题式方法来学习,这需要进行全面的概括描述。他们常常在同一时间内关注主题的几个方面,在几种不同的思维水平上同时进行学习。相反,序列思维者主要采用一种"操作"学习方法。他们会更加关注细节、程序,常常以线性结构理解信息。逐步学习,建立清晰、易于识别的信息组块以用于联系主题中的概念和构成部分,是序列思维者的典型学习特征。具体见表2.2.5所示。

表2.2.5　整体思维者—序列思维者的特征

整体思维者	序列思维者
自上而下的加工者	自下而上的加工者
整体的学习方法	局部的学习方法
同时加工	线性加工
瞬间跨越各种水平	逐步学习
理论和实践相互关联	分别学习不同的方面
指向理解	指向细节
理解性的学习偏差	操作性的学习偏差
把概念与先前的经验联系在一起	在概念内部把特征联系在一起
构建概括的描述	构建狭窄的操作程序
低辨别技能	高辨别技能

6. 具体的顺序性—具体的随机性

格里乔克(1982)的学习风格概念(风格描绘法)蕴涵着这样的观点:个体的学习是从具体经验到抽象的过程,在这个过程中,学习要么是随机发生的,要么是按顺序的。他鉴别出四种学习"风格":(1)具体的顺序学习者,他们喜欢直接、逐步、有序,以感觉为基础的学习;(2)具体的随机学习者,他们依赖于尝试—错误、直觉和独立的学习方法学习;(3)抽象的顺序学习者,他们采用分析的、逻辑的学习方法,喜欢言语教学;(4)抽象的随机学习者,他们采用整体的、视觉的学习方法,喜欢以一种没有结构的经验性的方式学习信息。具体见表2.2.6所示。

表2.2.6　具体的顺序性/具体的随机性维度

分类	抽象—具体	
顺序—随机	抽象的顺序性	具体的顺序性
	抽象的随机性	具体的随机性

7. 适应者—革新者

科顿(Kinon,1994)指出,风格与个体应对变化时选择的认知策略有关,与那些跟创造性、问题解决和决策相关联的策略有关。科顿所提出的第二个关键假设是,这些策略与人格的许多侧面(特质)相关,而这些人格侧面(特质)在生命的早期就已出现,并且特别稳定,可以被认作认知风格。适应—革新(A—I)维度被认为在个体认知发展的早期业已存在,并且"随着时间和事件的变化而相对稳定"。

如此说来,适应者一般偏好于"把事情做得更好",而革新者倾向于喜欢"把事情做得与众不同"。概言之,科顿的适应—革新理论提出的风格概念是一种两极性的,包含了适应者—革新者这一连续体。

上述理论为研究学前儿童学习方式的差异提供了有力支持,教师和家长应该认识到儿童的学习风格存在各种差异,并能根据这种差异设计教育教学活动的方法和途径,设计教学活动的结构和材料的组织与呈现等相关问题。教师要尽可能创设多种途径引导儿童学习,满足不同学习风格的儿童以自己的优势学习方式进行学习的需要。

【测测你的学习风格】

所罗门学习风格量表

说明:虽然教育者早就注意到学前儿童在学习风格(也可称认知风格)方面有很大差异,但苦于没有很好的测试方法。所罗门(Soloman)从信息加工、感知、输入、理解四个方面将学习风格分为四个组对八种类型,它们是:活跃型与沉思型、感悟型与直觉型、视觉型与言语型、序列型与综合型,并设计了具有很强操作性的学习风格量表,可以较好地进行学习风格的测试。你属于什么样的学习风格?不妨利用下面的自测问卷表和分析表来测试一下。

所罗门自测问卷表

1. 为了较好地理解某些事物,我首先 (a) 试试看 (b) 深思熟虑 2. 我办事喜欢 (a) 讲究实际 (b) 标新立异 3. 当我回想以前做过的事,我的脑海中大多会出现 (a) 一幅画面 (b) 一些话语 4. 我往往会 (a) 明了事物的细节但不明其总体结构 (b) 明了事物的总体结构但不明其细节	5. 在学习某些东西时,我不禁会 (a) 谈论它 (b) 思考它 6. 如果我是一名教师,我比较喜欢教 (a) 关于事实和实际情况的课程 (b) 关于思想和理论方面的课程 7. 我比较偏爱的获取新信息的媒体是 (a) 图画、图解、图形及图像 (b) 书面指导和言语信息 8. 一旦我了解了 (a) 事物的所有部分,我就能把握其整体 (b) 事物的整体,我就知道其构成部分

9. 在学习小组中遇到难题时,我通常会
(a) 挺身而出,畅所欲言
(b) 往后退让,倾听意见
10. 我发现比较容易学习的是
(a) 事实性内容
(b) 概念性内容
11. 在阅读一本带有许多插图的书时,我一般会
(a) 仔细观察插图
(b) 集中注意文字
12. 当我解决数学题时,我常常
(a) 思考如何一步一步求解
(b) 先看解答,然后设法得出解题步骤
13. 在我修课的班级中
(a) 我通常结识许多同学
(b) 我认识的同学寥寥无几
14. 在阅读非小说类作品时,我偏爱
(a) 那些能告诉我新事实和教我怎么做的东西
(b) 那些能启发我思考的东西
15. 我喜欢的教师是
(a) 在黑板上画许多图解的人
(b) 花许多时间讲解的人
16. 当我在分析故事或小说时
(a) 我想到各种情节并试图把他们结合起来去构想主题
(b) 当我读完时只知道主题是什么,然后我得回头去寻找有关情节
17. 当我做家庭作业时,我比较喜欢
(a) 一开始就立即解答
(b) 首先设法理解题意
18. 我比较喜欢
(a) 确定性的想法
(b) 推论性的想法
19. 我记得最牢是
(a) 看到的东西

(b) 听到的东西
20. 我特别喜欢教师
(a) 向我条理分明地呈示材料
(b) 先给我一个概貌,再将材料与其他论题相联系
21. 我喜欢
(a) 在小组中学习
(b) 独自学习
22. 我更喜欢被认为是
(a) 对工作细节很仔细
(b) 对工作很有创造力
23. 当要我到一个新的地方去时,我喜欢
(a) 要一幅地图
(b) 要书面指南
24. 我学习时
(a) 总是按部就班,我相信只要努力,终有所得
(b) 我有时完全糊涂,然后恍然大悟
25. 我办事时喜欢
(a) 试试看
(b) 想好再做
26. 当我阅读趣闻时,我喜欢作者
(a) 以开门见山的方式叙述
(b) 以新颖有趣的方式叙述
27. 当我在上课时看到一幅图,我通常会清晰地记着
(a) 那幅图
(b) 教师对那幅图的解说
28. 当我思考一大段信息资料时,我通常
(a) 注意细节而忽视概貌
(b) 先了解概貌而后深入细节
29. 我最容易记住
(a) 我做过的事
(b) 我想过的许多事
30. 当我执行一项任务时,我喜欢
(a) 掌握一种方法

(b) 想出多种方法
31. 当有人向我展示资料时,我喜欢
(a) 图表
(b) 概括其结果的文字
32. 当我写文章时,我通常
(a) 先思考和着手写文章的开头,然后循序渐进
(b) 先思考和写作文章的不同部分,然后加以整理
33. 当我必须参加小组合作课题时,我要
(a) 大家首先"集思广益",人人贡献主意
(b) 各人分头思考,然后集中起来比较各种想法
34. 当我要赞扬他人时,我说他是
(a) 很敏感的
(b) 想象力丰富的
35. 当我在聚会时与人见过面,我通常会记得
(a) 他们的模样
(b) 他们的自我介绍
36. 当我学习新的科目时,我喜欢
(a) 全力以赴,尽量学得多学得好
(b) 试图建立该科目与其他有关科目的联系
37. 我通常被他人认为是
(a) 外向的

(b) 保守的
38. 我喜欢的课程内容主要是
(a) 具体材料(事实、数据)。
(b) 抽象材料(概念、理论)
39. 在娱乐方面,我喜欢
(a) 看电视
(b) 看书
40. 有些教师讲课时先给出一个提纲,这种提纲对我
(a) 有所帮助
(b) 很有帮助
41. 我认为只给合作的群体打一个分数的想法
(a) 吸引我
(b) 不吸引我
42. 当我长时间地从事计算工作时
(a) 我喜欢重复我的步骤并仔细地检查我的工作
(b) 我认为检查工作非常无聊,我是在逼迫自己这么干
43. 我能画下我去过的地方
(a) 很容易且相当精确
(b) 很困难且没有许多细节
44. 当在小组中解决问题时,我更可能是
(a) 思考解决问题的步骤
(b) 思考可能的结果及其在更广泛的领域内的应用

所罗门学习风格分析表

1. 在下表适当的地方填上"1"(例:如果你第3题的答案为a,在第3题的a栏填上"1";如果你第15题的答案为b,在第15题的b栏填上"1")。

2. 计算每一列总数并填在总计栏位置。

3. 这四个量表中每一个,用较大的总数减去较小的总数,记下差值(1~11)和字母(a或b)。例如:在"活跃型/沉思型"中,你有4个"a"和7个"b",你就在那一栏的最后一行写上"3b"(3 = 7 - 4,并且因为b在两者中最大);又若你在"感悟型/直觉型"中,你有8个"a"和3个"b",则在最后一栏记上"5a"。

活跃型/沉思型			感悟型/直觉型			视觉型/言语型			序列型/综合型		
问题	a	b	问题	a	b	问题	a	b	问题	a	b
1			2			3			4		
5			6			7			8		
9			10			11			12		
13			14			15			16		
17			18			19			20		
21			22			23			24		
25			26			27			28		
29			30			31			32		
33			34			35			36		
37			38			39			40		
41			42			43			44		
总计			总计			总计			总计		
(较大数—较小数) + 较大数的字母											

解释：每一种量表的取值可能为 11a、9a、7a、5a、3a、a、11b、9b、7b、5b、3b、b 中的一种。其中字母代表学习风格的类型不同，数字代表程度的差异。若得到字母"a"，表示属于前者学习风格，且"a"前的系数越大，表明程度越强烈；若得到字母"b"，表示属于后者学习风格，且"b"前的系数越大，同样表明程度越强烈。例如：在活跃型—沉思型量表中得到"9a"，表明测试者属于活跃型的学习风格，且程度很强烈；如果得到"5b"，则表明测试者属于沉思型的学习风格，且程度一般。在视觉型—言语型量表中得到"a"，表明测试者属于视觉型的学习风格，且程度非常弱；如果得到"3b"，则表明测试者属于言语型的学习风格，且程度较弱。

三、学前儿童左右脑优势的差异

人的大脑两半球在进行思维活动时，在功能上表现为一侧优势，这种现象叫偏侧化或不对称性。19 世纪 60 年代，法国神经生物学家布洛卡(Broca)发现人的语言中枢位于脑左半球之后，许多研究相继证明了大脑两半球功能的不对称性。20 世纪 60 年代，美国神经生物学家斯佩里在裂脑患者研究中发现，大脑左右两半球在认知功能方面有严格分工。20 世纪 70 年代初，大脑两半球功能偏侧化和不对称性已被大量的神经心理学研究所证实。最近 20 年的脑科学研究结果表明，虽然大脑左右两半球在结构上几乎完全一样，但是，在功能上却有所不同。主要表现为:左半球是处理言语、进行抽象逻辑思维、集中思维、分析思维的中枢,它主管人的说话、阅读、书写、计算、分类、言语回忆和时间感觉,具有有序性、分析性等机能;右半球是处理表象、进行具体形象思维、发散思维、直觉思维的中枢,它主管人的视觉、复杂知觉模型再认、形象记忆、认识空间关系、识别几何图形、想象、理解隐喻、模仿、态度、情感等,具有不连续性、弥漫性、整体性等机能。当然,大脑两半球偏侧化和功能优势都是在相对意义上说的。比如,利维在总结脑功能不对称性的同时就指出:左右两半球如同两种不同类型的信息加工系统,它们相互补充、相互制约、相互协作,以共同完成人类高级的心理活动。

由于生理类型的差异,有的学习者在心理能力上表现为左脑优势,有的是右脑优势,有的则是两半球脑功能和谐发展。根据个体的大脑优势半球差异,可以把学习者的学习分为左脑型、右脑型、左右脑混合型三类。

1. 左脑型

学习者在大多数情况下善于使用左脑。该类型的基本特征是:学习工作积极主动,爱用言语的、逻辑的方式处理信息,对细节问题特别敏感,善于分清其主次,抓住重点,做事自觉性、计划性、条理性强,有责任心。

2. 右脑型

学习者在大多数情况下善于使用右脑。他们的基本特征是:容易接受新东西,空间概念较强,喜欢以直觉的方式处理信息,善于把握整体,喜欢灵活的规则和活动,需要自律训练,喜欢趣味性、形象性的学习材料。由于右脑主要负责直观的、综合的、几何的、绘画的思考认识和行为,它承担的形象思维功能在人的思维活动中起至关重要的作用。

3. 左右脑混合型

个体兼有左脑型和右脑型两者特点。对左脑或右脑的偏爱取决于学习情境、学习任务的性质等因素,有时较多地使用左脑,而有时较多地使用右脑,左右脑之间的联系有时紧密,有时不紧密。

面对各种不同类型的学习任务,有些需要左脑半球参与多些,有些则需要右脑半球参与多些,还有些要求左右脑半球同时参与的程度基本相当。不过总的说来,混合型兼有左、右脑型两者的特长,因而适应性更强,尤其在完成复杂任务时表现得更为明显。

在我们实际的生活经验中,往往需要左右脑共同参与解决问题。近年来对于大脑两半球功能不对称的研究,表明了两半球既有分工但又相互作用,它们共同协作对瞬息万变的外界作出反应,以保持机体活动的和谐统一。因此,没有两半球的协同活动,就不能实现人的高度完整和准确的行为。爱因斯坦这样描述他的思维过程:"我思考问题时,不是用语言进行思考,而是用活动的跳跃的形象进行思考,当这种思考完成以后,我要花很大力气把它们转换成语言。"右脑的形象思维产生了新思想,左脑用语言的形式把它表述出来,这非常生动地描绘出新思想诞生过程中左右脑是如何协同工作的。

【前沿投递】

"右脑优势"之我见：右脑是无限脑、大智慧脑[①]

左右脑在功能上存在差异，这是大家一致的看法。但是，这种差异是在同一水平上的，还是有深度、广度区别的？看法并不相同。我的意见倾向于后者。我认为，左脑具有常规智慧，而右脑具有更高的、更有优势的智慧。这主要体现在下面几方面：

(一) 历史演化

相对来说，左脑智慧主要是"人工智慧"，它凝结了人类认识自然、改造自然的历史过程与人文成果；而右脑则是"自然智慧"，它镌刻了大自然孕育人、创造人的更为漫长、更为奇妙的历史成果。我以为，在人的基因里，隐藏着大自然创造人的全部里程的压缩密码。这一密码的唯一"知情者"，是右脑。右脑掌握着大自然创造人的秘密。

(二) 思维方式

左脑是"经济脑"，其本质是精打细算。它像一个好管家，又像一个好会计，勤勤恳恳地处理思维中的"日常事务"，精明而计较。

右脑是"哲学脑"，其本质是大智若愚。它像一个饱经沧桑的老者，不动声色地面对环境变化，超脱而木讷。

(三) 能量水平

右脑是无限脑、大智慧脑。它本身是一个超级潜意识结构。它的充分的开放，可使人摆脱个体的有限性，通往广袤无垠的"宇宙意识"（意识和潜意识在这个水平上已经不必区分了）。

左脑是有限脑、小聪明脑。小聪明也是聪明，只是有限。在日常事务上，左脑很尽职，体现了经济、节约、规范的风格。但是，每临大事，它就含糊了。

(四) 决策能力

左脑的世界观是一种自我斗争的世界观，善于斤斤计较、反复掂量，总是作不了决定。左脑经常是自我消耗、自我折磨的根源。

右脑是"决策脑"，它善于在大事上"拍板"，能够在左脑看起来极其复杂的情况下轻松作出正确的决定。它的世界观是一种顺其自然的世界观。当右脑控制局面时，所有事情看来不费吹灰之力。

(五) 自我认同能力

人既会辨认外界事物、认识外界事物，又会自我辨认、自我认同。自我辨认、自我认同是一种本体的认识能力。当人连自己都无法辨认的时候，他就彻底地失去了自我。研究表明，在人的自我辨认、自我认同方面，起作用的是右脑，而不是左脑。

哈佛大学医学院神经科学家对这个问题所作的探讨，其结果发表在著名的《自然》杂志上。哈佛大学讲师基南对5名即将接受手术的癫痫病症患者做脑部测验，先后将他们脑部的左半部和右半部麻醉。在实验对象半边脑部麻醉的时间，基南拿一张合成照片给

[①] 陈健翔.有一种美，叫教育[M].成都：四川教育出版社，2006：76.

他们看,照片一半是病人本身的脸,另一半是名人的脸。麻醉效果停止后,请病人回想刚才看到的照片内容。右脑麻醉后,病人看到的是名人的脸;左脑麻醉后,病人看到自己的脸。这项实验显示,右脑在辨认"自己"脸的时候比较活跃。

为了证明一般人的脑部作用也是有这样的"左右之分",基南另外请了10个正常人,做同样的实验,结果也是看到自己的形象的时候,右脑比较活跃。

科学家解释说,人在右脑受损时,有时会发生什么都认得出来,就是认不清"自己"的情况。更严重时,会产生"躯干分辨错乱症"的现象,这种人会误以为自己的四肢是别人的。

(六)表现形式

右脑表现自己的形式是前语言、前逻辑的,主要有图像、旋律。

左脑表现自己的形式是语言、逻辑、公式。

右脑为什么把语言的功能交给了左脑?这也是它的"阳谋"所在。我知道,但我不能说,我也不会说;左脑能说,但它不知道,说也是瞎说。人就是这样相互制约。"天地有大美而不(能)言"。能言善辩者,所知有限,鹦鹉学舌;聪明至极者,缄默不语,竟成木讷。

(七)人格体现

我认为,关于左右脑关系的最主要的秘密之一是——几乎所有的儿童都是右脑思维占优势的"右脑人",而成人相比较而言,更倾向于左脑思维占优势的"左脑人"(在成人里,女性在左右脑的沟通方面更灵活一些)。

每一个孩子都有灵性和神性,因为他的右脑是自然开放的。他还不大会说,但他是按照大自然潜在于他内心的规律自发活动的。成人也有右脑,但它太懒了(因为它的"秘书"实在太勤奋了),所以基本不活动;我们成人比起孩子太会说了,我们越会说,说得越没有意思,离大自然的真理越远。为什么我们总说每一个孩子都是天才,都是哲学家?为什么我们总说,孩子的学习能力比大人强得多?为什么我们总说,要向孩子学习?为什么我们总说,要对孩子充满敬畏?深刻的道理就在这里!

我们还想有大智慧吗?还想成为天才吗?还想得到灵感的犒赏吗?有办法。请向孩子学习吧,因为孩子的生存方式就是右脑活动的方式!

第三节 学前儿童群体差异

群体差异是指学前儿童在社会经济地位、性别、种族、民族、语言、年龄特征等方面的差异,这种差异可能会影响到心理发展和学业成绩。一些教师认为,他们所要做的就是自己好好教书,儿童自然就会好好学习。但是儿童个个不同,有经验的教师关注这些差异以及差异是如何影响幼儿的学习的,从而知道怎样调整他们的教学风格来适应不同群体的幼儿。教师不仅仅是幼儿的指导者,而且他们和幼儿都是未来社会的建设者。在多元文化背景下,每位教师都肩负着重要的职责,这就是:要将我们国家所信守的机会平等的根本原则落实到每日的课堂活动中去。① 消除因群体差异所致的偏见和歧视，让每个儿童都具有教育均等的机会，体验成功的学习经验。同时，教育幼儿熟悉并认同自己的文化，尊重他人与自己不同的文化，形成积极对待其他文化的态度。这都是现实教育正面临着的一场严峻的挑战。本节重点探讨群体差异及进行幼儿多元文化教育的指导问题。

一、群体差异与学前儿童教育

（一）社会经济差异与学前儿童教育

社会经济地位没有单一、确定的概念。心理学家把社会经济地位(Socio Economic Status, SES)定义为由收入和受教育水平所决定的、对个人社会阶层水平的量度②。社会学家们则根据个人收入、职业、受教育程度和社会声望等诸多因素，来界定社会阶层或社会经济地位，认为个人的工作给他带来的声望也是判定社会阶层的重要因素。

社会阶层是群体差异的一个重要维度，它的影响力超过了种族、性别等其他因素。社会阶层所反映的不仅仅是收入水平和受教育水平，还伴随着与之相应的一系列的行为方式、期望和态度。儿童间差异的一个重要方面就是社会阶层的差异。据证据表明，孩子的学业成绩(Scholastic Assessment Test,SAT)与家长的收入呈正相关，家长的收入越低，孩子的SAT也越低③。综合多方面原因，一个恶性循环就在低社会经济地位和低SAT或其他标准测验分数之间产生了。当然这只是反映了平均水平，很多来自低收入家庭的孩子也取得了成功，但无论如何，低收入还是给孩子的学业成功设置了障碍。有经验的教师所要做的是要打破这个恶性循环，帮助那些社会经济地位低的儿童跳出贫困和低成就的怪圈。

那么，社会经济地位的差异是如何影响学前儿童的学业成绩的呢？其中有许多因素。

1. 不良的育儿实践

贫困家庭的儿童可能很少接受良好的健康护理，这类儿童的母亲也不太可能受到良好的孕期护理。种种原因可能延误了认知发展，进而影响了儿童的学业准备。

2. 低期望—低自尊

在美国，由于低SES可能穿旧衣服，说话不合文法，对书籍与学校活动不熟悉，教师和其他幼儿可能以为这些幼儿是愚钝的。这种情况下，教师可能避免叫他们回答问题，以免他们因答错而焦虑不安。在教师的低期望下，这些孩子渐渐认为自己不擅长有组织的学习，也有可能产生自卑和羞愧感，从而影响了学业成就，这类情况在我国也存在。

3. 习得无助

低SES儿童可能成为习得无助的牺牲品，他们可能渐渐相信在幼儿园或同伴中做得好是不可能的。由于经济上贫困等原因导致玩具、学习资料等物质资源不足，以及家长忙于生计而疏于对孩子的教育与陪伴而导致的情感交流缺乏，这些因素都会造成儿童产生习得性无助。

---

① 罗伯特·斯莱文.教育心理学[M].姚梅林等译.北京：人民邮电出版社，2004：77.
② R. J. Sternberg&W. M Williams.教育心理学[M].张厚璨译.北京：中国轻工业出版社，2003：176.
③ 林永海.幼儿教育心理学[M].北京：商务印书馆，2011：145.

4. 家庭环境和资源

这些资源包括书籍、计算机、图书馆、交通、博物馆等,可能对儿童的成绩也有显著影响。家庭中缺乏情感支持和认知刺激,是低 SES 儿童的言语、阅读和数学技能不足的主要原因。当然,无论 SES 水平怎样,如果父母、教师能支持与鼓励儿童,为孩子提供学习的时间与空间,这些孩子还是会乐于读书和会读书的。

(二)民族、种族或地域差异与学前儿童教育

民族指一个共同享有宗教、文化遗产或语言的群体,其中的每个个体都具有一些重要的共同特征,如信念、价值观、历史及其他。种族定义为一类具有同样遗传生理性的人,这些特征具有社会意义,如肤色、发色等。一个民族通常享有一种共同的文化,而一个种族的人却未必享有共同的文化。少数民族(Minority Group)原来指的是那些比代表主导文化的群体要小的人群,但现在这个词经常被用来表示那些传统上处于不利背景的人群。地域差异是指所处不同地域上的儿童,存在经济、文化、信仰和行为习惯等方面的差异。不同民族、种族或是地域的儿童群体对成就的影响仅仅是一种倾向,并不适用于每个个体的标签。不同种族或其他群体的儿童确实存在学业成就方面的差异,但这些差异意味着什么,是什么导致了这些差异的产生,这些问题是需要每个教师思考的。

1. 民族或是地域歧视(Racial Discrimination)

民族或地域歧视,是指根据民族或地域将人们分割成不同的社会阶层从而加以区别对待的行为。在中国大多表现为对少数民族人群和农村地区的区别对待。在一些幼儿园中,受到民族或地域歧视的儿童,可能被隔离在一个低能力分层教学班,从小失去进入所谓的主流群体或是提高的机会,这给他们取得学业的成功设置了障碍。虽然在认知能力测验上不同民族群体间的差异一致,但研究者认为这些差异主要是歧视导致的,或是受到低 SES 环境的影响。因为大多少数民族群体儿童在社会经济地位上处于劣势,这导致了儿童各种资源的匮乏,从而影响了孩子的学业成就。

2. 刻板印象威胁(Stereotype Threat)

刻板印象指的是人们对某一类人或事物产生的比较固定、概括而笼统的看法。刻板印象威胁指个体经历的一种风险,处于该风险中的个体担心自己会验证所属群体的消极刻板印象,如儿童担心自己在同伴群体中的学业表现会强化他人对自己持有的某种消极刻板印象。例如,在美国,大多数人认为,美籍非洲人智力低劣,这些刻板印象可导致幼儿焦虑从而影响成绩。在中国,人们对少数民族或是农村的儿童有着同样的消极刻板印象。

(三)性别差异与学前儿童教育

一般认为,遗传基因、成熟、激素和大脑半球偏侧性的内在生物因素,以及包括父母、同伴及教师的影响和社会对性别角色的期望在内的社会因素等,这些因素在性别差异的产生中起着不可忽视的作用。

1. 男女性别差异的生物性因素

经过数年研究,数十位杰出的科学家们已经注意到男性和女性之间脑的生理差异。这些结构差异可以说明男性和女性之间行为、发展和认知加工的差异。这些差异主要体现在以下几个方面。

(1) 男女在智力分布上的显著差异。对美国一所大学学生智力调查的结果是：男生中智力分布处于两端的人数比例都略大于女生，也就是说，很聪明和很笨的男生都比女生多。反映在学业成绩上，无论是在中学还是在大学，男生中学习成绩优异和学习成绩较差的人数均多于女生，成绩中等的女生多于男生。

(2) 男女在智力结构上的差异。在言语方面，女性在语言流畅性即拼、读、写上占优势，而男性在言语推理及词汇上占优势。

在感知觉方面，男性的视知觉能力较强，空间知觉能力明显优于女性；女性听觉能力较强，特别在对声音的辨别和定位方面优于男性，其听觉的敏锐性也较强。

在注意力方面，男性注意多定向于物，喜欢摆弄物体并探索物体的奥秘；女性注意多定向于人，喜欢探索人生，对人际关系很敏感，喜欢注意人的外貌、举止和内心世界。

在记忆力方面，男性的理解记忆和抽象记忆较强，而女性的机械记忆和形象记忆较强。

在思维方面，男性偏于逻辑思维，因而比较喜欢数学、物理、化学等学科；女性偏于形象思维，因而比较喜欢语文、外语、历史、地理、生物等学科。

男性的数学能力比女性强。女性模仿能力很强，接受新鲜事物较快，但灵活性、创造性地解决问题的能力不如男性。

(3) 在个性方面，男性和女性之间的差异。在个性方面，研究认为男性比女性更具有攻击性。

国内对 868 名大学学生的调查发现：男生的成就动机明显高于女生，男生重视对个人和社会利益的追求，更注重成功，较少害怕失败；在自我概念上，男女生有显著差异，男生高于女生，且主要表现为更为自纳、成熟，在学习与志向方面也有更为积极的自我评价。

2. 男女性别差异的社会因素

儿童的性别是一种显而易见、持久不变的特质。对男女性来说，所谓的自然行为实际上更多的是文化观念决定的，不是由生理必然决定的。大量的研究结论都表明，不管遗传的生理差异有多大，男性女性之间的许多差异都与个体早期不同的社会文化经历有密切关系[①]。许多关于性别角色的传统观念已经有所转变，但是，性别刻板印象仍然存在。

学前机构中的性别刻板印象，甚至一些教师的性别歧视仍是比较明显的。如教师与男孩的互动多于女孩，教师问男生更多问题，给男生更多反馈，如表扬、批评和纠正，并且给男孩更多的明确的和有价值的意见[②]。性别刻板印象体现在学前儿童的教材、玩教具、教学活动、一日常规活动等方面。例如，教材中，做饭的多数是妈妈；用来角色扮演做饭的玩具总是以红色和粉色居多，多数玩具设计者认为这是女孩子喜欢的颜色。这些都是一种性别刻板印象的体现。

跨文化研究表明，性别角色是个体最早的学习内容之一，所以教师对性别具有的偏见和刻板观念会在儿童发展自身性别意识的时候对其造成负面影响。教师要避免在语言称述上

[①] A. Feingold,"Sex Differences in Variability in Intellectual Abilities:A New Look at an Old Controversy," *Review of Educational Research*(1992)66.

[②] S. M. Bailey,"The Current Status of Gender Equality Research in American schools," *Educational Pychologist*(1993):321 – 339.

的性别刻板效应,如"男生不哭"以及"女生不打架"等,同时,多鼓励男女合作。大量研究表明,幼儿在语言、空间能力和数学等方面的确存在性别差异,但是许多能力是不存在性别差异的,男女在完成智力任务时并不存在整体差异。只能说,男女在思维方式和学习方式上各有特点,需要教师区分把握,提供恰当的、合理的教育教学方式。

（四）语言差异与学前儿童教育

在教学活动中,语言是载体,交流是教学活动的核心。那么,语言差异如何影响学前教育呢?

方言是同一语言中因地理区域不同而表现出不同的发音与日常用语。我国地域广袤、人口众多,方言种类繁多,即使是同一个市,不同区、县也会在发音与日常用语上呈现差异。由于历史文化的原因,人们对不同的方言是有尊重鄙夷之分的,从而造成对持有不同方言的群体的态度的差异。教师可能会对说某种方言的幼儿抱有某种成见,从而给他们较低的评价。那么,教师是否应该采用大多数儿童使用的方言,以使儿童学习更容易呢?这样做显示了教师对儿童语言的尊重,但是却使儿童失去学习主导文化中标准语言的机会。所以,教师做到既尊重儿童不同的方言,又能教授其主流文化中的标准语言,使儿童能更好地在主流文化中生活,是非常重要的。教育过程中,教师需要有一个具体的计划来管理和教育这些儿童。

【本章内容概览】

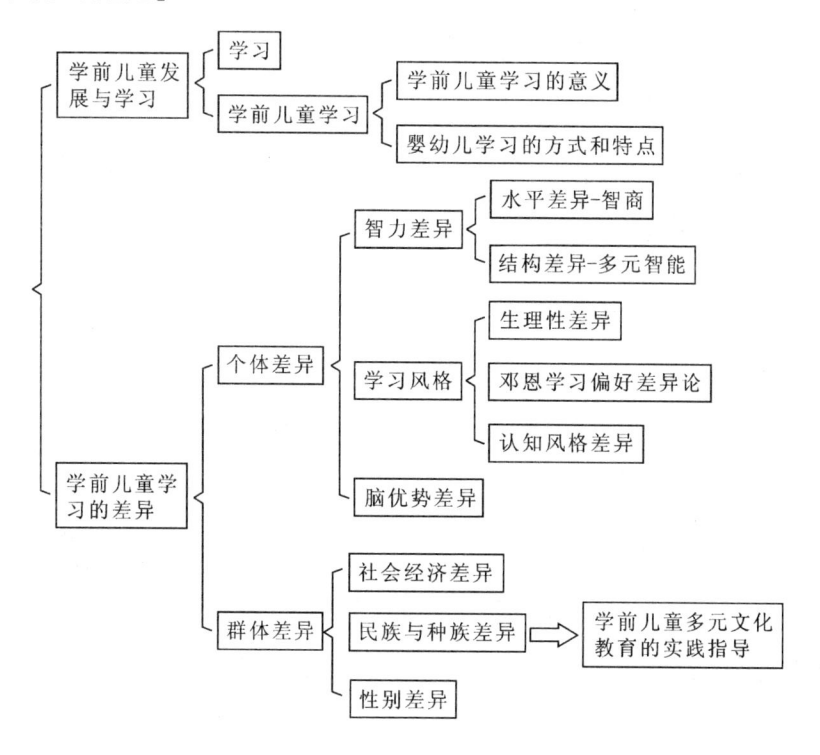

```
学前儿童发展与学习
├── 学习
├── 学前儿童学习
│   ├── 学前儿童学习的意义
│   └── 婴幼儿学习的方式和特点
└── 学前儿童学习的差异
    ├── 个体差异
    │   ├── 智力差异
    │   │   ├── 水平差异-智商
    │   │   └── 结构差异-多元智能
    │   ├── 学习风格
    │   │   ├── 生理性差异
    │   │   ├── 邓恩学习偏好差异论
    │   │   └── 认知风格差异
    │   └── 脑优势差异
    └── 群体差异
        ├── 社会经济差异
        ├── 民族与种族差异 ⟹ 学前儿童多元文化教育的实践指导
        └── 性别差异
```

【思考题】

1. 学前儿童学习的意义是什么?
2. 学前儿童的学习行为与成人一样吗?
3. 学前儿童学习差异体现在哪些方面?
4. 如何对学前儿童进行多元文化教育?
5. 学习学前儿童学习差异,对教师教学行为有哪些帮助?

第三章　学习理论

【问题求索】

1. 关于动物和人类的学习有哪些经典研究?
2. 学习理论的发展走过了哪几个阶段?
3. 每种学习理论各自发现了哪些学习规律?
4. 不同的学习理论对于学前儿童教育的启示何在?

学习理论是探讨学习的实质、过程、条件与规律的理论。由于学习本身的复杂性和对学习研究的哲学及教育观点不同,学习理论的发展沿革呈现出几次大的转变。

【经典回放】

教育思想与学习理论的嬗变[①]

知识主义教育观:以知识为教育的核心是中外教育比较悠久的传统。此处的知识主要指关于自然界、人类社会各种事物属性与联系的认识。知识主义教育观强调知识就是力量,认为教育的使命就是使新生一代拥有前人已经总结出来的知识,有丰富的知识就能立足于社会。典型的教育模式是以教师为中心、以课堂为中心、以教材为中心之"三中心"。

实用主义教育观:活跃于20世纪上半叶,以杜威等人为代表。受达尔文的"适者生存"和机能心理学重视心理及行为效能的影响,主张工具主义的真理价值观,提出教育应以培养人的生活适应能力和思维智慧为根本宗旨,建立起以儿童为中心、以活动为中心、学校与社会相联系的教育模式。

能力主义教育观:20世纪60年代兴盛,以布鲁纳等人为代表。认为实用主义思想尽管在提高学生实用技能上有用,但无法应对时代发展对人才的要求。为此,布鲁纳等认知主义学者掀起了美国的教育改革运动,提出了"认知结构"、"能力本位"的新思想,认为教育的使命在于形成学生良性的认知结构和探索发现的能力,各国学者还提出了早期教育、学习动机以及高难度、高速度等一系列教育原则。

人格主义教育观:20世纪70年代,在世界范围内开展了一场热烈的"价值澄清"讨论,引发了人格教育思潮的兴起,80年代演变为新的教育改革运动的主流思潮,"心灵教育"逐步取代了"能力本位"的观点。马斯洛、罗杰斯等人本主义学者认为,人与人格的本

[①] 陕西高等学校教师岗前培训指导用书编写组.教育心理学[M].西安:西北大学出版社,2010:18-20.

质是一切社会问题和科学悬案的中心,教育的使命是帮助人成为一个真正的人,发挥个体的潜能和价值,学会自我选择和自主创造。

建构主义教育观:20世纪90年代中期,信息传媒、知识经济、高新技术成为时代主导,建构主义教育观应运而生。建构主义是当代教育心理学理论由行为主义发展到认知主义以后的进一步发展,更强调学习者的主动建构、合作学习、真实问题的解决和随机通达的学习。当前我国基础教育正在经历着新的变革,在很大程度上与建构主义的思想精神相一致。

以上教育观的演变反映在学习理论上形成了以下的发展路线:20世纪上半叶,行为主义占据主导→20世纪60年代后,认知主义逐渐取代行为主义→20世纪70年代以来,人本主义教育思潮一直盛行→20世纪末,建构主义成为发展的新方向。

学习理论的更迭并不意味着完全地弃旧推新,每一种学习理论都反映了在其所处时代对学习研究的最高成就,对我们今天的学前儿童教育都有某种重要的价值和启迪。本书仅就与学前儿童学习关系密切的内容进行简单介绍,以便从中汲取对学前儿童教育的"理论营养"。

第一节 行为主义学习理论

行为主义学派在心理学史上是具有标志性的一个流派。19世纪末20世纪初,达尔文的进化论、巴甫洛夫的经典条件反射理论、桑代克的试误理论等,是早期行为主义产生的直接动因。行为主义继承机能主义心理学的研究传统,将提高人的行为效能研究提升到科学实验的水平。

行为主义的学习理论认为,学习的实质就是行为的稳定变化,将学习过程看做是学习者在外部刺激下的反应过程,因而,研究刺激—反应之间联结的学习过程以求改善人的行为,成为行为主义学习理论最主要的特征。行为主义还原化、简单化、机械化的倾向受到了认知主义、人本主义等学派的批评,在批判中经历了由行为主义到新行为主义的转变,斯金纳、班杜拉是新行为主义的重要代表人物。

一、桑代克的联结学习理论与学前儿童的试误学习

桑代克(E. L. Thorndike,1874—1949)在教育心理学领域有创始人的美誉,他的第一本《教育心理学》问世被视为教育心理学诞生的标志。

(一)桑代克的动物学习实验

桑代克是将动物的行为研究引入学习研究领域,并第一个建立了系统的学习理论的心理学家。

桑代克设计了一个猫在迷笼中学习开门取食的实验。他所设计的迷笼(如图3.1.1所示)设有一种特定的开门装置,需要猫撞动这个开门的机关笼门才能开启,这就构成一种刺激情境。笼外放有食物。当把一个健康、饥饿的猫放入笼中,开始猫企图打开笼门取食的努力

多数是与开门无关的无效行为,当猫偶然撞动门的开关,笼门就会打开,猫得以逃出迷笼并吃到食物。在以后的重复练习中,猫的那些与开门无关的动作逐渐减少,以致到后来,猫一进笼就能做出正确的开门反应。

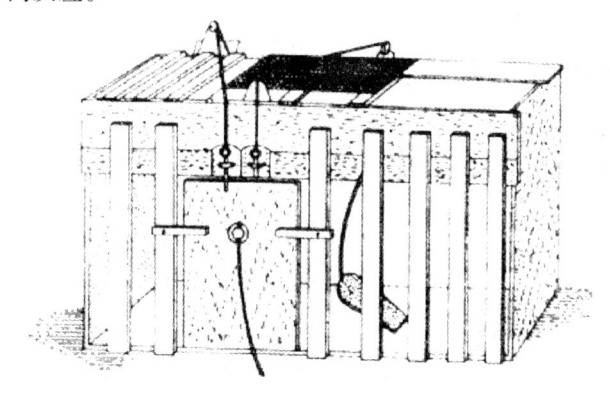

图 3.1.1 桑代克迷笼

根据对实验的观察,桑代克认为动物的学习是在刺激情境中通过尝试,逐渐淘汰错误反应,最终将正确的反应与特定刺激联结起来的过程。

(二)桑代克学习理论的主要内容

(1)学习的实质是刺激与反应的联结,即 S—R 联结。
(2)学习的过程是渐进的尝试与错误的过程,又称"试误学习"。
(3)在试误中有许多因素影响刺激与反应联系的建立。

其中最重要的是桑代克提出的三大学习定律,即准备律、效果律、练习律。

(1)准备律:指只有在具有学习需要与动机的情况下,学习才会发动。如一定是饥饿的猫才会在迷笼中努力做出各种动作。

(2)效果律:指当刺激和反应联结以后个体得到满足(获得奖赏),将使联结增强;若刺激和反应的联结使个体烦恼(无效或受罚),则将使联结减弱。

(3)练习律:指一个已形成的刺激和反应的联结,若加以应用则会增强,如不应用则会减弱。

(三)桑代克的学习理论与学前儿童的试误学习

桑代克的研究对象是动物的学习,因而被认为研究的是最低端的学习,与人类特别是学生的学习有很大距离。但人类学习的初期,与动物学习很相似,即便是成人,在面对完全陌生的事物和问题时,也免不了有试误的成分。幼儿年龄越小,试误学习的比重越大。比如,身体动作的学习、手眼协调的学习、操纵实物的学习、言语的听说学习、解决问题的学习。常常是在自然而然的状态下通过不断尝试和不断纠正错误而进行的。从这个意义上,桑代克的学习理论对于我们理解和指导学前儿童的学习有重要意义。

1. 经历试误过程是学前儿童学习的必要途径

桑代克认为,学习过程必须经历问题—试探—偶然成功—淘汰与选择—整合与协调的练习过程,才能建立刺激与反应的联结。这提醒我们,对学前儿童试误学习的最好支持就是让他们经历试误的完整过程,在这个过程中学习发现问题,进行试验性探索,在不同的可能中选择,最后达到解决问题、增长见识的目的。经历这个过程,比只告诉幼儿知识要点和答案的片段学习要有意义得多。

2. 诱发学习动机是学前儿童自然投入学习的前提

根据准备律,要使儿童进入学习状态,首先要激发他们的学习动机。需要是动机的本质内容。学前儿童最重要的需要有安全的需要、寻求关注的需要、活动玩耍的需要、满足好奇心的需要等。可以从设置外部吸引条件,如学习内容有新异性、活动性、变化性,通过满足儿童好奇心和玩耍的需要,吸引儿童自然进入学习;对善于动脑筋想办法的孩子表示赞赏,对出错的孩子多加鼓励,通过满足他们寻求关注和心理安全的需要,把儿童的积极性引向学习。

3. 外部鼓励是学前儿童维持学习的重要条件

学前儿童的学习在效果律上表现明显,即他们的学习常常受行为的结果所左右。比如,堆沙堡、搭积木,如果顺利,他们就会乐此不疲;如果总是垮塌,他们就会失去兴趣。试误学习有许多未知数,不能保证必然成功,而试误学习的意义和魅力正在于此。所以教师要特别注意在儿童的试误学习中鼓励孩子,让他们更在意在过程中经历了什么,如玩耍的快乐、解决问题的心情、小朋友合作的好处、成败的原因、下一步怎么办等,从中收获更多的东西,而不是只在意结果。

二、斯金纳的操作条件反射学习理论与学前儿童的强化学习

斯金纳(B. F. Skinner,1904—1990)是行为主义后期对学习心理学影响最大的心理学家。他把学习看做是行为的改善,而不追究学习者内部心理的变化。

斯金纳认为,行为有两种类型:一种类型是应答性行为,是被动的行为;一种是操作性行为,是自发性行为。应答性行为与巴甫洛夫的经典条件反射相一致,条件反射的形成是经由刺激替代的方式,由条件刺激物引起条件反应。如新生儿生来有一些无条件反射,一接触到吃的东西就会有吸吮反射,但每次妈妈喂奶时都会把他(她)抱成便于吃奶的特定姿态,经过10天左右,一处于这种喂奶姿态,新生儿就开始出现吸吮反应。此时喂奶姿态这种刺激替代了食物的直接刺激而能引起新生儿的吸吮反射。操作性行为则是个体在某种刺激情境中自发地作出多种反应,在这些反应中,被强化的反应与刺激联结起来,条件反射的形成是经由反应替代的方式,形成反应和情境的联系。如新生儿出生后可以表现出一些动作和声音,只有哭泣或发出某些声音能够使父母过来抱他(她),这个婴儿以后就会发出更多的此类声音,亦即其他反应已经被这类声音所替代来召唤父母。斯金纳认为人类行为大多属于操作性行为,只有少数行为属于应答性行为。

(一)斯金纳的动物学习实验

斯金纳的学习理论是根据他在特制的实验装置——斯金纳箱中的一系列动物实验结果提出的。斯金纳设计了一种特殊的隔音箱,箱内有一杠杆,只要有轻微压力,杠杆就会向下移

动,并且有食物掉入盘中。早期斯金纳用白鼠做实验(后改用白鸽),在实验中,饥饿的白鼠独自在箱中不安地乱跑乱动,偶尔可能按压杠杆,这时就会有食物进入盘中。箱外还有一种记录装置,可以把白鼠的动作记录在纸带上,方便实验者观察。结果发现,最初白鼠的行为是杂乱无章的,随着入箱时间的延长,白鼠按压杠杆的频率越来越高。进一步发现,白鼠的行为是通过操作环境(按压杠杆)而获得食物的,当操作性活动受到食物强化后,这一反应的频率会增加,如果不对操作活动进行食物强化,则这一反应就会减弱。至于白鼠进箱后的许多行为,也是因为没有食物强化而被淘汰了。图3.1.2所示为斯金纳箱实验装置。

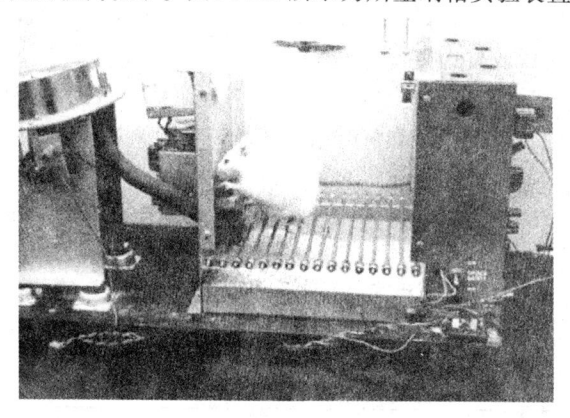

图3.1.2 斯金纳箱

(二)斯金纳学习理论的主要内容

1. 学习的实质是学会应对某种情境的操作性行为

比如白鼠在新的环境(斯金纳箱)中,学会了按压杠杆的新行为,这个新行为可以让它在这个环境里存活下来。

2. 强化是操作性行为形成的关键

学习的过程是学习者在新情境中自发做出的某种行为,得到强化而提高了该行为在这种情境中发生的概率,从而获得了用这种反应应对情境以寻求强化的行为经验。斯金纳认为,在条件反射建立中,凡是能使个体操作性反应概率增加的事件,均称为强化,产生强化作用的刺激物即强化物。

【经典回放】

奖励与惩罚ABC

强化有两种模式,即正强化和负强化。正强化指当个体出现某种操作性行为,强化物的出现有助于该种反应概率的增加。如儿童做出友爱、谦让的行为时,受到幼儿教师的赞扬或奖励,这种鼓励可以提高儿童继续做出亲社会行为的兴趣和努力程度,这是正强化。负强化指当个体出现某种操作行为时,在情境中已有的刺激消失,有助于该种反应概率的增加,该种刺激消失称作负强化。如当孩子停止看电视而去洗漱就寝时,母亲不再训斥,这种训斥的消失,有助于孩子合理作息行为概率的增加,此过程即为负强化。

这里要特别注意的是,负强化与惩罚不是一个概念。惩罚是使个体感受痛苦,从而抑制某种行为;而负强化是取消某种刺激,从而增强某种行为。相应地,惩罚也有两种模式。

奖励 { 正强化:对个体或群体施加喜爱性刺激
       负强化:减少、撤除对个体或群体的厌恶性刺激

惩罚 { 正惩罚:对个体或群体施加厌恶性刺激
       负惩罚:减少、剥夺对个体或群体的喜爱性刺激

3. 合理安排强化可以改善人类行为

斯金纳认为,根据实际合理安排强化,就可以引导个体形成所期待的行为。强化安排要考虑使用什么类型的强化以及怎样和何时给予强化。一般来说,实验者可选择的强化安排有连续强化和间歇强化。连续强化是在每次正确反应后都给予强化;间歇强化则是间隔性地给予强化。如果选择间歇强化,需要进一步选择是根据反应次数还是时间,是按固定方式还是变化方式给予强化。强化安排可以结合起来使用,比如,可以先采用连续强化安排,然后再采用间歇强化安排。

表3.1.1 四种间歇强化的方式及其效果①

程序	定义	强化效果	消退情况
固定比率	做出定量的行为后获得强化	稳定的反应速率	若作出定量的反应后没有强化,则反应速率快速下降
可变比率	做出不定量的行为后获得强化	稳定的高反应速率	维持高反应速率,然后下降
固定时距	定时地强化可取的行为	反应速率不均衡	定时作出反应后没有强化,反应速率迅速下降
可变时距	不定时地强化可取的行为	稳定的高反应速率	反应速率缓慢下降

4. 程序教学可以改善学校教学中的强化不足

斯金纳认为学校班级教学最大的问题是一个教师面对几十个学生,无法做到及时强化。为此,斯金纳首创并发展了程序教学。程序教学有小步子、学生作出积极反应、对每一反应的及时反馈、低的错误率、学生自定步调等五大要素。

(三)斯金纳的学习理论与学前儿童的强化学习

1. 学前儿童的强化学习

学前儿童的身心发展水平决定了他们的学习基本处于他律阶段。所谓他律指学前儿童的行为选择,更多地服从于外界的奖惩和影响,因而强化对于学前儿童具有特别重要的意义。强化手段也最容易被成人用来教育儿童,用奖励激励儿童的正确行为,用惩罚戒除儿童的不

---

① 斯莱文.教育心理学理论与实践[M].姚梅林等译.北京:人民邮电出版社,2004:115.

良行为。但操作起来,并不容易。

【案例分析】

幼儿园中班发生的事①

小王是幼儿园中班的教师。她想教给班上的幼儿怎样遵守课堂纪律。她说:"小朋友们,当我向你们提问时,有一些小朋友不举手就回答问题。谁能告诉我,当我向你们提问时,你们应该怎么做?"亮亮马上举起手并抢着说:"我知道!我知道!"

小王心里很矛盾,因为亮亮的行为恰恰是她不希望看到的,她想忽视他,但亮亮却是班上唯一举手的孩子,并且你越不理睬他,他就越发起劲地挥手、大声说话。

"好吧,亮亮,你觉得应该怎么做?"

"要先举手,等老师叫再发言!"

"既然你知道这个规则,那为什么在我点名之前就大声回答呢?"

"我忘了。"

"好吧。谁能提醒大家一下在上课时怎样回答问题?"

小朋友们争先恐后,一起大声说起来:"一次一个人回答!""按次序回答!""当别人发言时不要说话!"

小王急了,大声喊:"你们吵什么!我们不是刚刚讨论过应该先举手再等我点名吗?"

小朋友们纷纷说:"但是,刚才亮亮没举手,你也叫他发言了呀!"

小王真不知道该怎么办了。

请思考一下:在这种情形下,小王老师为了实现她的目标,应该怎样改变她的做法?

2. 强化物与惩罚物及其使用

(1)强化物的分类及其使用

能增强行为的刺激叫强化物。需要注意的是,在没有证据表明某一特定结果确实增强了个体的某种行为时,我们不能妄加推断该结果就是强化物。比如,用糖果奖励幼儿,对有些喜欢糖果的幼儿是强化物,对那些吃烦了糖果或不喜欢糖果的幼儿就不是强化物。因此,强化物的有效性必须得到证明,而且没有任何一种奖赏能够成为适用于所有情境中所有儿童的强化物。

强化物可以从三个角度分类。

第一种分类是把强化物分为一级强化物和二级强化物。一级强化物指满足人类基本需要的物质,如空气、水、住房和睡觉等。二级强化物指通过与一级强化物联系,或与其他已经建立起来的二级强化物联系,获得强化价值的事物。如当儿童了解钱可以购买一级强化物时,钱就有了强化价值。成人的表扬也是因为它与爱、温暖、安全等强化物有关系,所以是有价值的二级强化物。

第二种分类是把强化物分为正强化物和负强化物。起正强化作用的刺激叫正强化物,如使用表扬、分数和红星等东西增强儿童对人友善、遵守纪律等行为。起负强化作用的刺激叫

---

① 斯莱文.教育心理学理论与实践[M].姚梅林等译.北京:人民邮电出版社,2004:115.

负强化物,如听妈妈唠叨很不爽,当儿童表现好时,妈妈停止唠叨就可以增强儿童好的行为。

第三种分类是把强化物分为内部强化物和外部强化物。内部强化物指活动本身所带来的快乐。如儿童喜欢画画、唱歌、玩游戏、户外玩耍,是因为做这些事情本身很有乐趣。外部强化物指为激励儿童进行某种活动(如合作游戏、听课)而采用的表扬或奖赏等强化措施。

【经典回放】

实用的强化物[①]

儿童所喜欢的任何东西都可以作为有效的强化物。有效强化所遵循的一个基本原理是:最好使用那些能起作用的、不贵的、非物质的强化物。也就是说,如果表扬或自我强化能奏效,就不要使用有价代币;如果代币能奏效,就不要使用小玩具;如果小玩具能奏效,就不要使用食品。下面是一些从最不物质化到最物质化依次排列的强化物的种类。

自我强化 让学生学会通过自我表扬、自我安抚、完成了困难任务等进行自我强化。

表扬 教师可采用口头表扬、微笑、眼神、跷大拇指或者轻拍后背的方式赞许儿童的行为;在合作游戏和学习中,可鼓励学生相互表扬对方的适宜行为。

关注 聆听、点头或走近都可能给孩子提供他们所寻求的积极关注;同伴关注也很重要。

评价 展示优秀作品,教师或园长作出点评,经常给予的其他形式反馈等。

特权 孩子因良好的行为表现而获得更多的自由时间,使用或接触特殊物品(如足球)的机会,或者可以充当特殊的角色(如协助老师分发材料)。

活动强化 在达到既定标准的前提下,孩子可以自由支配时间,可以看电视、玩游戏或做其他有趣的活动。活动强化物对学前儿童群体尤为有效。

代币强化 孩子因为取得好成绩或有良好的行为表现而获得积分,他们可以用这些积分换取小玩具、橡皮、铅笔、玻璃弹球和小人书等自己喜欢的奖品。

食物 葡萄干、水果、花生或其他小食品等,也可用做强化物。

在考虑使用惩罚之前,应尽量尝试各种可能的强化措施。

(2)惩罚物的分类及其使用

能减弱行为的刺激叫惩罚物。同强化物一样,也不能轻易地将表面看起来不愉快的结果认定为是惩罚物。比如,有些儿童喜欢因犯错误而被叫到教室外面罚站,因为在他们看来,教室里不好玩儿,室外才好玩儿。再比如,有些儿童喜欢被老师批评,因为这可以获得教师的关注,并且还有可能提高他们在同伴中的地位。这里老师认定的"罚站"和"批评"都没有起到减少不良行为的作用,因此对这些孩子并不是惩罚物。

惩罚物通常有两种基本形式:正惩罚物和负惩罚物。

正惩罚物指直接造成反应被消除或抑制的不愉快结果或厌恶性刺激。如儿童玩儿火柴被灼伤或被发现后打屁股,这种结果可能使得该儿童以后不敢玩儿火柴;儿童触摸热炉子会产生疼痛,他下次就不大可能再摸炉子了。负惩罚物指撤除反应所伴随的喜爱性刺激,间接

[①] 斯莱文.教育心理学理论与实践[M].姚梅林等译.北京:人民邮电出版社,2004:110.

造成该反应被消除或抑制。如儿童挑食不吃蔬菜,父母取消他饭后喜欢的零食;一个男孩打了其他小朋友,教师取消他参加下一个集体游戏的资格。负惩罚物比正惩罚物更少对儿童造成直接伤害,但在使用时,在任何情况下,都不能以剥夺儿童的基本生存条件(食物、水、睡觉等)作为惩罚。

不论哪种惩罚,只有对幼儿造成一定威胁,才有效用,但又不允许对儿童的身心造成伤害,所以,惩罚物的选用显得重要而有难度。

体罚在父母教育孩子中是非常普遍的,但很多研究表明,它不是一种有效的为人父母的策略[①]。有研究者考察了父母运用体罚与儿童攻击性之间的关系(Strassberg et al.,1994),发现父母亲的体罚越严重,儿童的攻击性行为就越多。这项研究清楚地表明,体罚不能起到人们预想的会使孩子行为变好的结果,反而是儿童从父母那里学会了攻击行为。另一项对6000多个美国家庭的研究中,研究者考察了个体在青少年期得到的体罚与他们后来的生活状况的关系(Straus & Kantor,1994),结果表明,大约50%的样本报告在青少年时受到过体罚(58%的男孩和44%的女孩)。那些曾受过体罚的个体后来更可能经历各种问题:抑郁、自杀、酗酒、虐待儿童和殴打妻子等。研究者得出结论:"终止各种体罚,对于从根本上预防虐待儿童和配偶、抑郁、自杀和酗酒问题具有重要意义"。

终止体罚及其所有伤害儿童身心的惩罚,并不是要取消所有形式的惩罚,有些情况下,要想迅速制止孩子令人讨厌的行为,惩罚可能是唯一的办法。要使惩罚有教育意义,采用自然后果或逻辑后果的办法是明智的选择。

【前沿投递】

合理的惩罚:运用自然后果和逻辑后果

奖惩的原理表明,人们从奖惩中学到的是自己行为和行为结果的关系。所以,如果奖惩能够使儿童获得这种关系的理解,进而知道应该选择什么样的行为才能期待获得自己想要的结果,就是合理的奖惩。幼儿更多的是通过他们的行为结果学习的,更需要通过合理奖惩,让他们从小学会为自己的行为选择和行为后果负责,成长为一个自主成熟的人。

①运用自然后果

自然后果指一切自然发生的事情,没有人的干预。比如,孩子不吃东西就会饿,孩子不穿雨衣站在雨里就会被淋湿,孩子对小朋友不友好,就没有人和他玩儿等自然后果,会起到惩罚的功效。自然后果是帮助孩子自然而然地了解自己行为后果的一个途径。

使用自然后果有两个原则。一是确保儿童没有危险。决不可以让儿童去经历本身很危险的状况,比如触摸电源、开水或横穿机动车道,因为运用自然后果的目的只是让他们知晓自己行为可能造成的后果,进而学会选择,而不是让他们经历危险。二是不要干扰到别人。比如,幼儿向他人扔石头,虽然孩子很快会学到这一行为的负面后果,但别人却可能遭殃。

---

① 理查德·格里格.心理学与生活[M].王垒等译.北京:人民邮电出版社,2004:177-178.

运用自然后果还要注意两点。一是成人要"狠"得下心,在保证安全的前提下,舍得让孩子在吃点儿苦头中受到教育。二是儿童行为所引起的后果对他有一定威胁,如果儿童的行为的后果似乎并不构成什么问题的时候(如不洗澡、不刷牙),儿童就不会从中学习到什么。

②运用逻辑后果

逻辑后果指成人对儿童行为合理干预所产生的后果。比如,一个男孩故意弄坏了自己的玩具,他的父母不再给他买新玩具;一个大班孩子不完成幼儿园老师布置的手工作业,就会得到低分,这些成人对孩子行为的不认可具有惩罚的功效。

运用逻辑后果有三个原则。一是相关。原因和结果必须是相关的,当孩子将玩具满屋乱扔时,逻辑的结果是孩子要将玩具放回原处或不能再玩,而不是把他推到屋外罚站;当孩子在桌子上写字时,相关的结果是让他(她)擦干净桌子,而不是让他(她)打扫教室或厕所。二是尊重。如果大人不尊重孩子,特别是让孩子感到羞辱("你总是这么乱!""你怎么这么笨!"),就变成了一种责骂,而起不到逻辑后果的作用。三是合理。如果大人不合理地罚孩子一周清理玩具或擦桌子,以确保他们接受了教训,这就不再是逻辑后果了。大人这样做,实际上是在利用自己的权力强迫孩子吸取教训,孩子可能心生怨恨,而不会改变行为。

运用逻辑后果要注意五点。一是惩罚的方法应该同行为的类型和严重程度相符合;二是惩罚要紧跟事件;三是儿童因这件事而非整个人受罚;四是惩罚要让儿童因付出代价而受教育:四是弥补损失、阻止参加某项活动、收回相关的权利等是比较好的惩罚方式;五是可以惩罚懒惰、依赖、逃避、不负责任等不良行为,但是不要惩罚失败,失败是阻碍人进步的学习过程。

运用自然后果和逻辑后果的好处是:其一,自然后果和逻辑后果可以教会幼儿学习为自己的行为负责任,使他们学会作出负责任的决定,诸如,按时上幼儿园,按时上床睡觉,遵守纪律,对人友善,等等。其二,这一方法可以避免不当的惩罚:父母不打骂,教师不"修理",幼儿照样可以学会好的行为。其三,这一方法可以改善父母与孩子、教师与幼儿之间的关系,使他们的关系更温暖,更少冲突。

3. 关于奖惩的其他研究

(1)普雷马克原理。心理学家普雷马克发现,将低渴望的活动与高渴望的活动联系,可以促进低渴望的活动。换言之,能否做自己想做的事,这取决于是否做了不太想做的事。例如,妈妈说:"吃蔬菜,你才可以出去玩。"老师说:"这节数学课如果大家表现得好,课后就可以看动画片。"普雷马克原理也被称做"祖母规则",其中的原理是:用有趣的活动强化不甚有趣的活动。比如,对于一个好交际的外向型儿童,与伙伴一起玩耍可以用来强化不那么有趣的写作业活动;而对于一个害羞的儿童,奖给他一本喜爱的图画书可以强化他不太喜欢的与其他儿童玩耍的活动。重要的是,随着时间的推移,不太喜欢的活动可能变得受重视,因为置身于这种活动使儿童发现了活动的内在价值。

幼儿园课程和教学活动也可以应用普雷马克原理,将儿童更加感兴趣的活动安排在不甚感兴趣的课程之后。

(2)先前事件的作用。先前事件指行为之前的刺激。并非只有行为结果影响儿童后继的行为,先前事件也具有重要作用。教师可以采用提供信息的办法提高先前事件的正向作用。

提供信息指行为之前告诉儿童什么行为将被强化或被惩罚。教师最好提前告知儿童这样的信息:"要想得到奖励(表扬、分数或红星等),你们必须做这些事情。如果谁没有做到,将受到惩罚(批评、不能参加活动、将功补过等)"。

由于不同情境对儿童要求的不一致性,所以在不同的情境中儿童的行为可能是非常不同的,如"家里小霸王,家外胆小鬼"。要想使儿童在幼儿园情境中好的行为迁移到其他情境中,教师要为儿童明确呈现出在各种情境下应该怎么做的正确规则,同时要告知家长,保证儿童在各种场合都可以通过合理的奖惩来学习。

(3)依赖外部奖惩所带来的问题。利用儿童通过奖惩学习的年龄特征来教育儿童,不等于让儿童依赖奖惩。因为,依赖外部奖惩会有副作用:一是奖惩过度也会带来一系列问题。斯金纳曾把"称赞"比做"青霉素",使用不当可能引起过敏症。二是儿童为了追求奖励、避免惩罚而学习,一旦父母和老师的奖励没有了,学习也就没劲了。三是儿童学习的内部动机和自我强化可能被削弱。

外部强化物对内部动机削弱作用会发生在以下的情形中:幼儿不需要任何奖赏就能主动参与的活动,但仍给予奖励;不管任务是否完成或者完成的水平如何,都提供奖励;奖励是物质化的,预先提供的。这就提醒幼儿教师,要尽量利用教学内容来激起儿童的内部动机,当幼儿对某项活动感兴趣时,要谨慎使用物质奖励。但是当确实需要外部奖励时,也不必回避使用。一般而言,在儿童刚开始从事一项学习活动时,需要使用外部奖励;当儿童体验到活动的乐趣并取得成功时,就可以逐渐停止外部奖励的使用(Stipek,1993)。

【经典回放】

奖励如何影响内部动机的研究

莱珀(Lepper,1973)及其同事让学前儿童使用特制的画笔画画,许多儿童的热情非常高。然后,研究者将儿童随机分为三组:告诉第一组儿童,如果他们能够为参观者画一幅画,就会受到奖励(优秀画家奖)。而第二组虽未事先告知,但在他们画完后,也意外地得到了同样的奖励(但不是每次都得到奖励)。第三组儿童没有任何奖励。四天后,记录儿童的自由活动情况。结果发现,受到奖励的第一组儿童用于绘画的时间是第二组和第三组儿童所用时间的一半。由此,莱珀等人提出,对儿童原本就具有内部兴趣的活动提供外部奖励,有可能降低其内部动机。

三、班杜拉的社会学习理论与学前儿童的模仿学习

班杜拉(A. Bandura,1925—),美国当代著名心理学家。他提出的社会学习理论吸收了行为学习理论的许多因素,如强调个体外显的行为、行为结果对后续行为的影响以及强化在其中的重要作用等。但该理论还特别关注环境线索对内部认知过程的影响以及自我调节的作用,因此,他的社会学习理论超出了传统行为主义的范畴,形成了一种认知—行为主义的新理论模式。

（一）班杜拉的社会学习实验

社会学习理论中的一个经典实验是班杜拉让儿童分三组观看三部影片中的一部，每部影片中都有一个成人在攻击充气玩偶。其中第一部影片中的成人因其攻击性行为而受到严厉的惩罚；第二部影片中的成人因其攻击性行为而受到表扬和款待；第三部影片中的成人没有受到任何处理。在儿童观看完其中一部影片后，让他们实际玩儿玩具，并观察他们的行为表现。结果发现，看到榜样被惩罚的儿童，他们自己单独玩儿玩具时表现出的攻击性行为，显著地少于那些看到榜样被奖励或者没有任何处理的儿童。

（二）班杜拉社会学习理论的主要观点内容

1.学习的实质是在观察他人行为中形成个体行为

班杜拉特别看重人通过模仿以及替代性经验学习的方式。模仿是对他人行为的仿效，替代性经验是从他人的成败中进行学习。班杜拉认为，人类的大部分学习不是斯金纳式的对自己行为结果（奖惩）的学习，而是对榜样的学习。

班杜拉认为人与环境是交互作用的。人的环境具体到微观就是榜样作用（只有榜样对个体才有实际的影响），而所谓榜样是指为个体所关注和学习的周围个体或群体。班杜拉认为，通过观察榜样的行为和行为结果，人们可以轻松地学会更多的行为，此种学习更普遍也更经济。

2.学习的过程经历了注意、保持、动作再现、动机四个阶段

从观察榜样行为到个人做出同榜样类似的行为经历了四个阶段。

（1）注意阶段。注意榜样是观察学习的第一阶段。一般而言，观察者更为关注那些具有吸引力的、成功的、有趣的和有名气的榜样。对于效仿而言，观察者与榜样各方面条件的相似性也很重要，因为可学性高。

（2）保持阶段。观察者会用形象记忆和语词记忆的方式，把所关注的榜样及其行为保持在大脑中，作为行为练习和执行的标准。

（3）再现阶段。行为学习与其他学习的不同在于必须保证自己可以做出实际的行为。如果需要，此阶段观察者会将记忆中榜样行为进行操练，尽力使自己的行为与榜样的行为保持一致。此阶段观察者的行为学习已经达成。

（4）动机阶段。观察者学会的某种行为是否在真实情境中做出来，取决于三种强化，一种是预期这样做可以增加被奖励的机会（直接强化），一种是榜样的行为曾经受到过奖励（替代强化），一种是自己在内心里认同和奖励自己的行为（自我强化）。所以，强化是影响观察者是否做出与榜样同样行为的重要因素。

3.自我效能感是制约学习效果的内部因素

班杜拉认为，人是否做出某一行为还取决于这个人对自己是否能够成功地进行这一行为的主观判断，这一主观判断就是自我效能感。当人确信自己有能力进行某一活动，并能取得自己预想的结果时，他就会积极努力地去做这件事情。班杜拉认为自我效能感影响人是否行动、在活动中投入多大努力、在面对阻碍和失败时能坚持多久、思维方式是自我阻碍的还是自我帮助、从逆境中恢复的能力、所能实现的成就水平，等等。

自我效能感的反面是习得无助感。习得无助感是个体在最初的某个情境中获得了无助感,在以后的情境中不仅没能从这种体验和感受中摆脱出来,还将无助感扩散到了生活的各个领域。童年时成人"有条件的爱",是儿童产生习得无助感的主要原因之一。生活中屡见不鲜的是:只有学习好,父母才对孩子宠爱有加;只有学习好,才会得到老师器重;学习出了问题,父母、教师不自觉地会对孩子表露出生气与嫌弃。孩子越小,越容易产生我笨、我无能、我不值得人喜欢的结论。

(三)班杜拉的学习理论与学前儿童的模仿学习

通过观察、模仿榜样而习得行为是学前儿童又一主要的学习方式。观察学习的四阶段表明,模仿学习涉及儿童的注意、记忆、动作技能、行为价值、社会认知等多种学习,同时,由于个体原有认知结构的参与,会对各种榜样的特征进行组合,如幼儿常常说出令人吃惊的话或做出令人想不到的行为。榜样越是多样化,儿童越有可能作出创造性的反应[1]。

1. 注意周围榜样的影响,主动树立有吸引力的榜样

儿童时时处处可能处在观察学习之中。由于儿童具有好奇心强和喜欢尝试的特点,具有新异性和夸张性的事物容易吸引儿童去模仿。如小丑、恶作剧、反面角色、危险动作等。所以,成人应该根据儿童的年龄特征,主动为他们树立健康、积极、有吸引力的学习榜样。

【前沿投递】

最能引起儿童模仿的榜样[2]

①儿童最喜欢模仿他心目中最重要的人,也就是在生活上对他影响最大的人。如家庭中的父母,幼儿园的老师。

②儿童最喜欢模仿与他性别相同的人。在家中,女儿模仿母亲,儿子模仿父亲;在幼儿园里,男女儿童分别模仿男女教师。

③儿童最喜欢模仿曾获得荣誉或受到教师表扬的儿童的行为。

④同伴群体内,有独特行为、受到老师批评惩罚的,不是儿童喜欢模仿的对象。

⑤同年龄、同社会阶层出身的儿童,彼此间较喜欢相互模仿。

2. 遵循榜样学习的心理过程,提高榜样学习的效果

遵循观察学习的四阶段原理,在引导儿童做榜样学习时,首先要组织他们的注意,使榜样及其行为进入他们的视线和脑海,接着要帮助儿童借助形象或语词的方式记住榜样行为的要点,再通过实际操练保证儿童有体力和技能做出与榜样相同的行为,并且创设条件和激励,让儿童有机会在实际情境中做出这种行为。

3. 注意使用三种强化措施,以自我强化为终极目标

对于儿童而言,对其行为的直接强化,使他能够预期自己的行为可能受到奖励,或者让他通过榜样的行为受强化而受到鼓舞,都是激励他做出良好行为的不可缺少的外部诱因。但人的行为走向成熟的标志之一是摆脱外部奖惩的控制,行为受自己内心奖惩所左右,所以在使

---

[1] 陈帼眉,姜勇.幼儿教育心理学[M].北京:北京师范大学出版社,2011:25.
[2] 陈帼眉,姜勇.幼儿教育心理学[M].北京:北京师范大学出版社,2011:25-26.

用直接强化和替代强化的同时,要注意引导儿童自我强化。可以引导孩子对自己说:"我做得很好!""我很高兴!""我喜欢自己!"

4. 防止儿童习得无助,增加儿童自我效能感

习得无助表现在儿童身上,根子在养育他的成人。父母和教师对孩子的一些不经意的言语、态度、行为可能会让孩子受到伤害。

【经典回放】

从跳蚤到"爬蚤"

科学家做过一个有趣的实验:他们把跳蚤放在桌上,一拍桌子,跳蚤迅速跳起,跳起高度均在其身高的100倍以上,堪称世界上跳得最高的动物!

然后在跳蚤头上罩一个玻璃罩,再让它跳;这一次跳蚤碰到了玻璃罩。连续多次后,跳蚤改变了起跳高度以适应环境,每次跳跃总保持在罩顶以下高度。

接下来逐渐改变玻璃罩的高度,跳蚤都在碰壁后主动改变自己的高度。

最后,玻璃罩接近桌面,这时跳蚤已无法再跳了。科学家于是把玻璃罩打开,再拍桌子,跳蚤仍然不会跳,变成"爬蚤"了。

你对这个实验有什么感受和想法?

作为父母和教师,应防患于未然,避免孩子陷入习得无助,不要让他从小就失去"起跳的力量"!

第二节 认知主义学习理论

认知学习理论产生于20世纪60年代中期,建立在认知科学理论基础之上。认知学习理论与行为主义学习理论的很大不同是,聚焦于外部刺激与外显反应之间的认知过程,认为学习不限于行为的变化过程,更是内部经验的获取过程。再一点不同是不再把动物学习作为研究对象,开始把人类的学习特别是学生的学习作为研究对象。

认知主义学习理论的研究成果很多,是许多派系理论的总称。其中最主要的有两派理论:一是认知结构学习论,一是信息加工学习论。前者更关注通过学习个体所形成的认知结构,主要有布鲁纳的发现学习理论、奥苏贝尔的接受学习理论;后者更关注个体经由感知、辨别、理解而获得新知识的认知历程,主要有加涅的信息加工理论[1]。

一、布鲁纳的认知—发现学习理论与学前儿童的发现学习

布鲁纳(J. S. Bruner,1915—)20世纪60年代提出的认知—发现学习理论,是在前苏联"卫星上天"的背景下提出的对当时美国教育改革的"万全之策",既继承美国教育注重学生主动性和动手能力的传统,又要奠定美国学生牢固的学科知识基础。

---

[1] 陈帼眉,姜勇. 幼儿教育心理学[M]. 北京:北京师范大学出版社,2011:37.

（一）布鲁纳认知—发现学习理论的主要内容

1. 学习是学习者主动认知并形成认知结构的过程

布鲁纳认为学习的实质是通过学习者的主动认知形成和发展他头脑中的认知结构。所谓认知结构是指个体在一定的文化训练中，头脑中形成的种种对世界的观点及其结构。认知结构既是在先前学习活动过程中逐步形成的，又是学习新知识的重要基础。因而学习过程是学习者借助已有认知结构，主动地选择信息并进行加工，以形成更丰富和更分化的认知结构的过程。

良好的认知结构有赖于教师提供的知识结构。布鲁纳提出在知识爆炸的时代，不可能教给儿童所有的事物，教学的目的在于使学生获得一套按照最好的编码系统组织的基本原理及思想，而这种良好的知识结构的价值在于简化资料、产生新命题和增加对一类知识的熟练使用能力。

有效的学习还有赖于学习者的主动认知。因为学习过程包含着新知识的获得、知识的转化和知识的评价三个几乎同时发生的过程。新知识的获得过程是个体运用已有的个人经验，使新的信息与原来的认知结构相互作用，从而理解新知识的内容，并使之与原有知识建立起联系的过程。知识的转化过程指通过对新知识的进一步分析概括，从而对原有认知结构进行重构，以获得新的领悟的过程。知识的评价过程是对新知识的转化过程和结果的检查及验证过程，从而确保对新知识分类和推导过程及新认知结构的合理性。

2. 学习过程是三种表征能力递进发展过程

布鲁纳认为，个体不是直接对刺激产生反应，而是首先将环境中的事物转换为内在的心理事件，这就是认知表征或知识表征的过程。人类学习知识的过程，就是形成表征系统并最终增长智慧的过程。个体的表征能力随年龄而发展，表现为三种不同的认知表征形式。

（1）动作表征

动作表征指个体通过直接作用于周围的环境来认识和再现世界的方式。布鲁纳认为，3岁以前的儿童处于一种依赖自身的动作去认识和把握事物、再现事物表象的时期。这一时期个体认知发展的主要形式是动作表征，儿童通过摸、抓、舔和咬等方式学会认识周围的事物及其特性，最终形成一种有关自己动作和事物关系的认知结构。

（2）形象表征

4～10岁儿童对事物的认识逐渐由动作表征发展为形象表征，即通过物体留在记忆中的心理表象或依靠图片等获取知识。此时期的儿童不再依赖直接的动作去获取知识，而是通过翻看图画、在头脑中想象事物或动作的表现状态来认识事物，这样当新事物真正出现时，儿童便能够迅速反应出它的名称和特征。比如，刚学算术的孩子，往往是"掰着指头"算加减法，再大些的儿童不再"掰指头"算术，而是在头脑中想象自己的手指就能算出结果。

（3）符号表征

通过语言等符号来表征事物并获取知识的方式，成为11岁以后儿童认知的主要方式。此时，个体通过使用一定的逻辑规则将复杂的图像转化成简洁的语言符号，并据此去推理和解释周围的事物，最终发现解决问题的原理和原则，并将概念及原理组成有层次的、属于自己的认知结构。符号表征是认知的最高形式，个体借此获得对事物本质及事物间内在关系的认知。

布鲁纳认为,三种表征方式随年龄增长而累积递进,一种表征方式成熟后会伴随人一生,在成人那里常常是几种表征并存和共同发挥作用①。

3. 提倡发现学习

布鲁纳认为学习的中心问题是在头脑中转换信息,并重新组织信息。重新组织就产生了新的领悟,也就是有所发现。因此发现并不限于人类未知知识的发现和创造,凡是一个人运用自己的头脑去获得新知识的一切形式都属于发现。他认为幼儿园孩子的发现活动与科学家、文学家等人的活动性质相同,其差别只是程度和水平的差异。布鲁纳还十分强调直觉思维在发现思维中的作用,认为"机灵的推测、丰富的假设和大胆迅速地做出的试验性结论,这些是从事任何一项工作的思想家极其珍贵的财富"。

由此,布鲁纳提倡在教学中使用发现法。发现法指由教师提供问题和具体材料,引导学生自己探索解决问题的方法与规则,并发现知识的结构。教师要鼓励儿童的直觉思维,采用大胆假设小心求证的学习方法探索问题。

(二)布鲁纳的学习理论与学前儿童的发现学习

布鲁纳学习理论的一大特色是不仅立足于学生当前的学习,更立足于他们的长远发展。他的很多主张对学前儿童教育具有深远意义。

1. 发现学习的远迁移的作用

从某种意义上说,由于学前儿童储存的知识经验和语词有限,通过直接经验发现未知事物的学习比通过别人讲解的间接学习更多些。比如,出生后通过吃奶、大小便、亲吻、抚摸等发现和自己接触最多的人是妈妈;又通过多次妈妈和周围人有意无意地称呼,发现了"妈妈"的语音与妈妈的固定联系;又通过和小朋友相处、玩耍的机会,发现其他小朋友也有妈妈,他们的妈妈也叫"妈妈";到后来,发现自己的妈妈也有妈妈,也叫"妈妈"……在不断发现中,"妈妈"的概念逐渐建立起来。

远迁移指儿童学得的东西对他今后的生活发生长远影响。一般而言,儿童内化了的原理、方法、能力、态度、情感等,都具有让他终生受用的效果。发现学习对学前儿童发展具有远迁移的特殊意义。第一,提高智能的潜力。儿童自己提出解决问题的探索方案,学习如何对信息进行转换和组织,使他们能够超越现有信息。第二,使外部奖赏向内部动机转移。通过发现例子之间的关系而学习一个概念或规则,比起教给儿童这一概念或规则,更能使他们从学习过程中获得满足。第三,学会发现的方法和策略。儿童在发现学习中,会学得发现与解决问题的各种方法,增长发现的勇气和自信。第四,利于信息的保持和检索。儿童从直接经验中发现的知识,不用刻意记忆就记得住,这种自己得来的知识也容易用于解决问题。这些收获会让儿童一生受益。

由此,教师一方面要鼓励和支持儿童自然发生的发现探索活动,另一方面,在教学中也要适时采用发现法教学。何谓适时?布鲁纳曾提示:儿童感兴趣而且可以有所作为的新知识就可以留待儿童去发现。比如,在幼儿园设置一个可以调整坡度的斜坡,准备一些重量不同的

---

① 王振宏,李彩娜. 教育心理学[M]. 北京:高等教育出版社,2011:151-152.

物体,鼓励儿童去测量物体从斜坡上滚下来的速度。通过认真的实验,儿童可以发现决定物体滑落速度快慢的基本规律。

发现法没有固定流程,其主要特点是:教学围绕一个问题情境展开;教学中以学生的发现活动为主,教师可以提供信息资料,适时引导;没有固定的组织形式①。

2. 学科基本结构的早期学习

学前儿童能够掌握学科的基本概念和基本原理吗?布鲁纳从理论和实践两个方面给予了肯定的回答。

布鲁纳认为教师首先要熟通所教学科的知识结构,亦即本学科的基本概念、基本原理及其关系,再把有关知识转变成合乎各个年龄阶段儿童的认知结构(动作表征或肖像表征)所能适应的形式,并从儿童已有的知识经验出发,就可以把社会科学和自然科学的基本概念、原理教给儿童。

例如,他根据儿童踩跷跷板的经验,设计了一个天平,让儿童调节砝码的数量和砝码距支点的距离,以此让儿童学习乘法的交换律,如 $2 \times 9 = 9 \times 2$。他先让儿童动手,然后使用想象,最后用数字来表示。

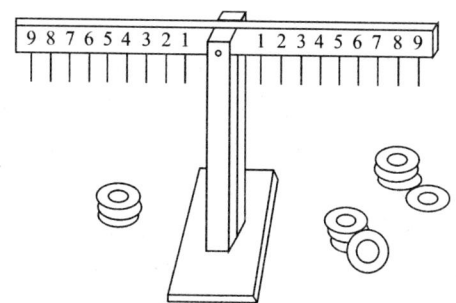

图 3.2.1　布鲁纳设计的用于乘法交换律学习的天平②

在知识经济的今天,让儿童从小形成一些认识世界的基本概念和思维方法,利用这些基本素质的迁移力使后来的学习事半功倍,是布鲁纳学科基本结构思想的现实意义所在。

二、奥苏贝尔的认知—接受学习理论与学前儿童的接受学习

奥苏贝尔(D. P. Ausubel,1918—)的学习理论与布鲁纳同属认知学派,都认为学习的过程是学习者主动的认知加工过程,都非常关注学习者内在经验的获得和认知结构的优化。但奥苏贝尔的学习理论更针对学生在学校的知识学习,认为接受学习更能利用较大年龄学生的认知优势,因而也更有效。

(一)奥苏贝尔认知—接受学习理论的主要内容

1. 学习的性质与条件

奥苏贝尔认为学生在学校主要是学习各个学科的符号系统所涵盖的意义,即学生获得由

---

① 教育心理学编写组.陕西省高等学校教师岗前培训指导用书:教育心理学[M]西安:西北大学出版社,2010:76.

② 陈琦,刘儒德. 当代教育心理[M].北京:北京师范大学出版社,2007:164.

符号所代表的知识的意义。而意义学习的实质是以符号为代表的新知识与学生认知结构中已有的适当观念建立实质性和非人为的联系的过程。所谓实质性联系,是指新旧知识的联系是意义的联系而不是字面的联系;所谓非人为的联系,是指新旧知识内容是合乎逻辑的内在联系而不是机械的人为联系。由此奥苏贝尔的意义学习就和机械学习严格区别开来。

意义学习能否实现,既受学习材料性质的影响,也受学习者自身因素的影响。前者是外部条件,后者是内部条件。外部条件指学习材料(新知识)必须是具有逻辑意义的材料,而不是人为联系的材料。内部条件有二:一是学习者原有认知结构中必须有同化新材料的适当观念,也就是说,新材料对学习者来讲,是具有潜在意义的材料。如果缺少这一条件,即使新材料是具有逻辑意义的材料,也难以被学习者理解而转化为意义。二是学习者具有意义学习的心向,也就是学习者具有在新知识与自己已有的知识之间建立联系达到理解的内心倾向。

2. 实现意义学习的心理机制

奥苏贝尔认为,知识的学习既可以使用发现法也可以使用接受法。对于年龄较大知识经验较多的学生而言,接受学习是更明智的选择,因为学生在储备了一定量的知识观念后,通过已有知识推论出新知识在时间上更经济,并且接受学习并不是学生被动地学习,而是学生主动地进行新旧知识的意义同化,同样有利于学生的长远发展。

奥苏贝尔提出知识的学习有三种同化模式:下位学习(类属学习)、上位学习(总括学习)及并列结合学习(联合意义的学习)。三种新旧知识意义同化的心理机制各有不同。

(1)下位学习(类属学习)。包含派生类属学习和相关类属学习两种,以图例表示:

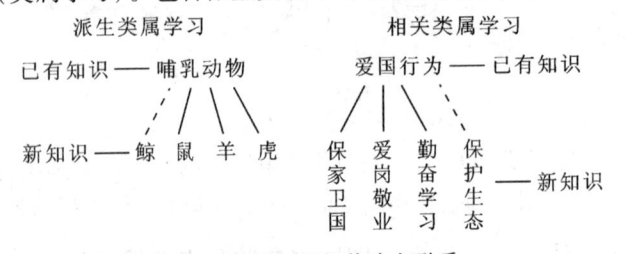

派生类属学习　　　　　相关类属学习

已有知识 —— 哺乳动物　　爱国行为 —— 已有知识

新知识 —— 鲸 鼠 羊 虎　　保家卫国　爱岗敬业　勤奋学习　保护生态 —— 新知识

注:----新旧知识间待建立联系
　　——原有知识间已建立联系

在派生类属学习例中,学生的已有知识是处于上位的概念"哺乳动物",要学习的是处于下位的新概念"鲸",学生只需经历"哺乳动物的本质属性是胎生,哺乳→鲸属于哺乳动物→所以鲸具有胎生、哺乳的特点"这一演绎推理过程就可以实现对鲸概念的把握。通过这种派生类属的同化过程,新旧知识都发生了变化:鲸(新知识)由未知或有许多误解(属鱼)而达到准确的把握,哺乳动物(已有知识)家族也加入了鲸这个新成员,但原有知识的本质属性没有变化。

在相关类属学习例中,学生的已有知识是处于上位的爱国行为及其属于爱国行为的保家卫国、爱岗敬业、勤奋学习等概念,要学习的是处于下位的新概念"保护生态",新概念与原有知识存在着较复杂的关系。学生要达到对保护生态概念的把握,需要经历"站在爱国行为的高度,认识保护生态对于国家和世界可持续发展的意义→保护生态特有的观点、方法、技术→

爱国行为内涵的新发展"。通过相关类属的同化过程,新旧知识都发生了变化:保护生态(新知识)获得了个人意义,爱国行为(原有知识)的内涵也得到了深化。在相关类属学习中,原有知识的本质属性会产生某种发展。

(2)上位学习(总括学习)。以图例表示:

```
              总括学习
          鸟 - - - 新知识
         ╱  ╱  ╲  ╲
      企鹅  鸡  麻雀  大雁 - - - 已有知识
```

在总括学习例中,学生已有的知识是处于下位的各种具体鸟的实例,新概念是能概括各种鸟的上位概念"鸟"。要把握鸟概念的意义,学生要经历的心理过程是:"列举各种鸟的属性→分析比较找出它们的本质属性,排除非本质属性→用语言将这些共同的本质属性固定下来→推及一切鸟"。这是一种归纳推论的过程,其中要特别注意第一步,列举出的鸟的实例一定要有代表性,否则会出现扩大或缩小概念内涵的偏差。如只举会飞的鸟,而没有鸡、企鹅等例子,学生会将飞翔误当做鸟的本质属性。

通过这种新旧知识的意义同化过程,新的概念"鸟"在学生头脑中建立起来,原来各自孤立的各种鸟的零散知识也联系起来成为一个整体。

(3)并列结合学习(联合意义的学习)。以图例表示:

```
                身体  数学  化学  经济        心理
  并列结合学习    平    平    平    平    ⟹   平
                衡    衡    衡    衡        衡
                    已有知识              新知识
```

在上例中,学生要学习的新知识"心理平衡",找不到在内容上直接衔接的已有的知识,但和身体平衡、数学平衡、化学平衡、经济平衡等并列知识有某种共同性,即只有平衡才有平稳和谐,一旦失衡就会有危险损失。所以可以利用新旧知识的类比推理,达到对新知识的理解。

学生要掌握"心理平衡"的概念,内部经历的心理过程是"回味身体、数学等平衡与不平衡的感受或知识→类比心理平衡或不平衡→理解心理平衡的含义"。通过这种并列结合的同化过程,新概念"心理平衡"获得了个人意义,原有知识中各种不同的平衡也建立了某种关联。

3. 先行组织者技术

从以上知识学习的三种同化模式可以看到,达到意义理解的共同心理机制是新知识与学习者原有认知结构中的适当观念实现意义同化,使新知识获得意义,原有认知结构进一步分化。那么,学生原有认知结构中缺乏同化新知识的适当观念时怎么办(在幼儿阶段很普遍)?奥苏贝尔提出了一个主动为学习者提供背景知识的技术——先行组织者技术。

先行组织者技术指在讲授新知识之前,先给学生提供一些包涉性较广的、概括水平较高的学习材料,用学习者能理解的语言和方式来表述,从而架起新知识与学习者原有的认知结构联系的桥梁。这种预先提供的起引导作用的学习材料就是"先行组织者",包括说明性组织者和比较性组织者两类。奥苏贝尔亲自做过一项先行组织者技术的教学实验,实验班采用先行组织者技术,控制班采用传统教法,结果实验班的成绩显著优于控制班。以下是实验班的教学设计。

范例展示	运用先行组织者技术教学例			
回声	"雷达"(物理)		雷达	工作程序与设备
	(类比)			
在峡谷里大喊一声	如同		一个脉冲发射出去	传播
这个声波从悬崖上反射回来	如同		一个脉冲从遥远的物体反射回来	反射
接收到一个几乎和喊声一样的回声	如同		雷达脉冲的接收	接收
发出喊声与听到回声之间有时差	如同		雷达时间的测量	测量与换算

先行组织者 ⟹ 新知识

许多研究表明,先行组织者提高了学生对某类材料的理解,当教授那些结构良好的内容,但这个结构一时又不易被学生把握时,先行组织者的作用似乎更明显。但是,当要学习的内容涉及大量的分散主题,且无法形成一个清晰的组织结构时,先行组织者的作用并不明显(Ausubel,1987,Corkill,1992)。此外,如果先前的知识记忆得不牢固或者缺乏有关的知识,则先行组织者甚至会起到相反的作用(Alwermann et al.,1985)。

4. 学习的三种成就动机

奥苏贝尔还非常关注学习动机问题。他认为学前儿童与小学低年级儿童的学习动机主要是附属的内驱力,他们好好学习是为了赢得成人(老师、父母等)的赞赏和喜爱;年龄较大的儿童如小学中高年级学生开始有自我提高内驱力,他们希望通过学习成就展示自己的实力和优势;更大些的学生比如中学生、大学生会产生在学习中能感受到充实、力量的认知内驱力。

(二)奥苏贝尔的学习理论与学前儿童的接受学习

学前儿童在入园前凭借语言和知识积累,已经开始接受父母通过语言解释教给自己的不少知识。入园后,有相当的时间在课堂上接受幼儿教师的课程教学,所以接受学习也是幼儿需要适应的一种学习方式。

1. 处理好意义学习和机械学习的关系

由于幼儿的知识经验有限,机械学习有时不可避免,因为年龄越小的儿童,符号学习的任务越多。所谓符号学习,就是要学会把事物或事件和它们的名称联系起来,而这种名称是人为的、约定俗成的,没有意义可言。所以学前儿童的机械学习必不可少。幼儿背诵他们不甚理解的儿歌、诗句更是幼儿园教育中常见的内容,这样做一方面可以发挥幼儿机械记忆的优势,做"厚积薄发"的知识储备,另一方面也可锻炼他们的语言表达能力,所以不要轻易贬低机械学习的价值。

但在幼儿可以理解的材料学习中,要尽可能使他们达到理解。因为只有理解的知识,才能真正纳入儿童的知识结构,成为他们能灵活存取的"活的知识"。

2. 遵循意义学习的规律

意义学习的条件和心理机制是达成幼儿意义学习必须遵循的。

首先要满足意义学习的外部条件,为儿童提供有意义的学习材料;其次要创造意义学习的内部条件,使儿童有理解学习内容的积极性,并使新知识建立在学生已有经验的基础上。

幼儿教师还要学会在分析新旧知识的关系的基础上设计教学思路。如果新知识处于下位,就要引导儿童由已有的上位知识演绎推理出新知识的意义;如果新知识处于上位,就要引导儿童由已有的下位知识归纳推理出新知识的意义;如果新旧知识是并列关系,就要引导儿童通过类比推理出新知识的意义;如果幼儿头脑中缺乏同化新知识的适当观念,就要运用先行组织者技术保证新知识建立在幼儿一定的知识背景上,达到意义学习而不是死记硬背。除了先行组织者外,让儿童讨论与学习主题有关的内容,或者让儿童猜测将要学习的材料,也是促进他们有意识地运用先前知识的好办法。

3. 善待学前儿童的学习动机

学前儿童的物质和精神需要几乎完全依靠成人满足,所以他们为获得成人喜爱而学习是合乎天性、无可厚非的。成人应该把学前儿童的依附内驱力看做是把他们导向学习的内在资源,当儿童有好的学习表现时,不吝惜赞赏和鼓励;当学习遇到困难时,放手让他们经历并允许他们出错;当他们求助时给予必要的帮助;当他们退缩放弃时,表示必要的失望和不满。

但不可人为延长附属内驱力对儿童学习主宰的时间。为追求他人的好评和奖励而学习,毕竟不是对学习本身的热爱,同时依赖外部奖惩的学习不可能持久,还会滋生儿童的其他问题。所以要适时把儿童引向自我提高动机和认知动机。

三、信息加工学习理论与学前儿童的认知学习

20世纪70年代中期至80年代,信息加工理论逐渐成为学习与记忆领域中占主导地位的一种理论,这体现了认知心理学家一直致力于解密大脑"黑箱"内心理活动的努力,也是利用对内部认知过程的了解来帮助学习者更有效学习的必由之路。信息加工心理学者提出了多种学习理论模型,对于更好地理解和促进学前儿童的学习有重要的帮助。

(一)信息加工模型及其对学前儿童学习的启示

1. 加涅的信息加工模型

加涅(R. M. Gagne,1916—2002)提出的信息加工模型被认为是解释学习者内部信息加工过程的基本模型。他认为学习就是信息的输入、编码、保持、提取的过程,这个动态的学习过程可分为若干个阶段,每一阶段进行着不同的加工,形成了信息加工的基本结构。

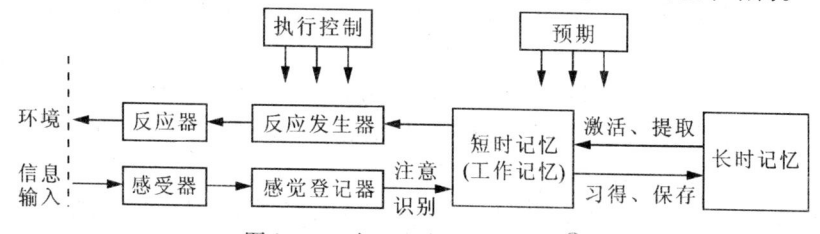

图 3.2.2 加涅的信息加工模型[①]

由上图可知,加涅把学习过程看做由信息加工系统(操作系统)、控制系统与预期系统协同工作的过程。

(1)操作系统。包括感受器、感觉登记器、短时记忆、长时记忆、反应发生器与反应器,主

[①] 陈琦,刘儒德. 教育心理学[M]. 北京:高等教育出版社,2010:122

要功能是完成对新信息的认知加工任务。加涅描述了信息加工的基本流程:感受器从环境中接收信息,输入的信息在感觉登记器中保留非常短的时间,然后进入短时记忆(又可称工作记忆),学习者通过复述可把信息在这里保持较长时间,或者对信息进一步编码储存到长时记忆。在面临新的学习任务或新的问题时,学习者在长时记忆中搜寻有关的信息又返回到短时记忆,在这里与新输入的信息相互作用以产生新的理解或解决方案,再利用反应发生器与反应器的活动,作出应答。

(2)控制系统。指认知策略对认知过程的控制,如调节感觉系统选择新信息,决定工作记忆的加工方式,决定输入长时记忆信息的表征方式,选取提取线索及反应形式,等等。对认知过程的控制不仅影响学习者学习过程的效率和效果,也影响学习者的认知品质。

(3)预期系统。指学习者对所要达到的学习目标的动机,它影响操作系统在各个阶段对认知加工方式的选择,反过来,目标达到的信息对学习者的动机也起强化作用。

加涅是学习理论的集大成者,在上述模型基础上,他对学习的层次、阶段、条件、结果等多有著述,对教育心理学贡献很大。

2. 加涅模型对学前儿童学习的启示

(1)在信息加工各阶段促进儿童认知

①感觉登记。感觉登记是信息输入的第一站,外部信息通过感觉登记进入记忆系统。感觉登记接受大量来自各种感觉系统(视、听、触、味、嗅)的信息,并将信息保留几秒钟。如果进入感觉登记的信息没有受到注意,这些信息很快会丧失。

感觉登记对学前儿童学习的意义有两点,一是要想让儿童记住信息,必须引起他们的注意;二是一次不要给儿童呈现过多的信息,或者明确告知儿童注意信息的哪些方面,否则,他们会注意不到。

注意是一种有限的资源,一个人不可能同时顾及到所有进入感官的信息。当儿童注意某个对象时,其他对象会被忽略。怎样把儿童的注意吸引到重要对象上？基本思路是从引发儿童的兴趣入手。如色彩鲜艳的学习材料、动态的教具、语言表情具有情绪感染力,声调的突然变化,与儿童的经验矛盾或令他们惊奇的演示实验和小魔术等。幼儿教师也可以明确告知幼儿,哪些内容重要来提醒他们注意,还可以让幼儿学会辨别哪些事物是重要的,学会有选择的注意。

②短时记忆或工作记忆。个体感知或注意的信息会进入短时记忆。短时记忆有储存功能,它可以保留信息几秒钟,如果信息在这里得到复述或者更好的编码,储存的时间可以更长些,进而纳入长时记忆。短时记忆又是一个工作空间,在任何时候,我们所意识到的观念都活跃在短时记忆中,信息的复述和意义编码、来自感觉记忆和长时记忆的信息加工也是在这里进行。短时记忆的容量是有限的,大约 5~9 个信息单元。但是,每个信息单元所包含的信息可能不同,比如,对"149162536496481"这串数字,幼儿要在短时间内记下来很难,15 个数码超出了他短时记忆的容量,但对于一个悟出了数串的组合规律是"自然数的平方"的中学生来说,记起来毫不费力,因为自然数平方的组合规律使得这 15 个数码成为有内在联系的一个整体,信息量并不大。

短时记忆或工作记忆对学前儿童学习的意义在于,幼儿教师在教学中必须给幼儿留出一定时间用于复述,否则可能欲速则不达。具体做法是上课时教师停顿一下询问幼儿是否有疑问,既便于他们复述,又利于他们思考。同时,如果可能,尽可能引导幼儿对学习的内容做更容易记住的编码。这样做可以降低记忆的信息量,并且更容易转化为长时记忆,如"小棍1、1、1,小鸭2、2、2,耳朵3、3、3……"利用接近律、类似律、对比律、完好律等知觉规律呈现学习内容,也是减轻认知负担、提高记忆效果的教学设计。

③长时记忆。长时记忆的容量非常大,并且保持时间长。一些心理学家认为,长时记忆中不仅储存知识,也储存有利于提取知识的策略。我们倾其一生也不能填满长时记忆,并且长时记忆中的信息永远不会遗忘,只是我们丧失了在记忆中搜寻信息的能力[①]。不言而喻,长时记忆是儿童教育中最为重视的记忆。

心理学家把长时记忆分为三个部分:情景记忆、语义记忆和程序记忆(Squire et al.,1993;Tulving,1993)。情景记忆是关于个体经历的记忆,是对我们看到或听到的事情的心理再现。语义记忆指用语词所标志的概念、原理以及如何应用概念、原理的一些规则,课堂中学习的很多内容都存储于语义记忆中。程序记忆是关于事情怎么做的记忆,儿童操弄玩具、骑童车、自己穿脱衣服等技能都存储在程序记忆中。成人可以利用三种记忆的特点帮助学前儿童提高记忆效果。

比如,充分利用情景记忆提高记忆效果。马丁(Martin,1993)认为,教育者可以利用形象的视听刺激来创设易于记忆的事件,以促进概念和信息的保持。例如,借助于投影、影片、图画书、角色扮演及其他形式,给儿童呈现生动、形象的学习内容,以促进学生记忆,进而又运用这些形象的内容去提取其他信息。有意地提醒儿童把某个内容与一个形象或重要事件联系起来,也可以帮助儿童借助令他难忘的事物回忆起需要想起的对象。

语义记忆是由概念或图式组织起来的网络结构(Anderson,1995)。认知加工心理学家的研究表明,如果语词表达的新信息与儿童已有的概念相关,并且概念或观点之间建立的联系越多、越牢固,儿童就越容易接受新信息,并越能通过各种线索回忆语义记忆中的信息。本章之后的"本章内容概览"就是学习理论的简化图式,表明了各种学习理论的要点及其相互关系。你体验一下,用这种方式是否更容易总结和回忆关于学习理论的信息,并运用于今后的学习和工作?

程序记忆主要是以一系列"刺激—反应"配对的方式储存的。例如,小朋友学会了骑童车,当需要左拐时(相当于一种刺激),孩子会自然做出手将车头左拐,身子左倾的动作(相当于反应)。动作和操作技能的学习在学前期占有很大比重,如使用各种生活及学习用具、自我服务的劳动,等等,因而程序记忆对于学前儿童至关重要。程序记忆表现为某种动作程序的自动展开,而自动化主要通过练习来完成。成人可以选用集中练习和分散练习的方式加速儿童动作学习的自动化进程。将新学的动作集中起来进行练习叫集中练习,它适用于比较简单或较短的动作系列的学习;每天练习一点,连续练习一段时间叫分散练习,它适用于比较复杂或较长的动作系列的学习。在情景记忆或语义记忆的学习中,让儿童有亲力亲为和身体力行的机会,其效果也要好于听教师解释或观看教师演示。正所谓"我上课听讲,我忘记了。我看

---

① 罗伯特·斯莱文.教育心理学理论与实践[M].姚梅林等译.北京:人民邮电出版社,2004:132-133.

见,我记住了。我动手做,我理解了"①。

④信息的有效加工和组织。来自感觉登记的信息和来自长时记忆的信息,需要在工作记忆中交汇互动,才能运用原有知识对新知识进行理解、编码,或者是运用原有知识解决新问题。但长时记忆中的信息常常不是自动恢复的,新旧两种信息也不都是自动进行相互作用的,需要教师做促进催化工作。可以引导幼儿把新概念同自己熟悉的事物联系起来,把新问题与自己身边的生活联系起来,或者要求他们比较新观念与原有相关观念的异同;也可以运用提问策略,给儿童思考想象的机会,或者让儿童自己提出问题。

(2)认知策略可以从小学习

学前儿童在学习中会自发使用一些策略。如在言语理解中使用事件可能性策略——根据词的意义和事件的可能性来理解听到的话语,对"小明把王医生送到医院里"这个句子,相当多的幼儿认为是小明生病了,王医生送小明去医院;使用词序策略——根据词出现的顺序来理解听到的话语,将"晓东被小聪撞倒了"理解为晓东撞倒了小聪;使用非语言策略——根据自己的经验来理解听到的话语,如给儿童一个木箱子,儿童倾向于对"把球放在箱子旁边"的指令理解为"把球放在箱子里"②。虽然儿童自发使用的策略常常导致他们学习出现差错,但也说明儿童有使用策略的潜能,提醒我们可以更主动地用儿童能够接受的方式教给他们更有效的认知策略。

教育心理学对策略的研究已经扩展到更大范畴的学习策略。学习策略指所有能提高学生学习效率的方法与技巧,是学习方法和学习调控的有机统一体。麦卡尔等人(1990)把学习策略分为认知策略、元认知策略、资源管理策略三类。认知策略指学习者通过有效认知活动加工信息的方法和技术,如观察、记忆、思维、解决问题的策略。元认知策略指学习者对自己的学习过程有效监督和控制的策略,如计划策略、监控策略、调节策略。资源管理策略指学习者充分利用自身和外部资源提高学习效率的策略,如对时间、环境、努力、他人资源的管理策略。

如何让学前儿童学习和运用有效策略,基本的方法是渗透到具体学习活动中,让儿童身体力行,尝到"甜头",愿意继续这样做下去。如对于元认知策略的教学,可以在某个学习活动中,让孩子在活动前问自己:"我要做什么,打算怎么做?"(计划策略——自己安排和筹划学习活动的内容与顺序);在活动中问自己:"我做得怎么样?"(监督策略——监督和检查自己学习活动的执行情况);在活动结束时问自己:"怎样做更好?"(调节策略——根据反馈信息和结果及时调整采取补救措施)。

(3)激发儿童的学习预期。儿童对学习结果的预期水平更多地取决于能否满足自己的某种需要和自己能否做到,所以要激发学前儿童的学习动机,一是要使学习结果对他们有较大的诱惑力,二是让他们对学习成功充满信心。

学前儿童有"初生牛犊不怕虎"和不怕羞的精神,成人一定要保护;同时,要特别注意不要让他们在成败上过于在意,教师要对所有勇于参与的小朋友表示欣赏和鼓励,对出现失误的

---

① 邦尼·米勒.与儿童在课堂上紧密联系起来.国际计划陕西学校改进项目办公室,2005:70.
② 陈帼眉等.学前儿童发展心理学[M].北京:北京师范大学出版社,1995:244-245.

小朋友尤其要关照,在"怎样做"上给予实质性的指导。当他们能够胜任学习活动时,就会对学习活动抱有更大的热情。

(二)加工水平理论及其对学前儿童学习的启示

该理论认为,人们对刺激的加工可以在不同的心理水平上进行,但经过深入加工的信息才能被保留下来(Craik,2000;Craik & Lockhart,1972)。例如,儿童感知到一个球但并没有注意它,这是最低水平的加工,他不可能记住它。如果这个孩子注意到它并给它命名,叫它"红球",这个球有可能被记住,这是第二水平的加工;最高水平的加工是赋予这个球以意义,比如这个孩子玩儿过这个球,知道这个球是用软材料(皮)做的,使劲扔到地上会弹起来等。儿童注意到刺激的细节越多,需要对它进行的心理加工越多,就越可能记住它。

【经典回放】

加工深度的研究

鲍尔和卡林(Bower & Karlin,1974)让斯坦福大学的学生看耶鲁大学年鉴上的图片。然后让一部分学生按"男性"和"女性"将图片分类,而让另一部分学生按"非常诚实"和"不太诚实"将图片分类。结果发现,后一部分学生比前一部分学生能更好地记住图片。因为与只是做性别分类相比,评价诚实与否需要更多、更高水平的心理加工。

学前儿童在成人的引导下,可以做到对材料深度加工。最基本的方法是让记忆的内容成为儿童活动的对象。有这样一项研究:用15张图画卡片做两组实验,一组要求儿童按图片上所画的物品性质,将它们分放在桌子上的适当位置(假定的厨房、花园、卧室等),放完后要求儿童回忆图片内容,另一组则直接向儿童布置记忆图片的任务。结果表明,第一组儿童的记忆效果显著优于第二组[①]。

(三)双重编码理论及其对学前儿童学习的启示

该理论认为,信息在长时记忆中有两种存储方式:表象的和言语的,分别对应于情境记忆和语义记忆(Clark & Paivio,1991)。用表象和言语这两种方式来表征信息,其记忆效果要好于只用一种方式表征信息。因为在记忆时,有两种信息的相互支持,在回忆时,有两种线索可以利用。

双重编码理论提示我们,尽可能指导学前儿童用两种方式对所学的新知识编码,比如记忆一个大红苹果,既用一个大红苹果的形象来记忆,又要说出或默述"一个大红苹果"来记忆。

(四)联结主义模型及其对学前儿童学习的启示

联结主义模型受到大脑研究成果的启发。对大脑的研究表明,信息不是被储存在大脑的某一部位,而是分布于大脑的很多部位,并且由错综复杂的神经通路连接起来(Hendry & King,1994;Solso,2001)。罗伯特·斯莱文认为联结主义模型的一个直接应用是更强调以经验为基础的教学,而淡化以规则(如语法和算术法则)为基础的教学[②]。这同学前儿童的学习

---

① 陈帼眉等.学前儿童发展心理学[M].北京:北京师范大学出版社,1995:157-158.
② 罗伯特·斯莱文.教育心理学理论与实践[M].姚梅林等译.北京:人民邮电出版社,2004:135.

有很大一致性,即利用儿童的经验或通过儿童的亲力亲为学习,使学习在大脑的更多区域留下"痕迹"。这种儿童全身心投入的学习更便于理解和提取。这也提示我们,在教学活动中,不必非得沿着严格的直线层级进行,可以从儿童经验的任何部分进入或开始,同时注意形成围绕着关键概念的知识网络结构。

第三节 人本主义和建构主义的学习观

人本主义心理学是20世纪50年代兴起、60~70年代得到迅速发展的心理学流派,与精神分析学派及行为主义学派的观点不同,被称为心理学的"第三种力量"。马斯洛、罗杰斯等是人本主义心理学派的重要代表人物。

建构主义学习理论是从行为主义发展到认知主义后,在客观主义与主观主义之间寻找"第三条道路"的理论。它试图实现知识的"客观性与主观性"的统一、"外部输入与内部生成"的统一、"个体知识学习与社会知识学习"的统一。

一、人本主义的学习观

人本主义心理学强调人的本能和潜能,认为人性本善,有不断发展、增长和自我实现的趋向,在良好的后天环境中会自然成长,实现"自我"。他们强调人具有主动性和选择性,具有创造性和无限发展的可能性,因此,应尊重人的价值、需要与尊严,相信可以自己教育自己,并应创造良好条件促进人的潜能的实现。

以下简单介绍人本主义关于儿童学习的主张。

(一)人性观与儿童观

人本主义心理学所有关于学习的观点都是发源于其人性观的。人本主义心理学家都秉持乐观的自然人性论和自我实现的人格论的观点。

乐观的自然人性论认为人的基本属性是自然属性,这种与生俱来的自然属性不是充满敌意、喜欢破坏、反社会和邪恶的,而是倾向于创造、具有建设性、需要与他人建立亲密关系的。人本主义者也承认人可能作恶,但认为那不是人的本性的反映,而恰恰是在后来的生活经历中人性扭曲的结果。罗杰斯(C. R. Rogers,1902—1987)对此有详尽地阐释,他认为外界对个体"有条件的价值评价"导致了"有条件的自我评价",人会产生焦虑和防御,甚至出现心理问题。

自我实现人格论指每个人都有追求自我实现的需要,因为求生存、求强壮、求茂盛、求完满是一切生物都具备的"实现趋向",也就是说,任何生物尤其是人一定是朝着充分发挥自身所具备的潜能的方向前进。马斯洛的需要层次论充分论证了这一观点。马斯洛(A. H. Maslow,1908—1970)提出,人类有五种基本需要:生理、安全、归属和爱、尊重、自我实现,他后来又将自我实现的需要细化为认知需要、审美需要、自我实现需要。他认为上述各种需要构成了求足需要、发展需要两个层次。人的需要由低向高发展,当低一层需要基本满足之后,高一层需要便发展起来,并最终取代前一需要的优势地位。

【经典回放】
马斯洛提出的七种需要①

求足需要
- 生理需要：空气，水，食物，住房，睡觉
- 安全需要：人身安全，财产安全，职业安全，希望免于灾难，未来有保障
- 归属和爱的需要：家庭、团体、朋友、同伴的关怀和理解，社交欲，信任
- 尊重需要：成就，能力，实力，名誉，赞同，重视，认可，控制，自信

发展需要
- 认知需要：知识，意义，规则，理解，好奇
- 审美需要：美丽，外形，匀称协调
- 自我实现需要：个人潜能的极度发挥，全神贯注地体验生活，竭尽所能使自己趋于完善，"高峰体验"

学前儿童需要的发展也证明了这种观点。对于学前儿童而言，生理需要曾经是他们的第一需要，但随着年龄增长，他们的心理需要和发展需要就不同程度地发展起来，并表现出高一级需要逐渐取代低一级需要优势地位的趋势。比如，幼儿园比家里有更严格的规则、更多的学习任务、更多的困难挑战，但大部分幼儿很愿意上幼儿园，因为他在幼儿园学得好、做得好，就能赢得同伴的喜爱、教师的欣赏，感受到活动胜任感和自我价值感。当然，也有些幼儿不愿意上幼儿园，可能是因为在幼儿园很少有小朋友和他玩儿，或者他认为教师不喜欢他。以上种种现象都反映出学前儿童也表现出"实现趋向"，他们不是被动的，而是一个个求适应、求成长、不断想使自己充实完善的人。

需要特别指出的是，儿童的安全感是他们能定下心来主动学习的心理条件。此处的安全感，不仅指身体不受伤害，更指心理安全，比如，能获得教师和小朋友的关爱，有集体归属感，得到信任和重用，等等，已经延伸到爱与归属、尊重等需要的满足。所以幼儿教师在布置和安排幼儿的学习活动时，不仅要考虑物理环境的安全，更要致力于营造温馨、宽松的群体氛围，为激发幼儿学习和探究的欲望、发表与众不同的意见、敢于作出大胆的选择和决定提供心理保障和支持。

(二)学习观与教育观

在人本主义心理学家眼中，文化、环境、教育只是阳光、水和食物，儿童生命中本来就有的自我潜能才是种子。教育的使命就是帮助儿童原本就有的自我潜能这粒"种子"更好地发芽、开花、结果。

马斯洛批评传统的知识学习是一种外铄学习，这种学习只是对个别刺激所作出的零碎反应，或是外界强加给学生的一些片段的习惯和行动，对他们的自我实现毫无意义。他认为学习不应靠外铄而应靠内发。人生而具有内发的成长潜力，儿童需要认知、理解和审美，如同需要水和空气一样，学习的实质是个人潜能的充分发展，而儿童自我实现的一个明显表现，是好奇心和求知欲的满足和增长。

---

① 邦尼·米勒.与儿童在课堂上紧密联系起来.国际计划陕西学校改进项目办公室,2005:39.

罗杰斯也批评以往的学校教育是"颈部以上的教育"、"左半脑的教育"。所谓"颈部以上的教育",是说学生坐在教室里只是脖子以上的脑袋在学习,颈部以下的身体没有参与;所谓"左半脑的教育",是说学生在学习中只是用他的左半脑做语言符号和数理逻辑一类的加工,负责掌管图形、方位、形象思维、直觉、想象的右半脑和掌管情绪、意志的其他脑部位也没有参与。他认为这种教育的"病根"在于没有把儿童作为"完整的人"来对待。他认为情感和认知是人类精神世界中两个不可分割的组成部分,人不仅生活在有形的物质世界中,更生活在无形的精神世界中,对外部世界一系列相互关联的思考模式或心灵感受,决定了人的自我价值感和人生幸福感。因此教育应该培养"躯体、心智、情感、精神、心力融汇一体"的人,即"完整的人",这种人具有高度适应性和内在自由性,既能为社会建功立业,又有能力获得个人幸福。所以学习就不仅是一种知识增长的学习,而且是一种使学习者成为完整人的学习,是一种使个体的行为、态度、个性以及在未来选择中发生重大变化的学习,是一种与学习者各部分经验融合在一起的、学习者全身心投入的学习。

(三)教学观

1. 学校学习对儿童要有个人意义

罗杰斯特别提出学校学习要对儿童有个人意义。他的意义学习与以往学习理论的意义学习又不同,指学习的内容要和儿童的情感、体验和生活有关,认为只有这种学习,学生才会全身心投入,才会有效。

罗杰斯以婴儿学步和儿童学习外语为例论证了自己的观点。罗杰斯说,婴儿学习走路时,没有不摔跤的,但没有一个婴儿因为摔跤而不再学习走路,因为学会走路对他们意义超过了暂时的疼痛,迈开双脚走出去,就可以接触更多的人和更广大的世界,满足他们的好奇心和求知欲。罗杰斯还说,一个孩子随家人到一个新的国度,很快就能和周围的伙伴做言语交流,而在学校里学习很多年外语却做不到这一点,这是由于生活中的伙伴交流对儿童的意义更为重要,儿童会尽全力投入学习,因而学习效果更好,而学校中的外语学习常常脱离儿童的生活和需要,因而低效。所以学校应为学生而设,教师应为学生而教,应能满足提高儿童的好奇心、自尊心,增进生活经验,实现其生活目的,这样儿童才会乐于学习。

罗杰斯还提出,大多数意义学习是从做中学的。他认为促进学习最有效的方式之一,是让儿童直接体验到面临实际问题、社会问题、伦理和哲学问题、个人问题和研究的问题等。这可以通过设计各种场景,让儿童扮演各种角色,以便让儿童对各种角色有切身的体会,比如让儿童扮演爸爸妈妈每天的活动,让他们体验父母的辛劳;让经常有侵犯行为的孩子扮演受到伤害的孩子,让他们体验别人的感受。也可以通过安排一些主题性活动让他们参与其中,感受到个人的责任和合作的力量。

2. 教学情境要减少对儿童自尊的威胁

罗杰斯提出,正常儿童都有追求尊重和认可的需要。学生在学习时会遇到两种挑战自尊的威胁:一种来自学习内容,意味着他还有未知;一种来自外部评价,可能会由于学业失利而否定个人。教学应将第二种威胁降到最低,帮助学生集中精力和智慧战胜学习困难。例如,一个阅读能力低的儿童,当要他在全班儿童面前把书上的内容讲给大家听时,心里就会感到惶恐,书上的文字符号就会比他坐在自己座位上阅读更难辨认。而当他处在一个有安全感的环境里,相信老师和小朋友们都鼓励他讲,讲得不太流畅也没有关系时,他就能以一种辨别的方式觉察书本上的文字符号,识别类似单词的不同要素,体验各段落的意义,并试图把它们组合起来,在这个过程中,他的学习就进步了。

自尊是一个人对自己存在资格和自我价值的确认,是一个人生存的精神支柱和潜能发展的内在动力,所以人本主义不仅把高度自尊作为教育的目标,也作为儿童学习的心理条件,主张教师要帮助孩子建立自尊,使其成为学习的主人。

罗杰斯还特别提出,当学生以自我批判和自我评价为主要依据,把他人评价放在次要地位时,独立性、创造性和自主性就会得到促进。如果要使儿童成为一个独立自主的人,必须从小给他机会自己判断,允许他犯错误,而且还要让他自己评价这些选择和判断的结果,成人只需提供信息和行为方式供他参考借鉴,判断和选择权在儿童那里。这样,他才能逐步成长为一个自由的和负责的个体。在学校或家庭里依赖他人评价的儿童,很可能要么始终习惯于依赖他人而显得不成熟,要么是全然反抗所有的外部评价和判断[1]。

【延伸阅读】

教师帮助孩子建立自尊的途径[2]

让每个孩子知道他(她)是重要的和有价值的。

当孩子走进教室时,或向孩子问候的时候,能叫出他(她)的名字。

用心聆听和尊重孩子的想法,即使这些想法比较怪异、不切合实际。

回答孩子提出的问题时,不要用带有批评的口吻。

尊重孩子的差异,为他们提供多样化的方法来促进每个人进步。

注重循序渐进,对孩子取得的、即使很小的进步也要表扬和鼓励。

对孩子学习付出的努力和取得的进步及时赞赏,而不是仅仅关注最后结果和正确答案。

帮助孩子树立起"我能"的学习态度,鼓励他们在学习中采用积极的冒险精神。

给予孩子自己作选择的机会,帮助他们树立起对自己的学习和行为负责的观念。

对孩子做出的自我控制、成熟懂事的行为要公开表扬。

营造一种没有嘲讽、威吓、体罚的宽松和谐的课堂氛围。

让每个孩子承担教室里的事务。

把孩子的学习成果展现给全体同学。

让孩子听到你跟其他教师讲你对你们班的孩子感到自豪。

给孩子提供小组合作的机会,对孩子们的相互帮助和合作进行积极评价。

把有耐心的孩子和一些被孤立和被拒绝的孩子安排成学习搭档。

教给孩子自信的技巧,以便于他们能提出自己希望做的事情,而不是永远追随别人。

对孩子犯的错误采用诙谐、委婉的方法教育,永远不要直接反对或斥责。

---

[1] 施良方.学习论—学习心理学的理论与原理[M].北京:人民教育出版社,1992:410.
[2] 邦尼·米勒.与儿童在课堂上紧密联系起来.国际计划陕西学校改进项目办公室,2005:106.

3. 关注儿童的感受和需要

罗杰斯提出，正常儿童在学习过程中，不只从事智力活动，还参与有情感。在某种意义上，情感对学习的作用甚于智力活动。

康布斯从现象学的观点出发，认为知觉是对被知觉对象的感受，要想了解人的行为，就必须先了解人如何从他自己的观点去觉知他所处的世界，不同的知觉可导致不同的信念，同一事实对不同的人可能有不同的意义。同理，要帮助儿童学习和发展，也必须从了解和改善他的内心感受着手。

国内一些心理学者通过研究提出，学生有三种最重要的需要：一是归属的需要，即学生渴望受到关爱，受到器重，能与同伴友好合作，获得信任感与归属感；二是完成学业的需要，即能掌握教学内容，胜任学业和其他社会任务，获得效能感或胜任感；三是自我决策的需要，即有独立选择的自由，有影响环境、影响他人的机会，获得权力感或控制感。学生若处在能满足个人基本需要的人际环境中，能够体验到被人关心的感觉，有机会证明自己胜任学业的能力，有自主选择和影响周围环境的可能，会表现出更好的精神面貌和学习行为。

4. 在教学中要给儿童一定的自由

罗杰斯提出，正常儿童都有自我主宰的潜能，教学应把发掘学生潜能，使他们成为自我指导的并富有个性的人作为终极目标。没有自由就没有责任，因为如果听命于他人或无可选择，自己就没有责任可言。反之，如果在一定的学习范围内，让儿童有选择的自由，那么，他们就会扛起学习的责任，更加自觉、主动地投入学习。在幼儿园教育中规则教育很重要，但幼儿教师不要忘记树立规则的初衷。

【延伸阅读】

规则和自由的关系

规则不是通过控制儿童和强迫儿童遵守规定，而是通过规则教会儿童自己作决定、采取对自己负责任的方法学会自律。

不要用太多的规则限制孩子的自由。人只有感到自己是独立的主体时，他才会感到自己的责任和权利。个人越是有选择的自由，就越会把所选择的行动看做是发自自己内在需求的。

给儿童自由不是放任自流。只顾自己自由，别人就没了自由，只顾自己自由的结果是人人都得不到自由。要让儿童认识到他人与自己的平等地位，为行为选择和选择后果负责任。

（四）教师观

立足于对儿童天性和潜能的高度信任和儿童终生发展的高度关注，罗杰斯对传统的教育方式持激进的批判态度。他认为，静止的学习信息在以往的时代里可能适用，但完全不适用快速变化的当代生活。在现代社会中最有用的学习是了解学习过程，对经验始终持开放态度，并把它们结合进自己的变化中去。所以教师的任务不是教给儿童知识（行为主义所强调），也不是教给儿童怎样学习（认知学派所关注），而是要为儿童提供学习的条件，由学生自己决定如何学习。

由此，罗杰斯提出了同传统教育截然不同的教师观。传统教育的主要特征是：教师是知识的拥有者,学生是被动的接受者;教师是权力的拥有者,学生是服从者;教师可以通过各种方式(讲授、考试、分数甚至嘲弄)支配学生的学习。罗杰斯提出要废除传统意义上教师的角色,以促进者取而代之。促进者的任务是:提供各种学习资源;提供一种促进学习的气氛;使学生知道如何学习。罗杰斯主张,废除教师中心,提倡学生中心。在教学中,师生关系应该是"我与你"即"主体与主体"的关系,而不是"我与他"即"主体和客体"的关系,师生关系应是平等的、朋友式的关系。

人本主义对儿童发展的高位思考和力图实现情感与理智、直觉和逻辑、概念与经验、动脑与动手、共性与个性的有机结合、相辅相成的理论和实践,对于当今教育革新具有价值引领的重要意义。但人本主义的学习观具有浓重的理想主义色彩,这和现行的教育制度有种种对接的困难。

二、建构主义的学习观

进入20世纪90年代以来,教育心理学又出现了一场建构主义的"革命运动"。建构主义的学习理论是继行为主义、认知主义之后的进一步发展。行为主义和认知主义心理学的学习理论是以客观主义的传统知识论为基础,而建构主义则试图超越客观主义知识观和主观主义知识观的二元对立,强调知识学习的内在生成和主动建构活动,走出了学习理论的新路径。

建构主义又分为一些小的学派,我国心理学界把建构主义分为认知建构主义和社会建构主义两种。认知建构主义主要是以皮亚杰的思想为基础发展起来的,更重视从个人角度描述学习和认识的本质与活动机制,关注学习者个体是如何建构某种认知方面或情感方面的信息的。社会建构主义主要是在维果茨基思想的基础上发展起来的,更注重知识的社会实质,强调学习是一个社会参与过程。知识不仅是在个体与物理环境的相互作用中建构的,个体与个体、个体与群体之间的社会文化互动更重要。建构主义提出了关于学习的一系列的共同主张[1],对学前儿童的学习有诸多启示。

(一)知识观

知识观是学习理论的基本前提。有什么样的知识观,就有什么样的学习观。西方传统上盛行着经验论和先验论两种不同的知识观。经验论主张人的知识是对客观世界的反映,知识预成于外部世界,属于外源性的知识观。先验论强调学习者的天赋和潜能,认为知识预成于内部世界,属于内源性的知识观。建构主义反对前两种观点,提出了知识学习的第三条道路,即知识反映的渐成论和生成论。

什么是知识?在建构主义者的眼中,知识是人们对世界的种种解释或假设,"是未被推翻的暂时真理",会随着人类的进步而不断发展。知识不可能以实体的形式存在于主体之外,必须依赖于具体的认知个体和群体,具有主体性和合作性;知识也不可能脱离活动情境而抽象地存在,而是存在于具体的、情境的、可感知的活动中,只有通过实际应用活动,才能真正被人所理解。所以知识对学习者而言,既是通过主体性、合作性、情境性的学习来获得个人意义的对象,也是在这个学习过程中进一步发展知识意义的对象。

---

[1] 教育心理学编写组.陕西高等学校教师岗前培训指导用书:教育心理学[M].西安:西北大学出版社,2010:91-95.

综上所述,知识和意义不是独立于我们而存在的,而是由人建构起来的,对事物的理解也不是简单由事物本身决定的,而是人以原有的知识经验为基础所建构的对现实世界的解释和理解。知识包括认知者对真理的质疑、对知识的渴求、对知识的建构与理解以及所有这一切发生的情境线索,绝不仅仅是简单的积累、加工、储存。这种知识观把学习者真正提升到"主人"的地位:每个人包括儿童都有建构和发展知识的权利和责任。提醒我们不要小视和忽略孩子的童言稚语,里面有他们对人、事、物的理解和想象,也有丰富性和合理性。

(二)学习观

1. 学习的主动建构性

"建构"这一术语类似于建筑行业中利用预先备好的部件,通过建筑工人积极主动的劳动建造出一个新的工程产品。在知识的建构过程中,预先备好的部件就是学习者头脑中已有的知识经验,这些已有经验包括日常生活经验、语言文化、学习动机、信念和态度、学科知识及学习策略。积极主动的劳动就是指学习者在一定的社会文化环境中,通过运用、转换、综合、重组或改造头脑中的已有经验,不断地解释新信息、新经验、新事物、新现象,或者解决新问题,最终内在地生成个人意义。因此,学习是学习者主动建构自己的独特理解的过程。

建构主义还特别强调学习过程的双向建构性。他们认为,学习过程不是由教师向学生单向传递知识的过程,而是师—生、生—生双向活动转化过程。他们认为,每个人对事物的理解都有其独特性,通过对话交流、合作学习、相互启发、相互影响,个体会丰富、深化和发展对同一知识主题的理解。因此,双向建构的学习会使学习者得到更为灵活的知识。

2. 学习的灵活性

斯皮罗(Spiro)提出了认知灵活性理论。他将知识划分为"结构良好领域的知识"和"结构不良领域的知识"。所谓结构良好领域的知识是较为稳定的、符合基本规则的初级知识,依靠感知、记忆和练习来掌握。而结构不良领域的知识是不够稳定,缺乏规则,灵活性和弹性较大的高级知识,表现为知识应用的每个实例中都包含着许多概念的相互作用,即概念的复杂性,并且同类的各个具体实例之间所涉及的概念及其相互作用的模式有很大差异,即实例的差异性。这种高级知识需要学生通过理解、领悟、加工和重组的复杂建构,才能逐渐把握。与之相应,提出学习分为两个阶段:初级知识的获得与高级知识的获得。在初级知识学习中,只要求把所学的东西按照接近原样的方式再现出来;而在高级知识学习中,则要求学生把握概念的复杂性,把它们灵活地运用到各种具体情境中。

建构主义认为,在许多学科中,只有那些简单的知识系统才具有良好的结构,而高级复杂的知识都与综合、灵活地理解和解决问题有关,缺乏明显的结构,意义更为丰富而理解更为困难,离开了主动建构活动根本无法把握。传统教学策略在初级学习上有效,但这种简单化的教学忽视学生主体参与,忽视知识各部分的相互关系和灵活运用,会使学生理解简单、片面和僵化,妨碍了知识在具体情境中广泛而灵活的迁移。所以,从小就应该让儿童有机会学习和运用结构不良领域的高级知识。因此,教学要考虑我们所面对的世界的复杂性,以及每个人认知建构的独特性。如有些发达国家的幼儿园和小学低年级教师,经常为儿童设计一些大作业:"哪些物种正在濒临灭绝?""地球气候为什么会变暖?""燃烧垃圾是好还是坏?""吃什么样的食物是安全的?"等等。这种学习称为"自上而下"的学习,即首先呈现整体性的任务,让儿童尝试进行问题的解决。在此过程中,儿童要自己发现完成整体任务所需完成的子任务,以及完成各级任务所需的各级知识技能。有些教材还会将结构不良领域的问题纳入常规作业中,比如"500支铅笔60人分,每人分几支?""500人过河,每船载60人,需要几条船?""小明的百米成绩是13秒,他跑1000米需要多少时间?""旅店电梯老旧,客人意见很大,不解决影响生意,但又没资金维修或更新,怎么办?"等等。

3. 学习的情境性

建构主义者反对过分强调知识的普遍性和本质性的传统观点,认为知识总是依存于具体情境。每一位学习者都不能超越具体的情境来获得某种知识,而需要在特定的情境中建构知识的意义和意义系统。所谓情境,既包括物理情境,如媒体材料、空间安排,也涉及社会情境,如社会文化、实践活动和背景知识等要素。情境应该是真实的、具体的和多元的。建构主义者强调情境在学习中的突出作用,特别是面对复杂的、高级知识的学习,意义往往隐含于内部,需要学习者联系各种情境加以理解和把握。例如,幼儿对"母亲"的含义已经有了一定程度的理解,知道不仅指自己的妈妈,也指小朋友的妈妈,并且奶奶是爸爸的母亲,姥姥是妈妈的母亲,等等,在幼儿园学习"祖国是我们的母亲"时,幼儿在祖国的山山水水养育了世世代代的中国人的情境中,又获得了对"母亲"的深一层理解。

建构主义摒弃传统教学"去情境化"造成的难以用学得的知识解决现实中问题的弊端,追求学生遇到的问题和进行的实践与真实世界的一致性,使学生有机会学习知识在情境中的复杂变化,获取和运用结构不良领域的高级知识。

4. 默会性知识的学习与内隐性学习

默会性知识与明确的知识不同。明确的知识指可编码、可传递、可反思的知识,如事实和原理的知识,这种知识具有逻辑性、共享性、交流性;默会性知识指难以编码、传递、反思的知识,如认知策略、情感体验、价值感悟、态度取向、人格积淀,等等,这种知识具有非逻辑性、个体性、内控性。建构主义者认为,在学生的主动建构中,默会性知识起着重要的精神支撑和策略优化作用。

内隐性学习与外显性学习不同。外显性学习需要意志支持和意识调控,内隐性学习往往是自发、无意识、自动化地执行活动。许多建构主义者认为,高级知识与默会性知识的学习不可能以现成的、明显的、孤立的方式去掌握,内隐性学习必不可少。具体做法是根据重要知识的默会本质,设计能成功支持这种学习的真实环境,让隐含在人的行为模式和处理事件的情感中的默会性知识在人与情境的互动中发挥作用,使得默会性知识随着实践者经验的日益丰富而增加。

以上观点提醒我们,一是要重视对学前儿童情感、态度、人格、策略、价值的教育,二是要"了无痕迹又无处不在"地对孩子进行全面熏陶,如利用幼儿园的"儿童墙"、"生物角"、"课本剧"、"今天我值日"等隐性课程进行渗透性影响。

(三)学生观

就学生在学习中的身份和地位而言,行为主义的学习理论把学习者视为完全受环境和奖惩控制的被动的人;认知主义的学习理论恢复了学生是外部信息的主动吸纳者的主动地位,但知识信息和掌握知识信息的教师依然是真理和真理的代言人,学生没有评价和发展知识的资格;人本主义的学习理论描画了一幅儿童自主学习、幸福发展的蓝图,但其提出的一些做法与现行的学校教育制度很难吻合;建构主义的学习理论在落实"学生是学习的主人"方面有了一定程度的突破。

认知建构主义把学生看做是信息意义的主动建构者,每一位学习者总是在自己的先前经验基础上,以其特殊的方式来建构对新信息、新问题的理解,从而形成个人意义。社会建构主义者则重视学习者在社会背景和社会互动中的学习,这种建构表现为具有一定生活背景、语言、信念和技能的个体,借助语言、叙事或对话,与他人交流、讨论、争辩、分享,实现从个体知识向公共知识的相互转化。

学前儿童的学习更有条件通过游戏活动、同伴合作来进行。如何利用好各种条件,使儿童在轻松愉快中学得知识、学会交往、一举多得,是值得家长和幼儿教师探索尝试的课题。

【课例分享】

"爱"的表达①

早晨,老师接孩子时,发现默默不高兴。老师说:"默默,你看上去不高兴,老师抱抱你好吗?"

默默说:"不。"然后转身走了。

主题活动时,老师告诉孩子们:"今天我们分享'爱'的表达。"

常常抱抱天天,老师说:"啊,你是这样表达爱的。"

宝宝对默默说:"我爱你",并轻吻了默默,"我妈妈就是这样爱我的。"

老师说:"噢,妈妈这样爱你,你也这样爱别人。"

小小对宝宝说:"你很胖,我喜欢你。"宝宝听完就哭了起来。小小呆住了,然后也哭起来。

老师说:"小小,你想告诉宝宝,他胖嘟嘟的,好可爱,所以你喜欢他,是吗?"

小小点头边哭边说:"是的。"

老师问:"宝宝,你为什么哭呢?"

宝宝说:"胖是骂人的话。有一次,我说妈妈胖,妈妈生气了,大声说:'不许骂我。'"

老师说:"你为什么说妈妈胖呢?"

宝宝说:"我喜欢妈妈。"老师说:"噢,妈妈误解了你。你愿意今天在妈妈接你的时候,给妈妈解释吗?"

……

圆圆说:"老师,我爱我妈妈的时候,什么都不表达,我就玩儿着,我妈妈就知道我爱她,我知道她也爱我。"

好几个孩子说:"就是,我什么都不做,我就知道妈妈爱我。"

……

默默在分享中快乐了起来。

---

① 孙瑞雪.完整的成长——儿童生命的自我创造[M].北京:世界图书出版公司,2010:46.

（四）教师观

就教师在学习中的身份和地位而言，行为主义的学习理论把教师视为掌握奖惩手段并可主宰学生行为的训练者和塑造者；认知主义更多地把教师看成是学生学习的指导者和设计者；人本主义的学习理论把教师看做是学生学习的伙伴和支持者，给儿童更多的权利和自由；建构主义的学习理论更愿意把教师看成是学生学习的帮助者和合作者，赋予了教师在教学设计、教学组织方面更多的责任。

（五）教学观

在教学上，认知建构主义者提出教学就是创设一种提供认知工具、蕴涵丰富资源的学习环境，以鼓励学习者通过与环境的互动建构知识的个人意义。社会建构主义者认为知识蕴含在群体或共同体中，教学要促进学习共同体的形成，使学生在与他人的对话、互动中，获得外源性知识，内化为个体知识。同时，建构主义者对教学内容和组织、教学过程的整体设计等，提出了一系列有意义的观点，发展出了许多教学模式，如随机通达学习、支架式教学、认知学徒制、抛锚式教学、培养学习共同体等，对于学前儿童的教育也颇有借鉴价值。

【本章内容概览】

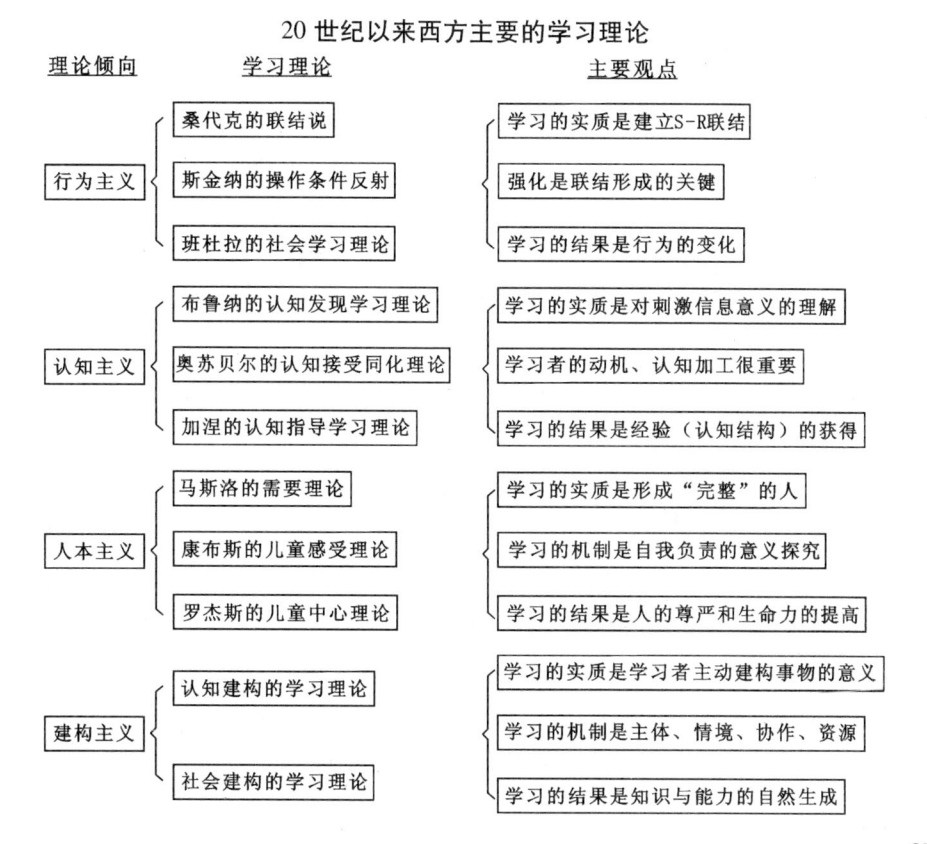

20世纪以来西方主要的学习理论

理论倾向	学习理论	主要观点
行为主义	桑代克的联结说	学习的实质是建立S-R联结
	斯金纳的操作条件反射	强化是联结形成的关键
	班杜拉的社会学习理论	学习的结果是行为的变化
认知主义	布鲁纳的认知发现学习理论	学习的实质是对刺激信息意义的理解
	奥苏贝尔的认知接受同化理论	学习者的动机、认知加工很重要
	加涅的认知指导学习理论	学习的结果是经验（认知结构）的获得
人本主义	马斯洛的需要理论	学习的实质是形成"完整"的人
	康布斯的儿童感受理论	学习的机制是自我负责的意义探究
	罗杰斯的儿童中心理论	学习的结果是人的尊严和生命力的提高
建构主义	认知建构的学习理论	学习的实质是学习者主动建构事物的意义
		学习的机制是主体、情境、协作、资源
	社会建构的学习理论	学习的结果是知识与能力的自然生成

【思考题】

1. 学习理论的发展经历了哪几个阶段?
2. 每种学习理论各自发现了哪些学习规律?
3. 在学前儿童教育中,怎样合理地运用强化物、惩罚物?
4. 发现学习和接受学习的异同有哪些?
5. 人本主义学习观和建构主义学习观,对指导学前儿童学习的启示是什么?

第四章　学前儿童的学习动机与学习迁移

> 【问题求索】
>
> 1. 什么是动机和学习动机?
> 2. 学习动机的理论有哪些?
> 3. 学前儿童的学习动机有何特点?
> 4. 学习迁移的理论有哪些?
> 5. 学前儿童学习迁移的特点是什么?
> 6. 影响学前儿童学习迁移的因素是什么?
> 7. 如何提高学前儿童迁移能力?

学习是一个连续的过程,从激发儿童的学习兴趣开始到促使学习持续不断都需要学习动机的维持。本章将详细介绍学习动机和学习迁移的经典理论,探讨学前儿童学习动机和迁移的特点,以及提供行之有效的培养学前儿童学习动机的方法和提高学习迁移能力的方法。

第一节 学前儿童学习动机

一、动机与学习动机的概念

动机(Motive)是由一种目标或对象所引导、激发和维持的个体活动的内在心理过程或内部动力,它是一种内部心理过程,而不是心理活动的结果。对于这种内部过程,我们不能直接观察,只能通过任务选择、努力程度、对活动的坚持性和言语表达等外部行为间接地推断出来。通过任务选择,我们可以判断个体行为动机的方向、对象或目标;通过努力程度和坚持性我们可以判断个体动机的大小。各种动机理论都认为,动机是构成人类大部分行为的基础(Weiner,1985)[1]。动机具有三个作用:始动作用、定向作用、维持调节作用[2]。通常我们把直接推动行为的内部原因称为动机,而把激起动机活动的外部因素称作诱因。

学习动机是指学习目标和对象所引起、激发和维持的儿童内在心理过程。学习动机不是单一的结构,而是由各种动力因素组成的复合体,其中包括:学习需要,学习兴趣、爱好,对学习必要性的认识,学习的情绪、意志因素等。学习动机与学习目的既有联系又有区别。前者

---

[1] 彭聃龄. 普通心理学[M]. 北京:北京师范大学出版社,2001(5):320.
[2] 北京师范大学教育系《教学认识论》编写组. 教学认识论[M]. 北京:北京燕山出版社,1988(12).

是引起学习的原因,后者是学习要达到的结果。但是,学习目的又时常是引起学习动机的诱因,对学习动机的激发、维持起到支配和调节的作用。

二、动机的分类及儿童动机的特点

动机按照不同的标准可以分为不同的类别。根据动机的性质不同,可以分为生理性动机与社会性动机;根据学习在动机中形成和发展中的作用,可分为原始动机和习得动机;根据动机的意识水平,可以分为有意识的动机和无意识的动机;根据动机产生的源泉不同,可以将动机分为内在动机与外在动机;根据动机的目标的远近,还可分为短期动机与长期动机。

(一)生理性动机与社会性动机

简单地说,生理性动机包括饥饿、渴、性、睡眠等基本的人类生物需要,是由个体的生理需要所驱动而产生的动机。它以个体的生物学需要为基础,对维持个体的生存和发展有着极其重要的作用。特别是0~3岁婴幼儿阶段,带有更为明显原始、生理的动机。

社会性动机则是包括认知(兴趣与爱好)的需要、成就动机、权力动机、交往动机等需要,它以人的社会文化需要为基础。这些动机推动个体与他人交往,从而得到他人和社会的肯定与赞许,并能获得某种稳定的社会关系和地位。在个体发展的过程中,高级需要出现得比较晚,因此,社会性动机也会比生理性动机出现得晚些。例如,成就动机要到个体成长到一定阶段才会出现。

(二)原始动机和习得动机

原始动机是指与生俱来的动机,以人的本能需要为基础。如饥、渴、性等,属于人类进化之初的动机。按照霍尔的复演说,儿童的早期发育成长过程类似于整个人类进化的过程,因此在动机上的表现也表现出早期人类本能的特点。

习得动机是指后天获得的动机,是个体经过学习之后产生和发展起来的动机。例如,儿童对糖果的认识是后天习得的,儿童喜欢接受糖果作为奖赏就是一种后天习得动机的表现。在儿童成长过程中,一直不让其接触糖果,则会使儿童认为"糖果"与普通实物没有任何区别,如果成人也不常对儿童说"如果宝宝好好听话,就给糖吃"之类言语,儿童就不会认为糖果是一种奖励良好行为的手段,因而获得糖果也不会成为其产生各种行为的动机。诸如此类的动机需求,是儿童通过后天学习而产生和发展起来的。

(三)有意识的动机和无意识的动机

有意识的动机是指自觉程度较高的、个体意识到的清晰的动机,而个体模糊感知的动机是无意识动机。对于自我意识还没有发展成熟的婴幼儿,他们的行为动机是无意识的;当自我意识逐步发展成熟之后,才逐步产生有意识的动机。当然,自我意识发展起来之后,也会存在无意识动机。例如,在成人身上,也会存在无意识的或者没有清楚意识到的动机,如对活动的定势和意向等。

对于成长中的儿童,0~3岁婴幼儿阶段其无意识动机较明显,但在2岁左右儿童开始学会用"我"时,自我意识开始不断得到发展;3~5岁儿童自我意识进入发展阶段,这个阶段儿童的成长过程会伴随着有意识的动机和无意识的动机。这有两层意思:一层意思是儿童的意识发展是由原初本能的无意识逐渐发展成为有意识的,因此,动机也从无意识动机发展成为有意识动机,这时动机的发展是随着思维的发展而发展;第二层意思是指随着有意识动机的出现,儿童动作、思维等逐步形成某种定势和意向,于是有意识的动机逐渐变为一种无意识动机。

例如,儿童最早还不懂得识字的时候,喜欢用小木棍在沙场涂写画画,这是一种无意识的符号表达,当儿童的思维、语言得到发展之后,儿童学会了一些特定的语言文字符号,开始有意识地画出简单的图形,并开始解释图形背后的意思,解答自己绘画的意图,这是儿童有意识的创作,其背后隐藏有意识的创作动机。当儿童能够熟练地绘制图形、表达思想时,通常我们会看到儿童进行随意的涂鸦,直到涂鸦结束之后才明了其创作的动机,此时说明儿童在动作、思维的某种意向下开始创作,之前有意识的行为变成一种动机较为模糊的行为,即因意向而产生了无意识动机。

(四)内在动机与外在动机

外在动机是在外部刺激的作用下产生的,是为了获得某种奖励而产生的动机。如有些儿童为了得到老师和家长的喜欢或称赞而学习。如果没有奖励,他们的学习劲头就不足,即学习动机减弱甚至消失。但在早期阶段,外在动机对儿童具有重要意义。

内在动机是由个体的内部需要所引起的动机。内在动机主要指儿童对学习本身感兴趣,比如好奇心、求知欲、直接兴趣。如当儿童认识到学习的意义,了解到学习对自己未来发展的重要性,就会对学习产生很大的兴趣而能积极主动地学习,这时他们的学习动机就转化成为内在动机了。一般来说,由内在动机支配下的行为更具有持久性。

内在动机与外在动机是可以相互转化的。适度的奖赏有利于巩固个体的内动机,但过多的奖赏却有可能降低个体对事物本身的兴趣,降低其内在动机,这就是动机心理学中的德西效应(Westerners Effect)。

【经典回放】

德西效应

心理学家德西曾讲述了这样一个故事:有一群孩子在一位老人家门前嬉闹,叫声连天。几天过去,老人难以忍受。于是,他出来给了每个孩子10美分,对他们说:"你们让这儿变得很热闹,我觉得自己年轻了不少,这点儿钱表示谢意。"孩子们很高兴,第二天仍然来到这儿,一如既往地嬉闹。老人再出来,给了每个孩子5美分。5美分也还可以吧,孩子仍然兴高采烈地走了。第三天,老人只给了每个孩子2美分,孩子们勃然大怒:"一天才2美分,知不知道我们多辛苦!"他们向老人发誓,他们再也不会为他玩儿了!

在这个故事中,老人的方法很简单,他将孩子们的内部动机"为自己快乐而玩儿"变成了外部动机"为得到美分而玩儿",而他操纵着美分这个外部因素,所以也操纵了孩子们的行为。

德西效应在日常生活中很常见。例如,一个儿童原本对学习绘画非常感兴趣,之后其父母为了更进一步鼓励他学习,不断地附加上一些物质奖励,当奖品本身成为儿童学习绘画的主要目的时,儿童的内在动机就转向外部的寻求奖赏,因而学习动机由内在动机变为外在动机。当这种外在奖励减少,儿童主动学习绘画的劲头就会减弱甚至消失,父母奖赏行为就变相地削弱儿童的内在动机,遏制了儿童原本的主动性。又比如,父母经常会对儿童说:"如果你这次考得100分,就奖励你零用钱。""要是你能考进前5名,就奖励你一个新玩具。"等等。父母也许没有想到,正是这种不当的奖励机制,将孩子的学习兴趣一点点地消减了。

(五)短期动机和长远动机

动机从目标的远近上看有短期动机与长期动机。前者是由学习活动本身或者学科内容的吸引力而直接引起的内部动力状态,如对学习活动的好感、好奇心、兴趣、求知欲以及克服困难的欢愉体验;后者则是指由于了解学习的社会意义而间接引起的对待学习的态度。短期的学习动机比较具体,带有更多的近景性,而且有实效;长期的学习动机具有更多的社会性与理智色彩,既富有远景性,又有概括而持久的定向作用。两者虽有质的差别,但是他们是相互制约的。教育者若能促进儿童这两类动机的发展与有机结合,就会使他们成为推动儿童积极学习的巨大动力。

总体来看,学前儿童动机的特点主要倾向表现为原始的、生理的、无意识的、外部的动机,通常也以短期动机为主。特别是0~3岁婴幼儿阶段,带有更为明显原始、生理的动机。对于学前阶段儿童而言,无论是有意识还是无意识的动机,都会表现得十分直接,这些动机也都会通过儿童的动作和语言直接表达出来,甚至有时会表现出哭闹行为,外部条件的刺激也会极大地影响儿童。了解学前儿童的动机特点,能够让我们更有针对性地、更有效地帮助儿童培养良好的学习动机,激发儿童的学习兴趣。

第二节 动机理论及其在学前儿童学习过程中的应用

心理学中的动机研究,以20世纪60年代为界,可分为两个时期,之前主要以行为主义和精神分析理论为主导,强调本能、冲动、驱力、体内平衡等生物性的因素,是决定人的动机和行为方面的直接作用。20世纪60年代以后,认知的观点逐步介入到动机研究中来,研究的课题发生了很大的变化,出现了归因理论等强调认知因素的动机理论,并使传统的基于行为主义观点的自我效能理论、习得无助理论在内容上发生了巨大的变化[①]。

一、动机理论

(一)行为主义的动机理论

20世纪60年代之前,行为主义注重对动机问题的实验探索。行为结果成为动机的直接反馈。行为主义把对个体之所以进行某种行为的动机解释为该行为受到强化,通过强化物的刺激和反应来完成整个学习过程。当然,强化儿童的某种行为还涉及强化物的呈现方式、类型、时机等问题。

---

① 刘永芳,杜秀芳,庄锦英.动机研究的历史演变[J].山东师大学报,2000(1).

(二)精神分析学派的动机理论

弗洛伊德采用自由联想、释梦等方法来揭示潜意识的动机过程,偏重于对动机问题的理论探讨。他把心理比做冰山,露出水面的小部分为意识领域,水下的大部分为潜意识领域。这个潜意识的大部分是冲动、被压抑的愿望和情感。因此要了解人类行为背后潜藏的动机,如果只分析意识领域是不充分的,也是不恰当的。精神分析学派的动机理论通常认为,成人的动机是由儿童时期的基本需要分化演变而来的,并且儿童时期的经验和遭遇会成为成人某种精神偏执的原因,儿童时期的经历成为造成成人心理行为问题的根源。由此出发,给儿童营造良好的童年,培养其健康的动机成为其成年之后免受精神困扰的最好保障。

(三)归因理论

20世纪70年代以后,西方学者主要是从归因角度来研究儿童的成就动机。通常,人们从努力、能力、运气和任务难度四个方面来判断成功的归属,而韦纳(Weiner)则将这四种因素的归属列为"内在—外在"、"稳定—不稳定"、"可控—不可控"三个维度,并且认为"期望"和"情感"是成就动机归因中的两个主要特征。对成功的期望和对失败的担心所引发的情绪冲突取决于对结果的归因是否稳定或可控。

韦纳认为,在典型的成就情境中,人们首先判断他们是成功了还是失败了,并相应地感到情绪上的高兴或失望。接着他们才对结果做出归因,从而导致更加具体的情绪反应。他进一步指出,成就需要的发展意味着儿童在成功之后为自己有胜任任务的能力而高兴,失败之后为自己的无能而失望。成就需要发展的必要前提条件正是这种自我归因。由此可见,情绪在动机里面成为一个重要的指标。

(四)自我效能感理论

班杜拉(Bandura,1977)提出了"自我效能理论"。该理论认为"自我效能"通常是指"个体对有效地控制自己的生活诸方面的能力的知觉或信念"。在成就情境中,自我效能实际上就是个体在从事某种活动之前,对自己能否胜任该项活动的一种直觉的或主观的判断,它既是一种能力的自我知觉,又是一种情感上的自我体验。自我效能理论的中心思想是,个体的自我效能感决定他在成就情境中的行为动机。

自我效能感高的人在有关的活动中行为积极性高,乐于付出努力和采取策略来应付遇到的问题、解决面临的困难,而当问题和困难得到解决和克服的时候,他当初的效能感就得到了证实,这就维持了动机。即便当个体偶尔遇到前所未有的困难时,他对有能力取得成功的信念也有助于克服先前操作的消极方面,诱发动机行为。相反,自我效能感低的人在有关的活动上行为积极性低,不愿付出过多的努力和采取相应的策略应付困难、解决问题,这必然导致活动结果不尽如人意,反过来又降低了他的效能感。

因此,当儿童在遭遇困境时,教师和家长应该在鼓励和支持中,让儿童更多地体会到克服困难的愉悦感,而不是简单地进行奖励或惩罚。简单的奖励或惩罚会带来儿童较低的自我效能感,自我效能感低时儿童在选择任务目标时就缺乏足够的勇气,在困难情境中缺乏坚持性,在人际交往中也会缺乏必要的主动性,因为传统的简单评价通常会让他们对自己某方面的能力缺乏信心。我们希望通过提供扶持性的帮助来提高儿童的自我效能,让他们能大胆、自信、积极主动地参与到各项教育活动当中。

(五)习得无助感理论

习得无助概念最早是由动物学习理论家们(Overmier & Seligman, 1967; Seligman & Maier, 1967)提出的。他们发现,当动物(狗、白鼠等)被置于难以逃避的电击区域时,起初它们试图逃避电击的反应很积极,然而24小时之后它们的逃避反应明显地减少或消失了,表现为:动机缺失,不再积极探索逃避电击的反应;认知或联想缺失,即使有偶尔成功地逃避电击的反应,也不能引起进一步的逃避反应;情绪缺失,被动地接受电击。为了说明和解释这种现象,研究者把这种现象称之为"习得无助"。

习得无助概念成为说明和解释人类成就动机的一种重要理论,并被广泛地应用于教育和心理治疗领域。按照这种理论,儿童不愿学习是由于他们在长期的学习过程中习得的无助感造成的。他们觉得,无论付出多大的努力都不足以改变现状,所以干脆不再努力。因此,激发和培养儿童学习动机的一个重要方面,就是设法消除或克服他们的无助感。

二、培养、维持儿童动机的有效方法

(一)激发和保护儿童的好奇心

好奇心是指人们对新异刺激或新奇事物的一种注意、操作、提问的心理倾向。好奇心是人类的天性,对于学前儿童来说,一旦面临新奇的、神秘的、自相矛盾的事物,就会产生三种形式的探究行为:感官探究、动作探究、言语探究。正是通过这些探究行为,学前儿童有选择性地了解了周围事物,并积累大量的生活经验。教师应当创设满足学前儿童好奇心的环境条件,把学前儿童的好奇心引向强烈的智力活动。这些探究行为如果能够得到不断的强化与满足,还会逐步内化为个体良好的心理品质。

当一个刺激足以引发学前儿童注意力时,学前儿童就会尝试运用各种方法去探索,"他们用手触摸,用鼻子嗅一嗅,用耳朵听一听,用嘴巴尝一尝,通过这些他们学习并经历着激动"[①]。正因为我们了解儿童这种与生俱来的对外部刺激的敏感与好奇心,所以我们要时刻关注和鼓励他们的各种尝试,鼓励孩子提出各种问题,例如,当孩子不停地问"为什么呢"时,大人们不要置之不理或表现得厌烦,也不应该忽略或是责备,因为小小的一个抱怨可能会极大地挫伤儿童好奇的天性,使其丧失对外部世界的敏感,从而变得迟钝和胆小。

捷克大教育家夸美纽斯在他的《大教学论》中也指出:"应该用一切可能的方式把孩子们求知与求学的欲望激发起来"。法国教育家卢梭指出,"好奇心只要有很好的引导,就能成为孩子寻求知识的动力"。"问题不在于教他各种学问,而在于培养他有爱好学问的兴趣……这是所有一切良好的教育的一个基本原则"。科学家培根也曾说过:"好奇心是学前儿童智慧的嫩芽"。我国教育家陈鹤琴指出:"好奇心对于学前儿童之发展,具有莫大作用,学前儿童凡对

---

① Deci. E. "Work: Who Does Not like it and Why," *Notable Selections in Psychology*(1994):217.

于一切新的东西就产生出好奇心,一有好奇就要与新东西相接近。"由此可见,学前儿童对世界的认识是从好奇开始的,强烈的好奇心会增强学前儿童的求知欲,对创造性思维与想象力的形成具有十分重要的意义。

近年来,心理学界也出现了强调动机、情感与认知相互作用的"热认知"(Hot Cognition)思潮,把好奇心作为学习中的主要情绪与动机。好奇心作为一种内在动机,它既具有认知性特征,能够引发个体的探索行为,又具有情感性特征,可以使个体从探索中获得愉快的体验。个体在其好奇心的驱使下表现出来的观察、提问、操作、选择性坚持、积极情绪等,有助于学习活动的有效进行。教师应当充分认识到,好奇心对学前儿童发展和教育教学的重要价值。

【延伸阅读】

好奇心的实质及教师支持策略[①]

好奇心是一种内在动机,主要由外界刺激物的新异性所唤醒。好奇心也反映了个体的认知需要,主要由外界刺激物与预期的不一致所唤醒。这种唤醒具有情感的力量。不同的个体面对同样的认知信息,会产生不同水平的好奇心,这是由个体对当前认知信息的兴趣、信心与期望不同造成的。好奇心的强度与个体对相关信息的了解程度有关,与个体的信息缺失产生的不愉快感有关。因此,在教育过程中,教师一方面要创造条件诱发幼儿的好奇心,使其从静止状态变为活跃状态;另一方面要培养幼儿的好奇心。好奇心既具有认知性特征,又具有情感性特征。为此,我们提出促进个体好奇心发展的三种策略:好奇陷阱策略、心理匹配策略和开启问题箱策略。

1. 好奇陷阱策略

好奇陷阱是通过设置悬念,如不和谐性、矛盾性、新奇性、惊奇性、复杂性、不确定性等,使之超出幼儿(学生)预期,从而引发幼儿(学生)的惊奇心,并使幼儿保持一种对刺激物的注意与探索,使惊奇转化为兴趣。

好奇陷阱一方面可以引发惊奇与兴趣的情绪反应,另一方面,由于行为结果与个体预期不一致,个体往往会感到出乎意料,感到困惑、紧张、不适,也就是心理失衡。这种失衡感是一种认知冲突,可以使幼儿形成注意的焦点,头脑保持警觉,激活已有知识经验,并对相关信息迅速作出选择和有目的的加工。

好奇陷阱策略实施的基本步骤如下:第一步,设计悬念,超出幼儿预期;第二步,引起幼儿认知冲突;第三步,创造条件,支持幼儿解决冲突。

2. 心理匹配策略

心理匹配策略主要指当前刺激(教学内容)与幼儿(学生)的认知结构(水平)相一致,从而使幼儿心理上感到满足,由此激发幼儿求知需要的一种策略。当教学内容与儿童个体需要有关时,儿童学习的积极性与主动性即学习心向就能很好地调动起来。因此,教师要尽可能把现有的教学内容与要求变成唤醒幼儿内在学习动机的诱因。这就要求教师对

[①] 刘云艳.好奇心的实质与教师的支持性策略[J].学前教育研究,2006(2).

现有的教学内容或信息进行加工,包括情感加工与认知加工。这种加工的核心在于外在要求。一方面,与幼儿的认知、情感需要具有某种程度的一致性;另一方面,又要略高于幼儿自身的需要,能够帮助幼儿在原有基础上跳一跳。通过加工,调动幼儿学习的内在动机,使幼儿的好奇心由静止状态变为活跃状态,由缺乏状态变为启动状态,让幼儿在愉悦的情绪中获得成就感与满足感,从而促进幼儿心理的整体发展。

心理匹配策略实施的基本步骤如下:第一步,了解幼儿的需要;第二步,找到教学内容、方法与幼儿需要的匹配点;第三步,采取多种形式激发幼儿的好奇心。

3. 开启问题箱策略

开启问题箱策略是通过创设问题情境,引导幼儿发现问题,通过讨论、实验或头脑风暴等方式主动探索的一种策略。我们知道,好问是幼儿的特点,也是幼儿好奇心的主要表现。一般来讲,幼儿提出的问题有年龄差异和水平差异,有的是为了了解事物的表面特征与属性,有的则希望进一步深入了解事物,还有的会持续一段时间,以了解一类事物的特征与功能。与成人相比,幼儿的问题意识较强,通常会表现出强烈的积极理解事物和寻求新信息的倾向性,但是由于幼儿认知能力有限,自发提出的问题水平比较低,有些幼儿甚至不知道如何提出问题。教师可以通过创设问题情境、设疑等方式激发幼儿的好奇心,引发幼儿观察、操作和思考,调动幼儿学习心向,促使幼儿认知能力发展。

开启问题箱策略实施的基本步骤如下:第一步,让环境和材料激发幼儿提问;第二步,不要急于给幼儿提供问题的答案,而是通过及时点拨,引导幼儿自己去发现问题,探索问题;第三步,在活动区开设"小问号"角落,使幼儿有机会继续自己感兴趣的探索。

总之,幼儿好奇心作为内在动机与主要的学习情绪之一,应当得到尊重与引导。利用多种途径,激发幼儿的好奇心和探索行为,一方面,可以满足学前儿童成长的需要,另一方面,可以促使教师深化教学改革,为培养个体的创造性品质提供最初的基础。教师的情感支持、材料支持与策略性支持在保护幼儿好奇心、培养其创造性品质方面具有关键作用。

(二)培养儿童的兴趣,保持学习动机

兴趣是人们探索某种事务或者从事某种活动的心理倾向,它以认识或探索外界的需求为基础,是推动人们认识事物、探寻真理的重要动机。人对有兴趣的东西会表现出巨大的积极性,并且产生某种肯定的情绪体验。兴趣可以分为直接兴趣和间接兴趣两种。直接兴趣是由认识事物本身的需要所引起的;间接兴趣是由认识事物的目的和结果所引起的,它和当前认识的客体只有间接的兴趣。[1]

对于儿童,特别是学前儿童来说,兴趣是他们对某人、某物或者某件事情表现出来的选择

---

[1] 彭聃龄. 普通心理学[M]. 北京:北京师范大学出版社,2001:340.

性注意的内在心向。鼓励和维持他们探索复杂事物的兴趣,将是最高效的办法。具体方法主要是培养儿童的广泛兴趣:家长、老师要争取儿童对多数课程都有浓厚的兴趣。儿童兴趣的指向性受先天素质的影响,例如有的儿童喜欢上语言课,而有的却对算术感兴趣。在兴趣的后天培养过程中教育能起到重要的作用,例如学校老师以生动活泼的教学方法即可把儿童的兴趣吸引到学习上来,家长可用新颖的文具可以把儿童的兴趣吸引到做作业上来,这些方法,就很容易培养起儿童的学习兴趣。

当然,有时候成人对某事物的兴趣也对儿童的兴趣有很大影响。如爱学习、常谈论学习的重要性的父母,其子女对学习便会产生更多热情;父母时常给儿童添置有益书籍也会使得儿童对各门学业倾注很大兴趣,所以,父母要善于给孩子创造一个良好的氛围有助于培养儿童的学习兴趣。

(三)运用适当的诱因激发学习动机

诱因,是指能够激发起有机体的定向行为,并能够满足某种需要的外部条件或刺激物,诱因有积极和消极之分。20世纪50年代以后,许多心理学家认为,外部刺激(诱因)在唤起行为时也起到重要的作用,应该用外部刺激和有机体的特定的生理状态水平间的相互作用解释个体的动机行为。因此,诱因成为激发学习动机的因素之一。有吸引力的刺激物是积极诱因,而使个体远离或回避某一目标的诱因(如痛苦、贫困、失败等)是消极诱因。

对幼儿园活动的向往,对幼儿园其他同伴的期待,以及教师上课时使用的生动、趣味、形象的教学材料等,都能成为儿童学习的积极诱因。例如,在幼儿园的具体教学过程中,教师可以让食物的色、香、味成为儿童学习的诱因。当然,一个儿童的行为也能成为另一个儿童的诱因。例如,一个儿童不认真绘画,但他此时看到另一个儿童在认真绘画,那么,这时这个儿童很可能将会重新开始绘画,此时另一个儿童绘画的行为就是这个儿童的诱因。很多时候,我们看到幼儿园里的学前儿童因为别的学前儿童在玩儿玩具,自己也会想要玩儿这个玩具,从而引起攻击性行为也是这个原因。另外,环境对学前儿童的成长来说也是一个很重要的诱因。例如,有些室内环境柔和的灯光能够让儿童感觉到舒适安全,因而能够集中注意力,认真学习;有些环境嘈杂混乱,诱发儿童亢奋的情绪,因而不利于学习属于消积诱因。又如,在学习过程中,教师如果恰当地使用小红花、大拇指表扬等作为奖励,则会诱发出他们对获得表扬的肯定,从而激发他们努力学习的意愿,等等。

诱因理论主要强调外部刺激引起动机的重要作用,因为人们相信,诱因能够唤起行为并指导行为。

第三节 学前儿童学习迁移及迁移理论

学习迁移是学习过程中普遍存在的一种现象,它对学习的巨大影响应引起我们足够的重视,并力争尽快而全面地揭示出它的本质与规律,以进一步促进教学质量的全面提高。长时间以来,不同的学者从不同的角度研究学习迁移,因为迁移在帮助人们学习的过程中起着巨大的作用。有学者甚至认为,教育之所以有存在的实际意义,就在于人的学习是可以迁移的,如果学习不能够迁移,教育就难以发挥其本身的意义与功效,因而,布鲁纳就提出"为迁移而教"①的口号。由此可见,学习迁移的研究,对儿童、教育工作者以及有关的培训人员等,具有重要的指导作用。学习迁移也是个性特征的形成、发展中不可缺少的必要条件。迁移研究具有重要的实践意义。

一、学习迁移的概念及分类

学习迁移简称迁移(Transfor),有的翻译为"类化"、"转移"等,是指一种学习对另一种学习的影响,即已获得知识对学习新知识的影响和作用,它广泛存在于知识、技能与行为规范的学习中,是学习的最重要的现象之一,也始终是心理学家研究的中心问题。学习迁移历来受到教育学家和心理学家的重视。

迁移从作用分,有正迁移和负迁移:凡是某种影响能起到积极的促进作用,就称为学习的正迁移。例如,儿童通过学习 5 以内各数的加减以后,对 10 以内各数的加减可以不教或基本不教,就能正确作出回答。反之,这种影响起到抑制或消极的干扰作用,就称为学习的负迁移。例如,儿童在学习英语过程中受到母语的负迁移影响,儿童很容易受到汉语的影响进行简单的汉英翻译。比如,说对"红茶"这一词语,会利用他有限的词汇说成是"red tea",而正确的说法应该是"black tea";"黑眼珠"被写成"black eye",实际上应该是"dark brown eye",而"black eye"是指被打得发青的眼圈,这就是汉语对英语学习的负迁移。负迁移一般是暂时性的,经过训练、练习是能够克服的。我们研究学习迁移的目的,主要就是为了揭示如何在学习过程中形成正迁移,抑制负迁移。

迁移从内容上,有特殊性迁移和一般性迁移。特殊迁移是指学习某一内容后对相似材料有特殊的适用性,如动作技能一类的迁移多属于这种特殊迁移。一般性的迁移则指原理、方法、态度等的迁移,它是更重要的一种迁移,因为它的影响更广、更深、更长久。

迁移从方向上看,有顺向迁移和逆向迁移。顺向迁移是指先前的学习对后来的学习的影响;逆向迁移是指后来的学习对先前学习的影响。通常我们所说的举一反三、触类旁通就是顺向迁移;学习发展心理学和教育心理学更能加深对先前普通心理学的理解,这就是逆向迁移。又如,儿童学习了英语字母之后,对拼音的学习有可能产生干扰,就是逆向负迁移。

二、学习迁移理论

教育心理学史上第一次用实验方法来研究迁移问题的是美国心理学家詹姆斯(W. Jame,1890)。他曾和他的四个学生亲自做实验的被试者,探讨记忆训练的迁移问题。虽然当时的实验较为粗糙,但是为之后的学习迁移研究开辟了广阔的领域。下面介绍一下学习迁移研究领域的一些理论成果。

---

① 杨红.影响学习迁移的因素分析及促进积极迁移的策略探讨[J].教育改革,1997(4).

（一）形式训练说

早在官能心理学盛行时期，流行一种形式训练说。形式训练说认为，人的智力活动必须加以训练，就犹如人体肌肉必须经受锻炼才能发达坚强；人的智力得到锻炼，那么注意力、推理力以及其他各种能力都能得到发展，训练越严格充分，则智力发展就越完善巩固；每一门学科都能训练一种或者几种认识能力，如学习数学能使人善于运用自己的注意力，并能加强推理的发展，学习拉丁文可使其记忆力得到发展。形式训练重视智力训练，但不重视只强调学科内容，不强调知识与技能的获得，强调学习活动的心理形式如推理形式、记忆形式的发展。个体固有的各种官能只有通过训练才能得以发展，迁移即是心理官能得到训练的结果。但该学说因缺乏科学依据而引起了许多研究者的怀疑与反对。

（二）共同因素说

美国心理学家桑代克等人进行了一系列的实验，并提出了相同要素说。他们认为，只有当两个情境具有相同要素时，才能产生迁移。学习发生迁移是由于两种学习情境的共同因素，即两者在刺激与反应方面有相同或类似之处，因此对人的能力和心理特点有共同要求。两种学习情境的态度等越为相同或相似，则前一学习越能对后一学习发生迁移作用，对于学习动机、兴趣、学习方法以及记忆、思维等心理特点方面有共同要求，从而使得这两门学科之间有很大的迁移作用。

桑代克通过将近30年的时间进行研究，提出迁移是非常具体、有限的，只存在于含有相同要素的一些领域。桑代克等人虽然认识到迁移的产生需要条件，需要共同因素，但仅将迁移看做相同联结的转移，这在某种程度上否认了已存在的迁移，也否定了迁移过程中的复杂的认知活动，难以揭示迁移的实质。正因如此，桑代克的共同要素说引起了之后许多心理学家的争论和指责。

（三）概括化理论

美国心理学家贾德（Judd,1908）是概括化理论的代表。贾德从经验类化（概括说）的观点出发，强调对原理的掌握可促进迁移，而非相同要素的多少决定迁移。他认为，人只要对自己的经验作了概括，就能从一个情境迁移到另一个情境。贾德的实验对象是十一二岁的小学高年级学生。具体实验是这样开展的：让一组儿童学习光学折射原理，而另一组儿童不学，然后每组挑选一位儿童打靶，当靶子离水面1.2英寸时候，两组射击成绩相等，当靶子移至水下4英寸时，学习过折光原理的儿童射击成绩无论是速度还是准确度均优于未学过折光原理的儿童。贾德由此指出，第一组的儿童由于对所获得的经验作出了概括，因而可以迅速地解决折光问题获得更好的成绩。概括理论强调，要培养与训练学生的概括能力，必须要求教师改进教学方法，帮助学生掌握学习方法，获得解决问题的"策略"。

（四）关系理论

关系理论的代表人物是认知心理学创始人之一的苛勒（Kohler,1929）。他认为，人们越能发现事物间的关系，则越能加以概括推广，迁移就越普遍存在。而对关系的发现、理解又是通过顿悟实现的。苛勒曾用母鸡和一个3岁孩子做实验,先使实验对象对深灰纸与浅灰纸形成条件反射,即对深灰纸发生食物反射,对浅灰纸不发生食物反射。然后使用黑灰纸替换浅灰纸,以观察母鸡和孩子是对原来的深灰纸发生食物反射还是对黑灰纸发生食物反射。结果表明:母鸡的前一种反应为30%,后一种反应为70%;孩子则100%地发生关系反射,即都对黑灰纸发生食物反射。苛勒由此认为,人们越能发现事物之间的关系,则越能加以概括推广,迁移作用就越加普遍。格式塔心理学家则认为,学生掌握学习情境中的关系是实现迁移的根本条件。

(五)认知结构迁移理论

认知结构迁移理论认为,一切有意义的学习必然包括迁移,迁移是以认知结构为中介进行的。随着认知科学与信息加工理论的产生与发展,研究者试图用认知的观点与术语来研究迁移。

布鲁纳和奥苏贝尔把迁移放在学习者的整个认知结构背景下进行研究,他们在认知结构的基础上提出了关于迁移的理论和见解。布鲁纳认为,学习是类别及其编码系统的形成,迁移就是把习得的编码系统用于新的事例;正迁移就是把适当的编码系统应用于新的事例,负迁移则是把习得的编码系统错误地用于新事例。奥苏贝尔于1968年在有意义语言学习理论的基础上,提出了认知结构迁移理论。这一理论认为,一切有意义的学习都是在原有认知结构的基础上产生的,不受原有认知结构影响的有意义学习是不存在的。一切有意义的学习必然包括迁移,迁移是以认知结构为中介进行的,先前学习所获得的新经验,通过影响原有认知结构的有关特征影响新学习。之后,莱文(M. Levine,1974)对迁移进行认知性探索,他在研究概念学习时提出了迁移的假想理论,以试图探讨迁移是怎样发生的。

认知结构迁移理论指出,儿童学习新知识时,如果认知结构可利用性高、可辨别性大、稳定性强,就能促进对新知识学习的迁移。"为迁移而教"实际上是塑造学生良好认知结构的问题。在教学中,可以通过改革教材内容和教材呈现方式,改进学生的原有认知结构变量,以达到迁移的目的。

以上的学习迁移理论都对研究如何培养学前儿童的迁移能力有很强的现实指导意义,下面我们来共同探讨学前儿童学习迁移具体有哪些特点。

三、学前儿童学习迁移的方式

学前儿童的心理特点是以动作思维以及认知上的形象思维为主。因此,对于不同年龄段的儿童来说,学习迁移的方式方法也会有所不同。

(一)儿童在类比推理中发展迁移

类比推理是根据两个对象的相似性,从其中一个对象的已知特性推出另一个对象也具有该特性的认知活动(李红,冯廷勇,2002),它是人类抽象心理过程中一种重要的认知技能。戈斯沃米和布朗(Goswami & Brown,1989)认为当儿童知道了相关关系的知识时,3岁就能成功完成类比推理任务。弗里德曼和戈斯沃米(Singer – Freeman & Goswami,2001)的研究表明,在具备相关知识的前提下,4岁左右儿童开始能够解决比例类比问题。瓦舒曼和根特纳(Rattermann & Gentner,1998)发现小于5岁的儿童在解决类比问题时主要基于表面相似性,5岁左右会发生"关系转换",在关系转换之后,即使遇到知觉分心,儿童也能够基于关系相似性进行类比推理①。

对于学前阶段的儿童,随着其成长过程中生活经验的积累、知识的学习,一些抽象规则的推理系统才刚刚开始建立,因此年幼的儿童在对规则理解和使用上可能还存在一定困难。但是在日常生活经验和学习中,概念间的主题关系在学前儿童头脑中建立起了较牢固联系。因此来源于生活当中较为简单的类比任务,迁移能够很好地发挥作用。例如,"理发店—理发师"、"厨房—厨师"、"幼儿园—幼儿教师"、"学校—教师"之间就有很好的类比效果。通过日常生活经验,帮助儿童建构概念之间的逻辑关系,建立一些固定的概念关系,可以帮助其日后进行更为有效的学习迁移。

(二)需要通过故事、童话等方式让儿童理解行为的意义并迁移至日常生活当中

借助这个故事,教师引导儿童思考,自己平时生活中是否也碰到过类似的事情,妈妈没时间给自己讲故事,自己就生气了,迁移故事中的情节,然后询问儿童,故事的结局对你们自身有怎样的启发呢?

【延伸阅读】

运用"感觉他涉"指导幼儿学习儿歌②

在实践中,我们发现学前儿童无论是在学习时(数数、儿歌或是其他学习材料)时,总会情不自禁地手舞足蹈。越小的孩子,越喜欢频繁地用肢体动作来辅助学习,学习内容越不熟悉,儿童表演的痕迹越明显。这正是"感觉他涉"的"外显行为"。单一的感官感觉,通过理解、联想、情绪作用,又引起其他感官的感知觉兴奋和整体产生感觉的心理现象为"感觉他涉",也称"感觉挪移"。实践证明,人在感知一个特定现象时,开放的感知通道越多,对特定对象的把握(理解、记忆)就越全面,越丰富,越精确,越深刻。因此,运用"感觉他涉"指导学前儿童学习,以促进幼儿学习迁移,是值得我们探讨的。

一、运用"动觉他涉"指导幼儿学习儿歌

有些儿歌的内容、结构所体现的动作性较强,如果学习时引导幼儿充分运用动觉去感知的话,就容易记得住,学得生动。儿歌《小雨珠》是小班的学习内容:"小雨珠,胖乎乎/房顶上学跳舞/窗户上,学敲鼓/玩儿累了,花盆里面打呼噜……"整首儿歌表现了小雨珠像娃娃般稚嫩、调皮的性格特征。学习儿歌前,先充分地引导幼儿用动作表现小雨珠从天而降,在房顶上、窗户上、花盆中调皮、欢快的情景,孩子们很快从有一定意义的动作提示中理解了有趣的情节内容,以及"先跳舞,再敲鼓,最后打呼噜"的结构顺序,很快学会了这首儿歌。

---

① 顾本柏,冯廷勇,袁文萍,马晓清.3~5岁幼儿在主题—规则冲突条件下的类比推理[J].心理发展与教育,2011(2).

② 马剑宁.运用"感觉他涉"指导幼儿学习儿歌[J].早期教育,2001(1).

动觉能否起到对其他感知觉的"他涉"作用呢？这对动作的设计有一定的要求。首先，动作所表达的意思要让幼儿理解，最好由幼儿自己设计，或者从幼儿设计的动作方案中挑选出来。其次，动作要简单，要有少变化、多重复的特征。因为动作只起到帮助学前儿童对儿歌进行感知、理解、记忆的媒介作用，如果太繁杂，只会使动觉对其他感官的感知觉的传递不流畅，使学习的过程事倍功半。

二、运用"视觉他涉"指导学前儿童

幼儿的思维具有形象性。因此，对一些形象、哲理性较强的儿歌，如果用简单明了的视觉符号，将儿歌的内容、结构、情感(主题)固定下来，可以启发学前儿童从画面中很轻松地进入学习。诗歌《春天》是大班的学习内容。诗歌把春天比做一本书，全诗共有三段：第一段把春天比喻成一本彩色的书(红的是桃花，白的是梨花，绿的是柳叶……)；第二段把春天比喻成一本会笑的书(小池塘笑了，酒窝圆又大……)；第三段把春天比喻成一本会唱的书(春雷轰隆隆，春雨滴滴答……)。为了使幼儿能运用多种感知觉参与到活动中去，我设计了简单的三本书型教具(隐喻出诗歌的段落)，用表示色彩、笑容、歌唱的视觉符号装饰在"书"上(隐喻诗歌的内容)。活动时，教师启发幼儿通过画面的暗示，对诗歌的主题、结构进行思考："诗歌里把春天比做什么？""什么样的书？""为什么说春天是一本彩色的、会笑的、会唱的书？"视觉的诗歌中色彩、声音的描述，唤起了幼儿在视觉和听觉上对春天美丽景象的感受，孩子们纷纷表述出：红的是桃花(茶花、樱花)，绿的是柳叶……小娃娃会笑，春雷、青蛙会唱歌……在学习诗歌之前，幼儿已获得了诗歌的主题、结构、内容等方面的有关信息，在进行诗歌学习的时候，幼儿非常积极、主动地参与了。

第四节　影响学习迁移的因素及提高迁移能力的方法

一、影响学前儿童学习迁移的因素

影响学习迁移通常有两个方面的因素，一方面是客观因素，另一方面就是主观因素。客观因素是指两种学习之间的共同要素，包括习得知识、技能之间的相同要素；主观因素则是指学习对象主观概括化的能力，包括儿童的分析、综合、抽象、概括能力。

（一）客观因素

1. 问题情境

问题情境是指呈现问题的客观情境(刺激模式)。问题情境对问题的解决有重要的影响，环境体验相似是学习者发生学习迁移的很好诱因。

情境中物体和事物的空间排列不同，会影响问题的解决。一般来说，解决某一问题所必需的物体比较靠近，都在人的视野之中，问题就容易解决；反之则困难。此外，问题情境中的刺激模式与个人的知识结构越接近,问题就越容易解决。

2.学习材料之间的共同要素

儿童学习的材料之间要有共同要素,才有可能迁移。学习进程中强调前后事物的特征,有助于帮助迁移学习。

【教学实验】

掌握概念对学前儿童学习迁移作用的实验[①]

1. 实验对象:幼儿园大班(5岁半~6岁半)。

2. 实验内容:认识昆虫。

3. 实验方式:实验班在认识昆虫个体特征的基础上进行归类,强调昆虫的主要本质特征。对比班认识昆虫个体特征,不强调昆虫的主要本质特征。然后对多种动物进行辨别,指出哪些是昆虫,哪些不是昆虫,并说明为什么。

4. 实验结果:

班级	N	$\bar{X}$	以昆虫的本质特征辨别者及其占总人数的百分比
实验班	28	13.3	18 64.2%
对比班	28	7.7	4 14.3%

结论:识别昆虫的实验显示,掌握了概念的学习迁移效果更好。这是因为学前儿童在掌握概念的过程中,必须"去粗取精、去伪存真",进行抽象概括等更为复杂的思维活动。

3.学习任务的难易程度

在学习动机部分,我们已经讲过,学习任务的难易程度会影响儿童的学习动机。例如,难度太低或是难度太高,都不能产生最高的学习动机,反而是难度适度并稍稍偏高才能引发儿童强烈的学习需求。而在学习迁移部分也有类似的情况。

当代心理学研究发现,由简到难,简单问题之间以及简单问题与类似复杂问题之间比较容易产生迁移。霍尔丁(Holding,1962)等人的相关研究表明,并不是从复杂到简单更容易发生迁移,而是由简到难更容易发生学习迁移。

(二)主观因素

1.学习者的态度

学习者的态度是学习迁移的诱发因素。当儿童对学习产生了积极的态度,他的学习行为过程中就会产生有利于迁移的心境,这时候主动积极的状态能够帮助其将已知的知识与技能积极地运用到新的学习情境中,在寻找出新旧知识的关联和类似过程中,迁移可能在不知不

---

① 李培美.对促进幼儿学习迁移的研究[J].教育科学研究,1990(6).

觉中就产生了。相反，如果儿童没有良好的学习态度，学习状态也不够积极，那么，迁移将很难发生。

2. 智力与年龄

通常，智力水平比较高的儿童与智力水平略低的儿童更容易找到迁移的契机。年龄方面也有相似情况，年龄大一些的儿童往往接触的知识面较广，领悟力与思维力更强，产生迁移的可能性自然会更大。当然，对于一个个体而言，随着年龄的增长，智力的发育与完善，以及知识的增加，广泛的迁移就能时常发生。但是，对于正在成长过程中的学前儿童而言，其抽象概括思维处在比较初级的水平，因此，需要教师在教学过程中耐心引导、诱发迁移。例如，在让学前儿童学习数字的时候，教师需要巧妙排除其他感知觉经验的干扰，帮助其正确认识数字之间的关系。对于年纪小的学前儿童来说，数字的关系是建立在与实物相对应的基础之上的，教师要让小班儿童建立"3＋2＝5"的数字关系时，可以用3个苹果加2个苹果的实例来帮助儿童建立这种关系，然后通过变换实物的方式进一步巩固儿童的学习。例如，将苹果换成香蕉，建立3根香蕉加2根香蕉等于5根香蕉的概念。教师可以通过对学前儿童反反复复的操作练习的指导，使儿童明白数量关系的恒定性。如果此时，教师拿出3个苹果和2根香蕉让小班儿童学习数字关系，会出现儿童因尚未建立"水果"抽象概念而导致的迁移失败。这时我们发现，关注学前儿童的智力发展的年龄特征，才能逐步地实施迁移策略，否则步子迈得太大，超出儿童智力发展水平，迁移将无法发生。

3. 逐步形成的认知结构与心理定势

定势又叫心向，也叫思维定势或功能固着。定势是指重复先前的操作所引起的一种心理准备状态，它影响解决问题时的倾向性。例如，儿童在以传统美术方式学习绘画时，以临摹为主，如果教师先入为主地只以单一的形式教授绘画，儿童必定形成定势，将这些形象生硬地套用到自己的绘画里，则会出现儿童每次在画太阳、房子、树、花朵的时候都是一样的，有时候，只是简单地画出一些符号，并不了解现实生活中对应的实物是什么，这种僵化的定势绘画对儿童的身心发展以及创造力、艺术表现力其实并无太大帮助。定势无处不在。又如，生活中，儿童的思维方式通常会受到"自我为中心"的心理定势影响，这与现代社会独生子女家庭有很大关系，儿童容易产生随心所欲的"自我中心"的心理定势。因此，教师和家长应该根据儿童自我中心的心理特点，让学前儿童逐渐体验到除自己以外还有他人的存在，学会和学前儿童一起分享玩具、一同玩耍。

思维定势和功能固着在解决类似的问题时，无疑有轻车熟路的正迁移效果，但在解决不同类问题时，会由于负迁移而妨碍问题的解决。因此，我们主张儿童的学习先以建构知识结构为主，在知识稳固的基础之上，教师要引导幼儿拓展思维，帮助他们打破一些因思维惯性带来的定势。

【经典实验】

功能固着试验

邓克尔(Duncan,1945)曾设计了著名的"蜡烛问题"实验。问题很简单:提供几根普通蜡烛、一盒火柴、一些图钉,要求被试者在尽可能短的时间内,把其中一根蜡烛安放在垂直的木板墙上。是你,你会怎么做呢?

这个题目的答案有许多种。当火柴装在火柴盒里时,多数人就会束手无策。这是因为在火柴盒里装有火柴的情况下,他们所想到的是"火柴盒是用来装火柴的",却想不到火柴盒还可以用来做"小台子",这就是受"功能固着"的影响。而当把火柴从火柴盒内拿出来,把空盒子放在桌上时,多数人却能想出上述那个办法来。这也进一步说明,如果火柴盒空着,那么,被试者对火柴盒的功用的思路就不一定局限于"容器"的范围内。这时他们的思路比较开阔,可以进行多维度的概括,即火柴盒不仅可以做容器,用来装火柴,而且可以做"小台子",用来支托小蜡烛。这就是去除"功能固着"的结果。人们往往由于经验的作用,存在着"功能固着"的思维习惯。因此,抛弃这种思维习惯,有助于培养思维的灵活性,从而创造性地解决问题。

二、提高学前儿童学习迁移能力的一些方法

(一)培养学前儿童良好的心理准备,鼓励其主动迁移

学前儿童的认知过程通常是在无意中完成的。例如,儿童往往不能自觉地或专门地去记住一些东西,而是在他们感兴趣的活动中不知不觉地记住。因此,调动儿童的学习情绪,创设学习环境氛围,是促进其学习,增加其自主迁移概率的途径。

(二)从教学方法入手,编排设计更多学习迁移的教学情境

对儿童进行有设计的教学,编排更多能够发生学习迁移的教学情境,可以成为幼儿教师教育教学工作的一个重要目标。很多时候,儿童的学习迁移需要情境的诱发,如果教师能够在幼儿园环境中进行巧妙的设计,在授课过程中有意地安排一些环节,结合学前儿童形象思维的特点,则更有助于儿童的学习。对于学习迁移来说,关键之处还在诱发。

(三)增加儿童迁移的经验体验,养成迁移的学习习惯

一般来说,在教师指导下的模拟迁移次数越多,儿童自发产生的迁移也就越有可能产生。同时,在一般情境中,给学习者提供的指导越多,迁移的效果也就越好。

迁移往往是联结新旧知识的纽带,过大过小的学习目标均不利于迁移作用的发挥。在教学中,但凡能够发生迁移的地方,教师都要尽可能地通过举例子、布置小任务来设法引导激发儿童的迁移兴趣,使儿童在学习的过程当中就获得轻松、愉快的迁移体验,从而形成积极的迁移动力。这样在课堂之外,儿童也会自觉主动地进行迁移尝试,最终能达到改善整体学习效果的目的。

【本章内容概览】

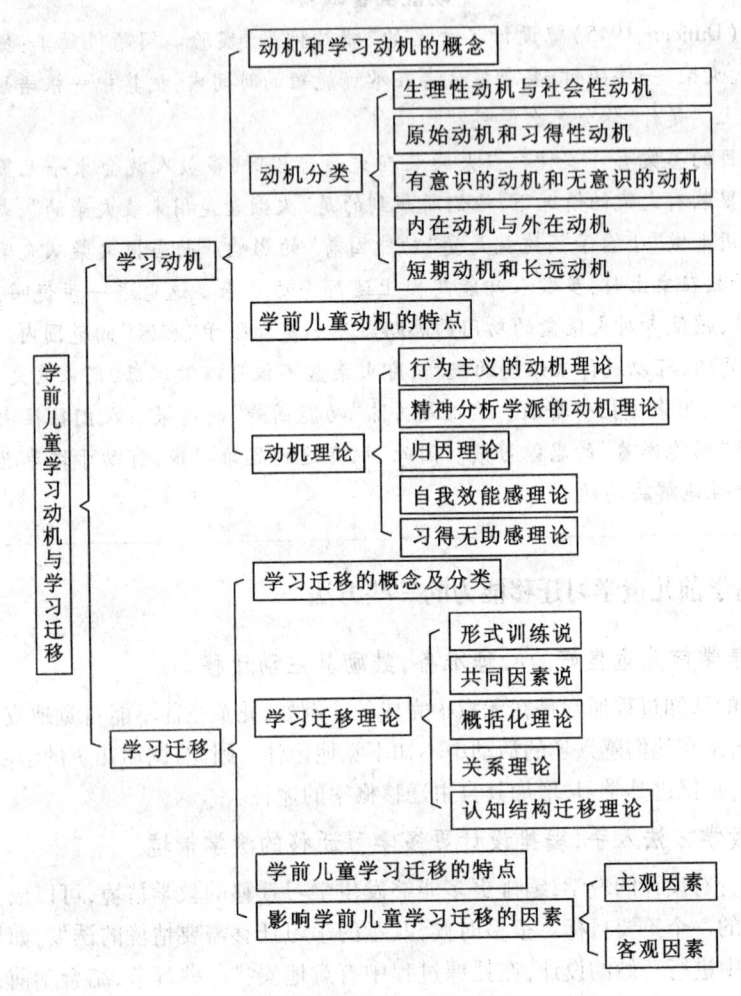

学前儿童学习动机与学习迁移
- 学习动机
  - 动机和学习动机的概念
  - 动机分类
    - 生理性动机与社会性动机
    - 原始动机和习得性动机
    - 有意识的动机和无意识的动机
    - 内在动机与外在动机
    - 短期动机和长远动机
  - 学前儿童动机的特点
  - 动机理论
    - 行为主义的动机理论
    - 精神分析学派的动机理论
    - 归因理论
    - 自我效能感理论
    - 习得无助感理论
- 学习迁移
  - 学习迁移的概念及分类
  - 学习迁移理论
    - 形式训练说
    - 共同因素说
    - 概括化理论
    - 关系理论
    - 认知结构迁移理论
  - 学前儿童学习迁移的特点
  - 影响学前儿童学习迁移的因素
    - 主观因素
    - 客观因素

【思考题】

1. 从动机的分类来看,学前儿童的动机一般有什么特点?
2. 如何提高学前儿童的自我效能感,使他们更有自信?
3. 怎样才能调动学前儿童的学习动机?
4. 学习迁移的概念是什么,有哪些分类?
5. 请谈谈你对认知结构迁移理论的认识。

第三编

几种不同类型的学习
（学习分论）

第五章　学前儿童动作技能学习与教学

【问题求索】

1. 动作技能的学习对学前儿童的发展重要吗？
2. 学前儿童动作发展的内在机制是什么？
3. 学前儿童动作技能学习的阶段有哪些？
4. 学前儿童动作技能学习的特点是什么？
5. 如何开展学前儿童的动作教育？

动作渗透在人类行为的方方面面，是人类适应环境的重要手段，对个体的生存和身心发展具有重要作用。个体动作的获得与学习实际上是其适应社会的重要方面。在个体发展的早期，动作的发展是判断个体脑发育正常与否的重要指标。动作的发展持续个体生命的始终，且重要动作的获得和变化，意味着个体与环境互动关系的改变，学前儿童动作的获得与发展更是具有非凡的意义。

第一节　学前儿童动作的发展

一、学前儿童不同类型动作的发展

（一）先天反射性动作的发生和发展

先天反射性动作又称无条件反射，是种族发生发展过程中建立并遗传下来的一些为数有限的基本动作能力，是个体赖以适应外界并为后继发展做准备的最早能力，主要表现为固定的刺激作用于一定的感受器引起的恒定活动。先天反射性动作从个体胎儿期就已开始出现，是人类一生动作发展的最早形式，对个体的生存和发展有着重要意义。

先天反射性动作是胎儿期和新生儿期最主要的运动形式，根据某类先天反射性动作对个体生存和发展的意义，可分为三类[①]：一类是贯串生命全程，生来就有且毕生保持，对人体组织具有一定保护作用的反射，如角膜反射、瞳孔反射、吞咽反射、定向反射等；第二类是胎儿期就已出现，多数在出生后半年内便逐渐消失，可能在人类进化过程中有过一定的生物适应意义的反射，如觅食反射、吸吮反射、抓握反射、拥抱反射、游泳反射等；第三类为对临床诊断具有

[①] 朱智贤.儿童心理学[M].北京:人民教育出版社,1980.

重大价值的反射,如巴宾斯基反射,它在新生儿期呈阳性反应,一般一年左右完全消失,但在睡眠和昏迷中仍可出现,如果清醒状态下继续存在,则一般为椎体受损的表现。强直性颈部反射、踏步反射、恢复平稳反射、降落伞反射等亦是如此。

(二) 粗大动作的发展

反射动作只是人类个体最初的运动形式。个体在出生大约4周后,出现了更高级的脑皮层控制的初步自主动作,根据其所涉及的全身各部位的活动,可以将其分为有关个体全身大肌肉活动的粗大动作和主要涉及手部小肌肉活动的精细动作技能。

粗大动作是按照从头部到躯干再到四肢的顺序发展的,个体首先具备的是头部和躯干部分的基本自主控制能力,随后爬、走等自主位移动作的发展也相继趋于完善,最后才发展起跑、跳及其他技巧性粗动作技能。这些自主动作不仅是儿童神经肌肉系统发育成熟的重要标志,也是个体适应生存、实现自身发展所必不可少的条件。

1. 头颈和躯干控制的发展

头颈部的控制和躯干的控制是最早出现的自主运动,也是更复杂动作产生和发展的基础。人类自主动作的获得是从头部开始的。刚出生时,头颈部仅存在一些先天反射性动作,到出生第一个月末,随着精神、肌肉系统的发育,由皮层控制的、有意识的头颈部运动逐渐显现[①];2~3个月时,婴儿能在俯卧时自主地向左右转头;3个月时,婴儿通常能在坐或站立的状态下自主将头竖直;近5个月时,婴儿能在俯卧状态下将头抬起。

婴儿获得头部控制能力后,就开始由上而下地发展躯干的自主控制能力了,这一发展约从出生2个月后开始,这时婴儿已能在手臂的帮助下俯卧抬胸了;约出生3个月后出现了翻身动作,最开始是仰卧翻身;到8个月时既能仰卧翻身也能俯卧翻身。与翻身动作相伴的是独立坐,3个月大的婴儿能在外力的帮助下扶坐,8个月时可以不借助外界而独立坐直。自主坐立能力的获得,更进一步解放了婴儿的双手,使婴儿的手眼协调能力和双手协调自主控制动作在此基础上得到迅速发展[②]。约9个月时,婴儿开始表现出将自己由坐的姿势向上拉的倾向,到1岁时,婴儿通常能够独立站直,这是行走动作发展的前提。

2. 爬行动作的发展

爬行是最早的个体自主位移动作,是个体在俯卧状态下的重要自主运动形式。婴儿的爬可以分为两种:腹地爬和手膝爬,手膝爬需要更强的臂部力量和协调能力,所以说,手膝爬是对婴儿能力要求更高,也更为有效的俯卧姿势的位移方式。婴儿会出现不同的爬行模式,有同侧爬行和对侧爬行,个体差异明显,这与神经系统成熟、体型肥瘦、臂部力量、爬行动机、爬行经验等多因素都存在一定的相关。

3. 行走动作的发展

行走是成熟个体高度自动化的动作技能之一,婴儿一般在周岁过后能发展起独立行走的

---

① Hottinger(1973),董奇,陶沙,动作与心理发展[M]. 北京:北京师范大学出版社,2004:35.
② Rochat(1992),董奇,陶沙,动作与心理发展[M]. 北京:北京师范大学出版社,2004:37.

动作，但他们的行走动作与成人有很多的区别。为达到成熟和高度自动化的行走模式，一般而言，个体需要经历以下四个阶段的行走动作模式的发展过程①。

阶段Ⅰ：约12～14个月

总体表现：身体僵硬，行进时身体不平稳。儿童尽量想保持身体平衡，有明显的左右摇晃的动作。

下肢：步子较小，腿抬得很高，膝盖弯曲厉害，脚重重着地，着地时前腿膝关节弯曲，脚尖先着地。

上肢和躯体：躯干从臀部处向前倾，手臂在肘部弯曲，并且正好处于稍高于腰的地方，手臂肌肉高度紧张。

阶段Ⅱ：约24个月

总体表现：较少有明显的肌肉紧张表现，行进较前一阶段平稳一些。

下肢：两脚之间分开的距离与两肩同宽。大步行走时，两条腿动作及步长都比前一阶段更加一致。夸张的"高抬腿"动作消失了。前腿落地时膝关节不再摇晃，已经出现从脚跟到脚尖的着地动作。

上肢：手臂放在身体的两侧，但仍有一些左右摇摆的现象。

阶段Ⅲ：约4.5岁

总体表现：成熟的运动模式中所应用的因素都已经出现。腿部动作连贯，每步只有轻微的颠簸。

下肢：身体重心移动较为自如，膝关节轻微的弯曲和前腿的伸直自如产生，但胯部在重心移动时仍有轻微的扭动。

上肢：已能对侧运动（即当前腿迈出时，同侧手臂向相反方向摆动），但手臂的同步动作在这一阶段没有得到很好的发展。

阶段Ⅳ：成熟模式（约7岁以后）

成熟的行走模式有节奏且流畅，步长保持一定，手臂和腿随着身体的扭动做对侧运动。两条腿的交换紧凑而自然，两脚的间距小，少有脚尖点地的动作。

行走是儿童自主位移动作发展的必要阶段，也被认为是神经系统、肌肉组织进一步成熟和儿童心理发展的具有里程碑意义的动作。行走进一步解放了双手，使精细动作有机会得到进一步的发展。同时，行走扩大了儿童的活动范围，满足和激发了儿童的好奇心，促进了学前儿童心理能力的发展。

（三）精细动作的发展

个体精细动作能力，是指个体主要凭借手以及手指等部位的小肌肉或小肌肉群的运动，在感知觉、注意等多方面心理活动的配合下，完成特定任务的能力，它对个体适应生存及实现

---

① Wickstrom(1977)，董奇，陶沙，动作与心理发展[M]. 北京：北京师范大学出版社，2004：41.

自身发展具有重要意义①。对于婴幼儿来说,够取物体、穿衣、画画、写字等能力都以精细动作作为基础,同时,也是评价儿童发展状况的重要指标。

1. 抓握动作的发展

抓握动作是个体最初、最基本的精细动作,在此基础上又发展其绘画、写字、生活自理动作等技能。通过观察可以发现,约从3个月起,婴儿就开始了一种不随意的手的抚摸动作,经常无意地抚摸被褥、亲人或玩具。到5个月左右,抓握动作有了自主随意性。6个月后,学会拇指和其余四指指腹对立的抓握动作,并能逐渐眼手协调。

2. 绘画和书写动作的发展

绘画和书写均是手部运用笔类工具进行活动的技能,是儿童的重要发展任务和能力要求之一。

(1) 握笔姿势和动作的发展

绘画和写字动作的发展,都是以握笔动作为前提的,所以我们首先来看儿童握笔姿势和动作的发展。一般而言,2~6岁是儿童握笔动作技能迅速发展的阶段②。这一时期,既是儿童不断地尝试绘画书写的阶段,也是成人积极引导和重视调整儿童模仿学习绘画与书写中所必需的握笔动作的时期。

儿童最早的握笔姿势是"手掌向上的抓握动作",即儿童在抓握笔的时候掌心向上,手掌和手指一起活动来抓握笔③。这种握笔姿势很难进行有目的的绘画书写动作。随着学前儿童在绘画书写过程中偶然性的尝试和成人的指导,儿童的握笔姿势由"手掌向上的抓握动作"向"手掌向下的抓握动作"转化,由最开始的由手臂和胳膊肘来用力逐渐变为由手指用力来控制笔的运动。总体而言,儿童握笔姿势和动作的发展遵循"经济性原则":一方面是握笔部位逐渐向笔尖靠拢;二是用力部位也由手臂向下移;三是在运笔动作更为成熟的同时,身体坐立的姿势也趋于垂直,这种姿势减少了手臂的支撑作用,使手的运动更为自由。

(2) 绘画技能的发展

儿童大约从15~20个月时开始出现无规则、无目的的乱涂乱画。其后一般都要经历以下四个阶段:①乱涂阶段,主要是获得绘画所需的手眼协调能力;②组合阶段,主要是图形的出现和混合,儿童开始学会描绘螺旋、十字等基本几何图形,大约2岁的儿童能画出一系列的螺旋和圆圈,在动作的协调控制能力和目的性加强后,儿童能对正方形、长方形、三角形等基本图形进行较为精确的临摹和绘画,在此之后,开始出现简单组合几个几何图形的绘画;③集合阶段,这一阶段出现的不仅是混合了几个简单图形的较为复杂的图形,而且是图形和图像的组合,如同时有任务和图形的图片;④图画阶段,发展到这一阶段,儿童在绘画中所混合的

---

① 董奇,陶沙. 动作与心理发展[M]. 北京:北京师范大学出版社,2004:42.
② 董奇,陶沙. 动作与心理发展[M]. 北京:北京师范大学出版社,2004:45.
③ Rosenbloom & Hortor(1982),董奇,陶沙,动作与心理发展[M]. 北京:北京师范大学出版社,2004:45-46.

图形的数量增多,图画的内容也更为复杂,儿童的绘画动作更为精确、复杂①。几乎所有的儿童都会经历这几个阶段,但因多种因素的影响,而使达到每一个阶段的具体年龄具有较大的个体差异性。

（3）书写技能的发展

绘画能力的初步发展是儿童书写技能发展的前奏,其绘画练习经验也有利于儿童书写技能的获得。森尼特（Sennett,1972）等人和赖默（Reimer,1975）的研究显示,4岁左右的儿童开始具备书写字母和数字的能力,他们写出来的数字和字母可辨认,但笔画歪斜、间距不一,且比正常书写的字体大几倍;到5～6岁,儿童已经会书写自己的名字,但5岁儿童书写的字母和数字在字形上仍很不规则、偏大,且在书写一行字母时,后面的字母会越写越大;6岁儿童书写的字母和数字还是东倒西歪、参差不齐,字形稍有变小,但仍明显大于正常书写的字形大小;7岁时儿童书写的字母和数字的字形明显变小,但即使到了小学三年级,仍有部分儿童表现出字母书写困难②。由于我国的汉字和拼音文字有很大的差别,要比后者复杂得多,所以此结论不能简单推论到汉语儿童身上。据日常观察发现,我国儿童开始书写汉字的时间个体差异较大,受家庭教育等因素影响较大,且儿童刚开始书写汉字时,也存在笔画歪斜、东倒西歪、间距不一、字形大的现象,除此之外,还出现了单字左右互调、左右或上下大小不等、多字从左向右排列等现象。

需要我们注意的是,书写不单单需要手部动作技能的发展,更需要感知和运动的协调与配合,即视动整合能力。对儿童视动整合能力的研究发现,虽然有的孩子在单纯的视觉能力和动作能力上都不存在障碍,但这些孩子在学习写字、临摹几何图形等方面仍有较大的困难③。可见,一定水平的视动整合能力,是顺利完成书写任务的前提。

（4）自理动作的发展

具备基本的生活自理能力,是家庭和社会对儿童提出的早期重要发展任务之一,包括穿衣、洗漱、进食等基本技能,其中还包含了很多具体的动作,像穿衣就包括了能够解开扣、扣上纽扣、在帮助下穿上衣和外套、独立穿上衣和外套等多类型的动作。这些动作的发生更多地受到社会习俗、文化传统、父母抚养方式等因素的影响,因此个体差异性明显。

综上所述,在先天反射性动作之后,坐、爬、站、走、抓握等自主控制动作逐渐发展起来。自主控制动作的发展具有重要的意义。首先,它的发展是以神经、肌肉等生理结构的成熟为基础的,所以,自主控制动作的产生与发展,是儿童早期身心发展状况的重要行为表现。其次,个体在实施自主控制动作时必须坚持目标、调动意志力、不懈努力地去克服所遇到的困难和障碍,所以,自主控制动作的发展有利于个体良好意志品质的养成。最后,自主控制动作是个体对客观事物和环境的探索,有利于儿童的认知和社会性的发展。

---

① Kellogg（1969）,董奇,陶沙.动作与心理发展[M].北京:北京师范大学出版社,2004:47.
② 董奇,陶沙.动作与心理发展[M].北京:北京师范大学出版社,2004:48.
③ Berry（1989）,Benbow（1992）,董奇,陶沙.动作与心理发展[M].北京:北京师范大学出版社,2004:48.

二、动作发展的规律与内在机制分析

动作发展是一个复杂多变而又有章可循的动态发展系统。它有着严密的内在规律,遵循一定的原则。

(一) 动作发展的准备性

特定动作行为的发展是建立在一定的生理和心理及已有动作水平基础上的,这种基础被称为动作发展的准备性。即动作训练必须基于儿童的发展水平。

(二) 动作发展的顺序和方向规律性

动作发展具有一定的顺序和方向,这些规律被总结为五种:①整分原则,即个体最早做出的动作是整体的、全身的、笼统的,然后逐渐分化为局部的、精确的、专门化的。②首尾原则,即个体最初发展的是上部的动作,然后逐渐向下发展。先是与头部有关的动作,其次是躯干和上肢部分的动作,最后才是下肢的动作,沿着抬头—翻身—坐—爬—站—行走的顺序发展和逐渐成熟。③大小原则,即个体的大肌肉动作首先发展起来,之后才是手部的小肌肉动作的日益完善。④从中央到边缘的原则,即先是头和躯干等位于躯体中线上的动作,然后是离中线稍远的双臂和腿部有规律的动作,最后是离中线最远的、肢体末梢的手部精细动作。⑤从无意到有意的原则,即个体动作发展和心理发展的一般规律一致,从先天的无意识反射动作向有高度控制的技能动作发展,从刻板模式化的动作向着越来越灵活的方向发展。

(三) 动作发展的动力学系统分析

除了以上两个从动作全貌得出的动作发展规律外,从微观的动作发展的具体过程和机制来分析动作的动态发展过程,就产生了动作发展的动力学系统分析。动作发展的动力学系统论认为,动作是多个相关系统以非线性模式复杂交互作用的产物,是系统自组织的结果,不同动作模式的发展都要受到协调和控制两种基本过程的制约[①]。首先,协调是动作模式灵活性的增加,个体对某一动作模式掌握后,肌体就会产生一定功能性联系的肌肉群及相关关节组合成适应特点任务的单元,这些单元通常被称为协调或者协调结构[②]。其次,控制是协调的限制因素,虽然个体的动作通过练习变得更加协调,但是这种模式的灵活性的增加不是无限度的,实际上是存在多种限制的,肌体的状态、环境、任务等,都是动作的限制因素。总之,协调和控制的整合使具体动作的发展呈现出不同的形式,使之具有更大的灵活性,即综合协调和控制过程形成一个协同结构,也就是动作模式有一系列的变式,以适应现实环境的需要。

[①] Newell, K. M, "Constraints on the Development of Coordination," *Motor development in children:Aspects of coordination and control.*

[②] Tuller,Turrey & Fitch(1982),董奇,陶沙. 动作与心理发展[M]. 北京:北京师范大学出版社,2004:54.

三、影响学前儿童动作发展的因素

动作的发展受哪些因素的影响呢？研究者曾经有过很多争论，其中最著名的是成熟论和学习论之争。随着争论和研究的深入，人们逐渐认识到，个体自身的发展状况、所处的环境以及所面临的任务要求，都会对其动作发展产生影响。个体自身因素为动作发展提供了必要的物质基础和生物可能性；个体成长的环境包括物质生活环境、特定的养育观念、方式等，也会直接影响儿童动作活动和获得动作反馈的机会，因而不仅影响动作发展的速度，还影响特定动作的发展水平以及动作发展的顺序和倾向；个体面临的工作任务是动作发展的外部要求和动力，个体在特定情境中的动作活动特点，在相当大的程度上，取决于环境提出了什么样的要求。

（一）成熟与学习在儿童动作发展中的作用

是成熟，还是学习？在儿童动作发展的过程中，这两个因素是处于相对的对立面，还是共同作用以促进儿童动作的发展？

1. 成熟论

格赛尔（Gesell）等人最早提出了动作发展成熟论的观点。其立足点是从个体肌肉骨骼与神经系统成熟的角度，去解释和说明动作产生的特定阶段性和出现的序列性，并将动作发展的主要原因归于个体的成熟因素。其观点是：动作能力随着儿童生理成熟水平的提高而逐渐发展。环境因素在发展过程中基本不起作用，基本动作不可能通过提早训练而得到很大促进。其依据就是格赛尔等人的双生子爬梯实验。

20世纪二三十年代，格赛尔等人采用同卵双生子方法进行了一系列的实验，即对其中一个婴儿进行某种动作的训练，而另一个作为控制组不实施任何训练。如果受训练的那个婴儿的某种动作能力通过训练得到了提高，那么，就表明学习在一定程度上会超越成熟的作用。但如果被训练的那个婴儿并没有比未受训练的婴儿在特定动作能力上有显著进步，那么，就说明成熟比学习更具有影响力。而实验的结果却是受训练和未受训练的两个双生子在攀爬速度、敏捷性等方面不存在差异。研究者据此得出结论：成熟是动作发展的决定性因素，只要儿童的生理成熟达到一定程度，个体就能自然地获得某种动作。

虽然也有研究支持这种观点，但更多的是质疑，认为该理论解释不了以下现象：第一，相同成熟水平的儿童的动作发展水平却差异很大；第二，从小与人类社会完全隔离的儿童，几乎不能获得与正常个体一样的动作发展水平，就像"狼孩"，他们不会直立行走，只会四肢着地走；第三，不同文化环境中的儿童动作发展的顺序存在差异。从这些质疑中，我们可以看到，成熟因素并非决定儿童动作发展的唯一因素。

2. 学习论

学习论与成熟论恰好相反，认为儿童不能孤立地依靠遗传而获得动作，动作必须经由学习才能获得，且环境的示范和训练决定了儿童选择发展哪些动作，以及这些动作发展的水平、顺序和时间表等。

相应的实验研究依次是：1974年，维尔纳(Werner)所作的有关"指导性教学"的研究，通过对婴儿的平衡、踢和跳等动作获得的训练，极大地改善了儿童在这些获得方面的表现，发现训练效果显著；1971年，拉格斯佩慈(Lagerspetz)等人对婴儿每天给予15分钟的爬行训练，他们就会比控制组婴儿更早地发展起爬行动作；1981年和1983年，分别由锡伦(Thelen)和泽拉佐(Zelazo)做的研究表明，对新生儿的踏步反射进行训练，这些儿童表现出更早、更多明显的行走动作，提前出现了独立行走。这些证据表明，训练的作用超过了成熟的限制作用，儿童可以经由动作学习更早地发展其水平更高的动作。

但是，依然存在一些现象是学习论无法解释的，例如，①1934年，格赛尔和汤普逊(Thompson)做的一个双生子实验发现，一个第46周才接受训练的双生子，比另一个在早期即给予特殊帮助的双生子在堆积木和攀爬活动上都要发展得快；②1935年，密涅瓦(Minerva)发现对几对双生子的特殊训练可以导致他们在复杂投掷任务上的表现提高，但在比较基本的自主动作的训练上却没有收到显著效果。这表明后天学习在动作获得和发展方面的优势，在很大程度上依赖于研究采用的训练任务。麦格劳(McGraw)在1935年对双生子的训练实验中也发现，受训的婴儿在攀爬能力的发展上存在优势，但是两个婴儿在相同的年龄获得了行走动作。由此，我们可以说，学习也不是动作发展的唯一决定因素。

3. 交互作用论

综上可知，成熟和学习对于动作发展都很重要，而且两者在个体早期动作发展中的作用通常是混合在一起的，交互作用的，无法分开。我们毕竟不能把儿童和人类社会隔离开，从而肯定动作发展不受学习的任何影响；更无法控制儿童在训练过程中的生理成熟因素所产生的影响，而只肯定学习的作用。既然单纯的成熟与学习因素均无法全面地解释动作发展的规律及巨大的个体差异性，那么我们必须认识到，个体动作发展过程中，成熟和学习都具有不可忽视的作用：个体自身的肌肉、骨骼、关节与神经系统的成熟为动作发展提供了生物前提，是动作发展的物质基础；而个体的学习又为个体提供了必要的刺激与经验，影响着动作发展的速度、水平以及顺序和倾向等，对个体动作发展具有一定的促进或阻碍作用。正因为个体动作的发展是在成熟和学习两个因素的共同作用之下发生的，所以，不同儿童在不同阶段的不同动作的发展上，既表现出共同性，也表现出极大的个体差异性。

（二）环境在儿童动作发展中的作用

儿童动作的发展依赖于其所处的环境，环境的不同导致了儿童动作发展的水平、速度、顺序等方面的差异。环境既包括了自然环境，也包括社会文化环境；既有社会宏观环境，又有家庭微观环境。

1. 自然环境与动作发展

自然环境涉及的因素很多，我们仅以其中最关键的气候这一个因素来说明两者之间的关系。班森(Benson)在1991年的一项研究中发现，冬、春季出生的婴儿的爬行起始年龄显著早于夏、秋季出生的婴儿；我国研究者董奇等在1999年进行的研究也发现，出生季节对婴儿爬行动作的发展具有重要影响，不同季节出生的婴儿，其爬行起始年龄也存在显著差异，冬季出生的婴儿较其他三个季节出生的婴儿约早2~4周①。

2. 社会文化环境与动作发展

不同的文化背景有其特定的社会观念和习俗,及特定的儿童抚养方式,正因为这些文化差异、养育方式的不同,导致了不同文化背景中的儿童的动作发展具有很大的差异性。例如,我国的进餐技能——用筷子,和西方的进餐技能——用刀叉,就存在很大的差异性;一些地区的婴儿养育方式还很落后,也在一定程度上阻碍了儿童动作的发展。以我国部分落后地区的沙袋育儿为例,孩子从出生就放在沙袋里生活,既不卫生又容易感染疾病,同时沙袋笨重,不利于活动,沙袋儿童的动作发展时间、水平等都明显低于非沙袋儿童,且在沙袋内养育时间越长,儿童的动作能力越差②。

3. 家庭环境与动作发展

家庭是儿童成长的最基本环境,对儿童动作的发展具有重要的作用。可以从物质和心理两个方面来考察家庭环境对儿童动作发展的影响。首先,家庭的物质环境为儿童的动作发展提供了活动的场地和前提条件,物质条件的匮乏和使用不当会限制婴儿动作的发展。例如,因空间限制而不能提供给婴儿练习爬行的机会;而有的家庭过早便为儿童购置了学步车,婴儿借助于它已能够到处行走,无需练习爬行,另外,过于依赖学步车,儿童反而不能在正常的时间段里发展起和其他未使用过学步车的儿童一样高水平的独立行走动作。其次,家庭的心理环境为儿童的动作发展提供了活动的计划和必要条件,父母对儿童的动作发展的态度及其养育方式,直接影响着儿童的动作发展。研究发现,父母对待头生子的冒险行为的态度和对待其他孩子相同行为的态度是不一样的;父母对不同性别孩子的动作发展期望也是有差异的。

据有关研究发现,首先,同龄男学前儿童在体力和爆发力方面要超过女孩儿,5岁时,同龄男孩儿跳远比女孩儿远一点儿,跑得快一点儿,扔掷的距离也比女孩儿远一点儿。其次,女孩儿在绘画和书写以及某些粗动作(身体的平衡和脚的运动的结合)方面比男孩儿具有优势,像单足跳和跳绳③。

动作发展的性别差异在学前期就已经体现出来了。女孩儿在运动平衡性和准确性上强于男孩儿的部分原因,可能是女孩儿在整体上就比男孩儿发育得早;而男孩儿在学前阶段表现出的肌肉力量比女孩儿强,很可能是成人的鼓励和榜样作用的结果。从很小的时候开始,男孩儿就会开始足球、篮球等运动,而女孩儿却喜欢跳绳、玩儿呼啦圈以及抛接等运动,两者所从事的运动已开始分化;此外,家人们对男孩儿的体育运动的期望也较高,相反,对女孩儿的体育运动并不积极鼓励,孩子们从小就接受了这些信息,这些信息对男孩儿女孩儿的运动自信心和行为都产生了重大影响。

综上可见,家庭(心理)环境是导致儿童动作发展个体差异性明显的重要原因之一。了解

---

① 董奇,张红川,陶沙. 出生季节与婴儿爬行动作的发展[J]. 北京:心理发展与教育,1999(1).
② 吴凤岗. 中国民俗育儿研究[M]. 北京:中国大百科全书出版社,1991.
③ [美]劳拉·E·贝克. 儿童发展(第五版)[M]. 吴颖等译. 南京:江苏教育出版社,2002:247.

了家庭(心理)环境对儿童动作发展的重要影响作用,就有助于家长有意识地去打破不良的性别刻板印象和期望定势,减少孩子运动项目的性别差异,帮助男女儿童都得到全面而充分的动作训练,促进其身心的健康全面发展。

第二节　学前儿童动作技能的学习

个体动作的发展既有成熟因素的作用,同时也受到学习因素的影响,且动作越复杂、越高级,学习对动作发展的影响作用就越明显。相对于其他领域的学习而言,动作学习更依赖于程序性知识而不是陈述性知识,最终总是导向形成自动化的活动程式,因此动作学习得后不容易遗忘,保持时间长。动作学习的几个重要方面,如示范、练习、反馈和迁移等环节都是非常重要和值得讨论的。

一、动作技能学习的含义

(一)动作技能学习的界定

动作技能广泛存在于学前儿童生活中的许多方面,像音乐中的吹、拉、弹、唱,体育运动中的跑、跳、旋转、摆动等,都属于动作技能的范畴。一般而言,动作技能是指通过学习而形成的合乎法则的操作活动方式[①]。动作技能的学习既是一个身体的过程,也是一个心理的过程,既要求个体进行认知上的加工与分析,也要求实际作出协调的肢体运动反应,只是在技能学习的不同阶段,心理和动作的参与程度有所不同。简而言之,动作技能的学习就是动作从不会到会、从不太会到非常熟练的过程,并受制于多种因素的影响。

(二)动作技能学习与动作发展的区别与联系

动作技能学习与动作发展有很多相同和相通之处,也存在不同之处。二者的不同在于以下几个方面:(1)动作发展是对个体动作变化的客观描述,对于影响个体动作变化的各主客观因素的作用无明显侧重;而动作技能学习则特别注重主体性因素在个体动作变化中的作用,可以说"自主性"、"主动性"是动作学习的重要特征。(2)动作发展的外延比动作技能学习的外延要宽。动作发展适用于从先天性反射动作、自主控制动作到高级复杂动作等所有类型的动作变化,但动作技能学习显然不适宜于先天性反射动作的变化。(3)动作发展常常侧重于对个体动作变化作宏观、概括性、结果性的描述,而动作技能学习则侧重从微观角度来揭示个体的动作变化,是重细节、偏过程性的描述。(4)二者使用的场合稍有不同,动作技能学习比动作发展带有更多"后天习得"的性质,所以,当分析和阐述那些需要较多学习才能获得的工具性动作时,更适宜用动作学习;而在有意识学习训练成分不够明显(如坐、爬、站、走等内源性动作)的情况下,使用动作发展则较为稳妥和恰当。

动作发展与动作技能学习这两个不同的概念实际上并不矛盾,相反,是密切关联的。首

---

① 冯忠良,伍新春,姚梅林,王健敏.教育心理学[M].北京:人民教育出版社,2000:412.

先，二者很相似，都是个体动作的获得和完善。其次，除先天性反射动作之外的任何动作发展的背后，都或多或少地存在着动作学习，即动作技能学习是动作发展的重要途径。

二、动作技能学习的阶段

动作技能学习一般要经历三个阶段：认知、联结和自动化。

（一）认知阶段

在学习某一动作的初期，个体必须首先获得相关的知识、基本要求、操作要点等，并在头脑中形成最一般、最粗略的动作表象，这就是动作学习的认知阶段，是任何类型的动作学习都必须经历的。

从不同的角度可以对该阶段的动作学习进行不同的分类：从途径上看，有些动作是通过别人言语的直接指导产生认知的，有些是通过观察别人的示范动作认知的，还有是按照说明书或指导手册获得认知的；从形式上看，动作学习的认知阶段可以是正式的学习也可以是非正式的学习，如芭蕾舞的学习需要通过正式的学习，而家庭假装游戏中一些动作却是通过非正式的学习而来的；从学习的角度来看，有时是从个别动作入手的，而有时是从整体动作入手的；从时间长短来看，通常越复杂的动作所需的认知时间越久。

在该阶段的动作学习中，学习者需要领会新动作的要领，了解新动作的特点，将之与已有的、习惯了的动作进行比较，克服习惯动作的干扰。在该阶段，学习者完成每一动作都要受到意识的调节与控制，因此学习者往往精神紧张、肌肉僵硬、动作迟缓而不稳定、忙乱而不协调，经常发生错误，并伴有较多的多余动作，但学习者只能对那些很明显的线索发生反应，并不能觉察到其中的错误和缺点。

（二）联结阶段

联结阶段是动作学习的第二阶段。在此，"联结"有两方面的含义，一是对简单动作而言，要在刺激与反应之间建立较为稳固的联结；二是对复杂动作而言，要将许多简单动作有机地结合起来，以形成比较连贯的复杂动作[1]。

该阶段需要通过长时间的反复的练习才能逐步建立相应的联结，并且需要在动作操作上排除过去的知识经验和动作习惯的干扰。在这一阶段，学习者的注意力和记忆的紧张度有所缓和，但没有完全消失，稍有分心就可能出现错误的动作；且在动作的转换、过渡和交替的地方会出现短暂的停顿；但上阶段的多余动作明显减少，学习者自我觉察错误的能力有了明显增强，并能自行矫正。

（三）自动化阶段

自动化阶段是动作学习的最后阶段，在这一阶段，学习者学习的各个动作，在时间和空间上已联合成一个连贯、稳定的动作系统。各个动作相互协调，并且变得越来越自动化，只要刺

---

[1] 董奇，陶沙. 动作与心理发展[M]. 北京：北京师范大学出版社，2004：102.

激出现,便可自动地、熟练地完成一个接一个的动作,整个动作的完成既迅速又精确。在这一阶段,学习者的紧张状态和多余动作已完全消失,动作已改由脑的较低级中枢控制,几乎不需要有意识控制,甚至可以一边熟练地操作,一边做其他的事情。

动作自动化标志着动作学习的完成。与动作学习的初期相比,已形成的动作技能主要具有以下四方面的特征:(1)动作控制由有意识转为无意识。在动作学习的初期,每一个动作的进行都需要意识的控制,而自动化阶段,只用关心这种动作技能是否服务于当前的任务,不用关心个别动作的进行。(2)动作调节由外反馈转向内反馈。在动作学习的初期,来自外界的反馈很重要,学习者往往根据动作反应后所看到或听到的结果来调节动作;而在自动化阶段,动作调节主要依靠来自内部、来自肌肉或关节提供的动觉反馈等内反馈。(3)动作的稳定性、灵活性增强。自动化动作的稳定性,既表现在各个简单动作技能的正确性方面,也表现在动作之间的转换和过渡上。同时,自动化动作能与各种变化了的情境相适应,具有灵活应变的能力。(4)动作协调化模式已经形成。到达自动化阶段的动作是相互协调的,不仅包括动作执行时间上的协调,即一系列动作的连贯,而且,还包括动作空间上的协调,即同时做不同动作时紧密配合,浑然一体。

动作学习的这三个阶段并不是绝对独立的,彼此之间有时会互有交叉,出现反复,特别对于学前儿童而言,动作学习的这三个阶段持续时间不均衡,而且从最初开始学习到熟练掌握所需的时间较短,即学前儿童动作学习较其他年龄段快。

三、动作技能学习的特点

除了上文所提到的动作技能学习与动作发展的异同点外,我们还需从动作技能学习的过程本身来剖析其特点。从动作技能学习的一般过程来看,动作学习主要具有阶段性和长期保持性这两大特点。

(一)动作学习的长期保持性

动作学习的长期保持性是指在学会某动作之后,该动作的保持较好,不容易遗忘。即相对于知识学习的保持而言,动作学习的保持要牢固些,更不易遗忘。

为何动作习得后不易遗忘而且具有长期保持性呢?可能存在以下几方面的原因:第一,动作技能的记忆,很大程度上依赖于小脑和脑低级中枢,这些中枢可能比大脑皮层有更强的保持性。第二,动作技能常常是经过过度学习后获得的。一般而言,经过过度学习的任务是不易遗忘的。第三,动作技能往往是以连续任务的形式出现的,前后动作间建立起巩固联系后不易遗忘。

动作学习的长期保持性告诉我们,在学前儿童心情愉悦,且生理条件和能力允许的情况下,可以多发展其动作技能,既锻炼了体魄,又为以后动作技能的获得打下了良好的基础。

(二)动作技能进步的规律

1. 先快后慢

在大多数动作技能(如跳高、短跑、跳远等)的学习中,练习的开始阶段,成绩的提高较快,进步较明显,之后成绩的提高和进步就逐渐减慢。

造成这种现象的原因主要包括:(1)练习开始时,由于受好奇心和新鲜感的驱使,练习者的兴趣浓厚、精力旺盛,因而进步快;而在练习一段时间后,由于热情降低和枯燥感的产生,加之精力有所下降,因而进步的速度就减慢了。(2)在练习初期,练习者可以有效地利用过去生活中已经学会的一些动作方式,所以进步较快。到练习后期,由于新的动作方式与旧的动作方式的差别越来越大,可以利用的经验逐渐减少,需要建立的新联系逐步增加,难度愈来愈大,这时,需要用较大的努力才能进一步提高,所以成绩提高就比较慢。(3)练习初期,练习者常常将复杂的完整动作分解为局部动作练习,由于局部动作较为简单,容易掌握,因此进步就明显。到了练习的中后期,需要建立复杂动作的协调和转换,这显然相当困难,因而进步就不如练习初期那样明显了。

2. 先慢后快

在少数动作技能(如游泳、投掷等)的学习中。在练习的开始阶段,成绩的提高缓慢,进步不明显,而之后成绩的提高和进步趋势逐渐加强。造成这种现象的原因可能是,在练习的初期需要花很大工夫来掌握基础知识和基本要领,所以进步较缓慢。经过一段时间的练习,掌握了有关的基础知识和基本要领后,进步速度就明显较快。

3. 练习成绩起伏变化

在动作技能的具体练习过程中,练习的成绩经常呈波浪式的起伏变化,有时出现较大的上升,有时反而下降。产生这种现象的原因很复杂,大致可以归纳为两个方面:一是外部条件的变化,如练习环境、气温、练习工具和教师指导的改变等客观因素。二是学前儿童内部条件的变化,如有无强烈的动机和浓厚的兴趣,注意力是否集中、稳定,有无自满情绪,意志努力程度的高低,练习的方式方法有无改变,身体状况的好坏等主观因素。

一般来说,练习成绩的起伏现象是正常的,但当学前儿童的动作技能突然急剧下降时,教师要有针对性地进行教育和指导,帮助学前儿童克服困难,鼓励其勇敢并坚持到底,养成做事有始有终的好习惯。

(三)高原现象

在练习进程中,练习成绩的进步有时会出现暂时停顿,甚至下降的现象,这就是高原现象。这段练习成绩保持在一定的水平而难以上升的时期被称做高原期。

一般认为,产生高原现象的最主要原因是,在练习的进程中,需要以新的活动结构代替或改变旧的活动结构。由于旧活动结构的改变和新活动结构的建立往往不能一时奏效,因此练习者在旧的活动结构正在改变,同时又没有建立起新的结构时,动作技能的进步常常会出现暂时停顿,甚至有所下降。例如,从非正规姿势游泳改学自由泳时,就需要改造先前形成的活动结构,但当非正规姿势游泳遭到改变,而自由泳尚未真正学会时,游泳成绩反而会停滞不前,甚至出现下降。当练习者通过练习,完成了动作结构的改造,度过了高原期,成绩又开始上升。此外,还有一些原因也可能会导致高原现象。如长时间的集中训练导致练习兴趣降低,注意力涣散,出现厌倦情绪,身体过分疲劳等,也会使练习成绩暂时停顿或出现下降。

高原现象可能并不是动作技能学习中的一种普遍现象。尽管在某些动作学习中发现了明显的高原现象，但同时，高原现象在另一些动作学习中却很少出现或不明显。有的研究者指出，高原现象可能容易在复杂动作技能的学习中出现，而不易在简单动作技能的学习中发生①。在复杂动作技能的学习中，练习者在某段时间可能只集中注意于某一部分的活动，即使这一部分的活动有了进步，但是属于这一整体技能中的其他部分的活动却没有进展，如果以整体技能作为测查指标，那么就会看到高原现象的产生。然而，如果练习者把一个复杂的动作技能当做一个完整的整体来对待，在练习时将注意平均分配到各部分的活动中，其练习进程就不会出现高原现象。学前儿童的注意力易集中不易平均分配，所以学前儿童在练习复杂动作技能时容易出现高原现象。

四、动作技能训练的过程

（一）示范：动作学习的基础

动作学习首先需要"认知"，即学习者要在头脑中形成和建立起关于拟学习动作的表象。这一阶段需要以示范动作为认知对象。所谓示范就是动作教练者完成一系列熟练而又合乎要求的动作，供学习者模仿和学习使用②。

示范动作的正确与完整程度会直接影响到动作学习的效果，所以教练者要给学习者以正确而完整的动作示范。示范的同时给予示范动作含义、要点的解释，并及时纠正学习者的动作错误，是好的动作示范应具备的两个要素。此外，动作示范时"相对位置"的选择也会影响学习的效果。一般有三种"相对位置"：一是相向示范，即教师面对学生示范，此位置容易引起学生左右反向认知的混淆；二是围观示范，即教师居中，学生围成圆圈，此位置会因学生从不同角度观察而发生混淆；三是顺向示范，即学生在教师背后，与教师同一方向，此位置可以消除左右反向和不同角度的不良影响，是一种较好的位置。但如果前方没有镜子，学生会较难看到完整的动作，也影响了动作的学习。所以最好的方法是教师学生相对而做，教师将左右动作颠倒，避免学生的左右混淆，这是幼儿园里最常采用的一种站位方式。

（二）练习：动作学习的进程

练习在动作学习的诸多影响因素中最为重要。任何动作都必须经过练习才能逐步习得。所谓练习，就是以掌握一定的动作方式为目标所进行的反复操作的过程。练习的作用是促使动作的不断完善和熟练，即提高动作的准确性与精确度，加快完成动作的速度以及在动作间建立更加完善的协调等。

动作练习的进程可能不完全一致，一般会呈现以下几种趋势：大多数动作技能（像跳高、跳远、短跑等）的练习进程是进步速度先快后慢；而少数动作技能（像游泳、投掷等）的练习进程却是开始进步速度慢而后快的；当然，几乎所有的动作技能的具体练习过程中都会出现波

---

① 马启伟，张力为. 体育运动心理学[M]. 台北：东华书局，1996.
② 董奇，陶沙. 动作与心理发展[M]. 北京：北京师范大学出版社，2004：111.

浪式的起伏变化,而到了动作学习的最后阶段,练习成绩会相对稳定下来不再继续提高,也即进入了练习进步的极限。

(三)反馈:动作学习的重要保证

反馈对任何一种学习都有着至关重要的作用,动作学习更是如此。在动作学习中,每一个进步都离不开反馈,因为只有借助反馈,学习者才可能知晓自己的动作是否符合要求以及存在什么问题,才有可能改正错误的动作,形成合乎要求的动作技能。

根据不同的标准,可以将动作学习中的反馈分为不同的种类。第一类是内反馈和外反馈:内反馈是通过内部神经反射(如动觉、触觉等)获取内部肌肉信息而实现的反馈;外反馈是通过外部媒介(如视觉、听觉、嗅觉等)达到对行为结果的知悉来实现的反馈。这两种反馈在动作学习中均有。第二类是自我反馈与外部反馈:自我反馈是学习者自己看到、听到和感觉到的动作进行的各种信息;外部反馈是教练等的言语指导、旁人的提醒、评委的评分等。第三类是即时反馈和延后反馈:动作学习中的反馈有及时的,也有延后的,分别适用于性质不同的动作任务,像游泳、开车这样的连续动作任务能够获得即时反馈比较重要,而不连续的动作任务如果反馈延后也不失其效果,就像运动员可以通过观看自己几天前比赛的录像来纠正错误动作,这样的反馈虽隔了几天,但仍然是有效的。

(四)迁移:动作学习的扩展

动作技能的学习总是有限的,但动作技能在日常生活、工作中的应用情境却是无限的。因此,将所学的动作技能根据特定情境和任务的要求加以应用或改变后应用是极为重要的,这便是动作学习的迁移。可以说,迁移的范围、程度和质量高低是评价动作学习效益最为主要的指标。

动作迁移有以下几种表现形式:(1)动作—动作迁移,即先前掌握的动作技能,帮助和促进对另一种动作技能的学习和掌握;(2)语言—动作迁移,即在动作学习前的语言训练,能帮助和促进动作技能的学习和掌握,实验表明,在动作前不断默念动作要领的人更能做对动作;(3)两侧性迁移,指人体一侧器官学会的动作技能迁移到人体的另一侧器官上,人体出现两侧性迁移最明显的是对称部位,右手—左手,右脚—左脚,其次是同侧部位,左手—左脚,右手—右脚,最弱的是对角线部位,右手—左脚,左手—右脚,两侧性迁移对于需要双手或四肢协调的动作技能的学习具有较大的促进作用;(4)部分—整体的迁移,多数动作学习中,局部动作的练习效果会促进整个动作技能的形成。

第三节 积极开展动作教育,促进学前儿童发展

动作的发展既是儿童身体运动技能的提高,同时也是主客体发生作用的桥梁,是儿童认知范围和对象扩大的条件,更是儿童与他人发生联系,社会性得以发展的支撑。所以,动作教育的作用,就不能局限于仅仅训练动作技能本身,而应当看到,通过动作教育还可以对儿童进行认知、情感、社会性等多方面的教育,从而促进个体的全面发展。

一、动作教育的概念

动作教育发展的早期,人们将动作理解为肌肉的外显活动模式,将动作教育理解为单纯的身体机能促进的过程。后来,随着神经生物学、运动学与心理学交叉研究的进展,人们开始在个体的外在行为表现、内在神经活动与心理活动过程以及人与环境的互动关系中认识动作,将动作理解为多个层次综合作用的结果,将动作教育理解为一种通过身体动作活动或创造性运动经验的增加,使个体的身心获得"最适发展"的过程。该观点的着眼点不只是动作技能的掌握,同时包括促进个体身心的和谐发展。

二、动作教育的历史演变

早期的动作教育注重知觉的训练,特别重视研究与动作相协调的视知觉训练,被用于学前教育和特殊教育中并获得良好效果。之后,动作教育的倡导者开始注重动作经验对儿童各种技能发展的影响。皮亚杰认为,动作图示是婴儿认知结构的基石,个体心理起源于主体对客体的动作,通过动作个体的心理结构不断地改组和重建。还有一些研究者,如卡巴特(Kabat)和鲁德(Rood)等人从神经生理学的立场,在学习障碍的研究中,提出了一些动作教育理论,其中"感觉统合理论"认为,通过能够刺激与脑干有密切关系的触觉、前庭觉、本体感觉等的运动,不仅可以提升脑干的机能,而且还可以促进个体有目的地协调运动能力的发展,从而增进个体的学习能力。此外,自然、快乐的运动氛围,还可以促进个体情绪情感的发展,增强个体自信心、坚持性等心理素质。目前感觉统合理论已经用于开发正常儿童发展潜能的教育,并进行了一系列有益的尝试。如在幼儿园里,感觉统合训练和学前儿童体育活动课程相结合,或将动作教育作为学前儿童情绪辅导的手段,等等。

三、动作教育的作用

认清动作教育的作用和价值,有助于开展更加广泛的动作教育。总体而言,动作教育的作用具体体现在以下几个方面。

(一)能够提高动作技能

提高动作技能是动作教育最初始、最基本的作用所在。通过设计实施遵循个体动作技能发展顺序的动作教育,可以发展个体的身体协调、平衡性、柔韧性与韵律能力,增强肌肉的力量和持久性,提高动作的敏捷性等。下面列举2~6岁儿童动作技能发展不同年龄阶段的动作教育目标,以供参考。

儿童2岁时,能两脚一齐跳;能拉住物体,使身体悬空;会上滑梯,从滑梯上溜下来;能单独上下楼梯,每上一梯要把两脚并拢;能横摆两三块积木。

儿童3岁时,会骑三轮小车转;能迈步上楼梯;能从两三层台阶上跳下;能用积木垒成山洞和门的形状;能画脸谱,勾出鼻子和嘴;喜欢把积木堆得高高的,看着它倒下来;能用积木摆过家家所需要的房子;能折纸飞机,只求大概,不求细节;能往小木板上钉钉子。

儿童4岁时，会单腿向前跳；会翻筋斗；能躺着滑滑梯；能正确地跳行；能和小朋友一边谈话，一边制作东西；能在河滩上修池、挖河、放水玩儿；能把小木片插入沙滩，做成铁路和山岭，开火车玩儿；能用剪刀、纸和糨糊，做简单的手工。

儿童5岁时，能站着打秋千，自己用脚蹬；能爬上脚手架；能把所想到的东西画出来；能自己折纸飞机，并能研究飞机的折法和飞法，使飞机飞得高；喜欢捕捉昆虫；能用椅子、积木堆成床和沙发。

儿童6岁时，在打秋千时能一会儿站起、一会儿坐下；站着荡秋千能荡得很高；能两个人对着打秋千；能骑带辅助轮的自行车；能几个孩子一起玩儿接力赛；能一个人跳绳；能在低单杠上前翻跳下；能在平衡木上与小朋友打闹；能用长绳跳大小网花；能锯木头；能用画笔作画；能自己做简单的标本[1]。

（二）能够增强身体意识与自尊

身体意识是指身体意象、身体图式、身体概念和身体自尊等与身体相关联的意识[2]。身体意象是身体所有感觉的综合。它起源于个体出生后最初的冷暖、饥饱感受及哺乳时的触觉刺激等，在动作教育中可能发展身体意象的方法有触觉刺激动作、肌肉紧张与松弛动作、肌肉运动知觉刺激的动作等。身体图式是个体对自己整个身体及其部分的认知能力、身体表现能力、组织姿势与环境空间能力的综合反映，指凭借视觉刺激去理解环境中物体的相关位置，以辨别自己的运动方向。身体图式是随着儿童有意识地学习维持与变化其身体姿势而逐渐发展起来的。发展身体图式的动作教育一般是练习与平衡有关的动作，包括动态平衡动作、静态平衡动作和物体平衡动作。身体概念是指个体对身体的事实或机能的认识。其形成过程受到身体意象与身体图式的极大影响。这一概念是在儿童通过聆听语言指示来控制身体部位的操作或姿势而逐渐获得的。身体自尊是指一个人对自己运动能力、身体外貌（吸引力）、身体抵抗力以及健康状况的综合评价，与身体意识及整个自我概念密切相关。无论男女，对身体的不满意会使个体自尊变低，并产生不安全感和抑郁症状；而加强动作训练会使个体的身体自尊显著增强[3]。在生活中可以观察到，儿童群体中，运动能力强的个体更容易成为"领袖"人物，表现出较强的控制力与权威感。五六岁的男孩中，运动能力强的比运动能力弱的受欢迎。这说明，提高学前儿童的运动能力，是促进其积极的自我概念发展的一条可行途径。

（三）能够促进认知与学习

个体在接受动作教育时必然要调动其感知、记忆、思维、想象、图像和语言理解等智力因素，又需要其动机、情感、意志、性格等非智力因素的参与，可见，动作教育能够提高个体的认知和学习能力。首先，动作教育可以训练学前儿童的视觉、听觉、触觉、本体感觉、平衡觉、时间与空间的知觉等等感知觉。感知觉是一切知识的来源和基础，尤其是时间和空间知觉。如

---

[1] 陈英三，林风南，吴新华. 动作教育的理论与实践[M]. 台北：五南图书出版公司，1994：123-136.
[2] Frostig, M., *Movement Education Theory and Practice*(Chicago：Follet，1970)
[3] 季浏. 全国高等学校公共体育课教材：体育与健康[M]. 上海：华东师范大学出版社，2000：26.

果时间意识遇到障碍,个体对现实的知觉就会受到阻碍,因而导致其行动的混乱;个体空间意识是通过自己身体的延长来知觉的,如果缺乏空间意识,个体就很难使自己轻松躲避身体伤害。所以,应在生活中有意识地培养婴幼儿的时间和空间知觉。比如,韵律运动是提高时间意识的最佳方法,而投接球、跳绳子、叩击悬于空中的球、跨越障碍等动作教育最能训练个体的空间意识。其次,动作教育也是培养儿童解决问题的态度与能力的教育。教师可以通过设计动作情境,促使儿童动脑筋想方法,积极迎接挑战,富有创造性地解决问题,达到增加其问题解决能力和创造力发展的目的。

(四) 能够增进积极的情绪情感与心理健康

动作教育有助于培养积极的情绪情感,而积极的情绪情感又是心理健康的核心指标,而心理健康又是幼儿园健康领域教育的目标之一,是学前儿童全面发展的重要标志,所以运用动作教育的手段实现学前儿童的身心健康是很实用的方法。首先,动作教育能使个体获得良好的情绪体验,产生积极的自我评价和主观良好感,获得成功感和竞争感,提高自我效能感[1]。其次,动作教育能增强学前儿童的体魄,增强其安全感、自我控制感和独立意识。

(五) 能够促进个体的社会性发展

动作教育过程中要不断地克服客观困难和主观困难,在克服困难的过程中,学前儿童的意志品质就逐渐培养起来了,这些良好的意志品质有助于学前儿童的社会适应。同时,学前儿童在接受动作教育时增加了与教师、同伴的交往机会,提高了与他人分享、与他人交流及寻求帮助的能力,面对与战胜困难的勇气与能力,灵活运用身体的能力以及适应多变环境的能力等。有研究显示,无论外向性格还是内向性格,都可以通过集体性的动作训练满足自己的社交需要,并改善自己的性格弱点。

四、学前儿童动作教育的实施途径

当人们谈及动作教育时,往往可能会联想到体育。幼儿园里也的确存在将体育课程作为专门的动作教育并将两者等同起来的现象。但是体育课程仅是动作教育实施的重要途径之一,毕竟它是有目的、有计划地实施身体机能促进、增强体质的正式课程。但对于学前儿童来说,可以开展动作教育的时机还有很多,像户外活动、区角活动、自由游戏等一日生活常规中随处都可以找到发展学前儿童动作的机会。

目前比较流行的各种兴趣班与学前儿童动作相关的有舞蹈班、武术班、跆拳道班、游泳班,还有专门培养体操运动员的体操班等,各类兴趣班有一个较一致的特点,即关注动作技能技巧的训练,以动作训练为出发点和归宿点,而不是以学前儿童的健康发展为出发点。稚嫩的皮肉在严格的技能训练中饱受痛苦的折磨,对运动的兴趣、对舞蹈的热情在痛苦中再也找不见踪影。所以,学前儿童动作教育的方式、手段都是为学前儿童的身心健康发展服务的,只要是满足学前儿童运动的需要、感知觉的发展、良好情绪情感、社会交往需求的动作教育,都

---

[1] 董奇,陶沙.动作与心理发展[M].北京:北京师范大学出版社,2004:177.

是适合学前儿童的动作教育。

五、学前儿童动作教育的 MEPA 方案介绍

MEPA 方案,即动作教育程序评价(Movement Education Program Assessment),是巧妙地运用动作这一中介实现促进儿童整体发展的一系列程序化的活动方案,是为儿童量身定做的、适合其动作发展水平和心理特点的个性化身心发展指导计划。它以儿童的动作发展为主要线索,将儿童出生后的 72 个月(0~6 岁)划分为 7 个阶段(0~6 个月;7~12 个月;13~18 个月;19~36 个月;37~48 个月;49~60 个月;61~72 个月),从感觉—运动、语言和社会性三大领域,感觉—运动具体分为姿势、移动与技巧,语言领域具体分为接纳性语言与表达性语言,社会性具体为人际关系等几个方面进行评估。根据 MEPA 评价表提供的实施动作教育的线索,可以针对儿童的发展需要,详细制订有利于促进儿童发展的动作教育目标,以及运用促进发展的动作教育方法。

这里以一个 8 个月的儿童为例,对其进行 MEPA 评价后,整理其评价结果,总结其感觉—运动、语言和社会性三方面的发展情况,根据其发展的不足制订发展指导计划。具体计划应包括动作教育项目、该项目评价方法、评价标准和达到动作教育目标的方法等。例如,通过 MEPA 评价,发现该儿童的感觉—运动领域内的某一项目为未达到标准,则指导该儿童发展该项目对应的感觉—运动能力的具体计划是:

- 动作教育项目:上肢伸直,下肢直角弯曲,以四肢支撑身体(跪爬姿势)。
- 指导依据的评价方法:帮助儿童呈跪爬姿势。
- 评价标准:若能够以双手双脚支持躯干的姿势,维持 3 秒钟以上为达到,若不能维持 3 秒钟,则为未达到。
- 达到目标的方法:(1)反复做俯卧支撑和直臂支撑。先将双手置于胸部下方,手臂向后上方支撑至两臂伸直。(2)身体后挺。使儿童俯卧,指导者用手向上推其胸部,或抓住其手腕往上提,使其向后挺身。按照胸—肘—腕的顺序来引导,以使儿童形成躯干紧张、手脚悬空的姿势。(3)从臀部上下运动到匍匐姿势。儿童俯卧,双手支撑,指导者手扶其腰部,不断将其提起、放下。与此同时,逐渐使其重心向后方移动,最后形成跪爬姿势。(4)单侧支撑体重。匍匐曲肘支撑,体重移至一手,另一手自由活动。在自由手那边用玩具引导儿童做转身及下肢的屈曲活动。然后,再以直臂支撑姿势,重复相同的动作。(5)跪爬姿势。由直臂到支撑姿势,按照②的动作要领,引导儿童至跪爬姿势。起初在其腹部下方放置滚筒辅助爬行。将其肩、腰向下方推,使其重心移到双手和双膝上,使儿童体会跪爬姿势的感觉。待其熟练后,拿开滚筒引导儿童靠自己的能力做跪爬姿势。

MEPA 方案在学前教育界得到了广泛的重视,因为它有着非常鲜明的优点:(1)该方案强调动作的中介性。即 MEPA 方案绝不仅仅是一种单纯的动作评价与训练方案,而是以儿童动作发展为依据,制订出适合其身心发展的指导计划,促进其健康全面发展的方案。(2)该方案注重发展的整体性和动态性。MEPA 方案最大的特点,就是具体把握儿童的身体和心理的整体发展进程,细致而深入地评价儿童的整体发展状况,针对儿童所处年龄阶段的动作、语言与

社会性的具体发展状况,制订有效的动作教育计划,从而促进其发展。(3)该方案注重因才施教的个别指导。MEPA方案能够针对儿童的不同年龄、发展水平及其环境需要进行具体的评估和指导。例如,对于有自闭症倾向的儿童,重点训练以前庭刺激为中心的动作,培养时间概念的动作,培养空间概念的动作,培养社会性的动作和培养基本习惯的动作等。当然,MEPA方案也存在着不足,比如,它十分重视诊断性评价后有针对性的指导,这对指导者的素质要求很高,这在实际的操作上往往难度较大。

【本章内容概览】

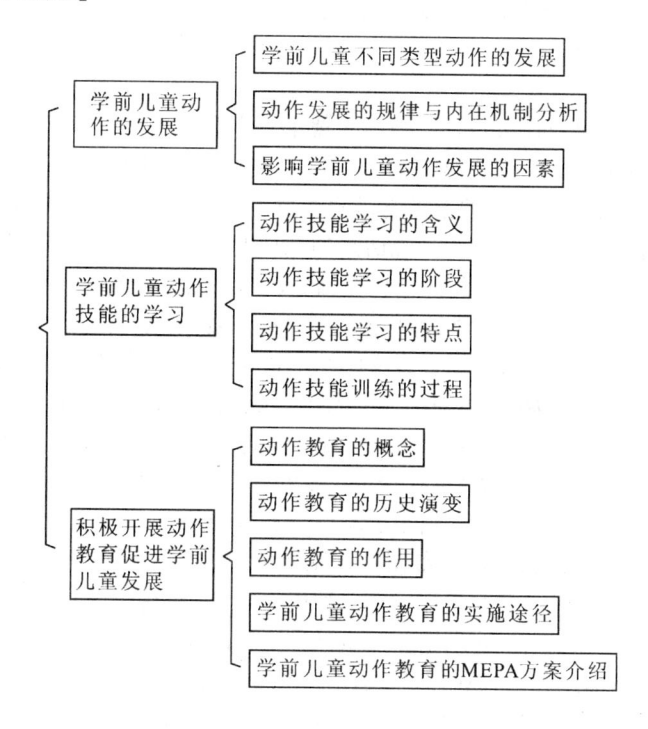

- 学前儿童动作的发展
  - 学前儿童不同类型动作的发展
  - 动作发展的规律与内在机制分析
  - 影响学前儿童动作发展的因素
- 学前儿童动作技能的学习
  - 动作技能学习的含义
  - 动作技能学习的阶段
  - 动作技能学习的特点
  - 动作技能训练的过程
- 积极开展动作教育促进学前儿童发展
  - 动作教育的概念
  - 动作教育的历史演变
  - 动作教育的作用
  - 学前儿童动作教育的实施途径
  - 学前儿童动作教育的MEPA方案介绍

【思考题】

1. 学前儿童动作教育的核心要素是什么?
2. 如何在专门的体育活动中发展学前儿童的动作?
3. 谈谈你对MEPA方案的认识?

第六章　学前儿童语言学习与教学

【问题求索】

1. 学前儿童的语言学习取决于后天环境还是先天遗传？
2. 学前儿童语言的发展过程是怎样的？
3. 学前儿童早期阅读能力包括哪些方面？分别是怎样发展的？
4. 如何正确看待学前儿童学习双语？

　　语言是人类社会文明的产物，是人类最重要的思维（认识）工具和交际工具。无论是律师、作家、诗人、大多数的学者，还是各行各业中有所成就的人，几乎都是语言智能高度发达的人，从这方面，我们不难看到语言的学习与教育对学前儿童来说是多么的重要。近代学前教育理论的奠基者福禄贝尔认为，游戏和说话是幼儿期儿童生活的要素。皮亚杰认为，语言是我们最灵活的心理表征方式，语言使认知比在感觉运动阶段更有效[①]。维果茨基认为，儿童最初的言语基本上是社会性的，主要功能是交流，后来才开始分化，成为思维的工具——寻求和规划解决问题的工具，且婴儿最初的智力反应并不依赖于言语[②]。当代著名的心理学家霍华德·加德纳认为，"普通人也拥有着对语言的高程度的敏感性，这是最起码的语言能力"，"如果一个人没有一点起码的语言能力，他就不可能欣赏诗歌"，而且，"如果一个人对音韵、句法、语义学、语用学这四个语言的要素，没有相当程度的掌握，那么他就很难在世界上获得成功"。所以，加德纳总结说："事实上，语言能力就是一种智能——智力能力（Intellectual Competence），它似乎是最广泛、最公平地分布在人类各个种族之中的一种智能"[③]。

　　加德纳提出语言，在社会日常生活中有多种用途。例如，语言的说服功能，就是使用语言去说服其他人，使之乐意沿着一定的路线从事某种行为的能力。虽然这是政治领导人和法律专家已经发展到极致的能力，但那些渴望再吃一块蛋糕的3岁儿童，也已经开始培养自己的这种能力了。再如，语言的记忆潜能，即使用语言作为工具，帮助人记忆信息——从财产明细到游戏规则，从寻找路径的方向到控制机器的程序的能力，对婴幼儿而言，用语言作为工具进行记忆，既是一种重要的手段，同时又是其记忆新系统的开启。还如语言的解释作用——世界上许多教和学的过程，都是通过语言来进行的。历史上曾有主要依靠口头教学，即通过朗读诗篇、采集谚语和格言，或通过简单的口头解释来进行的教学活动。而现在则越来越习惯使用书面语言来进行这种活动了。在科学领域中，我们也能找到这方面的有力证明。尽管逻辑—数学的推理及其符号系统，有着明显的重要性，但语言仍然是科学教科书中传授基本概

---

① ［美］劳拉·E·贝克. 儿童发展（第五版）[M]. 吴颖等译. 南京：江苏教育出版社，2002：330.
② ［俄］列夫·维果茨基. 思维与语言[M]. 李维译. 北京：北京大学出版社，2010：8-10；51.
③ ［美］Howard Gardner. 智能的结构[M]. 沈致隆译. 北京：中国人民大学出版社，2008：97.

念最理想的方式。此外,语言在促进科学的新发展以及解释这种发展时,也提供了十分关键的表达方式。另外,语言还有解释其自己行为的潜力,即运用语言去思考语言的能力,也就是进行"元语言学"分析的能力。甚至学前儿童也在使用这种能力,比如,他会说:"你指的是 X 还是 Y 呢?"——这就引导对他说话的人,去思考他先前用过的语言[1]。

儿童获得语言,被认为是儿童社会化历程中的一个里程碑,对儿童的身心发展有着极为重要和积极的影响。儿童获得语言,就能够与周围人交换信息,就更能促进其本身行为和语言的社会化进程;儿童能够运用语言来理解更多的信息,锻炼记忆和思维,提高学习能力,促进智力的发展;儿童获得了语言,就会生长出自信和自主的精神来,听和说的兴趣也会进一步提高;儿童获得口头语言也可以为书面语言的学习打好基础。

第一节 学前儿童的语言学习理论

为什么儿童能够在出生后短短几年内掌握结构极为复杂的语言这个问题,有各种不同的解释。归纳起来就是环境决定论、先天决定论和环境与主体相互作用论。但这些理论都有其不能解释的现象,本书将这些现象列举出来,期待与读者的思维碰撞。

一、环境决定论

(一)模仿说

1. 传统模仿说

传统模仿说的代表人物是奥尔波特(Allport),也称机械模仿说,流行于 20 世纪 20 ~ 50 年代,其主要观点是,儿童学习语言是成人语言的简单翻版。儿童在语言学习的过程中,完全是被动机械的接受者。

评价:这种观点肯定了儿童语言学习中语言环境的重要性,却看低了学前儿童的创造性。儿童总是用已有的句法形式改变示范句的句型,或坚持自己原有的句型。这说明儿童语言的创造性——理解先于产生。

不能解释的现象:夏威夷克里奥尔英语的产生[2]。1876 年,许多从中国、日本、朝鲜、菲律宾、波多黎各及葡萄牙等地的移民来到夏威夷的糖加工厂工作,使得多种语言的人口很快超过了其他的居民——说英语的人及本地的夏威夷人。为了交流,夏威夷不纯正的英语出现了,这是一种使得他们在日常生活中"学到"的简单的交流系统。然而这种不纯正的英语是那样地局限于它可能代表的事物,它的应用很不系统,使得它为孩子们提供了太少的语言输入来学习。但是,二三十年后一种新的复杂的语言——夏威夷克里奥尔英语被广泛应用了。它从它的非纯正英语及原有的外国语言那里借鉴来许多词汇。这种语言被认为是儿童创造的。

2. 选择性模仿说

选择性模仿说的代表人物是怀特·赫斯特(Whit Hurst),其主要观点是,学前儿童是通过

---

[1] [美]霍华德·加德纳. 智能的结构[M]. 沈致隆译. 北京:中国人民大学出版社,2008,3:97-98.
[2] [美]劳拉·E·贝克. 儿童发展(第五版)[M]. 吴颖等译. 南京:江苏教育出版社,2002:500.

对成人语言的选择性模仿来学习语言的。学前儿童能模仿成人话语的结构,并在新的情境中用以表达新的内容,或组合成新的结构。这种模仿不仅在形式上与范例相似,更重要的是在功能上相似,是在正常的自然情境中发生的语言获得模式。这样获得的语言既有学习和模仿的基础,又有了新颖性。

评价:选择性模仿在一定程度上说明了学前儿童语言获得的原因,虽然它不能解释学前儿童在没有模仿范式的情况下,仍能创造性地产生和理解许多新句子这一事实,但认识到了学前儿童的创造必须以一定的模仿范式为基础,新创造的句子是对已有范式的概括和新的组合。尽管如此,选择性模仿说对学前儿童语言获得过程的解释并不是充分的。

(二)强化说

强化说的代表人物是斯金纳,他认为语言是操作性行为,主张对言语行为进行"功能分析"。他认为语言的发展是一系列刺激反应的连锁和结合,主张强化是语言学习的必要条件。当一个操作发生后,接着呈现强化刺激,那么这个操作再发生的强度就会增加。如学前儿童在咿呀学语时,会自发出一定的声音,如类似或符合正确的发音,成人可以点头、微笑等,给予积极的强化。反之,倘若成人的反应是皱眉、不理解,即给予了惩罚,那么小孩以后就会避免这样说。正是这样的强化,使学前儿童的操作性条件反射建立起来了,这就是语言的获得。

评价:强化说强调,提供正确的语言范式和强化对学前儿童语言的获得的积极作用,如婴幼儿总是在强化下持续不断地改正他们所使用的不规范语言。然而强化虽然在学前儿童习得语言时可以影响某些字、词、句出现的频率,却无法改变字、词、句出现的类型。它无法解释幼儿语言获得中最深层的语法获得和创新表达问题,也难以解释儿童语言向成人语言的发展。况且,强化说这一理论的根据不是实际观察,而是从对较低级的动物实验中得出的类比,不能反映人类儿童语言发展的实际情况。

二、先天决定论

(一)先天语言能力说

先天语言能力说的代表人物是美国的心理学家乔姆斯基(Chomsky),他的理论提出于20世纪60年代,他的观点是:决定人类学前儿童说话的因素不是经验和学习,而是先天遗传的语言能力,即普遍的语法知识。乔姆斯基在研究中发现,不管哪国的学前儿童,学习语言都经过相同的阶段,如从单词句发展到双词句,再由简单句发展到复杂句。并且,正常的学前儿童学习语言都非常轻松,与成人相比,他们更容易在一定的时期内,习得一种或多种语言,其习得的速度令人惊讶。因而,乔姆斯基认为:在人脑中有一种先天语言获得装置(Language Acquisition Device,LAD),这是人类头脑中固有的内在的语法规则或"普遍语法",学前儿童就是运用这种普遍语法,通过观察和聆听,学得了周围人们语言的语法知识,并学会了语言的。为了论证其理论,他进一步提出句子的双层结构论:在语言习得过程中,学前儿童能发现语言的深层结构(能显示基本的句法关系,并决定句子含义)以及把深层结构转换为表层结构(表示用于交际中句子的形式,决定句子的语音)的规则,因而学前儿童所听到的虽然是极为有限的句子,却可以产生无限多的语句,从而创造性地使用语言。

评价:乔姆斯基的观点恰好回答了,模仿说和强化说者不能回答的学前儿童为何能创造性地使用语言这一问题。该学说似乎能帮助我们解释婴幼儿语言学习的惊人潜能。但这个先验、唯理论的学说因为无法检验和证明,多少带有神秘的色彩,让人怀疑其科学性。但上文提到的被认为是儿童创造的夏威夷克里奥尔英语多少能够证明乔姆斯基的先天语言能力说。

(二)自然成熟说

自然成熟说的代表人物是勒纳伯格(Lenneberg),其主要观点是:生物的遗传素质是人类获得语言的决定因素;语言以大脑的基本认识功能为基础;语言的获得有个关键期,约从2岁左右开始到青春期为止。

评价:该理论否定了环境和语言交往在语言发展中的重要作用,且无法解释本身听力正常而父母聋哑的儿童不能学会正常人口语的原因。

三、环境与主体相互作用论

以皮亚杰为代表的认知相互作用论认为,语言产生于人类认知的成熟,是一般认知结构的组成部分。来源于维果茨基的社会—历史文化理论的社会性相互作用理论,强调环境特别是社会相互作用系统对语言结构的获得所起的重要作用,认为学前儿童不是语言训练的被动受益者,而是一个有着自己意图和目的、积极主动的语言加工者。这两种目前颇有影响力的语言学习理论又称为语言学习的相互作用理论,其主要观点如下。

(一)学前儿童是一个主动建构语言的交流者

在日常生活中,学前儿童经常需要将接收到的信息(如视觉、听觉、动觉信息)以及主观感受、愿望或要求转换成语言表达给别人,或者根据别人的意图作出言语的反应。这样一来,语言结构的调整和重新组织不断发生,语义、句法、语用和主体认知水平之间的矛盾和不平衡经常产生,促使学前儿童不断进行尝试和调整。这就是一个主动的意义建构过程。

(二)语言学习的过程是个体语言与社会规范语言辩证统一的过程

人类语言既是个人发明的结果,又受社会规范的影响。在学前儿童内部有一种交流的强烈需要,使得语言生长和发展的方向朝向家庭和社会的语言。语言由学前儿童个体产生,但在与他们的交流中,通过对方的反应情况而发生改变。因此,父母、照看者、兄弟姐妹、同伴等在学前儿童语言发展中起着重要作用。他们是学前儿童重要的交流伙伴、语言反应者和理解者。

(三)语言学习和通过语言进行学习有机统一

学前儿童语言的学习是一个从不会到会的过程,这个过程与学前儿童的生理发展、认知发展以及社会性发展都有密切的联系。学前儿童在获得母语的同时,也学会了用社会所公认的方式表达情感、意念和愿望。哈利迪(Halliday,1975)通过对学前儿童的语言发展进行研究发现,当学习者理解语言的各种功能和形式时,他们也在内化着社会运用语言来表征事物的方式,所以,他们用语言来学习的同时也在学习语言。这两种类型的学习同时进行,认为语言形式的学习先于语言运用的观点是错误的。

(四)学前儿童在运用语言的过程中学习完整的语言

只有在自然交流中,学前儿童才能真正理解语音、语法、语义和语用等各因素是怎样工作的。家长在教孩子说话时,并没有限定孩子学习语言系统的某一方面,他们总是在有意义的情境中,伴随一定的社会性刺激来呈现完整的语言。

评价:交互论反对语言获得的预成说、先验论,同时又不排斥遗传机制、社会环境以及学前儿童自身活动的作用,是相对比较全面的一门理论。但它过分强调认知或环境是语言发展的基础,不能充分说明认知、环境和语言发展之间的关系。我们赞同均衡论的观点,即不再追究"遗传与环境哪个更重要"这个问题,但要了解先天因素和后天因素是如何共同影响着儿童的特质和能力的。应该认识到:单因素很难全面解释学前儿童早期语言的发展。先天与后天的因素,在学前儿童语言获得中的作用并不矛盾,学前儿童的语言能力在某种程度上是一种遗传的潜能,其发展是按照某种生物发展的时间表趋向成熟的,但这只提供了语言发展的可能性。离开了一定的语言环境和教育条件,离开了学前儿童个体与社会环境的相互作用,这种可能性是无法转变为现实性的。

【经典回放】
皮亚杰关于认知与语言相互作用论的主要观点
(1) 感觉运动导致儿童以语言为标识对经历建立内部想象。
(2) 儿童的一切对话都可以分为两组,亦即自我中心的和社会化的。两者之间的差别主要在于它们的功能。
(3) 学前儿童的大部分谈话是属于自我中心的,他们只谈论他们自己,对他的对话者不感到任何兴趣。
(4) 儿童的社会化语言是其试图与他人进行交流——他乞求、吩咐、威胁、传递信息、提问等。
(5) 儿童真正的社会化语言,亦即儿童在其基本活动中使用的语言——游戏中的语言,是一种手势、动作以及像语言一样的模仿性语言。
(6) 儿童的自我中心语言会完全消亡。

【经典回放】
维果茨基的社会——历史相互作用论的主要观点[①]
(1) 思维和语言在个体发生的过程中具有不同的根源。
(2) 在儿童的语言发展中,我们能够确证有一个前智力的阶段,而在思维发展中,有一个前语言阶段。
(3) 在某个时刻之前,两者沿着不同的路线发展,彼此之间是独立的。
(4) 在某个时刻,这两根曲线汇合,因此思维变成了语言的东西,而言语则成了理性的东西。

总之,以上三种语言获得理论均有不同程度的可取方面,但又都有各自的局限性和片面性,都未能对儿童语言获得作出完满的解释。综合而言,语言是具有一定遗传素质的个体在各社会环境的相互作用中,特别是在和人们的语言交流中,以及在认知发展的基础上发展起

[①] [俄]列夫·维果茨基.思维与语言[M].李维译.北京:北京大学出版社,2010:54.

来的。儿童语言富有创造性,但模仿与学习在语言获得中仍起着极为重要的作用。我们注意到了儿童的发现和创造,儿童的能动建构,强调了相互作用,但是,在创造环境、促进儿童的认知、语言和社会的相互作用方面做得并不充分,同时还忽视了在语言动态建构过程中的语言指导和必要的语言训练。

第二节 学前儿童语言的发展过程

一般以儿童能说出第一批能被理解的词为界,将学前儿童语言的发展阶段分为前语言期和语言发展期两大阶段。

一、前语言期的发展

通过观察记录,我们会发现,婴儿突然地就能发出某个音节了,可正当你欣喜若狂时,他却好几个月都只停留在发这个音节上,没有任何进展,而当你焦急无奈时,他又突然说出了某个词,然后在很长的时间里,他只能说一两个单词,进展似乎又缓慢了。这就是婴儿的语言发展,内部进展和外部表现的比例是不同的,这说明婴儿的语言发展过程是自然的。

(一)前语言期的发音能力的发展

即使是耳聋的婴儿,在生命初期都会开始咿呀学语;而所有的婴儿在最初的几个月中,都会发出其母语中不常听到的声音[①]。5~6周大的婴儿能哭叫,并且会调节哭叫的音长、音量和音高,用不同的哭声表示不同的意思和需求。到12~16周时,发音开始有了明显的指向性,对成人的社会性刺激作出反应,高兴时会大叫,当母亲和他说话时,他也会"牙牙"作答;另外,发音中出现了许多辅音和元音的组合,从单音节过渡到重叠多音节,16周时可以发出"m、k、g、p、b"等单音,到28周时,能发出 ba、da、ka 等较复杂的音节,32周时能发出 ba-ba、da-da 等两个连续的音。8个月时可以利用发音来引起人们对他的注意,能发出一连串变化不同的辅音加元音的音节,发音有语言的感觉。10个月时,能理解"不",大人说"再见"时,他也会摇手,1~1.5岁半时,说话有明显的旋律和抑扬顿挫的音调变化,说话呈现特殊的"小儿语"式发音,常常表现出省略、替代、重叠等特殊的策略。

(二)前语言期的语言感知能力的发展

感知语音的能力是儿童获得语言的基础,儿童对语言的接收促成了他们表述语言器官的发展。最近的研究表明,汉语儿童前语言阶段的感知能力分成三种水平层次:

1. 辨音水平(0~4个月)

学会分辨言语声音和其他声音的区别,获得辨别不同话语声音的感知能力。大约两个月后,婴儿开始比较清楚地感知"语音学"意义上的单纯的语音,能感知由发声位置和方法变化造成的语音差别。

[①] [美]Howard Gardner. 智能的结构[M]. 沈致襄译. 北京:中国人民大学出版社,2008:99.

2. 辨调水平(4~10个月)

能注意一句话或一段话的语调,从整块语音的不同音高、音长变化中体会所感知的话语声音的社会性意义,并且给予相应的具有社会性交往作用的反馈。

3. 辨义水平(10~18个月)

能将人们说话时语音表征和语义表征联系起来,去分辨一定语音的语义内容。婴儿开始学习通过对声、韵、调的整体感知来接受语言,为正式使用语言与人交往做好"理解在先"的准备。

(三)前语言期的语音交际能力的发展

处于前语言期的婴儿是通过语音来完成交际的:

1. 产生交际倾向(0~4个月)

逐渐产生交际的倾向和兴趣。约两个月时,婴儿会用表情、动作或不同的声音表达不同的情绪,表现出明显的交际倾向。

2. 学习"交际"规则(4~10个月)

对成人的话语逗弄给予语音应答,还出现与成人轮流"说"的倾向,前语言交际已有明显的"社会性"成分。

3. 扩展交际功能(10~18个月)

能够通过一定语音和动作表情的组合,使语音产生具体的语言意义。这个时期的婴儿有坚持表达个人意愿的情况,开始创造相对固定的"交际信号",能较好地理解语言的交际功能,能借助前语言发音和体态行为与人交往,发展起真正的语言交际能力。

二、语言发展

经过一段时间的沉默之后,从1岁半或2岁开始,儿童正式进入语言发展期。进入该阶段,儿童的语言发展表现出"爆发现象",即儿童不是一字一句地进行学习,而是在某一时期突然就能够准确地说许多单词。这种现象不是成人促成的,而是由儿童自然发生的。这一阶段一直发展到5~6岁,在这一时期儿童学习很多新的单词,并且逐步完善了自己所用的句型。总体而言,2~3岁时,学前儿童可能出现咬字不清和口吃的现象;3~4岁时,儿童开始运用各种基本类型的句子,以简单句为主,言语的信息量逐渐加大;4~5岁的学前儿童基本能流利地使用和成人相近的句法进行交流了,甚至还创造出超越世俗的表达方式,让成人吃惊。

【前沿投递】
4~5岁学前儿童超越世俗的表达方式的规则至今未被破译

4~5岁的学前儿童总能迸发出一些超越世俗的表达方式,使自己的语言更加有吸引力。一般4岁的儿童,就能想出吸引人的修辞手段(如将一只静止不动的脚与冒泡的姜汁啤酒做比较);讲自己的冒险故事,或讲自己杜撰出来的人物的冒险故事;或者根据谈话者年龄的不同(成人、同龄人或比自己小的孩子),改变自己说话的口气;他们甚至还会玩简单的元语言学游戏:"X是什么意思?""我应该说X呢?还是应该说Y?""你提到了Y,但为什么不说X呢?"总之,4~5岁的儿童的语言技能,超过了任何计算机语言程序。世界上最出色的语言学家,至今都没有能发现儿童语言的表达方式(和意义)的规则。

从语言形式、语言内容和语言运用技能三方面来考察处于语言发展期的儿童,可以更加详细地认识儿童的语言发展阶段的特点。

(一)语言形式的获得与发展

语言形式是指语言中的约定俗成的符号系统和系列规则。儿童对语言形式的获得包括对语音和语法的获得。语音是指语言的声音,和杂乱的声音不同之处在于它有实际意义,而杂乱的声音毫无实际意义。所以,语音的发展,严格地说,是从牙牙学语阶段之后开始的。从1~1.5岁时起,儿童开始学习发成人词的音,但常会出错,错误的类型受儿童所处的具体语言环境的影响而表现不尽一致。

1. 语音的发展

1~1.5岁的儿童开始发出第一个类似成人说话时用词的音,到6岁时,儿童已经能够辨别绝大部分母语中的发音,也基本上能够发准母语的绝大部分语音。但是,对于母语中相似的音常常会出错。2~6岁儿童的语音发展可以从语音的辨别、发音能力的发展和语音意识的产生三个方面来分析。

2. 语法的获得

语法是组词成句的规则,儿童要掌握母语,进行语言交际,必须首先掌握母语的语法体系。语法的获得是指儿童对母语中语句结构的获得,包括理解和产生不同结构的语句。对儿童的句子产生的评定和分析通常采用两种方式,其一是考察儿童说出句子的长度,即句子中所包含的最基本意义单位的数量;其二是考察儿童说出句子结构的完整性和复杂性。句子长度虽然是一种通用的评定儿童期语言发展的指标,但仅是一种次要的指标,因为它只能表明句子中所含字、词在数量上的发展,无法表明句子在质上的变化,不能反映句子的结构性质和复杂程度。

学前儿童句法结构获得与发展,大致呈如下规律:第一,从混沌一体到逐步分化。儿童早期的言语功能由表达情感、表达意志和指物三者紧密结合到逐步分化,语词的词性由不分化到逐渐分化,句子结构由主谓不分的不完整句发展到结构层次分明的完整句。第二,从不完整到逐步完整,从松散到逐步严谨。儿童最初的句子不仅结构简单,而且不完整,常常漏掉或缺少一些句子成分。随年龄的增长,句子结构逐渐复杂而且严密,意义也较明确易理解。第三,由压缩、呆板到逐步扩展和灵活。儿童最初说出的语句只有一些核心词,因此显得陈述内容单调、形式呆板,只能是千篇一律的、由几个词组成的句子;稍后能加上一些修饰词;最后达到修饰词的灵活运用,表现的内容也逐渐丰富。

(二)语言内容的获得

语言内容即语义,儿童语义的发展是指儿童对词、句子和语段三个语言结构层次在理解上的发展和获得。儿童语义的获得具有以下两个特点:第一,根据当前的语境和已有的经验猜测语词的意思,最初的猜测通常是不全面或不正确的。第二,对语义的理解经历理解词或句子所表达的基本语义关系、理解语言的实用意义和理解句子的各个语词的含义等几个阶段。儿童获得词义要比获得语音、句法更加复杂,可以说,对词义的获得贯串人的一生。儿童最早获得的是专用名词,然后逐渐获得普通名词、相对词等。

(三)语用技能的获得

语用技能的发展,是学前儿童语言发展的一个重要方面。语用能力,是指交际双方根据交际目的和语言情境,有效地使用语言工具的一系列技能。学前儿童的语用能力是言语交际过程中表现出来的,为了能够与同伴和成人进行顺利的交际,学前儿童需要掌握一定的语用知识和技能。学前儿童的语用技能,可以从语言操作能力、对交际外在环境的感知能力和心理预备能力三个方面进行考察。

1. 语言操作能力

语言操作能力指的是交际双方根据交际的实际需要,灵活而有效地调出已有的语言以及与其有关的非语言知识,并恰当地用于交际过程的能力。对语言及其辅助系统的操作水平的高低直接影响言语交际的效果。语言操作能力包括说话人的语言表达能力和听话人的语言理解能力。语言表达能力包括根据交流的需要对语言各要素进行适当组合的能力,通过发音器官发出有意义的声音的能力和将语言符号和非语言符号恰当结合的能力。语言理解能力包括辨别有意义声音和无意义声音的能力,通过耳朵和眼睛的协同作用感受言语及非言语的能力,以及理解听到和看到的言语和非言语的意义的能力。

儿童在非常小的年龄就出现了令人惊奇的会话能力,照料者与儿童交流的方式也会影响儿童的语言操作表现。例如,当照料者及时地对儿童的话作出回应并且继续孩子的谈话主题时,2岁的儿童更可能会亲切地作出回复[①]。

2. 对外部环境的感知能力

感知语言交际的外在环境的能力包括对交际对象本身特征的敏感性、对实际交际情境变化的敏感性和对交际对象反馈的敏感性等。对交际对象本身特征的敏感,是指说话人能够对不同的交际对象采用不同的、易于交际双方之间产生共鸣的语言形式。对实际交际情境变化的敏感指的是,当交际情境发生变化(如交际的时间、地点和内容发生变化或增加了新的交际伙伴等)时,说话人能够根据需要调整语言的表达方式、内容,或者听话人根据情境的变化理解变化了的语言形式的能力。对交际对象反馈的敏感,则指说话人可根据交际对象发出的是否已经接收到信息的反馈情况,及时调整说话的内容和方式,也指听话人对说话人所说的话的理解情况的自我感知能力和及时反馈的能力。

学前儿童从很小开始就已经是熟练的交流者了,在和同龄人面对面的交流中,他们轮流说话、用眼睛接触、对同伴的评论作出合适的回应,并且在一段时间内保持一个话题。有效的谈话也依赖于对语言意图的理解——也就是说话者想要说的,不管表达的形式是否完全和它一致。例如,"你想要一些饼干吗?"可以作为一个想要获取信息的问题,是为一项活动所作的提供,还是做某事的一项指示,这就要看它的语境了。到3岁时,儿童理解了一系列要求行动的表达,甚至它们没有被直接表达出来。比如"我需要一支铅笔!"或者"你为什么不逗乐我呢?"[②]。

[①] [美]劳拉·E·贝克. 儿童发展(第五版)[M]. 吴颖等译. 南京:江苏教育出版社,2002:535.
[②] [美]劳拉·E·贝克. 儿童发展(第五版)[M]. 吴颖等译. 南京:江苏教育出版社,2002:534.

3. 心理预备能力

言语交际行为的顺利完成,还有赖于交际的双方对言语交际的心理预备能力的提高。这类心理预备能力包括交际双方调节自己的情感、兴趣、动机并使之指向言语交际行为的能力,对同一话题的保持、拓宽能力和对有关交际内容知识的组织能力等。学前儿童的自我中心语言相对较多,社会性语言的产生和理解情境性较强,他们很容易受外部客观情境的改变而转变谈话的主题。

三、儿童早期阅读能力的发展

在传统的语言教育观念中,学前儿童以发展口头语言为主,人们认为在儿童尚未接受正式的读写教育之前,是完全没有读写的发展可言的。然而,最近十几年有关学前儿童读写发展的研究发现,学前儿童在早期获得口头语言的同时,便萌生了对书面语言的兴趣和敏感性,通过观察、体验有关书面语言的读写经验,从而逐步尝试探索周围环境中的书面语言。

(一)早期图书阅读行为的发展

在学前儿童早期阅读能力发展中,有一个很重要的方面就是图书阅读行为。因为图书是学前儿童阅读发展的重要媒介。有关研究表明,阅读能力强的儿童通常来自语言丰富的环境,早期的图书阅读能够带领学前儿童超越他们原有的语言形态。苏日比(1985)研究学前儿童萌发的图书阅读行为,发现2~8岁儿童的口语阅读图书的行为,可以分为以下五个阶段:(1)注意图画,但未形成故事。(2)注意图画并形成口语故事。(3)注意图画、阅读和讲故事。(4)注意图画,但开始形成书面的故事内容。(5)注意文字。这个阶段依次出现四种情况,先是只关注文字而忽略故事;接着是部分阅读,重点关注自己认识的字;继而以不平衡的策略读书,在读书时省略不认识的字,或者凭预测替代某个不认识的字;最后过渡到独立阅读文字。在苏日比的研究基础上,台湾学者杨怡婷(1995)对汉语儿童图书阅读行为发展进行了同种研究。她将汉语儿童图书阅读行为发展分成以下三个阶段:(1)看图画,未形成故事。学前儿童从跳读翻页、说出物品名称,到手指图画、述说画面中人物行动,逐步发展到用口语说图画内容的能力,但是,还不能形成完整的故事。(2)看图画,形成故事。在这个阶段,学前儿童能够从图画中看出故事的连贯性,开始用口语说出与书中部分情节内容相似的故事。(3)试着看文字。学前儿童这时开始注意到书上的文字,他们从部分地读,到以不平衡策略地读,再进一步到独立地读,最后学习独立而且完全阅读。

学前儿童进行早期阅读时,若能和父母共同阅读将会非常有帮助。研究者对能力稍弱的3~4岁儿童进行6个星期的研究,将他们分为三个小组,分别进行不同的干预,一组是在幼教机构和老师一起读书,一组是在家里和父母一起读书,另一组作为控制组,自己读书,三组孩子在描述性语言的使用方面都有所加强,但是在家里和父母一起读书的孩子提高得最多[①]。可能是因为父母比起老师更能经常性地、更好地与孩子一起读书,并且他们的交流也更适合于儿童的兴趣和能力。

---

① [美]劳拉·E·贝克.儿童发展(第五版)[M].吴颖等译.南京:江苏教育出版社,2002:535.

(二)早期识字行为的发展

学前儿童识字,主要是对字形的再认,一般不包括对字形的再现。学前儿童前识字能力的发展与他们形象视觉的发展特点有密切联系。心理学家认为,处于幼儿期的孩子,已经具有模式识别的能力,即他们能够通过反复观察,把整个图案或面孔的印象原封不动地作为一个模式印进大脑,以后再遇见同样的印象,就能够认识。新近的有关研究也证明,学前儿童掌握字形与实体的联系比掌握语音与实体的联系更为容易,他们往往把一个字甚至由两个字组成的词作为一个整体来感知,因此,与其说学前儿童在识字,不如说他们在辨认图谱。作为早期阅读能力发展的一个重要方面,学前儿童前识字能力的发展与他们的口头语言发展密切联系。前识字能力的发展可以分为萌发、初期、流畅三个阶段:(1)学前儿童能够有兴趣地捧着书看,注意周围生活环境中的文字,会给书中的图画命名,能改编书中熟悉的故事内容,能辨认自己的名字,开始辨认某些字,喜欢重复儿歌和童谣。(2)学前儿童开始了解文字是有意义的,改编故事时注意原作品的文字,愿意念书给别人听,能够在各种情况下辨认熟悉的文字。(3)学前儿童能够自动处理文字的细节,能够独立阅读各种文字的形式(如诗歌、散文或菜单等),会以适合文字形式风格的语速和语音语调阅读。研究发现,学前儿童的阅读行为发展主要处于萌发阶段和初期阶段,他们以自己的独特方式探索文字,逐步扩展他们处理多种文字材料的能力。

(三)早期书写行为的发展

学前儿童学习书写的方式与学习识字和阅读图书相似,都要通过尝试和探索的过程。他们先觉得好玩儿而在纸上涂涂画画,慢慢地了解了写字的各种形式,开始试着写出类似字的画。只有知道了写字的用途之后,学前儿童才能够真正学习写出字来。即儿童首先了解书面语言是有意义的;然后认识写字是一再重复使用少数几个笔画;进而发现这些笔画有许多变化方式;经过探索,儿童进一步认识形成字的笔画只能有限度地变化;最后发现写字有次序和方位的规则。这些基本的书写策略的形成过程,也同样是汉语儿童书写行为发展的一般规律。

第三节 支持学前儿童语言发展的策略

出生后短短的几年时间里,婴幼儿从咿呀学语到能像成人一样说话,依赖的不仅仅是儿童内在的吸收力和在自然的环境中的发展,更依赖于成人合理而有效的支持和促进。为避免陷入日常教育的琐碎,在此我们从语言能力的听、说、读、写四个方面,分类理清作为教育者应如何支持儿童语言的发展。

一、培养学前儿童倾听能力的策略

一个良好的倾听者不仅仅是在别人说话的时候不说话,还要做到更多,以下"积极的倾听者应具备的条件"可供参考。

【前沿投递】

积极的倾听者应具备的条件[①]

1. 暂时搁置你自己的想法
2. 接收并处理输入的话语
3. 专注于对方所说的重点，保持眼神交流
4. 带有情感地倾听，点头或摇头
5. 在别人结束讲话前不要插话

据研究发现（简拉格，1995），美国成人只有25%的时间是有效倾听，大部分成人在近75%的时间里会从全神贯注，到注意力不集中，到遗忘。所以，要想成为良好的倾听者并非易事，要期望孩子听我们说，我们就必须努力让自己成为一个好的倾听者。

策略一：为学前儿童做一个积极倾听者的榜样

如果一个孩子要和你说话，你需要蹲着或坐在他旁边（而不是俯过身去），然后认真地倾听他说话，请孩子把话说完，中途不要打断孩子说话的思路和内容，孩子说完后，对他的话作出回应，试着重复他说过的一些话，这样做会让儿童知道你是在认真听他说话的。这样成人就给学前儿童树立了一个良好倾听者的榜样，儿童就会去效仿，同时成人的倾听也让学前儿童感到自己被尊重、被平等对待了。

策略二：帮助学前儿童成为积极的倾听者

良好的榜样示范只是儿童学习的背景环境，并不意味着儿童有这样的环境就一定能产生相应的行为。可能有些儿童会经常性地不能注意到你在对他说话，或者似乎根本没有听见你说了什么，这一方面需要及时带他们去做有关听力损伤或注意力缺陷的检查，这种缺陷越早发现，越可以尽快得到治疗和合适的帮助；另一方面就是要通过针对性的策略来培养儿童成为良好的倾听者。

儿童良好倾听能力的养成，是需要与成人的个别交谈而非集体或小组交谈来促进的。与每一位儿童进行个别交谈，应该成为教师日常工作的一项重要内容，需要教师对本班儿童特别熟悉并有一份清晰的交谈记录表，以便于核查是否已经与所有儿童个别交谈过了，以免无意遗漏了某个儿童，如果确实遗漏了某个儿童，第二天一定要补上。如何与每一位儿童个别交谈呢？下面这份清单或许可以给你清楚的帮助。

【实操清单】

如何与每一位儿童个别交谈[②]

* 入园时问候每一位儿童
* 在区角活动时与一至两位幼儿交谈

[①] [美]霍华德·加德纳（Howard Gardner）.智能的结构[M].沈致襄译.北京：中国人民大学出版社，2008：146.

[②] [美]霍华德·加德纳（Howard Gardner）.智能的结构[M].沈致襄译.北京：中国人民大学出版社，2008：153.

> * 与一位幼儿假装打电话
> * 对儿童说话的内容录音
> * 读一本书给一至三个儿童听
> * 帮助一个儿童开始或完成一个活动
> * 在午餐桌上与个别儿童交谈
> * 对有需要的儿童给予口头语言表达的支持
> * 与一个儿童有一次私人谈话
> * 在离园时对每个儿童说再见

为了扫除儿童在养成良好倾听能力时,可能遇到的语言理解障碍,成人与儿童交谈时,应注意使用适合学前儿童的语言。这就要求成人:不用复杂句而用简单句,慢慢地清楚地说,句子之间要有停顿,灵活地变换表达方式来突出关键词,最好能选用具体的词汇,能用陈述句就不用疑问句。

策略三:开展专门的活动,刺激学前儿童的主动倾听

成人可以通过与儿童玩儿专门的倾听游戏来促进儿童的倾听能力的发展。模仿声音是一种非常好的培养倾听能力的游戏,例如,模仿动物的叫声,模仿不同交通工具的响声,模仿乐器的声音,模仿木匠工具的声音,模仿风吹的声音,甚至模仿人们走路的声音,等等。模仿声音的前提是良好分辨的倾听。

二、支持学前儿童谈话的策略

谈话、交流是语言的一项重要功能,也是儿童发展语言的一个重要推动因素。所以,儿童的交谈是需要被支持的,从物理环境的布置到心理环境的创设,都要以能够支持学前儿童交流为宗旨。

(一)创设适合谈话的物理环境

如果你的教室里幼儿们都在很大声音地交谈,能听到的只有喊叫和噪音,感觉这个房间都要炸掉了,请你先不要发火,不是孩子们太吵了,可能是教室需要隔音了。若幼儿需要提高声音才能交谈,这说明需要改善房间的吸音状况了,大的改动是在地板上铺上地毯,在天花板上安装吸音瓦片,在窗户上挂上足够长的窗帘,墙面挂上彩色的毯子或布;小的改动是铺上区域地毯,在墙上挂上帘子等。由于布的吸音效果比纸板和木头都好,所以在教室的不同部位选用布而不是其他材料来装饰,能够有效改变教室的隔音效果,比如,用彩色的布做每个区角标志的衬底,用布制作每个儿童的工作卡片,在房间隔断的背部系上布制帘子,在图书角和安静角提供一些色彩明亮的枕头。这样孩子们不需要大声叫喊就应该能够清楚地听到别人说话和让别人听见自己说话了。

(二)给予学前儿童一个适合交谈的心理环境

帮助学前儿童成为一个会交谈的人,必须能让学前儿童主动开口交谈,那就需要为他创设一个无压力的环境。前文已经提到,学前儿童的语言发展存在阶段性停滞和突然性爆发,这说明学前儿童一直没有停歇,在不断地前进,无论这种不停歇是自然而然的还是内在压力的推动,都已经是非常适当的了,无需任何外在压力的干涉,不然,学前儿童的内在平衡就会被打破。所以,一个无压力的环境是儿童成长的需要。

一个无压力的环境意味着成人要完全接纳儿童,不管儿童的发音有多么差或多么不合语法,成人都要接受他的语言。尽量避免告诉儿童他们现在说的某个词是错的,而要让儿童通过听你正确地使用词语以及在你为他们提供的许多有趣的语言活动中,模仿和练习新的单词来学习。

一个无压力的环境还意味着安静的等待和温暖的鼓励,儿童不应该被强迫着说话或活动,特别是害羞和缺乏自信的儿童需要更长时间的等待,而且,当害羞的儿童说出第一个词语时,不用显得大惊小怪,接受孩子说的话,就像你平时接受他的一切一样。

无压力的环境还意味着成人应该以一种向儿童表达尊重的"回应性的语言"与儿童交谈,而不是使用成人控制的、表达不够尊重的"限制性的语言"。Stone(1993)这样定义两种语言:"回应性语言传达出的是对儿童积极的认识,对儿童个体想法和感觉的尊重和接纳;限制性语言是教师以不必要的发起或不尊重的命令、威胁、惩罚和批评等为权威方式下的语言①。"限制性语言只提出要求却不解释为什么这样说。比如,限制性语言这样说:"我们今天不出去玩儿。(为什么?因为这是我说的。)",而回应性语言却这样说:"现在外面太湿了,出去玩儿容易摔跤,等草干了我们再出去。"回应性语言鼓励儿童独立、自己作决定,而不是成人控制。例如,"每一位小朋友都可以到自己喜欢的区角去游戏,只要挂上你选择区角的挂牌就好了"。而不是"亮亮和琪琪你们去图书角"这样的命令。当我们向儿童表达规则要求的时候,可以用回应性语言代替限制性语言。例如,"让我们轻声地说话"可以取代"不要大声喊叫!"当我们评价儿童做的不令人满意的事情时,比如,"你怎么不知道什么是画画?胡涂乱画。"也需要努力去发现值得肯定的地方,比如,"你好像很喜欢这几种颜色。"当你使用限制性语言时,无论你是对一个儿童说的还是针对所有孩子说的,都会造成整个环境的压力感,使儿童不安全不舒服想要逃离。

一个无压力的环境就是儿童作为被尊重被平等看待的人,能够为成人出谋划策。比如,成人可以设置情景或者借助于图画书向儿童征求意见——"我该怎样说,你觉得比较合适?"或许你会发现孩子们的创造力和解决问题的能力是多么的值得尊敬。

(三)多让儿童和比他自己发展好的人交流

儿童许多语言的习得都是通过模仿其他人完成的,所以,如果他周围的孩子发展得比他快一些好一些,对他来说是有帮助的。从这点来说,混龄班比同龄班更有利于儿童的发展。

另外,有一个被我们忽略的现象,许多学前儿童觉得,与成人交谈比与其他儿童交谈更舒服,这或许能够说明社会化程度更高的成人更会使用语言,更能让儿童没有压力地说话,莫里森(2004)告诉我们,"在交谈中,成人和儿童以个人给予和采纳的方式分享信息。交谈的内容可以包括感受、想法,等等,交谈是认真而真诚的,不是说教和做作,能够帮助儿童建立与成人

---

① Stone,J. Caregiver and teacher language responsive or restrictive? [J]. Young Children,1993:13.

的信任关系……"①

学前儿童的语言发展一直是一个备受关注的研究领域,学前儿童语言教育的实践也需要我们更多地尝试和研究,以充分地利用学龄前阶段来促进学前儿童语言的发展。

【前沿投递】

正确认识学前儿童双语学习②

现在越来越多的学前儿童除了自己的母语之外开始学习第二语言。学前儿童学习双语有哪些利与弊呢?

首先,儿童获得两种语言的方式有两种:①同时获取,即在儿童早期同时学习两种语言;②连续获取,即在掌握了第一种语言后再学习第二种语言。有些学前儿童的父母会说两种语言,这些儿童很早就会说两种语言了。但其中会有一段时间,他们的语言看起来比单一语言的儿童发展慢得多,因为他们混合了两种语言,他们经常把一种语言的语法应用到另一种语言中,偶尔他们也会混淆两种音位系统。但这并不是语言混淆的一种表现,因为1~2岁的孩子和父母交流时,他们使用父母习惯使用的那种语言要多些,并且会说两种语言的父母也很少保持严格的语言分离。相反,早期的语言混合反映了儿童使用任何可能的方式来交流的强烈欲望。这些同时学习两种语言的人在他们周围群体的语言上确定了正常的发展,并且在第二种语言上也发展得很好,这是由于他们处于相应的语言环境中的缘故。当儿童已经会说一种语言后,又获取了第二种语言时,通常要花大约3~5年时间,才能使第二种语言同那些母语是这种语言的同龄人说得一样流利。

关于学前儿童学习两种语言的意见分歧较大。一种观点认为:儿童的双语导致了认知和语言的缺陷,以及个人无家可归的感觉。这种否定的态度可能与种族偏见有关,因为美国的双语化和那些少数的低收入阶层紧紧地联系在一起。而且支持这种观点的研究多是有严重缺陷的。

另一种观点,也就是现在大量的研究表明的,双语对儿童发展有一个积极的影响。两种语言都很流利的儿童,在分析推理、概念形成以及认知灵活性方面的测试中,都比只会一种语言的同龄人做得好,并且他们的元语言技巧也得到了特别好的发展,他们意识到了词语只是人为的符号,也更了解了语言的结构和细节,更擅长于注意到在口头的和书面的作文中语法和意思的错误,这也提高了他们的阅读能力(Bialystok,1997;Campbell & Sais,1995;Ricckardelli,1992)。

---

① Morrison,K. L.,"Positive adult-child Interactions:Strategies That Support Children's Healthy Development," *Dimensions of Early Learning*(2004):27.

② [美]劳拉·E·贝克.儿童发展(第五版)[M].吴颖等译.南京:江苏教育出版社,2002:543 - 544.

【本章内容概览】

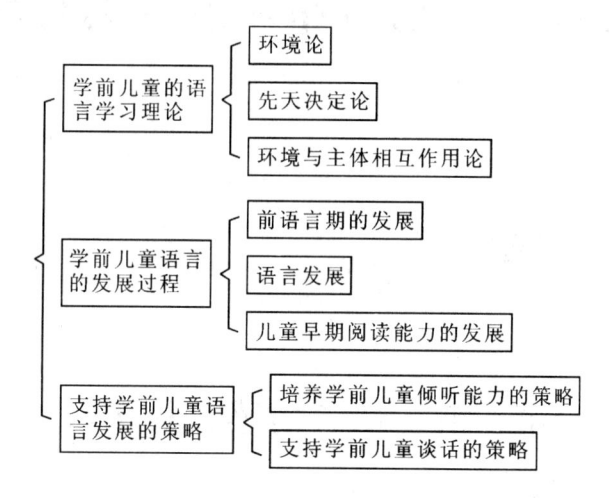

```
                        ┌── 环境论
        学前儿童的语言 ──┤
        语言学习理论     ├── 先天决定论
                        └── 环境与主体相互作用论

        学前儿童语言 ──┬── 前语言期的发展
        的发展过程     ├── 语言发展
                      └── 儿童早期阅读能力的发展

        支持学前儿童语 ┬── 培养学前儿童倾听能力的策略
        言发展的策略   └── 支持学前儿童谈话的策略
```

【思考题】

1. 如何培养学前儿童的倾听能力?
2. 如何支持学前儿童的谈话?
3. 能列举出你身边学习双语的儿童的语言发展状况吗?这些双语儿童的语言表达、交流,比起单一语言儿童是否更好?

第七章 学前儿童的情感学习与教育

【问题求索】
1. 情绪情感的作用有哪些?
2. 什么是情感智慧?
3. 情感学习有哪些新主张?
4. 如何帮助学前儿童进行情感学习?

第一节 情绪情感及其学习

一、情绪情感及其作用

(一)什么是情绪情感

情绪和情感是人对客观事物的态度的体验,是人的需要是否获得满足的反映。情绪和情感是人对现实的一种特殊的反映形式,它反映的是客观事物和主体需要之间的关系,会引起人较大的身心反应,因而情绪和情感是以态度体验的方式为主体所感受和以表情动作的方式表现出来的。

和其他心理活动相比,情绪情感所牵动的机体部位是更为广泛的。情绪情感状态下,有机体植物性神经系统支配的各个器官诸如呼吸系统、血液循环系统、内外腺体等部位的活动发生明显变化;皮层下中枢如丘脑、网状结构、边缘系统的活动也十分显著,有些部位是一些原始性情绪的中枢;大脑皮层对各种情绪情感活动具有不同程度的调节控制作用。因此,情绪情感活动给人的身心感受常常是深层的、挥之不去的。

人类从出生或出生后不久就表现出来的基本情绪有快乐、愤怒、恐惧、悲伤等。这些原始情绪与人的基本需要相关,常具有较高的紧张性,并具有独立的神经生理机制、内心体验和外部表现。在基本情绪的基础上,又派生出多种形式、不同强度的复合情绪,会蕴含不同的社会内容。

随着年龄和经验的增长,人会产生高级的社会性情感,主要有道德感、理智感、美感。道德感是人的道德需要是否得到满足的情感体验;理智感是人的认知需要是否得到满足的情感体验;美感是人的美的需要是否得到满足的情感体验。

(二)情绪情感的作用

很长一段时间,东西方文化都把人作为理智的实体来看,而把情绪看做是人类未脱尽的动物性的表现,是一种生物本能的、大脑皮层功能失控时的无组织状态,因而,持情绪无用而有害的偏见。在今天,人们已经认识到,情绪情感是人的精神生活的重要组成部分,具有信号、适应、动机、组织等多种作用。

信号作用:情绪情感涉及人的需求满足与否,因此一定会惊动有机体,产生不由自主的生理变化,并且常常伴随有不自觉的表情流露。所以,表情动作常常是表征人内在需要满足状况的比较可靠的指标,也是传达自己思想和感情的有效工具。观察他人的表情,可以在一定程度上了解他(她)的内心,主动做出某种表情动作,可以加强对他人的影响力。

适应作用:动物和人情绪的表情动作有适应环境的进化意义。如张牙舞爪可以凭借气势吓跑敌人,龟缩一团可以缩小目标保全自己。在今天,保持良好心境,提高应激能力,也是适应当今复杂多变的社会生活,保持身心健康不可缺少的。

动机作用:情绪情感所引发的机体适度的兴奋状态,可使身心处于最佳状态,推动人有效地完成任务;高级的社会性情感更是人审美、求知、向善的持久动力。

组织作用:主要体现在情绪情感对知觉选择、信息调控、工作记忆、思维活动和行为表现的组织作用。例如,儿童的认知活动带有明显的无意性特点,在很大程度上受情绪的左右,孩子喜欢的事物容易引起他们的注意,与愉快情绪相联系的人和物容易记住,伴随积极情绪时新知识容易学会等。情感的组织作用还表现在对自己和他人情绪管理的情感智慧上。在今天,人们甚至把情感智慧提升到比认知智慧还要重要的地位。

二、情感智慧及其学习

(一)什么是情感智慧

情绪情感是人的精神生活的重要组成部分,直接影响人的社会适应、实践效能和主观幸福感。但情绪情感对人的作用并不是必然正向的,比如激情对人的影响。因为激情多是由对人有重大意义的事件、意外危险引起的,所以内部变化和外部反应都比较强烈,会在事发当时出现意识狭窄、极端愤怒、高度紧张的情况,导致人对情境的认知能力和对行为的支配能力下降,可能会出现不顾后果的行为。所以,从古至今都有"以忍养和"、"制怒者致胜"等人生箴言。采用这种退让、隐忍的方式,的确会在一些激情事件的处理上起到"即时平息"的效果,在一些非原则的冲突上,我们也依然倡导这种大度和宽容,但如果这种情绪处理的方式成为个人习惯和反应倾向,则可能造成个性压抑、行为退缩、自我否定的后患,尤其对于具有苛求自己、内向封闭性格的人而言,这种危险性会更高。

现代心理学提出了情感智慧的新概念,有了管理情绪的更好办法。1995年美国临床心理学家丹·戈尔曼博士(Dan Goleman)《情商(*Emotional Inteligence*)》一书的出版,引起了心理学界对情绪情感作用的高度关注和深入研究。到目前为止,人们对情感智慧所包含内容的基本共识是:(1)了解自己内在情感世界,正确解读自己各种复杂情绪的能力;(2)疏导与处理自己各种复杂情绪的能力;(3)了解他人内在情感世界,正确解读他人内心各种复杂情绪的能力;(4)疏导与处理他人各种复杂情绪的能力。简言之,情感智慧包含两层含义,一是能有效管理自己的情绪,二是能帮助他人管理好情绪。

在研究情感智慧的作用时,常常把当代最成功的人作为研究对象。发现这些人通常都有相当好的处理人际关系的能力。他们通常对自己有较好的了解,比较会处理自己的情绪,也比较能够了解周围跟他一起工作的人,比较会帮助别人去调整他们内在的情绪,懂得怎样与他人达成共识,合作共赢。他们在事业和生活上成功,不仅取决于他们的专业能力,更取决于他们的情感智慧。

(二)情感智慧的学习

怎样发展自己的情感智慧?现代心理学的主张是:学习了解自己和他人的情绪感受,进而学习如何有效地疏导之。

学习了解自己和他人情绪感受并不是一件简单的事。东方文化有忽视和压抑情绪的传统,致使很多人不知道怎样察觉自己的情绪,甚至情感世界苍凉而贫瘠。由于对自身内心感受的缺乏敏感,那些被压抑和累积的情绪经常在最意想不到的时刻,以最意想不到的强度爆发出来,让人们更加感到情绪压抑的必要,从而陷入恶性循环。当一个人没有办法了解自己的内心情感世界时,他就无法体会别人的内心感受,无法与别人心灵相通,也不能疏导与处理自己和他人的各种复杂情绪,从而造成人际关系中的各种冲突。

了解和接纳自己情绪的新观念是:所有情绪都与人的需要是否满足有关,了解自己的感受和心情才能察觉自己内心需要,才能了解和善待自己,才能理解别人和善待别人。具体做法是:感受自己的情绪,用情绪词汇把它们标明出来(比如高兴、舒畅、安慰、感激、难过、苦恼、担忧、生气等),知道自己有什么情绪,才能有针对性地疏导这些情绪。

关于情绪疏导的新观念是:改变克制压抑自己需要的旧观念,建立为自己的需要负责、力求自己和他人双赢的新观念;改变认知驾驭情绪的旧观念,建立认知与情绪合作的新观念。具体做法是:接纳并与自己的情绪友好相处,倾听内心需求的"声音";觉察情绪背后深藏的内心世界,改变不合理的心理程序;积极行动满足自己的合理需要。体验式家庭治疗的创建者萨提亚(Virginia Satir,1916—1988)提出的"心理冰山"是体现情绪智慧的一种心理模型[①]。

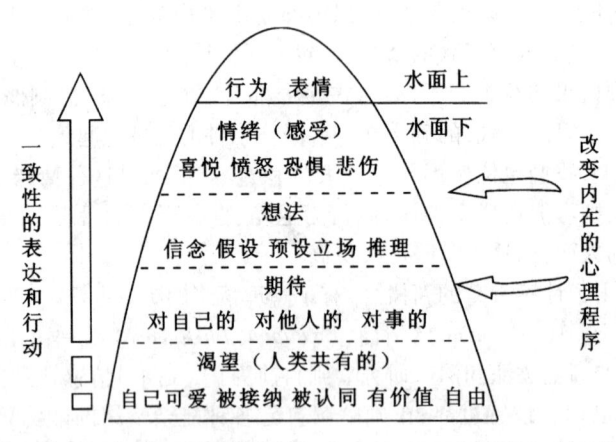

管理负面情绪是人情绪智慧的集中体现。关于负面情绪的新观念是:改变负面情绪对人有害无利的旧观念,建立负面情绪是人的需要没有满足的一种真切体验,负面情绪隐含有生命渴望和追求的新观念;改变负面情绪一来就要尽快摆脱的旧观念,建立通过改变内在心理

---

① 维吉尼亚·萨提亚.萨提亚家庭治疗模式[M].聂晶译.北京:世界图书出版公司,2007:160.

程序将负面情绪转化为资源的新观念。

在具体做法上,以利用"心理冰山"进行负面情绪管理的步骤为例:

(1)在情绪发生时,告诫自己暂停

体会自己此刻的内心感受,了解自己正处于怎样的情绪,用情绪词汇标明它们。比如,自己发表的意见没有得到想要的他人响应,现在内心感到失意、沮丧,对他人的失望、不满,对自己的怀疑、不甘。

(2)觉察自己这些情绪背后的想法

如上例中感到失意和沮丧,是因为自认为自己的意见别出心裁,应该引人关注,但事情并非如此;自认为别人不响应自己的想法就是不认同自己甚至是和自己作对,所以会失望和不满;进一步衍生出对自己能力的怀疑或不甘情绪。觉察情绪背后的想法,使得我们有机会反省和改善情绪背后的有偏差的想法,扭转了偏差,情绪自然会好转。

【延伸阅读】

以偏概全有偏差的想法种种

绝对化

- 我绝不能担忧或者心情不畅。
- 要想使事情如愿,就必须改变他人的想法和行为。
- 你爱我就应该知道我的想法……

以偏概全

- 这件事都做不到,说明我将一事无成。
- 工作上不及别人就是失败,工作的失败就是人生的失败。
- 别人不按自己的想法做就是和自己作对……

糟糕至极

- 这事出问题会带来一系列可怕的结果。
- 如果我所在乎的人不愿意和我在一起,人生没有希望了。
- 人不可以做错事,做错了会……

过度自贬

- 我真的很笨,很没用。
- 我不值得别人信任和喜欢。
- 什么事我都会遭到拒绝,都会控制不了局面……

(3)觉察情绪背后的期待

期待指我们希望人、事、物是怎样的。比如,我们希望外部世界可以满足我们的需求,希望在别人心目中占有重要位置,希望自己万事如意,等等。期待在人的内心世界中处于比想法更深层的位置,一般是与留存在潜意识中的、得不到满足的经验转化为受伤、孤独甚至愤怒的感受有关。在这个环节,要特别注意检查自己有没有过度期待。

过度期待常常源自早年未满足的需要,这些常常导致人的"内在誓言":"我以后一定要……"然而事过境迁,一旦把这些需求的满足放在另外的人身上,就会表现为对他人的过度期待。例如,一个孩子觉得父母偏心不够爱自己,内心有一种"我以后一定要找一个把特别的爱给特别的我的人"的誓言,就会在婚姻中过分要求伴侣满足他(她)的任性、耍赖等"孩童"行为,导致婚姻冲突。

过度期待也会使人对某些事特别在意和敏感,成为人的"情绪按钮"。别人的不经意的态度和表情常常会触动他(她),被他们误读为轻视、拒绝、批评、责备、嘲笑,所以他们容易感到被冒犯、被欺负、被勉强、被利用、被控制、被抛弃,等等,心情常常不好。

意识到自己存在过度期待有两大好处：一是知道了自己曾经不能容忍的人和事，有一些是自己的内心"情结"所致，这样期待达不到时便可以接受，也会降低和调整期待，从而化解许多烦恼；二是收回了自己的情绪权利，时时提醒自己不被"情绪按钮"所困，不再由外部的因素控制自己的喜怒哀乐。

(4) 觉察情绪背后的渴望

渴望是人类内心世界中最根本、最强烈的需要，如被爱、被理解、被认可、被尊重、有价值、自由……这些深埋心底的渴望，是人类有别于动物的本质区别，也是推动人类社会不断走向文明进步的"人性基因"。在这个环节，主要是通过引发负面情绪的事件，发现自己最深层最重要的需要是什么。比如，上面个人意见没有得到响应的例子中，个人产生种种不良心情的根本原因是渴望得不到尊重和赏识，感到自己有价值的需要没有得到满足。

有两点需要注意，一是人容易被事件本身所蒙蔽，容易陷在对他人和对自己的愤怒中，而忘记了自己本来想要什么；二是出于自尊，个人不愿表现出自己还不够强大，不愿承认自己有这样或那样有待满足的需要。

(5) 积极行动

情绪智慧与情绪压抑的最大不同就是接纳自己的情绪，为自己的情绪负责，为实现自己的渴望而积极行动。在这个环节要树立的观念是：①这是我想解决的问题，这是我的需要。②不奢望别人的改变，而是通过自己的改变来满足自己的需要。行动的主要策略是：①瞄准内心的渴望做事，而不纠缠于一时得失和他人反应。比如，接受人们一时不能接受自己所提主张的现实，把精力放在完善意见的内容和表达方式上，即便最终还是有人不同意，依然认可自己的能力，并且承认自己存在有限性。②如果需要他人帮助才能达成，放弃以往耻于求人或强迫别人的做法，清晰地表达自己对别人的请求。向他人表达自己渴望被爱、被尊重、被认可的所谓"示弱"，也是在表达对对方的看重和信赖，更容易引发对方的感动和施助行为。③当别人与自己冲突时，放弃攻击、防卫和逃避的做法，采用诚意表达感受和期望的方法，争取对方合作。因为表达自己的伤痛感受和对双方关系的良好愿望，并具体说出自己可以做出的改变和希望对方满足自己的请求，更利于冲突的解决。在这个过程中，并不妨碍对原则问题"温柔的坚持"。即便一时解决不了，说出自己的感受和渴望而不是压抑自己，也是善待自己情绪的明智做法。

第二节　学前儿童的情感学习

一、用心解读儿童的情绪情感

(一) 对儿童情绪的忽略和误解

情绪是儿童表达自身需要的"最早语言"。新生儿就可以借助于他的面部表情、动作、姿态、声音等表情，使成人了解他的身心状态和各种需要。在婴儿初步掌握语言之后，表情仍然是婴幼儿重要的交流工具，并且成为言语表达的重要辅助。但成人对儿童的情绪成长常常忽略和误解。

【案例分享】

孩子情绪被忽略和被误解举例

学前儿童的情绪常常被忽略。一对夫妇求助,诉说他们5岁的女儿有一个"毛病",总是在朋友来家造访时特别兴奋,不停地插话、搅和,搞得大人们无法交谈,多次批评也改不了。

与这对夫妇交流后得知,这对夫妻都比较忙,对女儿平日要求父母陪伴和关注的需要常常满足不了,有时女儿闹得不像话了,才不得不停下手头的事来处理她的问题。没想到女儿的行为逐步"升级",表现得越来越任性,不达目的就哭闹不止,以至于在朋友来时也不顾忌,"人来疯"愈演愈烈。

实际上,孩子都有寻求关注的需要,正常表达若能得到满足,以后就会用正常表达的方式去寻求满足。正常表达若得不到满足,就会加大寻求关注的表达强度,如任性、无理取闹,如果此时父母受不了了才来处理孩子的事,不管是满足孩子的需要还是拒绝批评孩子,都是对孩子寻求关注行为的强化,满足孩子的需要,会使孩子今后继续此种行为,拒绝批评孩子,会使孩子的行为升级。可见,孩子的问题常常是父母的问题。

首先,父母要在观念上改变,了解孩子寻求关注的需要没有错,理应满足。其次,要及时满足孩子正常表达的需要,而不是"救火式"的满足。再者,如果孩子已经产生了不当的行为方式,不要再用奖励或惩罚去强化。最后,用对良好行为的强化使不良行为逐步被取代。

本例中父母经过学习,采用了"为迎接朋友造访,让女儿认真准备节目—朋友到后女儿做尽兴表演—受到大家称赞(满足需要)—女儿特别期待再有表演机会"的方式,使"人来疯"自然消失。

学前儿童的情绪常常被误解。比如,一对夫妇说自己的4岁男孩在妈妈怀孕后突然变得"很不听话",特别是小妹妹出生后"问题更加严重",大人稍一疏忽,就会掐妹妹的脸或用手指戳妹妹的眼睛。父母生气之余也非常困惑:4岁的孩子怎么会这么"坏"?果真如此吗?心理咨询师和这对求助的夫妇商量了一个办法:父母把男孩叫到身边,告诉他,小妹妹出生了,爸妈忙不过来,非常需要他的帮助,要求他做一些照看妹妹的事。结果这个男孩变化很大,每天很负责地向爸妈报告妹妹的生活起居,俨然一个"大哥哥"。在这个例子中,父母对男孩怕失去爸妈的爱、想获得安全感和认同感的强烈需要没有体会,反而把孩子的许多行为误读为"问题"、"坏",当父母对他的爱升格为对他的认可和托付时,孩子的需要得到了满足,行为也会随之而变。

要让学前儿童了解和接纳自己的情绪,成人先要读懂和接纳孩子的情绪;要让学前儿童学会表达和疏导自己的情绪,成人先要学会疏导和表达自己的情绪。

(二)儿童情绪情感的缘由

学前儿童的情绪情感丰富多样,主要缘于他们的需要满足与否。所以,要了解他们表现多样的情绪情感,需要追根溯源,从了解他们的需要入手。

学前儿童有哪些需要?心理学家埃里克森的人格发展理论提出,0~6岁儿童在人生最初三个阶段最主要的需要是安全需要、自主需要和学习需要。成人对儿童需要的满足与否,决定了他们对世界的信任或不信任、对自己能力的自主感或羞怯感、活动的主动性或内疚感等感受。由此可知,儿童的需要并不限于生命个体的存活,还有源于人类本性的各种高级需要。成人对儿童需要的满足状况,直接影响儿童的情绪和人格的成熟水平。

马来西亚心理学者林文采基于0~6岁儿童的需要,提出了学前儿童所需的心理营养的主张(参见表7.1.1所示)。

表7.1.1 0~6岁儿童所需的心理营养

年龄		儿童需求	应提供的心理营养	不合宜的做法
0~3个月		无条件地被接纳	把孩子作为生命中的至重	因性别、相貌等而有不同对待
4个月~3岁		安全感,自由感	无条件而有分离度的爱	有条件而没有分离度的爱
分为四个阶段	4个月~10个月	依恋母亲,安全感足够时,对陌生人有兴趣和好奇	母亲陪伴	由各种原因造成母子长时间分离
	10个月~16个月	学步→在母亲身边打转→短时间分离的探险	暂时分离时向孩子做好解释	断然分离或不愿分离
	16个月~2岁	母亲随时可以来到自己身边,有活动的自由	妈妈鼓励孩子自由活动,但对孩子有约束,不让孩子有危险	妈妈过于包办、干涉,放任孩子,或妈妈拒绝孩子
	2~3岁	既想让父母离开又想让他们陪在身边	妈妈虽然不在,但爱一直都在	母子不能分离或母子感情疏离
4~5岁		被关注、肯定、赞美,自己感到有价值	爸爸欣赏孩子的成就,告诉孩子他(她)有价值、有趣、可爱,接纳孩子,看重孩子的内在特质而非外表	爸爸没有时间和孩子相处,与孩子联系很少
5~6岁		认同、模仿、学习	规则与自由的平衡,帮助儿童学习①人际关系,②情绪管理,③对待生活的态度。父母示范、行为强化、直接教导	完美主义,过度高压(指示/监督/提醒/担忧),拒绝,忽略,过度溺爱,依情绪处置孩子

心理学家的研究成果,对我们走进学前儿童的情感世界并提供恰切的帮助多有启发:

1. 为满足学前儿童内在发展的需要,给予最大的外部支持,使他们的心理包括情感幼苗在"炽热而合理的爱"的阳光雨露滋润下茁壮成长

比如,对于4个月至3岁的儿童,他们最需要的是安全感,其次是自由感。父母如果不了解这两种需要是儿童身心发展和良好情绪不可缺的心理需求,就会陷入二取一的误区:要安全就得限制自由,要锻炼孩子独立就得在情感上拉大距离。其实,3岁前的儿童只有在安全感没有问题的前提下,才会放心去尽情玩耍,大胆去周围"探险",所以,父母无条件的爱是鼓励孩子独立探索的前提条件,"在任何情况下父母的爱都在身边"是孩子的定心丸;同时,3岁儿童又不满足于待在父母怀抱中,他们有接触新事物、探索周围世界的渴望,如果父母把他们抱得紧紧的,管得死死的,会限制他们独立性与主动性的发展,所以,父母的爱要有一定的分离度,就是鼓励孩子与父母分离,尝试独立活动,学习担当责任;另外,父母应随时准备做孩子的"后援",当孩子需要时给予必要的帮助。

再如,被关注、肯定、自感有价值,成为4~5岁的儿童所需要的心理营养,认同、模仿和学习处理生活中规则和自由的关系,成为5~6岁的儿童所需要的心理营养,这些都是儿童安全感、自由感的继续扩展和走向社会化的必由之路。除了儿童的父母提供支持之外,幼儿教师的支持是更为关键的。怎样基于幼儿需要,培养他们自尊自由而又自主自律的情感和个性,是幼教工作者的重要课题。

2. 在面对学前儿童的情绪情感的多种表现时,能够把握隐含于儿童内心世界的更根本的需要,从而更能理解和接纳儿童的情绪情感

学前儿童的情绪表现是丰富多变的。孩子是和情绪一起来到这个世界上的,第一声啼哭宣告了这个小生命的诞生。从此,孩子便和自己的情绪形影相随,朝夕相处。他时而哭,时而笑,时而愤怒,时而恐惧,在情绪的伴随下,一天天长大成熟。孩子的情绪在告诉我们什么?有经验的父母会从孩子的哭声中听到不同的信息,饥饿?疼痛?不满?愤怒?恐惧?寻求关注?此时儿童的哭声是在向成人发出具有不同信息的信号,可以为他们带来所需要的照看和呵护。

学前儿童的情绪虽然丰富多变,但正所谓是万变不离其宗:根源于他们的需要。儿童情绪后面一定隐藏他们的需要:被爱、被关注、被认可、被赞赏、自由……而且不同年龄儿童的主导需要是不同的。要特别善于发现儿童负面情绪和出错行为背后的需要,这些需要是他们成长为健康、积极个体的内驱力。了解这些,才能真正理解、接纳儿童各种情绪,也才能找到疏导儿童各种情绪的钥匙。

(三)儿童情绪情感的作用

1. 情绪情感使儿童成为一个完整的人

一个完整的人,应该是躯体、心智、情感、精神丰盈和谐的人。离开了情感,纵使体魄健康、心智聪慧、志向高远,也是一个缺乏趣味和温情的"干瘪人",对他人缺乏吸引力,自己也常常处于枯燥枯竭的生存状态。

很多成人对儿童表现出来的负面情绪很不接受,如对孩子的哭泣喊:"闭嘴!不许哭!"对孩子的怒气说:"不要生气,生气不好。"这种做法,使得孩子也越来越不接纳自己的情绪,将它压抑或否认,以致对自己的内心感受越来越忽视,甚至失去了内心的柔软,变得冷漠和坚硬。

2. 情绪情感是儿童生命成长的能量

儿童的有些情绪让他们痛苦,有些情绪让他们雀跃,但不论哪种情绪都充满了意义。如果能在持续性的喜悦中度过自己的生活,人就会逐渐地产生出稳定的幸福感、快乐感。同样,如果能让痛苦的情绪流出去,生命的自我调节能力和自我支持能力就会越来越强。所以不论是让孩子保持喜悦的情绪,还是让他释放痛苦的情绪,都可以让孩子在生命中保持平静和愉悦,是对他生命的一种滋养。

比如,愤怒就是儿童需求得不到满足时的一种反应。有经验的成人,可以从愤怒中发现儿童成长的能量。

【案例分析】

一个烤红薯引发的……[①]

一位父亲给3岁的儿子买了一个烤红薯,孩子对剥去红薯的外皮非常感兴趣。父亲看着儿子艰难而笨拙地剥着皮,心想:按这样的速度,恐怕凉了也吃不到!便一把夺过红薯,"爸爸帮你剥!"孩子怔住了,接着愤怒地大哭起来。父亲慈爱地说:"别急,马上就好!"父亲认为是孩子急于想吃到红薯,便把剥开一半皮,另一半没剥皮的红薯递给愤怒哭叫的孩子。孩子却将红薯扔在了地上,这一扔也激起了父亲的愤怒……

案例中父亲没有站在孩子成长的角度来理解和对待儿子,不知道孩子的兴趣在于剥红薯皮,在于手的使用,在于必须由自己剥皮再吃的内在需要。儿子最初用以维护和争取自己心智成长权利的愤怒,由于父亲的误解,被演化为儿子的任性和冲动,最终父亲也愤怒了,从而错失了帮助儿子成长的机会。

3. 情绪宣泄帮助儿童度过心理危机

儿童最先感受到的,也最有冲击力的是恐惧。新生命本来住在一个柔软而温暖的子宫里,在那里它与母亲一体,出生那一刻,突然来到一个手脚伸出去空而嘈杂的世界,娇嫩的婴儿体内会本能地产生一种恐惧的能量,这种能量会透过哭而被释放到身体之外,以此平衡生命之痛,也是对照料者"爱的呼唤"。儿童在刚上幼儿园时会哭,哭声里充满了与亲人分离的恐惧,这种哭声会引来幼儿教师的安慰和陪伴,恐惧逐渐地变为不愿离开亲人的伤心。在哭声中,儿童开始接纳新环境新朋友,也完成着由恐惧转变为对亲情的留恋与看重的情绪成长。所以恐惧释放是帮助儿童寻找内在平衡与外界连接的过程[②]。

4. 情绪情感是联通内外世界的桥梁

我国儿童心理学者孙瑞雪认为,从出生那一刻开始,儿童就必须发展两个方面,而且必须向这两个方面迈进:向外走,走向自然的、物质的、文化的、人的关系的世界,发展自己的智能,发现并建立与外在世界和其他人的关系。这可以被称作客观世界。向内走,走向内在的生命世界,开拓一个丰富的、生动的内在世界,创造属于自己生命的、情感的、心灵的、认知的、精神的生命景观——"自我"赖以生存与发展的内在环境,并以此连接外在的世界。这可以被称作主观世界。儿童渴望认识外在世界,也渴望认识内在世界。

情绪是连接外在世界的桥梁。是情绪的能量,把儿童对未知事物的好奇和兴趣转变为探索物质世界的现实行为。

情绪也是通往内心世界的桥梁。因为愤怒,人们知道自己需要什么;因为恐惧,人们知道

[①] 孙瑞雪.完整的成长——儿童生命的自我创造[M].北京:世界图书出版公司,2010:35-36.
[②] 孙瑞雪.完整的成长——儿童生命的自我创造[M].北京:世界图书出版公司,2010:32-33.

自己害怕什么。并且情绪本身也是需要认识的内在景观。

(四)儿童情绪情感发展的规律

心理学家认为,学前儿童情绪情感发展的规律是:从共生到剥离再到独立。

最初,儿童的情绪和妈妈的情绪天然地处于共生状态。情绪共生指的是孩子无法把自己的情绪和妈妈的情绪分开,会和妈妈的情绪一起律动,对妈妈的情绪有天然的敏感度和觉察力。

【延伸阅读】

爸爸妈妈的发现……①

一位父亲说:"如果是我抱着孩子,他就会安安静静地和我对视……而如果是我妻子抱着,孩子就会躁动不安。因为,我的内心是平静的,而我妻子虽然表面平静,但内心是起伏不安的。"这是父亲对自己刚出生两个月的儿子的发现。

一位母亲说:当年,他们一家三口搭工厂的卡车由西安回陕南过年,孩子刚满10个月。每到比较险的路段司机师傅都会提醒,而这个时候熟睡的孩子就会大哭,非常奇怪。好像是我的紧张传染给了孩子。

悦悦对妈妈的情绪好像有天然的预知力。悦悦2岁多时,每当妈妈不同意她正在做的事情,或者要去阻止她的时候,悦悦总是着急地大哭。妈妈想,这孩子情绪怎么这么急躁。3岁多时,有一次妈妈又去制止悦悦的行为时,悦悦对妈妈说:"妈妈,你别生气了。"妈妈一下子愣住了。妈妈觉察到,原来自己内在有一种焦虑、生气甚至愤怒的情绪正在升起……

儿童处在与妈妈情绪共生状态时,他们不知道妈妈的情绪不是自己的情绪,就像在妈妈的肚子里时,他们不知道自己的身体是自己的一样。在儿童内在的世界里,身体、情绪、感觉等方面都会有一段时间处于共生状态,从某种意义上讲,类同于皮亚杰所说的"不分你我"的自我中心阶段。上例中2岁多的悦悦急躁得大哭,表面上看是因为悦悦不同意妈妈的做法,实际上是因为她和妈妈愤怒、焦虑的情绪产生了共振。

当儿童的自我开始出现,他们会经历一个发现、剥离和独立的过程,当自我越来越清晰时,生命内在的各个部分包括情绪的独立性也就发展起来。3岁多的悦悦终于发现是妈妈生气了,而不是自己生气了。当妈妈的情绪刚一冒头,悦悦就可以用语言告诉妈妈:"妈妈你别生气了。"当悦悦这样说时,她已经从妈妈的情绪中抽离出来,不再有之前那种强烈的焦虑感。这是情绪上的成长。

共生的这段特殊时期,可以使儿童熟悉情绪世界,特别是体验爱的情感,这是儿童学会被爱和爱人的必修课。如果父母的情绪较为成熟,内在较为平和,父母对自己情绪和孩子情绪的界限就比较清晰,孩子情绪成长的空间就相对宽大和良好,儿童就会有机会体验和认识自

---

① 孙瑞雪.完整的成长——儿童生命的自我创造[M].北京:世界图书出版公司,2010:38.

己的情绪，学会照顾自己的情绪，为自己的情绪负责任。成人后出现情绪时他会想："这是我的情绪，一定有需要没满足，如果是重要的，我要想办法满足它。""如果我不想生气，没人能让我生气。"

但是，如果父母的情绪不成熟，儿童就容易受他人情绪的激惹和控制，很难把自己的情绪同成人的情绪分开，自己会迷失在混乱的情绪世界里。以致他们在成人后出现情绪时依然喜欢抱怨："是你让我生气的，都怨你。"

当然，将自己与他人的情绪分开，只是情绪成长的第一步，如何处理自己和他人的情绪，是需要进一步学习的。一个人的情绪真正独立成熟的标志是有两种能力：一是清晰地抽身在外，不受他人情绪、自己情绪的控制；二是自由地拥有自己的情绪，并让这些情绪成为自己生命的动力和资源。

二、帮助学前儿童进行情感学习

（一）帮助儿童情绪成长

情感智慧必须从小培养。怎样帮助儿童顺利实现从情绪共生到情绪独立的过渡？关键在于儿童由什么样的成人陪伴。儿童大约需要长达6年的时间来逐渐走出共生状态，而如果陪伴的成人本身就没有走出共生状态，儿童就很难完成这个过程。

成年人与儿童常出现的情绪共生现象是：与孩子的情绪相互激惹，无法休止。前面为孩子剥红薯的父亲和悦悦的母亲都是这样。如果这位父亲或母亲不启动焦虑和愤怒的情绪，而是平和地和孩子交流，询问他（她）这样做的理由和心情，孩子就会有一个认识自我需求和情绪的机会，就会提高他们对自己内心的觉察力。

怎样帮助儿童情绪成长成熟呢？我国儿童心理学专家孙瑞雪主张：

1. 要准许孩子有各种各样的情绪

让孩子的情绪自由展现，他们才能发现、熟悉、发展自己的情绪世界。儿童很小时有一种和自己的情绪自然共处的良好状态，情绪说来就来，说走就走，哭和笑不断转换，都在第一时间流淌出来，而不会给他的生命带来创伤；而且，他们对流经心里的各种情绪不会躲避、不会评判，但是会观察、感受和了解，在这个过程中，他的内心世界越来越丰富。

但这个天然的情绪运转过程可能被成人所打断。成人对儿童某些情绪不接纳、不倾听，会使得儿童的情绪累积、固着、纠结，将儿童困在其中。所以，要准许孩子有各种各样的情绪，尤其准许孩子哭，不评判好坏。准许意味着给孩子空间与时间，让他（她）自然地过渡。比如准许孩子哭，他（她）就能借助哭把情绪流淌出去。肯定和认同孩子的情绪，也会使孩子接纳自己的情绪，并与自己的情绪为伴，帮助他（她）发展出丰富而细腻的情感。

2. 要帮助孩子说出他（她）内在正在发生的情绪

对于涌现于自己内心的情绪儿童并不了解，如同认识外在世界的未知事物一样，对于自己内心世界的情绪，也需要在不断接触的过程中逐渐感知、命名、了解，成人的帮助可以加速这个过程。比如说，"你生气了""你感到愤怒""你感到委屈""你感到伤心""你看上去很高兴""你看上去很兴奋""你看上去有点沮丧""你看上去有些孤独""你很好奇""你在关心别人"。这种为孩子的情绪命名的做法,有助于让孩子认识自己的情绪,为自我疏导情绪打下基础。

3. 要用爱陪伴孩子,慰藉孩子,让孩子从情绪状态中走出来

【案例分享】

让孩子情绪更加混乱的妈妈①

一个4岁的小女孩,无比兴奋和喜悦地穿上一条妈妈刚给她买的新裙子,兴高采烈地玩耍……奔跑中摔倒,裙子脏了,也摔破了。孩子见此,情绪从兴奋转变为懊恼、不知所措和难过……都快要哭了。妈妈发现后指责了她一通:"怎么这么不小心……"

这使女孩的焦虑到了顶点,她哇哇大哭……妈妈更加指责:"还哭,有理了还?"一切就变得混乱并交织了起来……

处理孩子情绪的"三句话"

闲闲2岁多,妈妈和爸爸在处理他的情绪时就使用三句话。第一句:"妈妈看到你非常生气(伤心,害怕,恼火,等等)。"第二句:"你想生气就生气吧!"允许孩子有情绪。第三句:"妈妈陪着你。"表达爱,让孩子有安全感和被接纳感。

闲闲的妈妈爸爸请其他和闲闲接触的人,也这样对待孩子的情绪,不要有其他的话语。有趣的是,这种简单的方式非常有效,不仅对闲闲有效,对社区里的其他孩子也有效。没几个月,当闲闲的情绪涌上来时,父母才说完第一句,闲闲就会意地笑了起来。

以上两位家长处理孩子情绪的方式不同,效果也不同,究其原因,就在于:

首先,要看成人是否能接纳孩子的情绪。如果认为有些情绪是不好的、无用的,当孩子出现这些情绪时,我们就会阻止、不让它流露,不给孩子时间和空间。就会说"就知道哭,哭有什么用!"我们阻止孩子的情绪,用我们的情绪再度造成孩子新的情绪,混乱和停滞就开始了。一旦情绪被阻塞,不流动,它就真成为问题了,不仅会让孩子当下产生"我不好"或"你不好"的错误看法,留下认知偏差的"后遗症",还会使孩子被阻塞的情绪留在他(她)的生命中,成为以后不时作怪的"情结",成为自己情绪或他人情绪的俘虏。

其次,要看成人是否能够帮助孩子了解自己的情绪。那位妈妈不知道女儿在摔倒后内在发生了什么,她甚至处于对自己情绪不自知的状态。这位妈妈脑子里只有一个不能被人破坏的既定模式:新衣服,不弄脏,不摔倒,不哭……如果事情的发生非己所愿,情绪便会不可遏制地爆发。妈妈带着情绪的指责会在孩子心中再次产生情绪,这种叠加的情绪会使孩子内心一片混乱,像一团乱麻一样阻塞在孩子的身体中。如果妈妈接纳孩子的情绪,体贴地告诉女儿:"妈妈知道你很伤心。"那位女孩就只需面对裙子脏了、破了的沮丧,或许哭一哭,沮丧就哭了出去;或许坐在那儿和沮丧待一会儿,也能把情绪释放出去。

再次,要看成人是否能陪伴孩子从情绪中走出来。幼儿在开始时还无法将自己的情绪用认知和语言表达出来,他们可以用的表达方式就是哭,用哭告诉照料者发生了什么,也通过宣泄调节了自己的内在。随着认知和其他生命部分的成长和发展,孩子会越来越自知。

---

① 孙瑞雪.完整的成长——儿童生命的自我创造[M].北京:世界图书出版公司,2010:47.

【案例分享】

孩子的自知①

一个4岁的男孩把脚搭在一棵小树上系鞋带,小树晃动了起来。一个小女孩跑过来愤怒地说:"你把小树弄疼了,它会死的!"小男孩放下脚也愤怒地说:"我没有弄死它,我只是弄脏它了!"说完就大哭起来。老师走过来问:"发生了什么事?"两个孩子争相向老师报告发生的事。

老师说:"不用急,先想一想,然后再说。"

小男孩回来时,已经释放完了愤怒的情绪,并找到了自己愤怒的原因,完全平静了下来。小女孩也在独处的时候完成了情绪的平复。

小男孩对小女孩说:"我是伤害了小树,但是,你说的话伤害了我。"

小女孩回答说:"我太急了,而且很生气。我应该对你好好说。对不起!"

小男孩说:"我原谅你了!"然后走到小树前,认认真真地对树说:"对不起!"

在这个例子中,老师没有做太多,只是给了孩子独处的机会,并陪伴他们自行解决问题。孩子们先在自己的内心世界里理清、过滤、明了;再去和当事人沟通,最终达到和解。孙瑞雪认为,情绪不成熟时容易像洪水一样泛滥,很快地吞没自己,吞没别人。情绪成熟了,才能把握分寸,不伤及别人,也不伤及自己。

(二)帮助儿童疏导负面情绪

我们认为,帮助儿童情绪成长成熟还需要对儿童的负面情绪进行疏导,这是帮助儿童情感学习的重要机会。香港学者陈宾安女士在她的《沟通新密码》一书中,主张成人首先要表达出对儿童情绪的同感,然后才可能顺利疏导。她提出倾听孩子心底话的重要法则是:不单聆听孩子说话的内容,也要倾听他们内心的感受;不要只顾追问事情始末或真实性,而是先要回应孩子的看法及需要,以及他(她)对事情的分析及演绎;先表示了解接纳,然后再作劝告和教导。她采用比较的方式论证了自己的观点。

● 急于开导和劝解(×)

6岁的莉莉和表姐相处了一个暑假,表姐要回湖南了,莉莉不愿让表姐走,闷闷不乐。

爸爸:傻孩子,表姐肯定要回她家,不是早已告诉你吗?用不着这样伤心啊!

莉莉:(闷不做声)唔……我舍不得表姐……

爸爸:表姐不在,你可以找其他小朋友玩儿嘛!

莉莉:不,我只想跟表姐玩儿!(开始哭)

爸爸:你已经6岁了,怎么还这么不懂事!快擦干眼泪!(接着便离开女儿)

(莉莉一直哭,觉得父亲不懂她,跑回自己房间,"砰"地关上房门)

点评:孩子在沮丧、失望或难过时,需要的是了解及倾听。倘若成人急于指导或排解,只会令他们越发觉得难受和不被了解。

---

① 孙瑞雪.完整的成长——儿童生命的自我创造[M].北京:世界图书出版公司,2010:40-50.

●倾听及回应(√)

妈妈:(拥着女儿)表姐回去了,你一定很难过,很舍不得吧!

莉莉:(含着泪)是啊,现在只剩下我一个人了……

妈妈:唔……表姐走了是会觉得难受的,你一定很想念她。

莉莉:跟她一起十分开心……(停止哭泣)

妈妈:和朋友分离很不好受,尤其是你跟表姐相处得那么愉快,她走后,你一定会觉得家里一下冷清了。

莉莉:是啊!不知表姐是不是也这样不好受呢?

妈妈:你可以打电话问问她,也可以表达你对她的想念啊!

莉莉:嗯……(心中感到母亲了解及支持她,很是温暖)

点评:成人要能帮助儿童了解并疏导情绪感受,最佳方法是当一面情绪的镜子,让孩子感受到你完全理解她的心情。孩子才有可能改善自己的心情,积极行动。

●于事无补的劝慰(×)

7岁的智勇因天下雨被迫取消钓鱼活动,闷闷不乐地呆坐在家里。

(智勇伏在桌上,没精打采地看着窗外大雨)

妈妈:(安慰声调)下雨嘛,你烦也没用!下次再去吧!

智勇:(大嚷)下次下次,都不知要等到什么时候才去得成!这些雨真讨厌!(伏在桌上……)

妈妈:喂!又不是我命令天下雨的,对我大叫大嚷有什么用?快去写作业!

智勇:(不情愿地去写作业,心想)妈真不了解我!我以后再不会把心里话告诉她了!

妈妈:(在旁,心想)唉!吃力不讨好!真气人!

点评:于事无补的劝慰,只会带给双方沟通失败的气馁感。

●倾听及回应(√)

(智勇伏在桌上,没精打采地看着窗外大雨)

爸爸:(走近)你看来很失望、很不高兴呀!(搭着他的肩膀)这次钓鱼活动,你盼望了很久,什么都预备好了,偏偏下雨,唉!真扫兴!

智勇:(望着父亲,开始有点儿反应)就是嘛!我还以为今晚可以请你们吃顿海鲜呢!我和志伟已预备了许多鱼饵。唉!

爸爸:是的,一切都准备好了,却去不了了,真不好受!

智勇:(智勇深觉爸爸的同情)下次再有机会,你还会让我参加吗?

爸爸:当然会,我知道你很喜欢这类活动!下次有机会我会尽量安排你参加的!

点评:成人理解孩子的心情,儿子不能去钓鱼,一定很失望;并与他分担,让他表达不快的情绪。让孩子感到与爸爸心心相通。

●大叫大嚷(×)

妈妈:(看见4岁大的孩子留在门上的脏手印,面向孩子生气地大叫)又是这样!我说过多少遍,你要洗手……到底要骂你多少遍,才能记住?

(孩子怕得要死,心中想:门比我还重要?我不喜欢她……)

● 清楚觉察自己的感受,再选择有效方法处理(√)

妈妈:见到门上的手印,我很生气!

(看到母亲很生气的表情,孩子理解了"生气"的意思)

妈妈:(将一块湿布交给孩子)你好好想想该怎样做?

(留下孩子一会儿,妈妈情绪恢复)

(孩子用湿布在努力擦去门上的手印)

妈妈:(清洁后,母亲抱孩子并肯定)真好!妈妈现在觉得好多了!

(孩子安心)

● 恐吓和威胁(×)

(6岁的小明不理会警告,一次又一次地在家中踢足球。)

爸爸:(怒气冲冲的样子)如果你把球踢向玻璃窗,我就把你打个半死!别以为我在开玩笑!

(玻璃窗破了!)

爸爸:看你……(去抓扫帚)打死你!(追打小明)

小明:(小明到处躲逃。心中想:他不会打死我,他说的话可以不理!)……

● 提供清楚讯息,并辅以实际行动遏止不当行为(√)

爸爸:足球是在户外玩儿的,你先做完功课,然后让你到外面踢一会儿足球!

爸爸:(小明还在玩儿,爸爸取走足球)对不起,不可在室内玩儿足球!

小明(心中想)唔……爸爸说话算话,还是听他的吧!

从以上案例比较,可以总结出帮助儿童疏导负面情绪的基本步骤是:

(1)用心去倾听孩子的苦衷

用眼神、肢体语言表达关切。

(2)接纳孩子的感受

用"噢!原来是这样",鼓励孩子继续诉说心里话。

(3)不要否定孩子的感受

不要说:"你没有必要对这件事感到困扰。"

(4)理解和明确孩子的感受,以适当的情绪词汇来协助孩子表达内心感受

"听起来,的确让人感到难过。"

"那你一定觉得很失望了!"

"可以想象,当时你一定是十分生气!"

(5)协助孩子用有效方法疏导情绪

大多数情况下,倾听和有效回应就可以疏导儿童的情绪。用积极的行动满足儿童需要,或让孩子说出自己的心愿也是疏导儿童情绪的好办法。

"我以后也要演解放军。"

"我希望下次我能排在第一个。"

关于接纳并疏导学前儿童常见的怯生、分离焦虑等情绪的内容,在儿童的社会性学习处将详细讨论。

(三)帮助儿童学会表达内心感受

帮助儿童情感学习的更高目标是让他们学会为自己的情绪负责,为满足自己合理的需要积极行动。人类情感的表达往往比言语表达更真实,也更容易打动人。只有表达出来,内心才没有情绪堆积的重压;只有表达出来,也才能赢得别人的理解和支持。但是,如何表达才会利己利人,是需要学习的。在上一节情绪智慧学习和本书第十一章情绪疏导的五大要诀和五大步骤部分,谈了成人情绪情感"一致性"表达的一些建议,那么,怎样帮助学前儿童学会表达自己的情绪情感呢?主要有以下几点:

1. 帮助儿童体会自己的情绪情感

可以采用以下的提问,帮助儿童体会自己的情绪:

当这件事情发生时,你感觉到什么?那感觉像什么?

当小朋友和你闹别扭时,你是什么心情?

当你不小心把小明撞倒,小明哭了,你心里是什么感觉?

老师看见你在掉眼泪,能告诉老师,你现在的心情吗?

刚才比赛时,你摔倒了又爬起来跑,一直跑到终点,小朋友们都在为你鼓掌。老师看到你的膝盖擦破了皮,现在心情怎么样?

2. 帮助儿童表达自己的情绪情感

表达自己的内心感受,不仅是让情绪流淌出去的途径,也是邀请别人帮助实现自己渴望的积极行动。一致性表达是使情绪情感得到疏导和取得效果的最好方法。所谓一致性表达就是表达自己的真实感受和期望,为的是问题得到圆满解决,而不是要指责和报复对方。

可以运用以下四步,帮助学前儿童对自己的情绪情感作一致性表达。

①当你……

②我感到……

③因为……

④我心里希望的是……

例1:

当你抢我的变形金刚时,我感到非常生气。

因为你把我吓了一跳,变形金刚的腿也被弄掉了。

我心里希望的是你以后不要抢,你想玩儿可以和我说一声。

例2:

你看这本书这么长时间了,一直不给我看,我的心情特别不好,特别着急。

因为老师让我们两个一起给大家讲这个故事,如果我没时间看,就没有办法和你一起讲这个故事了。

我希望你现在就把书给我,或者两人一起看。

儿童的情感学习不限于以上提出的方面。因为从更深的角度,坦然面对情绪并能自我调整,需要个体滋生出自我支持的力量。这种自我支持,是一种既保持独立性又与环境相互支持的良好状态,需要在儿童内心世界里慢慢地孕育,需要父母、教师及整个社会对儿童长期一致的关爱和支持。

【本章内容概览】

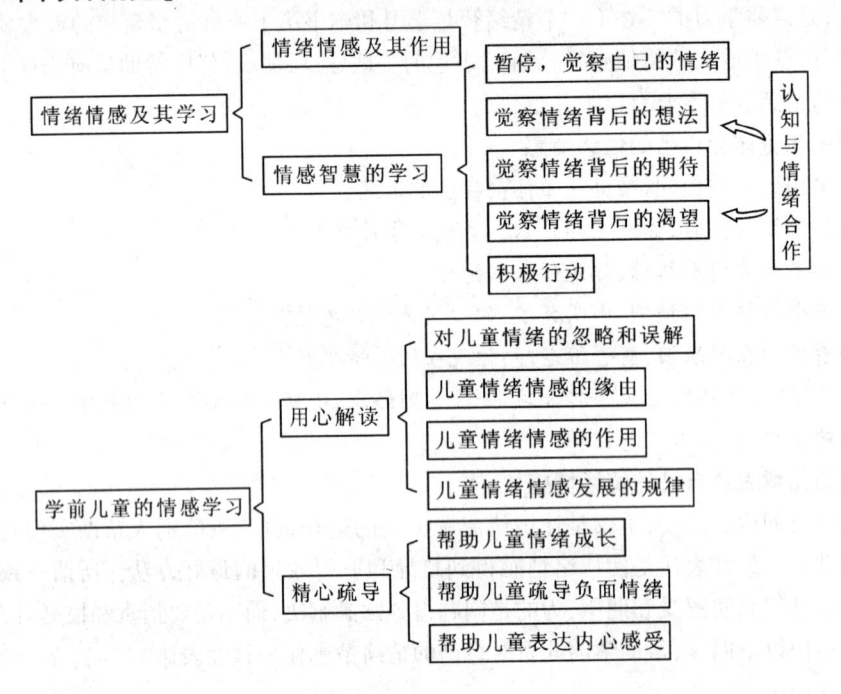

```
                    ┌─ 情绪情感及其作用
                    │                    ┌─ 暂停,觉察自己的情绪 ┐
情绪情感及其学习 ───┤                    │─ 觉察情绪背后的想法   │ 认知
                    │                    │                      │ 与
                    └─ 情感智慧的学习 ───┤─ 觉察情绪背后的期待   │ 情绪
                                         │─ 觉察情绪背后的渴望   │ 合作
                                         └─ 积极行动             ┘

                    ┌─ 用心解读 ─┬─ 对儿童情绪的忽略和误解
                    │            │─ 儿童情绪情感的缘由
                    │            │─ 儿童情绪情感的作用
学前儿童的情感学习 ─┤            └─ 儿童情绪情感发展的规律
                    │
                    └─ 精心疏导 ─┬─ 帮助儿童情绪成长
                                 │─ 帮助儿童疏导负面情绪
                                 └─ 帮助儿童表达内心感受
```

【思考题】

1. 情绪情感对学前儿童的意义是什么?
2. 什么是情感智慧?
3. 如何正确理解学前儿童的情绪表现?
4. 尝试解释学前儿童情感发展的"共生—剥离—独立"过程。
5. 怎样帮助学前儿童疏导负面情绪?
6. 怎样帮助学前儿童学会表达情绪情感?

第八章 学前儿童的社会性学习与教育

【问题求索】

1. 学前儿童的社会性学习包括哪些方面?
2. 学前儿童怎样学会主动交往、有效交往?
3. 学前儿童怎样习得亲社会行为?
4. 学前儿童怎样适应陌生人、陌生环境?

第一节 儿童的社会性及其发展

一、儿童社会性概述

(一)相关概念

1. 社会性

社会性,广义层面指由人的社会存在所获得的一切特性。狭义层面的社会性,指由于个体参与社会生活,在他固有的生物特性基础上形成的那些独特的心理特性,主要是人们进行社会交往,建立人际关系,理解、掌握和遵守社会行为规则,以及人们控制自身行为的心理特性。

关于社会性的界定,有代表性的表述有心理学家齐格勒(Zigler,1988):"人的社会性主要指人的社会知觉和社会行为方式。通过社会知觉,人们觉察他人的想法,向他人表达行为的动机和目的;通过社会行为的学习,人们掌握约定俗成的举止行为、道德观念,从而能够适应自己所生存的社会。"我国心理学者陈会昌:社会性是"个体由于参与社会生活,与人交往,在他固有的生物特性基础上形成的那些独有的社会特性,包括信念、价值观和行为方式等。它们使个体能够适应周围的社会环境,正常地与周围人们相处并相互影响,从事学习、娱乐和职业活动,在实现自我完善的同时,积极地影响和改造周围环境。[1]"从中可以看到,中外学者在社会性内涵的界定上大同小异,在对社会性作用的解读上,我国学者认为不仅是适应环境,还有对环境的影响和改造。

上面提及的社会性是对人类整体运行发展有利的基本特性,主要表现为利他性、服从性、群体依赖性以及更加高级的自觉性等。人也可能发展出反社会性,一般指把人的自然属性发挥到对社会发展不利的地步时表现出的特性,如利己发挥到损人、损害公众、损害社会;自我保护发挥到残害其他生物,甚至其他的人,等等。所以人的社会属性包括了社会性和反社会

---

[1] 陈会昌. 儿童社会性发展研究[J]. 心理发展与教育,1994(增刊).

性两个方面的特性。

2. 社会化

社会化指个体从生物人成长为社会人的过程,也即人的社会性的获得过程。发展心理学家缪森(Mussen,1990)提出:"社会化是儿童学习他们的文化或社会中的标准、价值和期望的过程,包括社会性情绪,对父母、亲人的依恋,道德感和道德标准,自我意识、性别角色,亲善行为,对自我和攻击性的控制,同伴关系等等。"心理学家沙菲尔(David R. Shaffer,1994)认为:社会化是儿童掌握社会上大多数人认为重要和恰当的信念、行为和价值观的过程。社会化在以下三个方面发挥作用:(1)社会化是调节行为的手段,使人知道他应该做什么,不应该做什么;(2)通过与别人的相互作用,学习到知识、技能、动机、抱负,从而促进人的成长;(3)维护社会秩序。

3. 学前儿童的社会性发展

学前阶段是人类个体社会化的重要阶段和"关键期"。0~6岁儿童经由与社会环境中人、事、物的互动,逐渐学会了认识自己、了解他人、待人接物、遵守规则、关爱他人等合乎社会规范的态度、观念与行为,获得了在社会中进行正常活动所必需的品质和价值,为他们今后参与社会生活打下了基础。

(二)关于儿童社会性的分类

有学者将儿童的社会性分为人际关系、社会规范和自我发展三个维度(王振宇,1992);也有学者将儿童的社会性发展分为社会技能、自我概念、意志品质、道德品质、社会认知、社会适应能力和社会性情绪七个维度(陈会昌,1994);还有学者通过文献分析,将儿童社会性发展的全部文献分为社会认知、社会情感、社会行为、自我、社会性的发生机制五个领域(石绍华,1990)。陈帼眉等学者从逻辑和内容两个方面对儿童的社会性学习做如下分类:(1)按逻辑分,可以分为社会认知、社会情感、社会行为;(2)按内容分,可以分为社会性品质——同情心、责任心、自制力、自信心、克服困难的意志力等,社会性行为——积极行为如合作、分享、谦让、助人,消极行为如招惹、打架、抢占、说难听话等。以上分类说明,儿童的社会性学习有诸多方面。

二、关于儿童社会性发展的研究

对于儿童的社会性发展的研究,首推新精神分析心理学家埃里克森的心理社会理论。还有一些心理学家从社会性的核心成分——品德进行研究,皮亚杰、柯尔伯格、苏波茨基等心理学家的研究比较有代表性。

(一)埃里克森的心理社会理论

埃里克森(E. H. Erikson,1902—1994)是从人的生命全程讨论社会化过程的。他认为,人的一生需要经历八个心理社会阶段(见表8.1.1所示),每个阶段都需要解决一个危机或一个重要问题。大部分人能顺利地解决每个阶段的心理社会危机,然后又去接受新的挑战;但有些人并没有完全解决这些危机,给以后的发展留下"后遗症"。

表8.1.1　埃里克森心理社会理论的人生八个阶段①

阶段	大致年龄	心理社会危机	重要的关系	心理社会发展的重点
I	出生到18个月	信任对不信任	母亲	得到　给予
II	18个月到3岁	自主对怀疑	父母	支持　放手
III	3岁到6岁	主动对内疚	家庭基本成员	做事(=追随) 模仿(=游戏)
IV	6岁到12岁	勤奋对自卑	邻居,学校	完成事情 共同完成事情
V	12岁到18岁	同一性对角色混乱	同伴群体和领导榜样	成为自己(或不能成为自己)分享自我
VI	成年早期	亲密对孤独	友伴、爱人、竞争与合作伙伴	在另一半那里迷失自我或找到自我
VII	成年中期	繁衍对停滞	分工和共同承担家务	关照
VIII	成年晚期	完善感对悲观失望	"人生"、"我的一生"	实现自我 没有实现自我

埃里克森对学前儿童社会化经历的前三个阶段的解读如下:

第一阶段:信任对不信任(出生到18个月)。婴儿的目标是建立起对世界基本信任感。埃里克森认为,所谓基本信任感是指"充分信任他人以及自己也值得信赖的基本感觉"。此阶段的危机具有双重性质:婴儿不仅要让自己的需要得到满足,还要尽量满足母亲的需要。母亲或者以母亲身份出现的人通常是儿童世界中最重要的人物,她必须能够满足儿童对食物或爱抚的需要。如果母亲是矛盾的或拒绝的,她将是婴儿挫败的根源而不是快乐的源泉。母亲的行为使得婴儿对周围世界产生不信任感,这种不信任感伴随整个童年期,并殃及成年期的发展。

第二阶段:自主对怀疑(18个月到3岁)。两岁时,大部分儿童都学会了走路,并且能够充分利用掌握的语言与他人交流。处于该阶段的儿童不再想完全依靠别人,相反,他们努力达到自主,即试图自己做一些事情。儿童对权利和独立性的渴望经常与父母的要求相冲突。埃里克森认为,这个阶段的儿童具有双重渴望:既想获得父母的支持,同时也渴望父母能放手让自己做主。那些开明的父母允许孩子自由地探索,独立地做自己的事情,同时又能够提供及时的指导帮助,这种父母鼓励了儿童自主感的建立。而那些过分严厉和苛求的父母则使得儿童产生了无力感和无能感,让儿童感到羞怯,怀疑自己的能力。

第三阶段:主动对内疚(3岁到6岁)。在这一时期,儿童的动作和语言技能逐渐成熟,这使得他们以更强的进取性和更饱满的精力来探索周围的物理环境和社会环境。父母、其他家庭成员或者幼儿教师如果允许儿童跑动、蹦跳、玩耍、滚动和投掷等,儿童的主动性将增强,"深信他是一个独立的个体,因而儿童必须探索他可能成为什么样的人"(Erikson,1968)。对

---

① 罗伯特·斯莱文.教育心理学理论与实践[M].北京:人民邮电出版社,2004:38-39.

儿童的主动探索进行严厉惩罚的父母,会让儿童对自己天性中的强烈需求感到内疚,而这种内疚感将对这个阶段及后续阶段产生持续的影响。

埃里克森的心理社会发展理论揭示了学前儿童在与周围环境和成人互动中,其社会品质发展的主要方面(信任、自主、主动)及由于互动性质的不同所导致的不同的发展状况,对促进学前儿童社会性的健康发展具有重要的借鉴意义。

(二)皮亚杰、柯尔伯格的儿童道德认识发展理论

皮亚杰、柯尔伯格主要是从儿童道德认知的角度研究儿童的社会性发展的。

1.皮亚杰的儿童道德认识发展理论

瑞士儿童心理学家皮亚杰(J. Piaget)认为,人的道德认识水平是和他的认知发展水平相关的。他运用临床法和对偶故事法,对儿童的道德判断发展水平进行了研究。临床法,指研究者亲临现场分析儿童在游戏活动中对规则的理解及遵守情况。对偶故事法,指研究者分析儿童对过失、偷盗、谎言等假设实例所作的道德判断。

【经典回放】

皮亚杰为儿童提供的对偶故事举例[①]

● 对偶故事一

A.一个叫约翰的小男孩正在他的房间里玩儿,妈妈叫他去吃饭。他走进餐厅时,门后有一把椅子,椅子上有一个盘子,盘子上有15个杯子。约翰推门时无意间碰到了盘子,打碎了15个杯子。

B.有个叫亨利的小男孩,一天,妈妈出去的时候,他想偷吃饭橱里的果酱。他爬到椅子上去拿果酱,但是够不着。他使劲够,结果碰掉了1个杯子,打碎了。

● 对偶故事二

A.有一个小孩叫朱利安,他的父亲出去了,朱利安觉得玩儿他爸爸的墨水瓶很有意思,于是就玩儿起来。后来,他把桌布弄上了一小块墨水。

B.一个叫奥古斯塔斯的小男孩发现他爸爸的墨水瓶空了。在他的爸爸外出的那一天,他想帮爸爸把墨水瓶灌满,这样他爸爸回来时就能用了。但在打开即将空了的墨水瓶时,奥古斯塔斯把桌布弄上了一大片墨水。

要求儿童回答:这些孩子的过失是否相同?这两个孩子中哪一个更不好,为什么?

经过长期研究,皮亚杰得出了"儿童的道德判断是从物质后果、客观的外界法则、法则的绝对性的他律水平,向动机意向、主观的内部法则、法则的相对性的自律水平发展"的结论,并且把儿童的品德发展分为四个阶段。

(1)自我中心阶段(2~5岁)。该阶段儿童在打弹子游戏中总是自己玩儿自己的,按照自己的想象去执行规则。这是因为儿童还不能把自己同外界环境区别开来,而是把外界环境看

[①] 王振宏,李彩娜.教育心理学[M].北京:高等教育出版社,2011:67.

做是他自身的延伸,规则对他还不具约束力。

（2）权威阶段(6~8岁)。儿童绝对化地尊敬和顺从外在权威。儿童认为,服从有权威地位的人就是好的。所以,他们把人们规定的准则看成是固定的、不可变更的。

（3）可逆性阶段(8~10岁)。儿童已不把准则看成是不可改变的,而把它看做是同伴间共同约定的。儿童已经形成了这样的概念:如果所有的人都同意的话,规则是可以改变的。儿童已经意识到一种同伴间的社会关系,且应相互尊重。同伴间可逆关系的出现,标志着品德由他律开始进入自律阶段。

（4）公正阶段(11~12岁)。儿童开始倾向于主持公正、平等。比如,公正的奖惩不能是千篇一律的,应根据个人的具体情况而定。

2. 柯尔伯格的儿童道德认识发展理论

柯尔伯格(L. Kohlbery)运用两难故事法进行实证研究,提出品德发展具有固定顺序的三级水平六个阶段。他认为,个体在面对具体的道德情境时,会从自我、他人、利弊以及社会规范等多方面考虑作出价值判断。品德由低级阶段进入高一级阶段,不是直接的生物成熟,也不是直接的学习经验,而是机体与环境相互作用而实现的道德判断早期形式的重组和转换。他的两难故事及三水平六阶段理论简介如下。

【经典回放】

柯尔伯格的道德两难故事:海因茨偷药

欧洲有一个妇女患有一种特殊的癌症,生命垂危。医生诊断后认为,只有一种药物能救她的命,这就是本城药剂师最近发明的一种新药——镭。该药成本较贵(400美元),而药剂师的索价是成本的10倍(4000美元)。病妇的丈夫海因茨多方求援,只凑到药费的一半(2000美元)。海因茨把实情告诉药剂师,他的妻子快要死了,请求把药便宜一点儿卖给他,或者允许赊账,但药剂师说:"不行,我发明此药就是为了赚钱。"海因茨走投无路,竟铤而走险,于晚上夜深人静时撬开了药剂师经营的药店店门,偷走了药物。

向儿童提出的问题有:①海因茨该不该偷药? 为什么? ②海因茨是对的还是错的? 为什么? ③海因茨有责任和义务去偷药吗? ④人们竭尽所能去挽救一个人的生命,是否很重要? 为什么? ⑤海因茨偷药是违法的。他偷药在道义上是否错误? 为什么? ⑥仔细回想故事中的情境,你认为,海因茨最负责任的行为应该是什么? 为什么?

表8.1.2 柯尔伯格的品德发展阶段论

时期	发展阶段	心理特征
前习俗道德水平(9岁以前)	1. 避免惩罚、服从取向 2. 相对功利取向	只从表面看行为后果的好坏。盲目服从权威,旨在逃避惩罚。"偷东西不好,要坐牢。" 只按行为后果是否带来需求的满足来判断行为的好坏。"海因茨应该偷药,谁让那个药剂师那么坏,便宜一点儿就不行吗!"

时期	发展阶段	心理特征
习俗 道德水平 （9~15岁）	3. 寻求认可取向	遵从众人的期望和意见，通过"做好人"来寻求认可。"海因茨应该偷药，一个好丈夫就应该照顾好自己的妻子。否则，别人会骂他见死不救，没有良心。"
	4. 遵守法规取向	遵守社会规范，认定规范中所定的事项是不能改变的。"海因茨不应该偷药，因为如果人人都去偷东西，社会就会变得很混乱。"
后习俗 道德水平 （16岁以后）	5. 社会法制取向	了解社会规范是为了维持社会秩序而经大众同意建立的。只要众人同意，社会规范是可以改变的。"海因茨固然不对，但现今的法律只惩罚弱者，为什么没有惩罚谋取暴利者的法律？！"
	6. 普遍伦理取向	遵守自我选择的伦理原则，超越某些规章制度，更多考虑道德的本质。"没有什么事比人的生命更有价值！"

柯尔伯格与皮亚杰的研究，使我们对儿童道德认识特别是道德判断能力的发展规律有了较为清晰的认识。同时，也为培养儿童的道德认识提供了思路：一是尊重儿童的道德认识发展规律，对学前儿童道德教育不拔高标准、不硬性灌输；二是根据学前儿童看重奖惩、开始进入服从规则和权威的他律阶段的年龄特征，善用奖惩、行为养成和以事说理，促进儿童亲社会行为的发展。

（三）苏波茨基的儿童道德行为发展理论[①]

前苏联心理学者 E. H. 苏波茨基 20 世纪 70 年代初在儿童个性心理学方面崭露头角，他从道德行为入手，以学前儿童作为研究对象，通过实验研究和理论分析，展示了儿童道德行为的动态发展趋势。

1. 学前儿童道德行为的特点

苏波茨基提出，道德行为的形式和内容是心理学研究的对象。从形式上，道德行为可以分为口头行为和实际行为。口头行为指人关于自己在某种假设的道德冲突情境中会怎样做的一种抽象推理；实际行为指在真实的道德冲突情境中的行为，这种实际作出的行为会影响他与别人的关系。从内容上，道德行为可以分为实用道德行为和无私道德行为。实用道德行为指人遵守某项道德规则是为了获得奖励或回避惩罚；无私道德行为指不依赖外部奖惩和监督，而是为了维护自己所坚持的道德标准，为了做出维护别人与集体利益的事。

学前儿童的道德行为发展有哪些特点？苏波茨基进行了系列实验研究。

---

① 陈会昌. 苏波茨基德育心理理论述评[J]. 外国心理学, 1984.

【经典回放】

口头行为和实际行为比较实验举例

先给被试(儿童)讲故事:成人让一个男孩用一把指定的铁铲,把几个乒乓球从一个小桶里铲到另一个铁罐里,不许用手抓,如能完成有奖励。结果这个男孩趁成人不在场,欺骗了成人(手抓),获得了奖励。故事讲完后让儿童评价故事中小男孩的行为,并说出假如自己遇到这种事会怎样做。然后为这些被试提供与故事相似的情境,向他们宣布同样的规则和奖励条件。主试(实验员)离开房间,在挡板后暗中观察儿童的行为。最后,把儿童的口头行为和实际行为进行比较。

实用行为和无私行为比较实验举例

让那些在上一实验中没有成人监督仍表现出道德行为(不用手抓球)的儿童,观察另一个孩子的行为。那个孩子在实验员离开时用手抓球完成了移球任务,并得到了奖励。接着让他再一次完成这一任务,既无直接的外部监督(实验员不在场),又摆脱了间接的外部监督(他亲眼看到实验员"并不知道"那个孩子是否用手抓了球),如果在这种情况下儿童仍然不用手抓球,就可以说他具备了无私的道德动机。

苏波茨基的系列实验研究证实:学前儿童口头掌握的道德规则和利他主义原则,远远多于他们在实际道德冲突中的行为情境,但口头行为与实际行为有脱节现象。当对故事中的主人公行为进行讨论时,几乎所有的被试都十分了解什么是合乎"社会期望"的行为,并知道应该怎样做;一旦接触实际道德冲突情境,多数儿童就不再坚持原先他们认为正确的那些规则了。

2. 学前儿童品德发展的心理机制

儿童的言行不一,有时是因为他们缺乏相关的行为能力,苏波茨基关心的是儿童具备了能力仍然表现出言行不一致的现象。苏波茨基发现,在他的实验中,儿童表现出的违反规则行为,都不是由于智力和技能方面的原因造成的,而是由于儿童的动机发生了变化。

以儿童从口头行为转到实际行动时的动机变化为例。实际上,口头抽象地讲给儿童的道德冲突与真实的道德冲突是不同的。讲解的道德冲突不能使儿童产生违反规则的动机(没有实际的诱惑),反而按照规则去行动的实用动机(争取成人的好评)却相当强烈。在真实冲突情况下,当儿童自认为没有外部监督时,按照规则行动的实用动机大为减弱,对儿童有意义的违反规则的动机(完成任务而获得奖品)开始表现出来。所以决定儿童行为的是动机的转化。

3. 学前儿童品德发展的阶段

苏波茨基基于动机转化,将学前儿童的品德发展划分为三个阶段。

第一阶段(2~3岁):儿童基本上还属于前道德的状态。他们表现出一些强有力的、初级的动机:身体活动的需要、与周围成人进行富有情绪的交往的需要、对周围影响的需要、认知的需要等,这些需要的满足与否,并不涉及儿童的基本生存,也不会给他们造成实际的损益。这个阶段的儿童比较容易接受成人的口头教育,但让他们实际去做则比较困难,因为他们还不具备实际行动所必要的能力。

第二阶段(3~5岁):儿童开始掌握一些合乎道德规则的行为方式。这些行为方式起先是通过对善恶、好坏等基本概念的理解而掌握和实现的,这些概念来自成人的要求、强制,来自成人对某些行为的赞许或否定,来自故事、神话中人物的行为等。儿童在这些观念的基础上,逐渐形成了行为的"理想榜样"和"反面典型"的概念。此阶段,儿童符合规则的道德行为主要以表达意见、作出判断和参加游戏等形式在口头水平上表现出来。这些口头行为不断被赞许所强化,因而使儿童产生表现出这些口头行为的动机。相反,他们在口头上违反规则,却不能给他们带来任何实际好处,带来的只有否定和批评,所以儿童很愿意也会很快做出口头道德行为。

但儿童在实际行动时却是不同的动机结构。在实际行动中,要遵守规则就必须对自己加以限制;而违反道德规则,总会给自己带来一些实际的好处和方便。对3~5岁的幼儿而言,他们还不会遇到来自同伴和成人的对遵守道德规则的强硬要求,他们即使违反了规则,也不会招致严厉的惩罚。所以在真实的道德冲突情境中,儿童不按规则行事的动机占了上风。正如在苏波茨基实验中,大多数4岁儿童能在口头上遵守道德规则,但在实际情境中,在没有直接外部监督情况下,他们又表现出利己行为、模仿他人行为和不公正行为。

第三阶段(5~7岁):在这一阶段,儿童口头和实际行动中的违反规则成分逐渐减少,他们在实际生活中开始掌握一些正确的道德标准,言与行开始协调起来。但儿童合乎道德规则的行为分为两种:实用行为和无私行为。苏波茨基认为,它们是由两种不同的交往和教育方式造成的:一种是成人对儿童单纯的外部监督,另一种是儿童与成人之间的利他主义交往。

单纯的外部监督的形式有奖励与惩罚、榜样示范、同伴监督、赋予特权等,这些方式都会加强儿童实用主义的道德行为动机,促使他们在实际生活中表现出遵守道德规则的行为以换取各种利益。儿童与成人交往中的利他主义成分,有助于儿童形成无私的行为。比如,父母对孩子的无条件付出,教师对学生"关爱与教导"的非血缘关系的爱,都是只有付出,没有索取的榜样。这种交往使这个阶段的儿童渐渐在心目中形成理想榜样,在前两个阶段,只是被要求掌握的利他主义交往方式,现在被儿童看做当然的、自己生活中不可缺少的东西,开始从成人信任、善恶角度去认识辨别它了。这就意味着,过去对儿童来说只是抽象知识的善恶范畴与道德标准,现在已经作为一种充满情绪色彩的东西,而被儿童理解和体会了。儿童就会有尝试和体验无私行为的愿望,并在行动中发展出和成人榜样吻合的自我评价,这种"把自己当成大人"的态度,会促使儿童表现出无私的道德动机。

虽然苏波茨基所谈的儿童的道德行为只是萌芽状态的"无私",但他对儿童从口头道德到实用道德再到无私道德的发展路线,以及对内部动机转化规律的研究,对我们促进儿童社会性特别是道德学习提供了新的视角和思路。

第二节　学前儿童的社会能力

如前所述,学前儿童的社会性学习包含诸多方面,而社会能力是儿童社会性发展的综合体现,我们将着重讨论。

一、社会能力及其构成

社会能力的界定目前主要有两种观点。一是认为社会能力是个体体现在社会交往中的能力,它保证个体在社会交往情境中以社会接受或尊重,同时使个人和他人受益的方式与他人进行相互作用。二是认为社会能力是个体在社会交往中表现出的行为能力和品质。陈帼眉等学者认为,第二种观点更全面地揭示了社会能力的内涵与特征,它不仅包括社会交往、行为能力,而且包含社会性品质。

关于社会能力的构成,目前西方主要有四种观点①。一是认为,社会能力由社交和亲社会两个维度构成(Xinyin chen,2001)。二是认为,社会能力由积极与消极行为、对压力的反应、同伴接纳性等三个维度构成(Verschuerm & Marcaen,1999)。三是认为,社会能力由社会交往发起与亲社会定向两个维度构成(Rydell,Hagekull & Rohlin,1997)。四是认为,社会能力由亲社会行为和社会技能构成,而社会技能包括与他人有关的行为、与自我有关的行为、与任务有关的行为。

我国学者陈帼眉等认为,学前儿童的社会能力的构成主要有三个维度:社会交往能力(包括主动交往、交往策略等)、亲社会行为(包括助人、合作、分享、对他人负责等)和社会适应能力。社会交往能力是儿童发起、维持和调整社会交往和关系的基本能力(Robin & Asendorpf,1993);亲社会能力是幼儿在社会交往中基于对他人或群体利益的利他态度和行为能力(Eisenberg & Fabes,1998);社会适应能力是幼儿对于社会生活的适应能力,如适应幼儿园、学校的生活。陈帼眉等学者认为,社会交往能力是儿童亲社会能力和社会适应能力的前提与条件,而亲社会能力的发展,则会带动与促进幼儿社会交往能力和适应能力的发展。因此社会交往能力、亲社会能力和社会适应能力是学前儿童社会能力的三个重要组成维度,缺一不可。

二、影响儿童社会能力发展的因素

把握影响儿童社会能力发展的因素,可以为我们帮助儿童进行社会能力的学习提供理论与实践依据。

1. 儿童自身因素

年龄特征。儿童的社会性有随着年龄增长而发展的共性特征。可参见本章埃里克森、皮亚杰、柯尔伯格、苏波茨基的研究。

个体差异。主要指儿童之间的不同情况。主要有个性差异、观点采择能力差异和社会信息加工机能差异等方面。

个性差异主要指儿童的身心特点和个性特点。首先,性别、长相、年龄等生理因素,影响着儿童被选择和接受的程度。幼儿一般喜欢与自己同性别、同年龄的儿童一起玩耍;那些长相好看、名字好听的儿童,比较容易被同伴最初接纳和喜欢。其次,儿童的气质、情绪、能力等特征影响着他们对同伴的态度和交往中的行为特征,由此影响同伴对他们的反应和他们在同伴中的关系类型。比如,儿童出生就表现出来的与神经类型相关最密切的气质,会导致父母对他们的特别抚育方式,反过来又决定着儿童在交往中采用的行为方式。研究表明,出生后爱哭、不易抚慰、进食烦躁、睡眠不规则的"困难型"儿童,往往在幼儿期表现出较高的焦虑和敌对性,容易成为攻击性强的"小霸王"。

---

① 陈帼眉,姜勇.幼儿教育心理学[M].北京:北京师范大学出版社,2011:137.

再次,交往积极性和交往技能差异,也是影响儿童社会能力发展的重要因素。有研究表明(庞丽娟,1991),被忽视、被拒绝型幼儿比受欢迎型幼儿表现出更多的不说话、不善于表达、不合群、冲动等特征。国外的研究也表明,自卑、情绪低落、易激惹的幼儿更容易攻击同伴,也更多地被同伴所拒绝(Stocker & Dunn,1990)。

观点采择能力指幼儿区分自己与他人观点,以及发现这些不同观点之间关系的能力(Selman,1990)。观点采择能力强的儿童能站在他人的角度,感知、判别他人的情绪情感状态,理解他人的需要,这就为做出关心、安慰、帮助、分享、谦让等利他行为提供了社会认知基础。

社会信息加工机能指儿童对社会性信息的编码能力。主要有两种社会信息加工模式:(1)认知理解归因模式,即儿童如何理解、解释他人的行为。研究表明,攻击性幼儿对同伴无意碰撞自己的行为常作敌意理解,因而表现出更多的攻击行为(Dodge,1983;Fitzgerald & Asher,1987;Guerra & Slaby,1989)。(2)心理理论的反应决定模式,指儿童根据社会情境的线索、已有的社会交往经验对自己的行为作出预期,并付诸行动。例如,那些预测当自己侵犯、欺负能力弱的同伴不会遭到他们反抗的幼儿,会做出攻击性行为(CrickLadd,1990;Harturleson,1990)[①]。

2. 家庭因素

早期亲子交往的经验为儿童学习人与人之间的交往奠定了基础,儿童对同伴的态度和行为特征,大多是其父母与人交往特征的"翻版"。首先,儿童耳闻目睹父母在夫妻交往、亲子交往、与他人交往中表现不同的语言和行为,成为儿童学习、效仿的榜样。其次,儿童不是被动的接受者,他们通过各种言语、表情、动作向成人表达需求与感受,也在不断发现和积累"有效"的交往方式,这种肯定性的体验越多,越易形成自信和积极交往的态度。再次,父母向孩子灌输的关于外部世界的观念,对儿童的交往态度是积极的还是保守的、是善意的还是敌意的有深刻的影响。如果父母过分夸大外部世界的危险性,孩子就会产生畏惧之心,在与外界接触时,会为了保护自己而有更多的防范或退缩;如果父母过多地向儿童灌输"弱者被人欺"的观点,儿童就越易表现出靠强力征服别人的行为。

3. 同伴因素

当幼儿从家庭进入幼儿园后,同伴对其社会能力发展的影响作用日益显著。哈里斯(Harirs,1990)提出了群体社会化理论,认为同伴对儿童社会能力的影响作用甚至要大于家庭。她指出:"一个心理群体对其成员心理上有重要意义,他们通过社会比较而互相紧密联系在一起,遵从同样的准则与道德。他们从群体中得出所谓正确的行为、标准、信仰等,群体对他们的态度与行为有很大影响。"她通过研究发现,幼儿是独立地习得家庭内和家庭外行为的,而社会化更多地发生在童年期和青春期的同伴群体中。有日本学者也提出"同龄人是最好的学校"的主张,理由是同龄伙伴中没有谁被先赋特权,他们之间是平等的,只有靠个人实力和人际吸引力。比如,正直、诚信、聪慧、幽默、体魄等,才能赢得众人的喜爱、拥戴;在发生冲突时,只有考虑双方的需要,才能双赢;在原则问题上,只有据理力争,才能赢得认可、尊重,等等。

4. 教师因素

当进入幼儿园后,教师对儿童的社会性发展就起着越来越重要的作用。教师作用主要体

[①] 陈帼眉,姜勇.幼儿教育心理学[M].北京:北京师范大学出版社,2011:139.

现在三个方面。一是改善和提高幼儿在家庭中未能很好形成的社会能力。研究者发现儿童社会能力的一个值得注意的情况——递归现象，即在家庭中形成的消极社会认知与行为，如果没有得到有效的社会干预，在幼儿园中会继续恶化（Ladd，1999；Cairns，1986），而教师正是实施这种干预的主要力量。二是根据幼儿不同的社会能力水平和特点，有针对性地为其创设交往的机会，并可以为其制订因人而异的教育培养方案。三是教师直接参与幼儿的交往活动，通过榜样示范、引导帮助等方式培养儿童形成良好、积极的社会能力与品质。

第三节　学前儿童社会能力的学习

学前儿童社会能力的学习，主要包括社会交往能力、亲社会行为、社会适应能力三个方面的学习。

一、社会交往能力的学习

社会交往能力包括交往态度和交往策略等。

（一）交往态度的学习

儿童的交往态度是主动还是被动，是积极还是消极，直接影响儿童的人际关系状况。能否主动积极地交往，从学前儿童自身因素看，主要取决于他与生俱来的气质类型和后来的交往经验。

1. 气质类型

不同气质类型的人，对人际关系的反应有显著不同。

最经典的是四种气质类型说，每种气质类型的儿童在交往态度上有明显不同。见表8.3.1所示。

表8.3.1　气质类型与心理/行为表现

气质类型	心理/行为表现
胆汁质	外向，直率，反应快，冲动
多血质	外向，活泼，好交际，灵活
黏液质	内向，安静，喜独处，迟缓
抑郁质	内向，敏感，好思虑，孤僻

可以看出，气质类型属于多血质、胆汁质的孩子，具有向外发展的倾向，主动交往的特性明显，相比而言，多血质的孩子比胆汁质孩子更温和也更容易获得友好的反馈。抑郁质和黏液质的孩子具有向内发展的倾向，被动交往的特性更明显，尤其是抑郁质类型的孩子，更需要鼓励他们克服退缩和畏惧做主动交往。

美国心理学家凯根对学前儿童的气质作了较为深入的研究。他经过长期追踪研究发现，婴儿的气质结构中只有"抑制—非抑制"这一项可以保持到青春期以后仍不变。于是，他提出"抑制—非抑制"是划分气质类型的可靠标准。凯根的研究，引起了各国心理学家进一步探讨的兴趣。根据儿童在陌生情境实验中的相关数据统计发现，3岁儿童气质类型可以分为典型的抑制型、非抑制型气质类型，还有一种不显著的抑制型——自我保护型的气质类型。

抑制型气质类型儿童在遇到不熟悉的成人、同伴或物体时，表现非常拘谨。他会盯着陌生人，退回到母亲身边，几乎不去主动接近陌生人，表现出紧张、焦躁情绪。抑制型气质的儿童可能随着经验的积累学会控制对陌生人的回避行为，即在其他人面前不再表现出害怕。但是，这类儿童仍可能保持一种对不熟悉事物的回避风格。

非抑制型气质类型儿童面对不熟悉的人、物、环境或具有挑战性的情境时，没有任何拘谨表现，会旁若无人地继续游戏，甚至主动接近陌生人。熟悉环境和陌生环境，对于他们而言，好像没有心理意义上的区别，他们在陌生环境中仍然表现为放松、自然，和陌生人交流时也自如大方。

自我保护型气质类型儿童是不显著的抑制型。自我保护型气质儿童和典型抑制型气质的儿童表现的不同是：抑制型气质的儿童遇到困难时会哭，而自我保护性特别强的孩子心里可能很紧张，但他们是通过不理睬陌生人，不和陌生人说话，逃避与陌生人接触来掩饰自己的紧张。

以上研究为我们分类培养儿童的积极的交往态度提供了更为细致的信息。对那些非抑制型气质类型的儿童，除了继续鼓励他们多参加活动、多与人交往之外，要特别加强规则教育，用规则约束他们的任性和危险行为。对那些抑制型气质类型儿童，要注意鼓励他们主动大胆地做事，多参加集体活动，多和同伴交往。此外，教师或家长宜多使用表扬手段，减少他们的敏感和担心。对于自我保护性强的儿童，教师和家长要格外注意保护他们的自尊心，营造安全轻松的氛围，鼓励他们大胆说出自己的想法，多和他们交流感受。

2. 交往经验

学前儿童出生后获得的交往经验，也会影响他们的交往态度。亲子交往是儿童最重要的交往，上一章论及的埃里克森和林文采等人的主张，都强调了亲子关系对儿童的安全感及与他人关系的影响。有些西方心理学者甚至断言，小时候形成的依恋类型，可以预测长大以后的人际交往状况。

英国心理学家约翰·鲍尔比(John Bowlby)最早提出"依恋"一词，并系统阐述了依恋产生的生物学基础、依恋的发展阶段、内部工作机制和依恋特征分析。鲍尔比把依恋解释为"个体与重要他人形成牢固的情感纽带的倾向"，它能为个体提供安全和依赖。与其他社会关系相比，依恋有四个重要特征：(1)趋近行为。个体寻求并试图保持与依恋对象的接近，不想与之分离。(2)分离痛苦。抗拒与依恋对象的分离，分离时会感到痛苦。(3)避风港。把依恋对象作为一个避风港，当遇到问题时，会转向依恋对象寻求安慰和帮助。(4)安全基地。把依恋对象作为一个安全基地，它的存在使个体可以放心在周围探索。虽然婴儿最初的依恋对象是母亲，但如果父亲与婴儿交往的时间增多，婴儿也会形成对父亲的依恋。坎普斯的研究表明：父亲积极参与抚育越多，婴儿对父亲依恋越深，依恋安全感越强。并且依恋的形成是相互的，婴儿的微笑、发声、长相可爱及满足父母希望等，也吸引父母对婴儿的依恋。儿童的依恋对象还可能扩大到其他能使个体可以获得支持和安慰的人，比如朋友，甚至可指向无生命的物体，比如毛绒玩具只是对无生命物体的依恋，不会像对人的依恋那样产生正常的社会交往[①]。

在依恋理论中，发展心理学家特别重视母亲的敏感性和易接近性，以及母亲对婴儿的需要作出适当反应的及时性。如果母亲对婴儿的需要是敏感的，并及时作出反应，那么，婴儿就

---

① Bowlby, "Attachment and Loss," *Attachment*. 1(1969).

会形成一种积极的内部工作模式：别人是有反应并可信的，自己是可爱的。反之，母亲对婴儿需要的反应不一致或拒绝，婴儿就可能形成一种消极的内部工作模式：认为别人是没有反应的，自己是不可爱的，不需要别人关爱的。如果这种不安全依恋没得到及时补救，就会泛化为对自己的不信任、对他人的不信任，以及对自己和他人关系的不信任。

Bowbly 将内部工作模式分为对自我、对他人的两种内部工作模式。"自我模式"是个体对过去经历、现有状态、未来发展的自我评价；"他人模式"是个体在与重要他人的交往中，对重要他人形成的主观的内在印象，可能会泛化到所有的人际关系中去。Bartholomew 在此基础上，又将内部工作模式分为四种：正向自我模式、负向自我模式、正向他人模式、负向他人模式。具有正向自我模式的个体会觉得自己是值得被爱与被关注的；具有负向自我模式的个体会觉得自己是没有价值的；具有正向他人模式的个体会觉得他人是值得信任的，而且是可亲近的；具有负向他人模式的个体则认为他人是拒绝的，不可亲近的。并根据四种模式的组合，把依恋类型分为安全型、焦虑型、回避型、混乱型四种类型[1]。见表 8.3.2 所示。

表 8.3.2　内部工作模式和依恋类型

他人模型＼自我模型	正向自我	负向自我
正向他人	安全型	焦虑型
负向他人	回避型	混乱型

不同依恋类型对人的交往态度的影响是深远的。

【延伸阅读】

依恋类型对交往态度的影响[2]

安全型的人：看自己是好的、行的（有能力的）、有价值的；看别人也是好的、行的、有价值的；情感较成熟，有弹性，对人有信任感；能适度依赖，也不怕被人依赖；能给人空间，也能与人亲密。

回避型的人：看自己是好的、行的、有价值的；看别人却是不好的、不行的、没价值的；过度需要掌控，不分享感受；不易信任或依靠别人；怕被别人依赖；倾向以事、物取代人际情感交流；别人常抱怨他太独立，不让人亲近。

焦虑型的人：看自己是不好的、不行的、没有价值的；而看别人却是好的、行的、有价值的；对爱饥渴，怕被抛弃，怕别人不想与他亲近；过度敏感，容易受伤，对亲密对象常常爱恨交加；别人常抱怨他情感太过依赖，不给人空间。

混乱型的人：看自己是不好的、不行的、没价值的；看别人也是不好的、不行的、没价值的；对爱饥渴，却充满惧怕，无法信任人；徘徊于麻木、拒人于千里之外的极端回避型和焦虑、常被强烈情绪淹没，对亲密对象爱恨交加的极端焦虑型之间。

---

[1] Bartholomew. K. & Horowitz L. M, "Attachment Styles Among Young Adults: A Test of a Four-category Model," *Journal of Personality and Social Psychology* 61(2)(1991):226–244.

[2] 黄维仁. 亲密之旅——爱家婚恋情商课程培训手册[M]. 北京：轻工业出版社，2008.

以上观点为父母和幼儿教育工作者敲响了警钟:不要低估儿童幼年的经验,父母要为孩子提供"无条件而有分离度的爱",使儿童最初形成安全型的依恋类型;幼儿教师要关注儿童已有的依恋类型,对有欠缺的儿童提供特殊帮助。比如,对于混乱型的儿童,要理解他们想和别人交往又怕受伤害的心情,多与他们亲近,给予更多关爱,让他们体验到幼儿园就像家一样,老师和小朋友就像家人一样,可以放心大胆地表达自己对别人友善和亲密的需要。

(二)交往策略的学习

交往策略也是学前儿童需要学习的一个方面。在儿童的许多"侵犯行为"中,有相当数量是出于善意而效果不好的过失行为。比如,想让小朋友遵守纪律,但采用说粗话或动武的方式维持纪律。还有不少是并非敌意但侵犯了他人的行为。比如,喜欢小朋友手中的玩具,就强行抢夺。这些行为的发生,都表现出学前儿童欠缺通过合宜行为满足自己和他人需要的能力。

可以从待人接物有礼有节入手,教给儿童关爱家人、接待客人、善待朋友的合宜行为方式。在这方面,可以问小朋友,"你在家里是怎样关心爸爸妈妈和其他家人的?""客人来家时,你会怎么做?"也可以设计游戏,让孩子在模拟情境中表演"我是这样对待爸爸妈妈的""我是这样接待客人的"。

善待同龄伙伴首先要学会表达自己的善意。特别要加强对儿童中被忽略者、被拒绝者儿童的指导。比如,重点指导被忽略儿童表达自己的意愿:"我可以和你们一起玩儿吗?""我想请你和我一起搭积木,可以吗?"重点指导被拒绝儿童把自己良好的愿望变成别人喜欢的行动。比如,如何邀请朋友参加自己的活动,想玩儿别人的玩具应该怎样向别人说等。

善待同龄伙伴还要学会处理冲突。可以教给儿童在和别人无法取得一致意见时,学习运用各种灵活有效的方式来处理问题。

【延伸阅读】

冲突处理的可选择策略

①合作(我们一起来做);
②轮换(这回按你的方法做,下回按我的方法做);
③概率(投掷硬币或猜拳来决定);
④求助(请教老师或大人);
⑤说明(向对方讲明理由);
⑥转移(参与到另外一项活动中);
⑦走开(不继续争吵);
⑧暂停(先冷静一会儿,再解决问题);
⑨让步(想想对方的需要);
⑩道歉(自己错了勇敢承认)……

二、亲社会行为的学习

亲社会行为包括帮助、分享、谦让、关心、安慰、协商、合作、尊敬长辈等,是儿童社会能力中最具有社会评价意义的部分。

（一）儿童亲社会行为的分阶段培养

皮亚杰、柯尔伯格、苏波茨基的品德研究与儿童的亲社会行为关联紧密,他们的研究成果对我们多有启示。

2～3岁儿童,还处于前道德阶段。但这个阶段是对儿童进行最初道德影响的阶段,成人要向他们提出基本规则,但不可有过高要求。

3～5岁儿童,已经可以表现出一定水平的口头道德,这个阶段是帮助儿童言行一致的关键期。我们工作的着眼点是怎样使儿童在实际道德情境下产生道德行为的动机。由于这个阶段,儿童对道德规则的理解有限,加强外部监督、合理奖惩,是激发其行为动机的有效手段,同时,在行动中让他们明白其中的道理也很重要。

5～7岁儿童,有不少已经可以表现出实际的道德行为,即便出于实用动机的儿童占相当比重,但也体现出他们对别人评价的关注超出了对物质利益的关心,而道德正是受舆论和良心支持才得以发挥作用的。这个阶段是帮助儿童的道德动机由关注舆论提升为道德良心的关键期,工作的重点是弱化外部监督和奖惩,把成人与孩子之间、同龄伙伴之间的利他主义交往,以及鼓励儿童根据道德原则作出自我评价放在第一位。要特别注意的是,让儿童看到成人为他们的付出并没有委屈和抱怨,而是付出后获得的道德愉快和精神享受;同时,让儿童在亲社会行为中获得道德愉快,以形成乐于利他的动机。

（二）移情能力的培养

在学前儿童的亲社会行为的学习中,儿童移情能力的培养显得尤为重要。移情是个体由真实或臆想他人情绪情感状态引起的并与其一致的情绪情感体验。具有较高移情能力的人,看到他人处于困难、痛苦、危险的境地时,会感同身受,挺身而出,做出助人的行为。移情能力低的人,面对同样情境,因为无法体察别人的感受,常常会置若罔闻,无动于衷。对学前儿童移情能力的培养,可以通过表情识别、情境理解、情感换位、角色扮演等方法进行。比如,在通过图画讲故事时,有意引导儿童观察故事中人物的表情,让小朋友联想他(她)碰到了什么事,会有什么心情,如果换做自己,会有什么心情,等等。再比如,让那些喜欢抢占别人东西的孩子扮演被抢占者角色,让他们谈谈自己的心情。

（三）合宜行为方式的学习

学前儿童亲社会行为的学习还要落实到合宜的行为方式。英国学校德育专家麦克费尔(Mcphail)提出的体谅模式也为我们提供了很好的范式。

麦克费尔的主张主要有三。一是亲社会行为的培养应立足于儿童的需要。爱与被爱是人类的基本需要,关心人和体谅人不仅是利他行为,更是一种能够满足自己基本需要的行为,亲社会行为可以从满足儿童的这一需要入手。二是人与人之间,差别是表面的,相似性是深层的,所以能够相互理解、相互体谅、相互关心。儿童内心有对人友好的需要,但在面对实际的人际情境时,所作的反应及其结果却不一定符合初衷,所以如何关心人和体谅人是亲社行为学习的重点。三是麦克费尔把学生的体谅反应归为成熟度不同的三种,据此提出了让儿童从试验性反应入手,以促进他们亲社会行为的发展的主张。

麦克费尔的主张来自于他的实证研究。比如,给学生一个情境,要求学生回答:"一个跟你同岁而且要好的同学,因为你不知道的原因,显得十分心烦意乱,你怎么办?"他把学生对此问题的 11 种反应分为三大类:成熟性反应、试验性反应、不成熟反应。详细信息如下表 8.3.3 所示。

表 8.3.3 学生对人际情境的反应类型①

反应的类型与成熟度			对人际情境的反应
不成熟反应	被动性反应	被动反应	不管不问
		被动的情绪性反应	感到不安,但不知如何是好
	依赖性反应	依赖成年人的反应	向某个成年人反映这种情况
		依赖同伴的反应	向别的朋友谈论这种情况
	攻击性反应	攻击性反应	叫他(她)振作起来
		极具攻击性反应	取笑他(她)
	回避性反应	回避性反应	回避他(她)
试验性反应	试验性反应	试验性的不成熟反应	试着问自己的朋友怎么办
		试验性的老练反应	设法同他(她)交谈
成熟性反应	成熟性反应	成熟的习俗性反应	安慰他(她)
		成熟的富于想象力的反应	设法使他(她)对正在发生的事情感兴趣,同时给予力所能及的帮助,如果他(她)需要的话

成熟的富有想象力的反应,以有独创性、公平而有效地解决社会问题为特征,其行为是一种乐于帮助有困难的人,并乐于解决社会困难的富有道德意义的行为。但儿童不可能一步到位,可以鼓励他们自由地试验各种不同的身份和角色,在不断总结经验中达到成熟。虽然麦克费尔的主张主要是针对学龄段儿童提出的,但对于学前儿童亲社会行为的养成,提供了思路和借鉴。

三、社会适应能力的学习

社会适应能力主要指幼儿对陌生人、陌生环境、陌生事物的适应。

总体讲,学前儿童对父母的依恋还是相当强烈的,适应陌生人、陌生事物、陌生环境,是他们人生面临的最初挑战和考验。

---

① 袁振国. 当代教育学[M]. 北京:教育科学出版社,1999:253.

(一) 与适应相关的儿童心理

了解学前儿童与适应相关的特有心理,是帮助他们提高社会适应能力的前提。

1. 学前儿童的恐惧心理

恐惧是人对真实或可感知到的威胁所产生的害怕、想要逃避的情绪反应。

学前儿童对身外的世界既有探索的强烈需要,又有对这个未知世界的各种恐惧。而这种恐惧,可能会让他们在探索各种新事物时,因害怕而止步。

学会害怕是人类适应环境的必然结果,人类祖先能在身处洪水猛兽的原始环境中生存下来,恐惧反应是他们保护自己的本领之一。恐惧可以使人做好准备避免危险,或在危险不可避免时抵抗伤害或压力。当然,过度恐惧也会使人陷入混乱,丧失战斗力。

一些心理学家从进化心理学的角度解释陌生恐惧这种现象。自然界的很多迹象预告着即将发生的危险事件,当一些情境经常地与危险相联结时,通过物种的长期演化,对这些情境的恐惧与回避,就成为与生俱来的本能,这种本能作为一种"生物学的程序",通过遗传传给下一代。但这种对陌生事物恐惧的预成程序在出生时还没有展开,因为新生儿的认知能力还不成熟,他们需要时间去辨认什么是"熟悉的",并且把这些人、物体和事件与不熟悉的事物区分开来。一旦这种辨别成为可能,婴儿身上那种由遗传获得的"对不熟悉事物的恐惧"就会迅速表现出来:害怕陌生人、陌生环境,以及和熟人分离后的"陌生场面"。

还有一些心理学家从学习的角度解释陌生恐惧的形成和消退,认为是儿童知觉和认知发展的自然结果。以陌生人恐惧为例,随着儿童的成熟,他们见到的陌生人越来越多,他们关于人的面孔的稳定、准确的知觉和记忆也越来越泛化。因此,2岁的幼儿见到陌生人的面孔就不再感到烦恼,因为他们知道,这些人无非是一些叔叔、阿姨、爷爷、奶奶之类,他们都很友好,并没有什么危险。

表8.3.4　不同年龄段学前儿童所表现的恐惧及相关因素

1~6个月	6~12个月	12~24个月	2~6岁
婴儿在早期听觉较为敏感,较大的噪音会使婴儿产生恐惧。避免连续让婴儿接受令他们恐惧的噪音。在婴儿害怕哭泣时,应给予足够的安抚	6~10个月的婴儿害怕陌生人,8~12个月的婴儿最怕被遗弃,他们并不明白消失的父母很快会回来。儿童的恐惧反应程度取决于亲人是否在场、与亲人的空间距离、环境熟悉度、以往与陌生人接触的经历、可供选择的反应方式(婴儿能否爬到妈妈或熟悉的人那儿去)及婴儿的个性特征、陌生人的特征、陌生人接近婴儿的方式等	儿童产生极为普遍的分离焦虑。儿童对分离产生的反应,主要取决于儿童过去的分离经验、认知水平、个性特点、社会交往能力、环境熟悉度、亲子关系,以及在分离时父母的行为	在入托、入园时再次出现分离焦虑。儿童的恐惧变得更为个人化,以想象性恐惧和对未知情况产生的预想性恐惧为主。比如,独处、黑暗、死亡、绑架者及抢劫者等。这些恐惧在4~6岁时达到高峰,此后开始下降

新精神分析学家埃里克森主张,在儿童早年安全感应多于恐惧感。因为学前阶段正是儿童建立对世界、他人、自己的基本信任和养成自主性、主动性的关键期。缺乏安全感的幼儿,更容易感受到威胁和孤独,因而会有更多更强烈的恐惧感。

2. 学前儿童的分离焦虑

分离焦虑是指幼儿与父母或其他依恋对象分离而形成的烦躁、忧伤、不安、紧张、恐慌等情绪。分离焦虑有两个高发期:儿童6个月以后,儿童入托入园时。

(1) 婴儿最初的分离焦虑

一般而言,儿童在6个月以前,只要有人能细心照顾他的需要,身心舒服自在了,他们对人的反应都是积极的。但是到了6个月之后,儿童开始害怕陌生人和陌生环境,8~10个月时最为严重,1周岁以后强度逐渐减弱。但这种陌生焦虑到三四岁时还没有完全消失,尤其是在陌生环境里接近陌生人时,他们还会表现出警觉。在产生陌生焦虑的同时,儿童也在产生着一种与最亲近的人之间特殊的依恋关系。当最亲近的人离开时,他们会表现出强烈的分离焦虑。越小的孩子,越会表现出紧紧抱着父母不放、害怕、大哭;而较大的孩子,则出现惧怕的表情、情绪非常不稳定、哭闹、耍赖等。

婴幼儿的这种对陌生人、陌生环境的恐惧,以及同时出现的分离焦虑,并不完全是坏事。从某种角度讲,陌生恐惧和分离焦虑是儿童心理发展的一个里程碑。陌生恐惧和分离焦虑,首先,标志着婴儿认知能力的发展,表明他们已能把熟人和生人区分开来,把熟悉的地方和陌生的地方区分开来,知道可以向亲人寻求帮助,这是他们的智慧和社会性继续向前发展的认知基础。其次,陌生恐惧和分离焦虑也表明了婴儿情绪情感的正常发展,当他们见到熟悉的亲人和熟悉的场合时,因为他们知道这些能给他带来欢乐和安全,所以他们就高兴和兴奋;反之,当身处陌生环境面对陌生人时,他不知道会发生什么,因此会担心和害怕。再次,陌生恐惧和分离焦虑还具有一种使幼儿避免受到危险环境和不友好的陌生人伤害的保护功能。但是,陌生恐惧和分离焦虑也有消极作用。尤其恐惧和焦虑的程度非常严重时,它的消极作用就更明显了。这些消极情绪会限制孩子的正常活动,限制他们与别的孩子交往,失去许多有利于身体发育和心理发展的机会。

(2) 幼儿入托入园时的分离焦虑

被送入托儿所、幼儿园,导致儿童的分离焦虑的再一次爆发。

当幼儿刚被送到幼儿园时,幼儿都会出现不同程度的焦虑反应。不愿意亲人离开自己,紧紧地拽住亲人的手或衣服不放手;大声地哭喊、吵闹,甚至在地上打滚;大发脾气,使劲跺脚、摔东西;当老师过来抱时,有的拒绝、挣脱,甚至呕吐,拼命地想离开幼儿园;有的顺从但会默默流泪,不说话,不与大家玩儿,寻找自己的依恋物。这些情况在小班入园一周内经常发生,随着时间的推移,分离焦虑会减轻并消失。但有些孩子不愿上幼儿园的情况会延至较长时间。

以弗洛伊德精神分析理论解释儿童的入园焦虑,主要缘于孩子与家人分离时产生了"倒退"。幼儿入园时认知已经达到了永久性客体形成的年龄,应该知道家人走了还会回来。但当一直相伴左右的父母或祖辈一旦离开,强烈的陌生焦虑就会让儿童用倒退到更小年龄孩子行为的方式来摆脱"困境",哭闹挣扎,吸吮手指,尿湿裤子,想逃离幼儿园等。并且,亲人的离开,意味着原有的依恋关系被打破,从早到晚面对的是陌生的教师、小朋友和周围环境,一些需要不像在家时能得到及时满足,加上活动的相对不自由和一系列集体生活规则的约束,加剧了幼儿的不安全感,这些都可能成为分离焦虑延续的原因。

幼儿的入园焦虑还表现出个体差异,主要缘于以下因素:

(1)个性特点

一般来说,外向型的幼儿对新环境的适应能力相对比内向型的幼儿要强一些。曾有人进行过相关调查,发现有较少比率的外向型幼儿会出现分离焦虑,其表现往往是雷声大雨点小,来得猛去得快;有较大比率内向型幼儿出现分离焦虑,由于他们不主动与人交往,不主动亲近教师和同伴,不主动参与各类活动,表现出的分离焦虑更强烈和持久,如不停哭泣、少言寡语、不吃不睡。

(2)依恋类型

焦虑型的儿童表现出较强烈的分离焦虑。究其原因,焦虑型依恋的形成与抚养者与孩子有更多的身体亲近,很少放手让孩子脱离自己独立地去探索环境有关,在隔辈抚养中尤为严重。调查发现:由父母和保姆带的孩子相对适应能力较强,而祖辈抚养或祖辈和父辈一同抚养的孩子,往往因享受着众星捧月的待遇,所以对外界环境的适应能力相对较弱,在与亲人分离时表现出高依恋高焦虑。

(3)社会化程度

有研究发现,幼儿分离焦虑的出现概率与幼儿成长过程中接触社会的程度相关。经常与其他孩子交往,或参加更多社会活动的幼儿出现分离焦虑的概率较小,经常待在家里的幼儿出现分离焦虑的概率较高。同伴交往有着与成人交往所无法替代的特殊作用,同伴关系建立越早对幼儿社会性、他人意识的萌发越有好处。

(二)儿童社会适应能力的学习

1. 疏导怯生和胆小心理

(1)疏导怯生心理

首先,婴儿的怯生不是生而有之。小于4个月婴儿不会认生。他们对一切新奇的事物,包括对陌生人,都会表现出极大的兴趣,对任何人的引逗,都会报以喜悦与微笑。4~5个月婴儿,对陌生人开始出现"警惕地注意"现象。他们会来回地注视、比较陌生人与熟人(主要是母亲)的面孔,对陌生人的脸注视的时间会更长些。5~7个月,在陌生人面前婴儿会出现较明显的严肃、紧张的神态。7~9个月,有些婴儿面对陌生人会有苦恼、哭叫、回避等较强烈的情绪反应。心理学的研究表明,并不是所有的婴儿都有认生表现,安静内向的孩子更容易怯生。

上述关于怯生的年龄特点提示我们,父母要抓住出生后3~4个月以前的婴儿不认生这一时间段,多带婴儿到更广阔的天地里活动,接受丰富多彩的刺激,特别要让孩子接触各式各样的人群,熟悉男女老少包括成人、儿童的各种面孔,尽量多地接受他们的引逗与交往,包括把玩各种不同的玩具娃娃。对安静内向的婴儿,更要有意创造与人接触的各种条件与环境,例如,经常带孩子到亲朋好友家串门,或邀请他们来自己家做客,以提高他们对陌生人的耐受性。父母可设计孩子喜爱的玩具、糖果之类物品与陌生人同时出现的场景,这样孩子多次体验到良好的刺激总是伴随着陌生人,慢慢地对陌生人的恐惧感就会降低。父母带特别怕生的孩子参与群体活动前,要事先带他熟悉环境,群体活动中要避免众多陌生的面孔同时出现,或众多的陌生人争抢着逗他、抱他。

我国心理学者陈会昌提出帮助孩子克服怯生的基本思路是"让陌生不再陌生"。

①熟人在场。一项研究发现,如果坐在妈妈腿上,大多数6～12个月的婴儿并不一定对陌生人表示出特别的警觉;但是,假如他们坐在离妈妈一二米远的地方,他们就会眼泪汪汪,又哭又叫。所以,妈妈要做好孩子的"安全基地",不要随意离开他,要慢慢加大和孩子的空间距离,鼓励孩子离开自己的怀抱,逐渐接近陌生人,但千万不要强迫他。另一项研究发现,当带着孩子的父母向陌生人表达热情的问候,或以热情的语调向婴幼儿介绍陌生人时,孩子的怯生也会减弱。因为爸爸妈妈的这些举动引发了儿童心理上的社会参照,他们感觉到,如果爸爸妈妈喜欢那个人,他就可能真的不可怕。

②使环境显得更"熟悉"。儿童在比较熟悉的环境中产生的陌生人焦虑比在不熟悉环境中少些。例如,只有少数10个月的婴儿在家里对陌生人表示警觉;但大多数孩子在不熟悉的实验室里接受测试时,都对生人作出消极的反应。因此,可以把儿童活动的场所布置得在孩子眼里更像家庭,比如,有毛绒玩具、活动玩具,墙上挂几张儿童和动物画片,等等。另外,让婴幼儿熟悉陌生环境也很重要,心理学实验证明,如果把10个月龄的婴儿领进一间陌生的屋子后,只过一分钟,陌生人就和他们接触,那么他们中的绝大多数会产生恐惧;但如果让他们花10分钟的时间熟悉环境,只有大约一半的孩子对陌生人作出消极反应。所以,先熟悉环境再接触生人是可行的办法。

③不要做冒失的陌生人。婴幼儿对陌生人的反应常取决于陌生人的行为。一位研究者发现,如果一个陌生人先让孩子占有主动地位并控制他们之间最初的相互作用,在孩子眼里这个成人就容易变得更"友好"。相形之下,假若陌生人冒失失地很快与孩子接近,并试图控制他们的行为,例如,让他们坐着不动或想把他们抱起来,就会引起孩子的恐惧感。所以,成人和孩子接触时不要显得太冒失,开始接触时给孩子一个熟悉的玩具或建议玩儿一个熟悉的游戏,非常小心地与孩子开始交往,并让孩子掌握他们之间活动的速度,更容易建立起他们之间良好的互动关系。

④尽量使自己在孩子面前显得不太陌生。陌生人焦虑在某种程度上还取决于陌生人的外貌。由于婴幼儿在日常生活中形成了熟人容貌的心理表象(或称图式),他们就可能害怕那些容貌与已有图式不相像的人,所以陌生人会引起婴幼儿的警觉。成人不可能改变自己的外貌(如大鼻子或戴眼镜),但他们可以尽量表现出孩子常见的普通人的样子。最初和孩子接触时,如果使自己看上去像个"大孩子",天真、活泼、笑声朗朗,会更容易与孩子迅速地建立起亲密关系。另外要特别注意,当孩子不愿和陌生人交往时,不要强迫,不要训斥,要慢慢来,自然而然地使婴幼儿不再怯生。

(2)克服胆小退缩

有些孩子表现出胆小害羞,他们在幼儿园里,总是与少数固定的几个小朋友玩儿,从不主动去结交更多的同伴;当老师要求在小朋友面前发言或表演节目的时候,胆小退缩的孩子总是声音很小、脸红害羞,不敢大大方方地表现自己;在遇到陌生情境或陌生人的时候,就会不知所措,躲在父母身后。这种孩子在父母和老师的眼中可能是安静、听话的"乖孩子",但是,他们在人际交往中缺乏主动性,不会有太多的朋友;在面对竞争和挑战时,往往会因为害怕失败、被人评价而退缩不前,从而失去了许多发展的机会。

美国心理学家凯根系统深入地研究了这种胆小退缩的行为。他提出,在面临陌生情景的最初的大约10~15分钟内,儿童所表现出的敏感、退缩、胆怯的行为即为抑制性行为,他把在大多数类似情况下表现出这种行为的儿童称为抑制型儿童。他考察了抑制型儿童和非抑制型儿童的分布,发现极端抑制和极端非抑制类型的儿童各占15%,而剩下的70%属于中间类型。凯根等人还作了不同文化环境中抑制性行为表现的跨文化研究。对美籍华人婴儿和美国白人婴儿的纵向研究发现,当遇到不熟悉的成人或儿童时,华裔儿童比白人儿童更沉默寡言,更害羞、恐惧;当他们的母亲短暂离开后,他们哭得更厉害。其他的研究结果也表明,中国、印度尼西亚、泰国和韩国的儿童,在面对陌生环境时,比北美的儿童更焦虑、敏感、被动消极、沉默寡言、拘谨。

关于胆小退缩行为形成的原因,主要有以下几个因素。一是生物遗传因素。那些胆小、退缩的儿童,其父母往往也是胆小退缩的人,不可否认其间有一定程度的遗传作用。二是东西方文化差异。西方文化崇尚个体自主,在具有挑战性的情景中果断、独立、善于表现自我,是成熟的表现。而在中国文化中崇尚克己谦恭、服从权威、谨小慎微、谦让内敛,往往被认为是好的品质。三是父母教育方式。抑制型儿童更多地生活在控制和保护的家庭中,父母过于严格和要求过高,父母过多保护和代替,使得孩子愈加胆小和退缩。

成人帮助胆小退缩的孩子可以从以下几个方面着手:

①给孩子提供或创设有较多游戏伙伴的机会。胆小害羞的孩子因为缺乏交往主动性,他们的同伴圈子往往很小,如果一直只限于和几个小朋友交往,就会变得越来越孤僻。所以,父母应该尽量带孩子去一些有较多游戏伙伴的地方,如利用节假日带孩子去游乐场、公园、动物园等孩子比较多的地方,引导孩子主动与其他小朋友结识、玩耍。当孩子表现出害羞胆怯时,成人不是训斥或表现出失望,而是鼓励孩子,增强孩子的勇气。

②有意识地引导孩子有礼貌而无拘束地加入到社交氛围中去。成人要有意识地引导孩子多接触社会,了解社会中人与人是如何交往的。父母可以有意识地教给孩子一些力所能及的事情,如:孩子要吃雪糕时,把钱交给孩子,让孩子自己去买;在饭店吃饭时,需要餐巾纸等一些小东西时,让孩子去要;可以带孩子参加一些同事或朋友的聚会,把自己的孩子介绍给其他人,不要过多地评论孩子;鼓励孩子与人打招呼,如果孩子害羞没做到时,不要当众批评孩子,而是在之后给孩子讲清道理;幼儿教师要给抑制型的孩子更多的机会,让他们和非抑制型的孩子结对子玩儿;让他们展示自己的长处,如画的画、做的手工;如果孩子努力了,还是做不好时,肯定他们的努力,并给予具体帮助。

③不要对孩子要求过高、约束过多。要把孩子当孩子,欣赏他们好动爱玩儿的天性,让孩子在自由成长的空间里尽情表现他们的童心童趣;还要把孩子当做一个平等的人来对待,尊重孩子的兴趣和选择,而不是按照成人自己的意愿提出这样那样的要求,强迫孩子服从。

④改善孩子胆小害羞的性格需要循序渐进。孩子胆小退缩的性格不是一朝一夕形成的,因而想要改善它也不能急于求成。比如,让那些不敢在公众场合说话、胆小害羞的孩子在短时间内转变成为一个能言善语、胆大自信的人是不现实的,特别是当他们做不到时,当众训斥批评,对他们伤害更大。因为这些孩子对别人特别是父母、老师的评价尤为敏感。如果这些

人对他们进行了否定,那他们就真的认为自己不行。

可以为胆小退缩的孩子制订一个"行动计划"。比如,针对孩子不愿与人说话的特点,第一步是家里来了客人时,引导孩子与客人打招呼;第二步是引导孩子与邻居的孩子交往;第三步是带孩子到儿童游乐场所去结交一些陌生的小朋友;第四步是鼓励孩子在幼儿园积极发言,说错了不要紧……诸如此类,循序渐进地引导孩子。需要注意的是,在做每一步的时候,不要强迫孩子,更不要批评和否定孩子,要特别肯定孩子的勇气,及时称赞孩子的微小进步。

2. 帮助幼儿适应幼儿园新环境

根据幼儿入园焦虑的种种表现及其影响因素分析,从幼儿园、幼儿教师、家长三个方面提出如下建议:

(1)幼儿园方面的措施

幼儿园生活是幼儿成长过程中一个关键转折期:幼儿走出围着他转的家庭,第一次步入较正规的集体生活环境,对培养幼儿社会能力起着重要作用。为使幼儿适应这种新生活,幼儿园的整体工作至关重要。

①创设轻松愉快的环境。

庭院设施设计。我国著名教育家陈鹤琴曾说过:"小孩生来就是好动的,是以游戏为生命的"。玩儿是幼儿的天性,所以需要增添户外活动环境的自然情趣和魅力。日本幼儿园注意把一些游戏设施、器材与自然环境很好地融合起来。如"大树周围的攀登架"、"树上悬挂的绳梯",使幼儿在自然环境中自由娱乐。它与机体的快感相联系,可消除紧张状态,从而缓解分离焦虑。

活动室布置。精心布置活动室和活动角。在活动室墙面上可贴一些可爱的小动物形象,有趣的故事情节,让墙面说话,调动幼儿的兴趣。面对眼前花花绿绿的世界,可以吸引孩子的注意力,减缓分离焦虑。

提供新颖、丰富多彩的玩具。现代家庭中常见的电器、桌椅、床铺、小厨房等"模拟设施"能使幼儿体验熟悉的生活环境,减少对新环境的陌生感。

②减少家长的分离焦虑。

家长在孩子上幼儿园时,也会产生分离焦虑,减少家长分离焦虑的方法有以下几点:

第一,开放幼儿园。让即将入园的家长和孩子参观幼儿园,熟悉幼儿园情况。

第二,让家长感受幼儿教师的精神风貌。如教师认真倾听家长对自己孩子生活习惯和脾气禀性的介绍,善意地提醒家长为孩子入园需要做的准备。家长感受到教师的工作是非常细致周到的,就会减少焦虑。

第三,让家长了解自己孩子在幼儿园里的活动及生活内容。有计划地邀请家长观摩课堂教学,参与幼儿的活动,及时地让家长了解自己孩子的进步。如利用摄像设备,拍摄孩子在幼儿园生活的"写真",放映给家长看。

第四,"安民告示"。通报幼儿园作息制度、每周食谱、活动安排、对家长的服务项目等,加强与家长的电话联系或网络沟通。

第五,开设家长学校。为家长提供科学育儿和家园合作的知识和方法。

(2)教师常用的策略

①遵循分离焦虑规律开展工作。有实践工作者总结,幼儿入园后的分离焦虑呈"U"型分布。幼儿的分离焦虑在入园第一天最明显,之后有所减缓,到第二周焦虑又呈高升趋势,以后还有间歇性发作。主要原因是儿童最初的分离焦虑很快被好玩儿的游戏和新奇的玩具以及热闹的场面化解。但对新奇、有趣的东西习以为常后,他们的头脑中会重现以往家里熟悉的、亲热的情景,又开始对这个陌生的环境和陌生的人群感到不安和排斥。特别是后来整个课程设置走向常规化,幼儿一下子较难适应。所以幼儿教师要在儿童焦虑的高峰期加大工作力度。

②理解儿童和感化儿童。教师既然懂得了幼儿分离焦虑是其害怕陌生环境的本能反应,就应当同情并允许幼儿哭闹,让幼儿得到适当的宣泄。幼儿教师要善于向幼儿表达喜爱之情,尽量满足幼儿的合理要求,多用拥抱、拉手等肢体语言,多用温柔亲切的语言,如呼唤孩子时叫其乳名,让幼儿感受到教师的友好和亲切,成为幼儿新的"安全基地"。还可以创设亲情化的班级环境和心理环境,如展示全家福照片,给孩子们准备一些符合他们口味的零食,让孩子们带一两件在家时最喜欢的物品,等等。

③设计丰富多彩的游戏活动。对于初入园的幼儿来说,游戏至少有三个功能。一是游戏中新颖的玩具可以吸引幼儿的注意力,使其暂时忘却不愉快的事。二是游戏与身体的快感相联系,可缓解紧张状态,给孩子们带来巨大的快乐。三是游戏可以增加幼儿交往的频率。幼儿在共同玩儿游戏时,会引发幼儿的目光对视、身体接近、手指接触以及随之而来的言语交流。所以,游戏可以帮助幼儿尽快熟悉起来,在同龄伙伴中找到安全感和归属感。

④运用文学作品和文艺形式陶冶心情,树立榜样。文学艺术活动是最富有感染力、也是幼儿所喜爱的活动形式之一,在艺术作品的欣赏和表演过程中,会使幼儿从中得到启发和陶冶,如故事《高高兴兴上幼儿园》,诗歌《幼儿园里朋友多》,歌曲《我爱我的幼儿园》等,会使幼儿从中受到教育和启发。

⑤有针对性地帮助幼儿化解焦虑。儿童分离焦虑有不同表现,哭闹不止的儿童由于当下的身心变化强烈,简单的亲近方式和玩具,都无法消除他们的不安全感,适宜的方法是让他们有一定时间的宣泄,不能用强制性的训斥和恐吓把幼儿的哭闹压下去。之后就要哄拍幼儿,逐渐平息他们不愉快的情绪。安静内向的儿童哭闹表现不强烈,但内心的不安全感更强,这类幼儿往往借助玩具来安慰自己,不愿接近陌生人。幼儿教师要有耐心,采用允许他们独处、欣赏他们的沉稳细腻、让他们在群体中做"听众",或把自己喜欢的东西讲给别人听等方式逐步摆脱焦虑感。可以把活泼、乐群的儿童作为"快乐的种子",多表扬他们乐与人处的行为,促使其他小朋友效仿;多分配任务,让他们带动其他伙伴一起活动。

⑥重视与幼儿家长沟通。通过与家长沟通,幼儿教师可以了解儿童的个性特点和生活习惯,便于因人施教。作为家长也容易配合幼儿园,制订与幼儿园相仿的作息时间制度,培养幼儿良好的生活卫生习惯,缩小家园生活的差异。

(3)家长常用的策略

①入园前有缓冲期。针对幼儿产生的"妈妈不见了"的倒退行为,入园前可以用玩儿捉迷藏的游戏来化解这种倒退。可以先在熟悉的环境里让孩子找藏起来的父母,为安全起见,父母中的另一方可以陪着孩子一起找;以后可慢慢移至不熟悉的环境玩儿捉迷藏,让孩子明白,

即便妈妈爸爸不在身边,他们的爱永远都在。家长要有意识地扩大孩子的活动空间和交往范围,使孩子初步建立对外部世界的信任感和安全感。对于要去的幼儿园,父母可以利用周末或晚饭后时间带幼儿到幼儿园参观、游玩,以熟悉环境,回家后可以让幼儿回忆去幼儿园的路线表象以及幼儿园的场景,使其对幼儿园产生一种良好的印象。

②调整生活习惯。在孩子入园前后,家长应该给予生活技能上的指导,如调整好孩子的生物钟,使起床、午休等的时间与幼儿园作息时间基本接近;要求孩子坐在桌子旁自己吃饭,不能在吃饭时随意走动;指导孩子试着在大小便时自己脱、提裤子;自己洗手,自己睡觉,认识自己的物品,等等。有意识地培养孩子的独立性,培养他们简单的生活自理能力。更重要的是,让孩子们觉得自己长大了,不再是一个什么都不会的"小娃娃"了。

③坚持送幼儿入园。使幼儿分离焦虑延续的一大原因是父母的一时不忍心,隔三差五地让孩子在家休息,导致幼儿每次来园都哭闹不止,形成恶性循环。坚持每天送幼儿入园,可以帮助幼儿迅速融入集体生活。在孩子哭闹紧抱大人不放时,不要以哄骗的方式安抚或编借口离开,这种做法非但不能缓解幼儿分离焦虑现象的发生,反而会影响孩子对父母的信任度,加剧孩子的分离焦虑。

④正面引导。在接孩子回家后,可经常有意识地一起回顾白天在幼儿园发生的趣事,帮助幼儿建立"幼儿园像我家"的温暖感觉。切忌以"送幼儿园""告诉老师"来恐吓孩子,造成孩子对幼儿园、对老师的恐惧心理;也不要当着孩子的面发泄对老师和幼儿园的不满。

【本章内容概览】

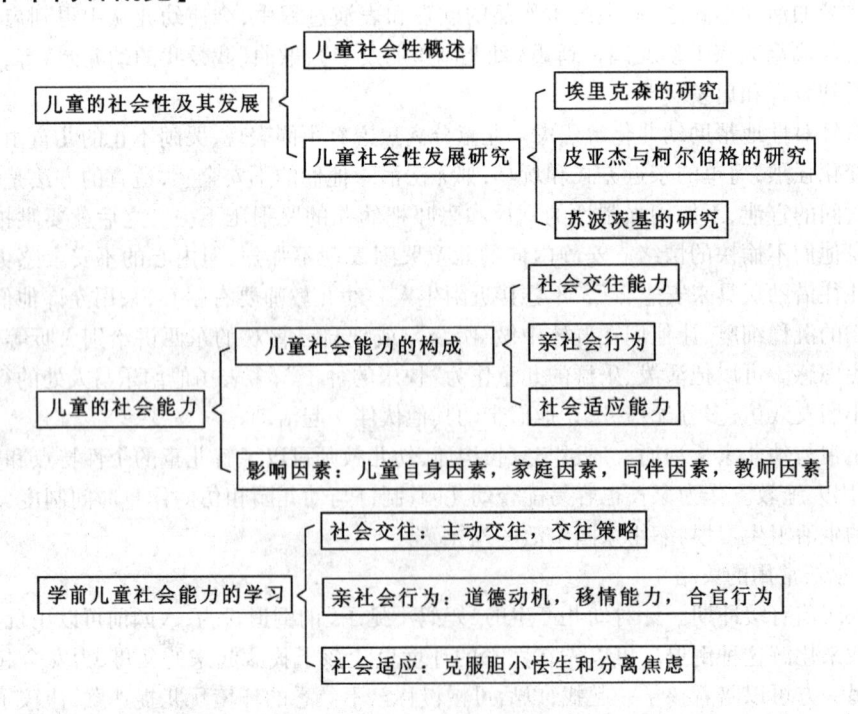

- 儿童的社会性及其发展
  - 儿童社会性概述
  - 儿童社会性发展研究
    - 埃里克森的研究
    - 皮亚杰与柯尔伯格的研究
    - 苏波茨基的研究
- 儿童的社会能力
  - 儿童社会能力的构成
    - 社会交往能力
    - 亲社会行为
    - 社会适应能力
  - 影响因素:儿童自身因素,家庭因素,同伴因素,教师因素
- 学前儿童社会能力的学习
  - 社会交往:主动交往,交往策略
  - 亲社会行为:道德动机,移情能力,合宜行为
  - 社会适应:克服胆小怯生和分离焦虑

【思考题】

1. 学前儿童的社会性学习包括哪些方面?
2. 埃里克森、皮亚杰、柯尔伯格、苏波茨基等心理学家的理论,对理解学前儿童社会性发展的意义是什么?
3. 学前儿童的社会能力构成的三大方面是什么?
4. 亲子依恋类型是怎样影响学前儿童的交往态度的?
5. 谈谈帮助学前儿童习得亲社会行为的个人主张。
6. 从幼儿园、幼儿教师、幼儿家长几个方面,怎样帮助学前儿童克服入园焦虑?

第九章　学前儿童创造性的发展与教育

【问题求索】

1. 学前儿童创造性的特点是什么？
2. 学前儿童创造性的发展阶段有哪些？
3. 如何支持学前儿童的创造性？

人类历史能够不断前进，能够出现一个又一个的新辉煌、新突破，都要归功于人类的创造性。没有它，就不会有新的发明、新的科学研究成果、新的艺术和新的社会制度。此外，创造性对于个体工作和日常生活也有着巨大的价值。所以，从小开始培养儿童的创造性，受到了广泛而高度的关注。

福禄贝尔从宗教的神秘主义思想推断：上帝是富有创造精神的，上帝按照自己的形象创造了人，人也应该像上帝那样从事创造性的活动。人类的劳动是创造性的活动，儿童也应该通过劳动、生活和活动来表现和发展其创造性。陶行知说："处处是创造之地，天天是创造之时，人人是创造之人。"科学创造心理学的奠基人吉尔福特认为："创造力是指种种基本能力的组织方式，这种组织方式是随不同范围的创造性活动而不同的，每一种基本的能力都是一个变量……"①

第一节　认识创造性

在过去的20多年里，有关创造性的认识发生了急剧的变化。首先是一种纯粹的认知观点主宰了关于创造性的研究领域，并通过心理测量的方法来衡量个体创造力的大小，最近的理论提出创造性需要许多因素集中在一起才能显示，而且每一个因素只有达到并超过了最低水平才能促发创造性，即使在某一因素上的强势（如毅力）可以弥补另一因素上的弱势（如不利于创新思维的环境）。

一、心理测量观点

心理测量观点认为：认知水平决定了创造性。所以，学者们通过智力测试来反映个体的创造性，通常使用的测试内容是求异思维和求同思维。求异思维是指当面对一项任务或一个问题时，产生多种不寻常的可能性；而求同思维与之相反，侧重于对同一问题的唯一答案。研究者们设计的求异思维测验包含三类问题：词汇、图画和"真实问题"等。

---

① J. P. 吉尔福特. 创造性才能[M]. 北京：人民教育出版社，1991：27.

词汇测试可能包括以下几种题型。(1)词语流畅性：迅速写出包含某个字母的单词。例如："O"——load,over,pot……(2)观念流畅性：迅速列举属于某一种类事物的名称。例如"能燃烧的液体"——汽油、煤油、酒精……(3)联想流畅性：列举近义词。如"艰苦"——艰难、困难、困苦……(4)表达流畅性：写出每个词都以特定字母开头的四词句。如"K、U、Y、I"——Keep up your interest,Kill unless yellow insects……(5)非常用途：列举出一个指定物体的各种可能的非同寻常的用途。如"报纸"——点火、包装箱子时作填充物……(6)解释比喻：以几种不同方式完成包括比喻的句子。如"一个女人的美丽就像秋天,它……",答案可能是"在还没来得及充分欣赏时就消逝了"……(7)效用测验：尽可能多地列举每一件东西的用途。如罐头盒——作花瓶、切饼……根据回答总数记观念流畅性的分数,根据用途种类的变化记变通性的分数(属于同一范畴的用途只能记一分)。(8)故事命题：写出一个短故事情节的所有合适的标题。例如："冬天快到了,商店新来的售货员忙着销售手套。但他忘记了手套应该配对出售,结果商店最后剩下100只左手的手套。"答案可能有只有左手的人,新职员,100只手套……可根据标题总数(思想流畅性)及有创见的标题数目(独创性)进行记分。(9)推断结果：列举一个假设事件的不同结果。例如："假如人们不需要睡眠会产生什么结果?"答案可能是：干更多的活,不再需要闹钟……(记分方式同故事命题的记分方式)。(10)职业象征：列举一个给定的物体或符号所象征的职业。如"灯泡",答案可能是电气工程师、灯泡制造商……

图画测试可能是以下几种。(1)组成对象：利用一套简单的图案。如圆形、三角形等,画出几个指定的物体,任一图案都可重复或改变大小,但不能增加其他任何图形。(2)绘图：要求将一简单图形(如圆形)复杂化,给出尽可能多的可辨认的草图。(3)火柴问题：移动特定数目的火柴,保留特定数目的正方形或三角形。(4)装饰：以尽可能多的不同设计修饰一般物体的轮廓图等[①]。

"真实问题"测试是给孩子一个日常难题(例如运用一张破损的三条腿的椅子放在一张桌子上),要求他们提出解决方案。

每一种测验都可按照儿童产生的主意的数量、主意的灵活性及它们的来源来评分。比如,说一张报纸可以用来做"自行车把手"的主意,将比说它能用于"擦玻璃"更不寻常,得分也将更高。

通过求异思维测验,人们可以容易地测查出不同个体的创造性程度。但是,有人提出批评意见说,这些测验充其量不过是日常生活中创造性成就的不完善的预测手段,因为它们只测量了有关创造的复杂的认知这一因素,而没有涉及个性、动机和环境氛围等决定着有相关认知能力的人们是否去实现其创造潜力的因素。但总体而言,心理测量的观点在帮助人们理解创造性的相关技能上起了很关键的作用。

二、多因素观点

目前受到普遍赞同的观点,是创造性是由许多因素集中在一起才显示的,即由心理学家

---

① 郑日昌.心理测量学[M].北京：人民教育出版社,1999：371-374.

斯腾伯格和鲁巴特(Lubart)在他人和自己许多研究的基础上提出的具有代表性的"创造性投资理论",也被称为"创造力的多因素理论"。按照他们的观点,可以将影响创造性的因素分为四大类:认知、个性、动机和资源等。这四类因素所包含的资源如表9.1.1所示。

表9.1.1 创造力所需的资源①

认知	个性	动机	资源
*问题研究成果 *问题定义 *求异思维 *求同思维 *洞察过程 *竞争观点的评价知识	*思想的新颖风格 *对含糊的忍受力 *毅力 *冒险的愿望 *对自信的鼓励	*任务为中心而不是目的为中心	*有利于刺激活动 *强调智力好奇心 *接受儿童的个性特征 *提供与孩子才能有关的系统指导 *观点反应时间的有效性 *鼓励灵活地新奇地使用知识 *提供挑战性,扩大任务促进 *含糊的忍受力、毅力和承担风险 *强调任务为中心的动机

在这四类因素中,后三类是决定个体是否愿意创新的关键因素;而且每一因素都需有一最低水平才能促发创造性,尽管在一方面的强势(如个性)可以弥补另一方面的弱势(如环境)。此外,与以往的观点不同,多因素观点创造性既不是天生决定,也不是少数精英天生所有,而是许多人都可能在不同程度上发展创造性,且从早期就开始培养可能达到更高的创造性水平。

(一) 认知资源

创造性工作不仅仅需要问题解决能力,还需要问题发现能力、定义问题能力等一系列高层次的认知技能。研究发现,不管是儿童还是成人,最终产品越新颖,其投入到定义问题上的精力就越多②。有一项在小学生中开展的研究,要求小学生自由选择一物体并写一篇关于它的文章,结果显示致力于问题发现与定义的孩子,对物体的探索越多,写出的文章就越流畅、越新颖③。

求异思维是产生问题的创新解决办法的基本工具,从众多方案中选择出最好的答案,则需要求同思维,所以创造性既需要求异思维,同时也需要求同思维。有些在文学、艺术、科学、商业和其他领域上作出过杰出的创造性贡献的人们通常运用了类比和暗喻来识别独特的练习,其中多是顿悟,都运用了求同和求异思维。本书第六章提到的移民儿童创造了夏威夷克里奥尔英语,正反映了学前儿童也具有这种思维能力。

创造性思维是指有创见的思维,是创造活动的核心成分。吉尔福特通过因素分析实验研究,确定了创造性思维的基本特征:思维的灵活性、对问题的敏感性、观念的流畅性与首创性等。他并且认为创造性思维的实质是发散与转化。凡是有发散性加工或转化的地方,都表明

---

① ②③[美]劳拉·E·贝克.儿童发展(第五版)[M].吴颖等译.南京:江苏教育出版社,2002:486.

发生了创造性思维,其作用体现在,"我们经常需要找到一种能满足某种不同寻常的目的的物品,并需要重新做出界说"①。

此外,想要在某领域里取得富有创造性的成绩还需要相关的知识,没有它,人们不能认识或理解新主意。可能是因为这个原因,个人通常仅在一个或几个领域里表现出创造性。不管是杰出的创造者,还是普通的儿童、成人的经验,都只能在一个或两个领域里表现出创造性,这反映出创造成果在跨领域的相关性方面通常相当低,所以,高创造性通常被证明是特殊的天才。

近来,加德纳的多元智能理论告诉我们,每个人都具有多种智能,但其发展水平是不一样的。所以,后天的教育应为所有的儿童提供领域(也即专长)强化教育。

(二) 个性资源

"具有某种才能是一回事,启用这种才能是另一回事,而在需要时或在可以有效地使用这种才能时利用这种才能,则又是一回事;有些人具有某些才能,但他们的表现并没有达到他们可能达到的水平。"②吉尔福特认为,这与人们的人格特质有关。认知风格为场独立型的人更容易寻求转化,导致创造;偏爱发散性思维和渴望新体验的,具有多样性需求动机的人指向思维的首创性;自信心强,能力倾向偏冲动型方向的人更具创造性;对问题一直持开放态度的气质特性有助于创造性。

个性特征为创造性的认知要求提供了可能,确保它们能被应用和达到创造性的目的,以下几方面的个性对创造性至关重要。

(1) 创新的思维风格。有创造性的人不仅具有从新的视角看待事物的能力,而且他们也喜欢这样做。比起执行已经限定的任务来,他们更偏好允许创新性重构问题的结构松散的活动。而且有创造性的人更富有想象,创造性想象是创造的翅膀,它是创造活动的必要成分。

(2) 对模糊性的容忍与毅力。当问题各部分没有组合在一起时,创造性目标不可避免地处于不确定阶段。在这些时候,我们可能感受到放弃的压力或致力于第一个可行的解决方案(但不是最好的)的压力。在困难面前鼓励其耐心与毅力,可帮助孩子发展创造性思维。

(3) 冒险的愿望。当结果不确定时,创造性需要有"远离人群"的意愿以承担挑战。诱导风险导向的思想状态提高了求异思维的水平。

(4) 对自信的鼓励。因为他们的想法是新颖的,创造者可能不时地怀疑它们,特别是当怀疑的教师与同辈批评他们时。所以,独立判断和高度的自信是创造性活动所必需的。

(三) 动机资源

创造性的动机必须是任务焦点而不是目标焦点。任务焦点,如取得高标准的成功的愿望,使工作更有动力且对问题自身保持注意力。目标焦点,如取得高分数,获得家长或教师的奖励等,把注意力从任务上转移到其他目标上,这就会损害成效。这点对于学前儿童尤其关键。教师和家长的鼓励很重要,鼓励引导的方向更重要。如果没有鼓励,就可能没有创造性。

---

① J.P.吉尔福特.创造性才能[M].北京:人民教育出版社,1991:129.
② J.P.吉尔福特.创造性才能[M].北京:人民教育出版社,1991:131.

但如果鼓励都偏向于外在的目标焦点,可能使儿童偏离活动和真正的成功本身,而使其只关注奖励或惩罚。只有当鼓励偏向于内在的任务焦点,激发儿童的兴趣、好奇、热情等,更能促进其创造的意图、创造的动机、创造的欲望时,它才是创造活动强有力的推动力。

(四)环境资源

环境包括物质的和社会的两类条件,这些条件既可能是帮助新思想形成与发展的条件,也可能成为窒息它们的条件。因为条件的不同,一个小孩可能在一定条件下显示出创造性的天分,但在其他条件下则表现很普通。

有效的物质环境是指能够刺激和促进儿童创造性活动的物质条件。Albert(奥尔波特)等人在1994年对天才儿童和高成就成人的背景进行研究,发现他们的家中有丰富阅读材料和其他刺激性活动,父母强调智力的好奇心和高度接受他们孩子的个性特征。

有利于创造性发挥的社会环境是允许儿童冒险、挑战老师以及有充足的时间细想各种主意而不必着急地赶着做下一项作业的环境,这样的环境对儿童的发展大有裨益。托马斯(Thomas,1981)等人的研究显示,那些既不是指导过多也不是不指导的小学教师,他们带的学生在求异思维上得分较高。但现实中不幸的是,创造性在许多课堂上不被鼓励,包括幼儿园教育活动。掌握知识通常比灵活和创新地运用它们更多地被强调,导致儿童的思维建立了定势或局限于产生正确答案的普通联系,缺乏创造性思维的发展空间。

有效的社会环境还包括了对儿童合适而正确的评价。加德纳的多元智能理论近来已成为教育理论的基础,要求为所有的儿童提供"领域—专长"特殊教育,并评估儿童的优势与弱点,并在此基础上教授新的知识和创新思维。例如,通过讲故事或写作来培养和评估语言智力;通过绘画雕刻或分开与归集物件来培养和评估空间智力;通过舞蹈或哑剧来培养和评估运动智力。这些评估的方式本身所蕴涵的就是对学前儿童多样化创造性的认可。

第二节 学前儿童创造性发展的特点

一、学前儿童创造性的特点

学前儿童的创造性在质、量、目的性以及价值等诸多方面,都有着与其他年龄段儿童和成人的明显差异。

(一)学前儿童的创造力是不断发展变化着的

从出生到六七岁,婴幼儿的知识经验日益丰富,思维维度渐宽、个性和意志力等渐强,其创造性也在不断发展着。具体表现在:第一,学前儿童创造活动类型和范围有了变化;第二,学前儿童创造的目的性和指向性不断增强,随着自我意识的发展,学前儿童逐渐从无目的创造向有一定目的、解决问题式的创造过渡;第三,学前儿童的创造产品,由仅具有个人价值和意义逐步向具有社会价值和意义的方向发展[①]。

---

① 董奇.儿童创造力发展心理[M].杭州:浙江教育出版社,1999:97.

（二）学前儿童的创造力属表达式创造力

美国创造心理学家泰勒根据产品新颖独特性和价值大小的不同，将创造力从低到高划分为五个层次：表达式的创造、技术性创造、发明式的创造、革新式的创造和突现式的创造。泰勒指出，在这五个层次的创造性中，表达式创造（指以自由与兴致为基础，因情境而产生，随兴致而感发，但是却具有某种创意的行为表现）常见于儿童和青少年。所以，也可以说，学前儿童表现出的是初步的创造力，一般来说，还谈不上社会价值和实用价值，只具有个人价值。

（三）学前儿童的创造性具有原发性

学前儿童本身的特征刚好和创造性人格特征相一致：(1)有强烈的好奇心。学前儿童对外在世界充满了好奇心，对他们所接触的东西有着浓厚的探究兴趣。(2)有丰富的想象力。所有的创造都离不开创造性想象，而在学前儿童的创造力中，创造性想象的作用和地位更为突出。心理学的研究发现，幼儿园小班或更小的学前儿童的创造，实际上是一种无意想象的结果，而中班以上的学前儿童的创造主要是一种有意想象。学前儿童喜欢幻想，富于想象，他们在想象中进行创造，在想象中成长。(3)表现出率真与顽皮。(4)具有幽默感。普素清通过研究发现，学前儿童的幽默感具有形象性和重复性的特点，他们会对一些极为简单的笑料重复作出反应。不仅如此，学前儿童还制造幽默，"童稚趣语"是常见的幽默素材。可见，几乎所有的学前儿童都具有创造性。

（四）学前儿童的创造性思维主要表现为发散性思维

创造性思维既包括发散性思维又包括聚合性思维，不同水平的发散性思维和聚合性思维有机地结合在一起，构成不同水平的创造性思维。学前儿童的创造性思维主要表现为发散性思维。德国心理学家海纳特认为，学前儿童由于还未受到聚合思维的专门训练，因而他们的创造性思维（发散思维）的能力较强。这也再次证明了学前儿童是一个"天生的创造者"。创造性思维通常需要创造性想象的参与，而学前儿童在生活和游戏中表现出大量的再造想象和一定的创造性想象。

（五）学前儿童的创造有无外在目的性和范围无限性的特点

学前儿童专注于对外在世界的探索，在活动中总是忙得不亦乐乎，过程中充满了想象和创造，这些均不需要外在的目的和动机。正因为如此，学前儿童不会选择在一些活动中表现其创造性而在别的活动中不表现创造性，学前儿童的创造性表现范围广泛，几乎在其所从事的全部活动（游戏、音乐、语言、绘画、制作、身体运动，等等）中都能体现。

（六）学前儿童的创造始于模仿

模仿是一种再造和重复，常被认为是创造的对立面。但是对于学前儿童来说，许许多多的第一次模仿实际上也是创造。因为无论模仿的方式还是内容，对他来说，都具有新颖性和独立性。同时，通过模仿，学前儿童获得了关于动作、事物间联系的知识经验，悟出了在此之前他所不能理解和做不到的东西，为下一步的创造提供了条件和基础。因此，模仿可以说是学前儿童的类创造，其本身对学前儿童的成长具有重大意义。

二、学前儿童创造性的发展阶段

自吉尔福特将创造性思维的实质界定为发散与转化后,许多据此编制的各种创造性思维测验和创造力测验实际上都是发散思维测验。由王小英(2005年)等人在总结前人的创造力测验中自行编制了符号测验、用途测验、假想测验、操作测验、解决问题测验等五道测验题,每题均从流畅性、变通性、独特性三方面计分,对幼儿园各年龄班学前儿童进行测查,总结出了学前儿童发散思维发展的四个基本特点[①]:(1)学前儿童发散思维发展存在着十分显著的年龄差异,呈现出随年龄的增长,发散思维能力逐步提高的趋势;(2)学前儿童发散思维发展的进程并不是匀速的,小班到中大班的发展很迅速,学前班则出现"高原期",说明5岁左右是学前儿童发散思维发展的转折期;(3)学前儿童发散思维的发展基本上无显著的性别差异,但随着年龄的增长,男孩在发散思维之独特性上的优势逐渐显露出来;(4)学前儿童发散思维的发展存在着很大的个体差异。

第三节 学前儿童创造性教育的理念与方法

一、学前儿童创造性教育倡导的理念

(一)创造性是可以培养和提高的

首先,家长和教育者要相信儿童的创造性是可以培养的,且通过科学的培养其水平是可以提高的。有些父母肯定孩子漫无边际的好奇心和高度接受自己孩子的个性特征,不强求孩子一定要按照自己的意愿去学习和发展,并在家中为孩子准备丰富阅读材料和其他刺激性活动,认识到孩子的创造性潜力并提供与其学习风格等相一致的系统性的指导,让孩子在有启发性的教师指导下训练智力和创造力。毫无疑问,这样的家庭环境中成长起来的孩子一定是有着高水平的创造性。

(二)所有的学前儿童均具有创造性

所有的儿童都是奇迹,所有的学前儿童均具有创造性。学前儿童本身的特点(好奇心、好探究因果关系等)与创造性人格有极多的相似之处,且学前儿童的创造性具有原发性,均说明了所有的学前儿童均具有创造性。并且,他们的创造性在恰当的环境条件下是可以保持下去甚至不断提升的。

(三)个性是学前儿童创造性生长的土壤

每一位学前儿童都是独一无二的个体,每一位学前儿童的个性都应该受到保护和发展,个性是学前儿童创造性生长的土壤,没有土壤,创造性就无所依傍,无处可生。个性如同内在的火花,没有内在的火花,就不可能有创造性;只要有了这种火花,每个人就有创造性。失去个性,创造性的发展就如同种子失去土壤一样。所以教育者应接受儿童的个性,而非要求所

[①] 王小英.幼儿创造力发展的特点及其教育教学对策[J].东北师大学报(哲学社会科学版),2005, 2(214):149-154.

有儿童一个样。

（四）创造动机比创造天赋更重要

影响创造性发展的因素有创造动机和天赋等。天赋、个性和能力告诉我们，一个孩子能够做什么，动机则告诉我们，这个孩子将会做什么。学前儿童几乎都喜欢画画，而且个个都以为自己画的是最好的，甚至是在成人看来完全不知为何物的涂鸦，却都是让儿童高兴、骄傲的作品。但从成人的眼光来看，就存在天赋的差别，即有的儿童画得好，有的儿童画得不好，而且这个评价好与不好的标准如果是"跟老师画的像不像"，那就更加挫伤学前儿童的创造动机了。积极热情地鼓励每一位儿童的作品，发自内心地肯定儿童的创造性和独特性，将会极好地保护儿童的创造动机，也将会使儿童能够做出更多更棒更好的成绩。

（五）创造性教育的目的是儿童的发展

创造性教育不仅仅是强调学前儿童创造性的充分激发和保护，更强调对学前儿童综合能力的全面发展和健全人格素质的健康发展的促进。所以，创造性教育的目的，是实现学前儿童全面发展的素质教育。富有创造性的人同时也是性格健全的、精神自由的，性格健全、精神自由的人即是全面发展的人。

二、现实困境：学前儿童创造力被扼杀的现象

（一）观念上：成人对学前儿童创造动机的认识不足

一个孩子用橡皮泥捏了一个栩栩如生的萝卜，当他想要毁掉重捏的时候被母亲拒绝了。母亲说："那这个萝卜不就没了吗？"孩子睁大天真的眼睛说："可那些橡皮泥还在啊，我可以捏别的呀。"母亲最终没有答应儿子的请求。在她看来，这个萝卜是上好的展品，毁掉太可惜了，她要将它拿去参加展览，留做纪念。儿子很听话地不再要回他的萝卜了。在半年后的一天，母亲才猛地发现，儿子已经再不捏橡皮泥了①。这则故事生动地告诉了我们：学前儿童的创造在于过程，学前儿童对其创作产品的"好"与"坏"是不在乎的，每一个产品都是好的，每一个产品都只是创造过程中的一个阶段，创造的过程是不断地无止境地向前推进的，没有任何的"最终产品"之说。学前儿童的创造动机是自发的，是由来自于学前儿童本身生活的"第二世界"的想象推动的。幼儿园里存在很多类似的现象：学前儿童没有按照教师的要求而是自己创作了一幅天马行空的画面，或是描述了一个不相干的混乱的情景，教师就会严厉批评他"上课不听讲，不听老师的话"；学前儿童在画画时，某个时刻的画面给教师看到了，可能这时的画面正好是教师想要的，此时教师会不管学前儿童是否还准备再画下一笔，就径直把画拿走了，因为"现在就很完美了，再画就被毁掉了"；学前儿童好奇的发问、大胆的想法、白日梦般的愿望，往往被教师当做是无聊和调皮捣蛋而被阻止……

（二）行为上：成人对学前儿童的放手不够

教师对学前儿童的创造动机不信任，就使得教师不会轻易地放手让学前儿童自己去游戏、操作和探索。具体表现在以下几个方面：

---

① 毕淑敏.爱怕什么[M].北京：华夏出版社，2000：102-106.

1. 重教轻探索

游戏是正在成长中的学前儿童最大的心理需求,也是学前儿童最主要的学习方式。日本学者伊藤隆二曾经指出:儿童的本质是游戏,否定游戏或剥夺游戏,就是消解儿童①。学前儿童在游戏中编织了假想的世界,却在身心方面实现了真实的成长。学前儿童在游戏中情绪轻松、思想自由,此时其创造动机不断地迸发出来。然而现实却是另一番模样:在幼儿园里,玩具一般只被允许在老师的指导下,按照"正确"的方法操作。胡文芳对"幼儿怎么玩"进行过调查,结果发现有超过三分之一的教师让幼儿在教师的指导下对玩具进行操作。我们也常会听到学前儿童这样的提问:"老师,你教我玩儿这个玩具吧。""这个玩具我应该怎么玩儿才好呢?"这些提问是学前儿童在长期的被"教导"下养成的习惯——玩具的玩法、材料的用法、工具的使用,都需要在老师的"教导"之下才能玩儿、才能用。学前儿童只有在操作中才能自然地进行创造,一旦被剥夺了自主的玩耍和使用工具材料的权利,学前儿童的创造性和创造动机,就失去了生存的土壤,自然就无从表现和发展了。

2. 教学方式"重模仿"

幼儿园教学中存在很严重的"重模仿"的情况,比如,"小朋友们,来跟着老师一起画,老师画什么,你就画什么",这种"模仿"式学习严重阻碍了学前儿童创造力的发展②。长期在这样的教学方式下生长的学前儿童就会习惯了依着老师的葫芦画自己的瓢,离开可以依赖的对象,学前儿童就变得无所适从了。这是从根本上遏制了学前儿童要创造想创造的心理倾向,使学前儿童忽视了自身的能力。

(三)评价上:"好孩子"标准及对学前儿童作品的片面评价

1. "好孩子"标准

什么样的孩子才是"好孩子"呢?长期以来,在我国的传统文化里,听话、安静、顺从的孩子才是好孩子。有不少老师在夸奖孩子时总是用"这孩子真乖",同时也用"谁不乖,老师就不喜欢谁""老师不喜欢乱说疯玩瞎闹的孩子"等来威胁学前儿童让其听话、顺从。得到老师的表扬和喜欢,是每一个学前儿童都渴望的,如果老师喜欢"好孩子""乖宝宝",那么学前儿童就会抑制自己想做出不一样行为的动机,同时也是抑制了自己的创造动机。

2. 教师对学前儿童作品的片面评价

教师对学前儿童的作品进行评价时存在着片面性,这些片面性严重地影响着学前儿童的创造动机。

(1)重视标准答案,强调统一

学前儿童创造性的表现之一就是想象力丰富,对同一事物有不同的视角和关注点,对事物的描述当然就不同,如果教师强调统一、强调标准答案,那么结果只有一个——学前儿童相信老师那里有一个唯一的正确答案,他们的想象不会被老师认同,那学前儿童就会学着揣测老师的意图,盲目地依从和满足成人的要求。这样只会窒息学前儿童的创造动机和热情,扼杀学前儿童的创造性。

---

① [日]伊藤隆二. 儿童与游戏[M]. 东京:日本文化科学社,1987:45.
② 毛宇丹. 制约幼儿创造力发展因素浅析[J]. 幼儿教育,2003(2).

(2) 重视结果，忽视过程

学前儿童的创造来自于自身的需求，是对自身好奇的满足，学前儿童工作的目的就在于工作本身。对学前儿童而言，创造的过程远远比创造的结果重要。但是，老师的评价却恰恰与之相反，教师重视结果，重视学前儿童创造的成品。成人硬要把学前儿童的关注点引导到成品上，这反而打破了学前儿童自然的创造动机。

(3) 对学前儿童作品进行优劣等级划分

学前儿童创造的价值在于以学前儿童自身对世界的理解为判断的尺度。对学前儿童的作品进行优劣等级评定，打破了学前儿童对自身创造力的评价标准，使学前儿童为了得到好的等级而必须学会去满足老师的标准。3~6岁前儿童处于刚刚开始认识自我的阶段，如果在这个阶段就被迫去取悦别人，必将影响他的内心自由，挫败他自发创造的动机。

三、学前儿童创造性教育的方法

（一）创设轻松、自由的心理环境是关键

轻松自由的心理环境是学前儿童创造动机产生的前提和基础。学前儿童创造力是否得到发展，关键不在于活动的类型和内容，而是学前儿童在活动中的地位和对活动的参与程度，以及在活动过程中学前儿童与教师的关系。轻松和谐的师幼关系是学前儿童创造动机迸发的土壤。在活动中，学前儿童是活动的主体，教师是协助者、促进者。对于学前儿童的除伤害、危险行为之外的一切行为都能容忍和接受，这种没有呵斥、打骂的师幼互动使学前儿童感受到的是自由和轻松，学前儿童在没有任何心理负担的状态下，能够把全部心思都投入到活动之中，其创造动机就会像泉水般不断涌现。

（二）丰富的材料、探究的情境是条件

实施创造性教育的途径很多，不应当把发展儿童的创造能力局限在一定的学科或事物方面，或规定的时间里[1]。给学前儿童提供丰富的材料、探究的情境，就是为学前儿童的创造提供了最好的物质保障。美国最重要的科学研究组织之一"美国研究理事会"对当代科学教育的新趋势这样概括："由强调脱离情境的探究技能，到更强调探究技能置于情境之中。"[2]在学前儿童教育阶段，创造教育应渗透到学前儿童日常生活和教学的各种情境中去。不必开设专门的创造课，也不一定必须要创设"创造角"，设计所谓的"创造性活动"。因为，一旦创造依附于某种对象，教育者就会有意无意将创造物化为创造产品。学前儿童创造力培养应渗透到丰富的材料和探究的情境中。学前儿童身边发生的每个使其感兴趣、可能激发其思考、想象的事物和情境都是创造性教育的契机。

（三）以游戏精神开展教学是措施

游戏精神就是强调学前儿童主体性、心理自由性、重视过程性。以游戏精神存在的教育应该是开放的，给学前儿童以自由探索的空间。以游戏精神存在的教育应该鼓励差异性。差

---

[1] 外国教育丛书编辑组.学前教育[M].北京：人民教育出版社，1980：150.
[2] 李雁冰.科学探究是什么[J].全球教育展望，2008(12).

异性使学前儿童得以在广阔的空间里获得广泛的感受和体验,形成丰富的表达和交流。允许和鼓励差异不仅是对个人人格的尊重,也是促进学前儿童产生新思想新感受的源泉。在"寻找教室里的洞洞"的教学活动中,教师允许学前儿童到处寻找,喧闹也不加以呵斥,并用富有挑战性的提示性语言与学前儿童互动,使学前儿童在寻找中体味快乐,学前儿童的注意力也自然地集中于游戏本身,他们的创造性就自发地迸发出来了:除了插座上有洞,玩具上有洞,嘴巴是洞等这些较明显的洞之外,有的学前儿童还发现了"鞋子也有洞,这样脚就可以穿进去了""屁股上也有洞"等这些意料之外的答案。

(四)放手让学前儿童自由游戏是根本

学前儿童在自由游戏中可能会出现一些看似无价值的简单重复的行为,教师不要急着插手,因为如果游戏的主题是由教师设定的,孩子们就会显得比较机械,好像是为了完成教师的任务而"玩"。所以,教师要放手,让学前儿童自选主题,自主的空间增大了,学前儿童就会更加爱玩儿、会玩儿。学前儿童主动参与游戏,其创造的热情与能力就会更高,就能使游戏一直处于一湾活水之中,不断地创造出新玩法新观念。

四、培养学前儿童创造性应注意的事项

(一)面向全体学前儿童

所有的学前儿童都具有创造性,所以学前教育应面向全体儿童,利用所有的活动来开发每一位学前儿童的创造潜能,培养每一位学前儿童的创造气质,促进每位学前儿童在不同方面、不同水平上得到发展。幼儿园的一日活动都是课程,从入园到离园的各个环节都可以营造出有利于儿童的创造力发展的氛围(如尊重个性、对话交流、民主平等、保护好奇心等)。在组织幼儿园的教育活动时,教师应关注不同儿童不同的创造力和创造性需要,为他们提供相适应的材料和机会,保证每一位儿童的创造性都能得到充分的发展。

(二)尊重个体差异

如前所述,学前儿童发散性思维的发展存在很大的个体差异,个性差异也很大。所以,教师在学前儿童活动中,应注意观察学前儿童的个体差异表现,并有意培养学前儿童所缺失的相关素质。例如,有些儿童胆小,那教师就应在体育活动中培养其勇敢、坚韧、顽强等意志品质;有些儿童遇事退缩,教师就要引导他动脑筋去解决日常生活中可能遇到的各种困难,以鼓励他发挥自己的创造力;有些儿童喜欢探索,教师就应在科学活动和区角中设置能够引发学前儿童探索的材料,培养学前儿童的好奇心、兴趣、探索精神及善于发现事物和现象变化、获取新信息的能力。另外,还可对学前儿童进行关于材料的性质和功能等方面的发散思维训练;有的学前儿童喜欢听故事,教师可以引导学前儿童创编谜语、儿歌、编构故事等来发展其想象力;对于爱好音乐和绘画等艺术的学前儿童,教师更要利用好艺术本身的创造性来开发学前儿童的创造潜能,像为歌曲创编新歌词或改编歌词,根据音乐编舞蹈动作,以及自编歌曲,为歌曲配以简单的节奏或为打击乐创编节奏型等,借助各种材料开展绘画创作,创作主题画、意愿画、故事画、诗画等。

(三)抓住关键期

多项心理学研究显示,4岁以后,学前儿童心理的发展出现了较大的飞跃;5岁左右是学

前儿童发散思维发展的转折期。可见,进入中大班以后,学前儿童注意的稳定性明显增强,创造想象也已开始发展,且经过相当一段时间的系统教育,知识经验也有了一定的积累,从而为学前儿童的发散思维能力的发展奠定了良好的基础。因此,教师应该抓住学前儿童创造力发展的黄金期,采取有效措施,使学前儿童的想象力和创造力得到好的发展。

(四)正确看待和利用学前儿童的想象

儿童先天有着丰富的想象力,这想象力拥有着无穷的创造力。爱因斯坦说:"想象力比知识更重要,因为知识是有限的,而想象力概括世界的一切,推动着世界的进步,是知识进化的源泉。"正确看待学前儿童的想象,对于培养其创造性有着重要的价值和意义。

1. 想象和现实的混淆

学前儿童常常把自己想象的事情当做真实的事情。例如,一个孩子的姥姥生病住了医院,幼儿很想去看姥姥,但是,大人不允许。过了两天,幼儿告诉老师:"我到医院去看姥姥了。"实际上并没有这么一回事。学前儿童混淆想象与真实的表现,常常被成人误认为他在说谎。

把想象当做现实的情况在小班比较多。为什么会出现想象与现实相混淆的情况?这和学前儿童感知分化发展不足有关。感知的分化不足,学前儿童往往意识不到事物的异同,察觉不到事物的差别。例如,小班幼儿在看木偶剧时,看到大老虎出场会感到害怕,而中大班的幼儿则认识到这与真实的老虎不同,是假的,而不会感到害怕。另一方面,儿童想象与现实相混淆是由于学前儿童认识水平不高,有时把想象表象和记忆表象相混淆。有些学前儿童渴望的事情,经反复想象在头脑中留下了深刻的印象,以致变成了似乎是记忆中的事情。中大班幼儿想象与现实混淆的情况已经减少。

2. 想象脱离现实

学前儿童想象脱离现实主要表现为想象具有夸张性。儿童自己讲述事情,也喜欢用夸张的说法。如"我家的大哥哥力气可大了,天下第一"等,至于这些说法是否符合实际,学前儿童是不太关心的。学前儿童想象的夸张性还表现在绘画活动中。

学前儿童想象的夸张性是其心理发展特点的一种反映。首先,由于认知水平尚处于感性认识占优势的阶段,因此往往抓不住事物的本质。比如,学前儿童的绘画有很大的夸张性,但这种夸张与漫画艺术的夸张有质的不同。漫画的夸张是在抓住事物本质的基础上的夸张,往往具有深刻的意义。学前儿童的夸张往往显得可笑,因为没有抓住事物的本质和主要特征,他们在绘画中表现出来的往往是在感知过程中给他们留下了深刻印象的事物。如人的一双会动的、富有表情的眼睛;每天穿脱衣服都要触及到的扣子等。其次,是情绪对想象过程的影响。学前儿童的一个显著心理特点是情绪性强。他感兴趣的东西、他希望的东西,往往在其意识中占据主要地位。对蝴蝶有兴趣,画面上就会留给它以中心位置;希望自己家的东西比别人强,就拼命地去夸大,甚至自己有时也信以为真。

3. 抓住学前儿童的创造性想象,发展其创造性

学龄前期是创造想象开始发生、发展的时期。学前儿童创造想象最初步的表现是在再造想象中逐渐加入了一些创造性的因素。幼儿的创造性也常常表现在提出一些不平常的问题上。如"萤火虫的尾巴上是不是有一个小电灯啊",等等。

儿童的创造想象存在着明显的个别差异,这固然与其神经类型的灵活性有关,但更重要的是受其教育环境的影响。一般来说,民主、宽松、自主的环境,才能使儿童扬起创造想象的风帆。同时,还可采用一些有效的方法来激发孩子的创造想象。比如,鼓励儿童的自由联想和分散思维。看着天空的白云,和孩子一起想象它们像什么;列举出某种物体(杯子、水等),请学前儿童尽量多地设想它们的用途等。如果成人坚持鼓励幼儿从多个角度来探讨问题、鼓励与众不同而又不失合理的想法和答案,儿童的创造想象能力和水平就会不断提高。

【本章内容概览】

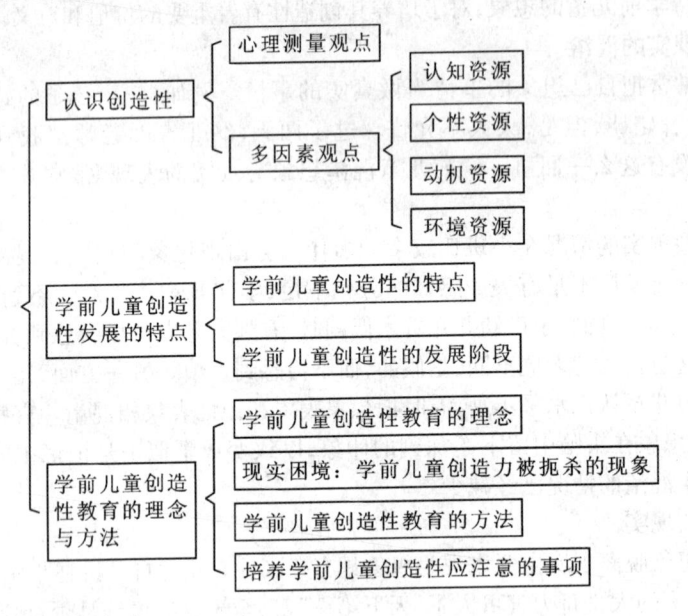

```
                      ┌─ 心理测量观点
         认识创造性 ─┤
                      │                    ┌─ 认知资源
                      └─ 多因素观点 ─┤── 个性资源
                                          │── 动机资源
                                          └─ 环境资源

         学前儿童创造     ┌─ 学前儿童创造性的特点
         性发展的特点 ─┤
                          └─ 学前儿童创造性的发展阶段

                                ┌─ 学前儿童创造性教育的理念
         学前儿童创造      │── 现实困境:学前儿童创造力被扼杀的现象
         性教育的理念 ─┤
         与方法              │── 学前儿童创造性教育的方法
                                └─ 培养学前儿童创造性应注意的事项
```

【思考题】

1. 关于创造性的观点有哪些?分别主张什么?
2. 留意身边学前儿童的行为,分析其中创造性的成分,并思考如何帮助其扩展创造性表现。

第四编

幼儿教师心理

第十章 幼儿教师职业心理

【问题求索】

1. 什么是幼儿教师的职业特点和职业角色？
2. 幼儿教师应具备哪方面的职业素养？
3. 幼儿教师如何达成专业化成长？

第一节 幼儿教师的职业特点与职业角色

幼儿教师是履行幼儿园教育工作职责的专业人员,是幼儿教育活动的组织者和实施者,对幼儿身心发展的影响极大。幼儿教师作为教师队伍的一员,其职业特点除与其他各级各类学校教师的职业特点有共同点,比如,职业的复杂性、职业的创造性、职业对象的主体性、职业价值的长期性和深远性等外,也有自身的特殊性。

一、幼儿教师的职业特点

（一）职业对象的幼稚性和多变性

幼儿教师的工作对象是0~6岁的幼儿,幼儿的身心发展水平较低,身体各器官还不够成熟,思维形象具体,辨别是非的能力比较弱,模仿性强。教育对象的这些幼稚性特点,决定了他们的可塑性比较强,容易受到幼儿教师的影响,其一言一行都对幼儿有极大的影响,而且这一时期的教育影响对幼儿今后的发展具有非常重要的作用。

同时,这个阶段是人的一生中生长速度最快、变化最大的阶段。幼儿的身高、体重、体格、体态都会发生巨大的变化。俗话说得好："三伏天,孩儿脸,说变就变。"幼儿就是幼儿,他们的世界里永远都是无忧无虑充满着童真童趣,处处呈现出活泼可爱与聪明伶俐的一面,思维敏捷与模仿力超强,其个性的发展变化也是千变万化着的,在不同场合与不同人物面前,呈现的个性会截然不同,可谓"多变"。幼儿教师要紧紧抓住这一特点,了解幼儿的真实需要。

（二）职业任务的全面性和细致性

由于幼儿独立生活和学习能力较差,在幼儿园里,幼儿教师要全面负责幼儿的整个活动,不仅要照料幼儿的生活起居、饮食睡眠,要指导他们进行身体锻炼,关心他们的身心健康,还要指导他们开展游戏、上课、劳动、散步等各项活动,有时还需幼儿教师亲自手把手地教幼儿学习某些技能,促进他们在智力、情感、社会文化等方面的发展。可以说,幼儿教师承担着家长、教师和朋友的职责。

（三）职业过程的随机性和灵活性

因为幼儿的思维具有跳跃性和随机性,因此在各种活动中幼儿教师都要发挥主导作用,要能够抓住教育的时机,引导幼儿对在游戏中出现的问题进行深刻的思考,并且提出很好的解决方案,然后和幼儿一起解决问题。这样不仅使教师的随机性教育能力得到了提高,而且提高了幼儿发现问题、解决问题的能力,管理幼儿的经验上也有所提高。

同时,幼儿正处于人生生长发育最快的时期,其身心发展变化极为迅速,想象力异常丰富,活泼好动。幼儿身心发展的特点决定了幼儿教育过程必然是一个充满创造性的过程,如课堂上教师的提问常常会得到幼儿的一些异想天开的回答,而且幼儿好奇心强,教学过程中任何一个意外的情况都会吸引他们的注意力,因此需要教师机智、灵活地及时处理和解决。

(四)职业影响的示范性和感染性

幼儿的身心发展特点决定了幼儿易受环境的影响,好模仿,对教师无限信任和尊重,教师的行为举止就是他们直观的活生生的学习榜样,年龄越小的幼儿越是这样。这说明幼儿教师本身的表率作用是何等重要。因此,作为幼儿教师,他比任何职业的人更需要严格要求自己,做到思想进步,言行一致,一言一行都具有示范性和感染性。

二、幼儿教师的职业角色

幼儿教师的角色问题是幼儿教育领域一个基本而又重要的问题,对幼儿教师角色的认识与理解,在相当程度上影响着幼儿教育的发展。可以说,正确理解幼儿教师角色对幼儿教育事业的发展具有深远的意义。幼儿教师角色问题的实质,就是幼儿教师在幼儿生活学习中做什么样的人的问题,如幼儿教师把自己当做前辈,教育过程就是前辈对晚辈的引导、扶持;幼儿教师把自己当做幼儿的知心朋友,教育过程就更加重视师幼的平等交流等。同时,幼儿教师作为一种非常重要的社会角色,必须按照社会所期望的行为模式来扮演自己的角色,如社会期望幼儿教师成为理性的典范、道德准则的楷模、文化科学的权威、特定社会价值标准的维护者。幼儿教师在不同的教育活动中要充当不同的角色,这种角色的多样性反映了教育活动的多样性和复杂性,同时也表明社会、家长、幼儿对幼儿教师寄予的多种期望。一般来说,新时期幼儿教师应承担如下角色。

(一)幼儿教师是深爱幼儿的教育者

幼儿教育机构的中心任务就是教育、引导幼儿,因此,幼儿教师的主要职责是教育孩子。幼儿教师应该成为幼儿学习活动的支持者、合作者和引导者。正如《幼儿园教育指导纲要(试行)》这样要求幼儿教师:"善于发现幼儿感兴趣的事物、游戏和偶发事件中所隐含的教育价值,把握时机,积极引导;关注幼儿在活动中的表现和反应。敏感地觉察他们的需要,及时以适当的方式应答。形成合作探究式的师幼互动:尊重幼儿在发展水平、能力、性格、学习方式等方面的个体差异,因人施教,努力使每一个幼儿都能获得满足和成功。"因此,在众多的角色中,幼儿教师首先是一名教育者,而且是深爱幼儿的教育者。幼儿教师对幼儿的爱是一种博大的、无私的、社会的爱。幼儿教师要想做好教育幼儿的工作,就必须时刻把每个幼儿放在心中。推动幼儿教师无私、鞠躬尽瘁、殚精竭虑地为幼儿服务,并能有所作为的内驱力是对幼儿的热爱。幼儿教师不仅要疼爱幼儿,而且要教育和引导幼儿,一切从幼儿的心理需求和未来成长发展出发,为幼儿提供适宜的物质环境,营造良好的精神氛围,善于设计问题、引导幼儿的活动和思维,为幼儿提供适当的榜样和示范,给予幼儿具体有效的学习指导,以促进幼儿身心健康发展。正如意大利著名幼儿教育家蒙台梭利所言:"幼儿教师就是指导幼儿在活动中学习,根据幼儿的成熟程度为幼儿提供学习和活动的环境及进行作业的教育。"

(二)幼儿教师是幼儿的养护者

儿童早期身心发展水平较低,自主学习能力较弱,在情绪情感上具有很强的依恋心理。世界著名教育学家马科斯·范梅南曾经说:"幼儿教师代替父母关系是探求教育学理解和洞察的源泉,是教育者必须铭记的角色意识。"因此,幼儿教师不仅是一位教学工作者,而且是幼儿的养护者。不仅对幼儿的生理、生活进行照料,而且对其情绪情感、人格、个性品质、社会性品质与行为等多方面发展予以积极的关注与呵护。还要保障幼儿自主活动、学习和发展的权利,激发和促进幼儿的"内心潜力",保证幼儿按其自身发展规律获得自然的和自主的发展。为幼儿创设适宜的学习和生活环境,促进幼儿积极良好情绪状态、社会品质的形成。

但是,幼儿教师作为幼儿的养护者,和幼儿的家长在角色上是有差异的。一在范围方面,幼儿所在家庭的范围是全面而无限度的,幼儿园方面则是特定和有限度的。二在情感方面,幼儿与家长之间是亲密的亲子依恋关系,当然这种依恋关系应该适度,不足或过分都会危害亲子关系的良好发展。幼儿教师对幼儿有爱心、亲切、关怀之外,又应与儿童保持适度的距离,即适度的疏离和理性。适度的疏离可以避免情感衰竭,增进评价客观性之外,还可以使教师更加公平。三是目的性方面,父母对幼儿的态度和行为是自然发生的,但是作为教育者,幼儿教师的态度和行为则应力求适度的"目的性"或"教育性",即必须承担起社会责任,按社会的要求,代表社会教育下一代,使之在情感、态度、人格、智力等方面成为社会所需要和健康的人。

(三)幼儿教师是幼儿的知心朋友和游戏伙伴

游戏是幼儿的天性,是幼儿的主要生活方式,无论是角色游戏、器械游戏,还是玩具游戏,幼儿们都喜欢。幼儿教师要同幼儿一起扮演角色,一起做游戏,使幼儿在不知不觉中接受幼儿教师的指导。因此,做幼儿游戏伙伴是幼儿教师重要的角色之一。前苏联教育家苏霍姆林斯基说:"教师不仅要成为一个教导者,而且还要成为学生的朋友,和他们一起克服困难,一起感受欢乐和忧愁。""教师应当成为学生的朋友,体会他们的兴趣、欢乐和忧愁,要忘记自己是教师……而这时,孩子才会把一切都告诉他。"苏霍姆林斯基的这段话,对幼儿教师更加有指导意义,幼儿虽然身心发展水平较低,但他们也有丰富的内心世界,有交友的愿望,幼儿教师可以以心换心,和幼儿交朋友,与幼儿建立起亲密的师幼关系。就如《幼儿园教育指导纲要(试行)》要求的"要以关怀、接纳、尊重的态度与幼儿交往,耐心倾听,努力理解幼儿的想法与感受,支持、鼓励他们大胆探索与表达",只有这样,幼儿教师才能关心和洞察幼儿的内心世界,走进幼儿的内心世界。幼儿也可以走进幼儿教师的生活里,与幼儿教师同喜同忧,在师生交往中体会快乐、分享知识、获得友谊,健康成长。

(四)幼儿教师是幼儿发展的研究者、诊断者和评估者

幼儿教师需要通过获取信息、思考教学过程中可能作出的各种选择、评价教育教学结果以及把这种评价结果反馈运用到以后的教育中去的过程来解决问题。例如,对于一个经常发

脾气的幼儿,幼儿教师就首先需要去了解这种问题行为产生的原因,考虑可以用来阻止这种行为的教学技巧,以预防和减少这种行为的发生;然后对这些技巧的有效性和它们与幼儿发展需要的一致性进行评价;最后,运用这种新信息来维持或改进幼儿及班级管理的策略,并及时与幼儿的父母沟通,对幼儿父母的教养行为提出建议。有经验的幼儿教师能预见和认识到幼儿与父母可能会遇到的问题和关注的东西,并能及时利用各种资源解决班里的重要问题,对幼儿发展进行科学有效的评估。

(五)幼儿教师是终身学习者和研究者

随着时代的加速发展,幼儿教育也是日新月异。这就要求幼儿教师必须不断更新自己的知识经验结构,才能跟上幼儿教育的发展。"问渠哪得清如许?为有源头活水来。"幼儿教师应该不断地学习,让自己不断充电,成为不息的"源头活水"。这就需要幼儿教师改变单纯的实践者的形象,成为一个虚心的学习者,不断吸收新理论、探索新实践,不断改进教育教学工作、提高教育教学质量。幼儿教师要精通幼儿教育专业的基础知识,自觉拓宽知识领域,了解幼儿教育发展新动态,将幼儿教育新思想、课程新理念和新方法运用到实际工作中。只有"学而不厌",才能"诲人不倦"。因此,幼儿教师不断地学习以提升自己是幼儿成长的前提条件。幼儿教师只有持续不断地学习和发展,才能不断地为幼儿提供有意义的学习经验,从而促进幼儿身心健康发展。

与终身学习理念相同的是,幼儿教师要摆脱"教书匠"似的工具性形象,从单纯的实践者向行动的研究者转变。要用敏锐的目光,去搜寻、掌握与自己所授课程相关的学科知识,对幼儿进行研究、对课程进行研究、对游戏进行研究、对幼儿家长和社区进行研究等。不断地将经验上升到理论的层面,提高行动质量,改进实际工作,这样才能更好地为幼儿服务,并且在教育幼儿的过程中自身价值也得到提升与满足。

《幼儿园教育指导纲要(试行)》明确指出,"幼儿园教育是基础教育的重要组成部分,是我国学校教育和终身教育的奠基阶段",它要为"幼儿一生的发展打好基础"。这是一个符合终身教育理念的定位,一个符合社会发展需要的定位,一个符合幼儿长远的可持续发展的定位。依据《幼儿园指导纲要(试行)》的精神,重塑幼儿园教育质量观,创造符合这一理念的高质量幼儿教育,幼儿教师是关键。从教育是一种特定的社会现象来看,幼儿教师总是体现一定的社会要求。不仅促进幼儿的学业发展,而且影响幼儿的"社会化"进程,从而使下一代的思想行为符合本社会的价值观规范和习俗。这种特殊的社会地位和职责,决定了幼儿教师必须表现出与其他社会成员不同的社会角色。今天的幼儿教师不再仅仅是传统意义上单纯的"传道、授业、解惑"型的严师,而是启迪幼儿心灵智慧的人师。在幼儿教育中,幼儿教师是深爱幼儿的教育者、养护者、游戏伙伴和知心朋友、学习者、研究者、诊断者、评估者等多重角色的统一体。幼儿教师只有将这些多重的角色融为一体,才能在幼儿的学习和生活中承担多种职责,才能对幼儿的身体和心理的良好发展产生全面而又深远的影响。

了解了幼儿教师的职业特点和职业角色之后,我们来看一名合格的幼儿教师应具备的职业素养。

第二节 幼儿教师的职业素养

幼儿教师的职业素养,主要包括幼儿教师的职业道德和专业素养,专业素养包括幼儿教师应掌握的知识和应具备的能力。

一、幼儿教师的职业道德

幼儿教师的职业道德,是指幼儿教师在从事教育教学过程中,形成的比较稳定的道德观念和行为规范的总和。它是一定社会对幼儿教师职业行为的基本要求的概括,是幼儿教师履行自己崇高的社会职责和顺利进行教育工作的基石。

幼儿教师职业道德的状况,反映了幼儿教师整个的道德面貌,在不同程度上影响着教师的整个道德理想、道德标准、生活目标,也直接影响到教师的情操、兴趣,甚至整个个性品质。

从上节幼儿教师的职业特点来看,充分说明了幼儿教师职业道德的重要性。因此,加强幼儿教师职业道德教育和职业修养,对于提高全民族的道德水平,培养年幼一代有着特别重要的意义。

教师职业道德既有古今一致的内容,也有与时俱进的要求。2009年,国家教育部对1997年颁发的《中小学教师职业道德规范》进行了修订,并重新予以颁布,主要从以下几个方面强调了幼儿教师职业道德规范。

(一)师风师德

1. 热爱幼儿,尊重幼儿

幼儿教师要关心爱护全体幼儿,尊重幼儿,平等、公正对待幼儿;严禁体罚、变相体罚或讽刺谩骂挖苦幼儿,促进幼儿全面、主动、健康的发展。

2. 为人师表,堪为人师

幼儿教师要模范遵守社会公德,作风正派,严于律己,以身作则,注重身教。

3. 尊重家长,廉洁从教

幼儿教师要主动与幼儿家长联系,认真听取意见和建议,取得支持和配合。积极宣传科学的教育思想和方法,不训斥、指责幼儿家长。坚守高尚情操,发扬奉献精神,自觉抵制社会不良风气影响。不利用职责之便谋取私利。

4. 团结协作,豁达大度

幼儿教师要谦虚谨慎、尊重同事,诚恳待人、豁达大度,互相学习、互相帮助。不议论、不传播流言蜚语,说话要对人对己负责。

(二)爱岗敬业

1. 爱岗敬业,依法执教

幼儿教师要热爱幼儿教育事业,热爱幼儿园,尽职尽责,注意培养幼儿具有良好的思想品德。认真备课上课,不敷衍塞责,不传播有害幼儿身心健康的思想。学习和宣传马列主义、毛泽东思想和邓小平同志建设有中国特色社会主义理论,拥护党的基本路线,全面贯彻国家教育方针,自觉遵守《教师法》等法律法规,在教育教学中同党和国家保持一致,不得有违背党和国家方针、政策的言行。

2. 严谨治学,积极创新

幼儿教师要树立正确的儿童观、教育观,尊重幼儿身心发展的规律,刻苦钻研业务,不断学习新知识,探索教育教学规律,不断改进教育教学方法,提高教育、教学和科研水平。

3. 因材施教,注重实践

幼儿教师要树立正确的人才观,重视发展幼儿的个性,开发幼儿的潜能,注重幼儿实践及动手能力的培养。

4. 终身学习,求善求真

按照邓小平同志提出的"教育要面向现代化,面向世界,面向未来"精神,幼儿教师要有意识地进行知识的更新和相应能力的提高。要以超前意识为基础,养成终身学习的习惯,主动发展,形成获取、处理、使用各种信息的能力,不断增强自我发展能力。

(三)礼仪举止

1. 仪表得体,举止端庄

幼儿教师上班时,应穿戴整洁、大方,姿态端庄,举止得体,不袒胸露背,不浓妆艳抹,不戴过多的金银饰品(除项链外),不涂指甲油。

2. 说话有礼,行动文明

幼儿教师应使用礼貌用语,推广五大教育用语;园内必须使用普通话进行教学、发言、交谈;接听电话要注意规范化的礼貌用语,比如:"您好,第三幼儿园……""请稍等""需要我转告吗?""对不起""再见"等,语言应运用得自然流利,要轻声、简短、语气亲切、温和,切忌生硬、粗俗或不耐烦,要充分体现幼儿园的形象。与人发生争执时,要冷静有耐心,坚持以理服人,即使面对言语粗暴的人,也要表现出节制、有礼貌。食堂用餐时不大声谈话,餐毕,妥善放好餐具和餐椅,创造一种文明的就餐气氛。

3. 学会微笑,以礼待人

园内遇到同事,幼儿教师应微笑点头示意,遇到幼儿及家长,要互致问候;遇到参观、视察、来访等外来人员,要以礼相待,正面相见时要微笑点头示意,处于坐姿时,如遇领导、客人询问时要起立招呼,形成一种彬彬有礼、温馨和谐的氛围;接待家长和公事客人,要热情有礼,起立迎送,体现本园教职工应有的姿态。

4. 园内园外,注重修养

幼儿教师在参加会议、学习、讲座、活动时,不迟到早退缺席,不随意进出。必须进出时,需与主持人或有关领导打招呼,动作要轻,开会、听讲座时,必须随身带笔记本进行摘记,报告、讲座、发言或演出结束后,要热情鼓掌。不准私自挪用公用物品和他人物品,严禁故意破坏或不负责任损坏公用物品和设备。借领财物要严格按规定办理手续。禁止以散漫的仪容仪表参加各种会议活动和接待来园客人,自觉维护幼儿园公众形象。

二、幼儿教师的专业素养

参照教育部2012年关于印发《幼儿园教师专业标准(试行)》精神,幼儿教师只有掌握以下知识和具备以下能力,才能满足幼儿学习和生活的需要,胜任学前教育工作的要求。

(一)幼儿教师的知识结构

1. 幼儿发展的相关知识

幼儿教师要了解关于幼儿生存、发展和保护的有关法律法规及政策规定;掌握不同年龄幼儿身心发展特点、规律和促进幼儿全面发展的策略与方法;了解幼儿在发展水平、速度与优势领域等方面的个体差异,掌握对应的策略与方法;了解幼儿发展中容易出现的问题与适宜的对策;了解有特殊需要幼儿的身心发展特点及教育策略与方法;熟悉幼儿园教育的目标、任务、内容、要求和基本原则;掌握幼儿园各领域教育的学科特点和基本知识。

2. 幼儿保育和教育知识

幼儿教师要掌握幼儿园环境创设、一日生活安排、游戏与教育活动、保育和班级管理的知识与方法;熟知幼儿园的安全应急预案,掌握意外事故和危险情况下幼儿安全防护与救助的基本方法;掌握观察、谈话、记录等了解幼儿的基本方法和教育心理学的基本原理和方法;了解0~3岁婴幼儿保教和幼小衔接的有关知识与基本方法。

3. 通识知识

幼儿教师要具有一定的自然科学和人文社会科学知识;了解中国教育基本情况;具有相应的艺术欣赏和表现知识;具有一定的现代信息技术知识。

(二)幼儿教师的能力结构

能力结构是个复杂的系统。以下我们只讨论对幼儿教师教育行为和教学效果影响较大的能力。

1. 一般能力

(1)语言表达能力

幼儿已经具有了一定的语言表达和读写能力,能够识别颜色、形状、数字、字母和音节,能够意识到故事的顺序以及故事的线索,能完成有一定顺序或形状的涂写任务。但这一切都是浅层次的,需要幼儿教师去引导,因此幼儿教师的语言应当是鲜活的、生动的、具体的、有生命力的。用丰富有趣的语意、优美生动的语音、亲切多样的语用形式加上符合时代的跨文化内涵,让孩子们置身于优美的语言氛围和浓郁的人文环境中,受到教育和感染,正是幼儿教师语言表达能力的理想价值所在。

(2)观察幼儿的能力

幼儿教师观察、了解幼儿的能力是幼儿教师教学、教育研究的基础,它与幼儿教师的知识结构、注意力分配等有关。幼儿教师在教学活动中应能根据幼儿的表现和需要,调整活动内容及方式,并且给予适宜的指导;能在教学活动的设计和实施中体现趣味性、综合性和生活化,灵活运用各种组织形式和适宜的教育方式;能给幼儿提供更多的操作探索、交流合作、表达表现的机会,支持和促进幼儿主动学习;能够关注幼儿日常表现,及时发现和赏识每个幼儿的点滴进步,注重激发和保护幼儿的积极性、自信心。

(3)教育机智

教育机智是指幼儿教师对幼儿活动的敏感性,特别是指幼儿教师对教学活动中出现的意外情况和偶发事件作出迅速灵敏的反应,果断恰当地采取措施解决问题的教育能力。幼儿教师的教育机智不是天生的,是幼儿教师学习教育理论、总结教育经验、努力参加教育实践的过程中逐步形成和发展起来的,是幼儿教师观察学生的敏锐性、思维活动的灵活性、意志活动的果断性的优秀结合,是幼儿教师优良心理品质和高超教育技能的概括,是幼儿教师熟练地掌握幼儿身心发展特点和机敏地教育幼儿的艺术体现。在教学实践中,幼儿教师会经常遇到教育机智的考验。因为,幼儿教师面对的是一群活泼天真的幼儿,他们最显著的特征是好奇、好问,他们对周围的世界很陌生,有着强烈的认识世界的渴望。虽然这种认识是表面的、粗浅的,但却是包罗万象。而且幼儿是活的有机体,他们时刻处于变化之中,经常表现出一些幼儿教师意想不到的行为,需要幼儿教师灵活处理。另外,教学情境也处于变化之中。所以,教育机智应该是每个幼儿教师必备的教学能力。

(4)教学反思和研究能力

教学反思又称反思性实践或反思性教学,是指教师以自己的教学活动为思考对象,对自己做出的行为、决策以及由此产生的后果进行审视和分析的过程,及对自我行为表现及其依据作"异位"解析和修正,进而不断提高自身教育、教学效能和素养的过程。教师要了解自身,就要阶段性地跳出现场情境,使自己的教育教学技术、能力、教育行为及其背后的观念对象化,反求诸己。因此,反思不仅是指教师一个人独立思考,更是指教师间的相互合作,认真思考积极努力的过程;不仅总结教学经验,还伴随教学过程的监视、分析和解决问题的过程。反思可以采取多种方式,如在每个幼儿教师的头脑中进行的"内部对话"方式,或采取日志的方式来记录自己对班上各种情况的感受和反应、记录每个幼儿和他们的家庭环境等。另外,还包括运用集体讨论的方式来促进自我思考和个人的专业能力的发展。具有反思能力的幼儿教师能将教学活动变成一个增进自我理解,形成自己的教育教学特色,增进对幼儿发展和学习的认识过程。反思使得幼儿教师能保持诚实、更新的状态,而且能集中于重要的和有意义的事情,而不仅仅是紧急的和细致的事情。

2. 专业能力

(1)幼儿园教育教学活动设计能力

教学活动设计,是对班级教学活动计划的具体化。首先,要想开展好幼儿教学活动,幼儿教师要制订科学合理的教育目标。教育目标制订得是否合理,直接影响到教育活动的质量与幼儿积极性的发挥。其次,针对已定的教育目标,幼儿教师要把握好整体性原则、协同性原则、活动性原则和环境化原则,选定适当的教育活动内容。教育活动内容包括活动主题和具体教育材料,它是教育活动设计中的灵魂和血肉。选择教育内容一定要适应幼儿的经验、认识能力和操作水平;要符合幼儿的兴趣和需要;此外,还要重视所选内容同社会生活的联系,注意所选内容的地方性和乡土性。同时,不仅要考虑和重视每次教育活动的独立性,又要注意到教学活动的连续性。例如:小班"我爱幼儿园"主题活动设计,其目标是:"帮助幼儿尽快熟悉幼儿园环境,爱护幼儿园的一草一木,培养幼儿的爱园情感。"而这一教育目标,不可能只通过一种活动来实现,所以就应当确立和把握整体协同性原则,设计出观察活动室、参观园舍、观看大班幼儿活动、学儿歌、唱歌、绘画等一系列与目标有关的活动,实现幼儿爱园感情的培养。

(2) 每日常规活动中捕捉教育契机的能力

幼儿教师要在合理安排和组织一日生活的各个环节的过程中，将教育灵活地渗透到一日生活中。要能够科学照料幼儿日常生活，指导和协助保育员做好班级常规保育和卫生工作；能够充分利用各种教育契机，对幼儿进行随机教育；而且有效保护幼儿，及时处理幼儿的常见事故，危险情况时要优先救护幼儿；能够提供符合幼儿兴趣需要、年龄特点和发展目标的游戏条件，并且在游戏过程中实时进行文化科学和艺术知识的教育。

(3) 组织和管理能力

幼儿教师要能够制订阶段性的教育活动计划和具体活动方案，使各项活动有序开展；能够引导幼儿在游戏活动中获得身体、认知、语言和社会性等多方面的发展；能够充分利用与合理设计游戏活动空间，提供丰富、适宜的游戏材料，支持、引导和促进幼儿的游戏；能够鼓励幼儿自主选择游戏内容、游戏伙伴和游戏材料，支持幼儿主动性地、创造性地开展游戏，充分体验游戏的快乐和满足；能够在教育活动中观察幼儿，根据幼儿的表现和需要，调整活动，给予适宜的指导。组织管理能力的形成需要幼儿教师在实践中不断地学习和掌握教育理论知识，在实践中运用这些知识，并通过自身的实践验证和发展这些知识，不断提高自己的业务能力。

(4) 沟通能力与合作能力

幼儿教师与幼儿的沟通是重要的教育方式，除言语沟通外，幼儿教师也要大量采用身体语言与幼儿沟通，如运用目光和面部表情、身体的运动和触摸、身体的姿势、身体之间的距离等，与幼儿进行有效沟通。幼儿教师也要与同事合作交流，分享经验和资源，共同发展。幼儿教师还要与家长进行有效沟通合作，共同促进幼儿发展。同时，幼儿教师要协助幼儿园与外在环境之间建立合作互助的良好关系，主动收集分析相关信息，不断进行反思，改进自己的保教工作。

(5) 激励与评价能力

幼儿教师要有效运用观察、谈话、家园联系、作品分析等多种方法，客观地、全面地了解和评价幼儿，并且能有效运用评价结果，指导下一步教育活动的开展。

(6) 弹唱跳等技能技巧

幼儿教师还应该具备会说（幼儿故事讲述）、会写（钢笔字、粉笔字）、会画（简笔画）、会弹、会唱、会做（手工及玩教具设计与制作）、会操作、会教（模拟教学活动及说课）等技能，以满足幼儿全面发展的需要。

第三节 幼儿教师的专业化发展

从一名新教师成长为一名合格教师，再发展成为一名专家型教师，是一个新教师成长的终极目标。这个目标的实现必须要经历一个不断学习和成长的过程，必须要经过一定时间的实际锻炼，经过自己的努力。所谓新教师指刚走上工作岗位的教师或实习阶段的师范学生。而专家教师指研究教学领域内的有经验的和有成效的教师。一个专家型的教师，必然能产生良好的教育效果，能够建立起崇高的教师威信。那么，一个新手教师如何成长为专家型教师呢？我们来看下面相关的内容。

一、幼儿教师的专业化

(一)专业化

专业化是指一个普通的职业群体在一定时期内不断努力探索,不断走向成熟,逐渐建立起专业标准,成为专门职业,并获得相应的社会地位的过程。近现代以来,社会分工越来越细,从而产生了一些专门的职业,从事这一职业的人遵守一定的专业标准,通过长期训练掌握专门的理论和技能,实现其在社会中不可替代的价值,形成了专业化的过程。

(二)教师专业化

20世纪50年代以来,世界教育的改革和发展提出了教师专业化的要求,教师不仅作为一种职业,更应成为一种专业。这包含两层含义,一方面,社会需要为教师提供积极的支持和保障,如建立健全教师职业资格认证等,另一方面,也要求教师立足自身岗位,在职业生涯中不断追求专业发展和成长。

(三)幼儿教师专业化及专业发展

美国幼儿教育协会(NAEYC)指出,幼儿教师的专业化体现在如下几个方面:
(1)对儿童发展有着深刻的理解和体悟,将心理学、教育学知识运用于实践。
(2)善于观察和评价儿童的行为表现,以此作为课程计划的依据和设计个性化课程的依据。
(3)善于为儿童营造和保持安全、健康的氛围。
(4)计划并履行适宜儿童发展的课程,全面促进儿童的社会性、情感、智力和身体方面的发展。
(5)与儿童建立积极的互动关系,成为儿童发展的支持力量。
(6)与幼儿家庭建立积极的有效的关系。
(7)支持儿童个体的发展和学习,使儿童在家庭、文化、社会背景下得到充分的理解。
(8)对教师专业主义予以认同。

我国有学者从知能结构角度将教师专业化归纳为五个方面:学科知识和专业知识、实践智慧、合作和反思能力、人文素养、批判理性。

20世纪80年代以来,对幼儿教师专业化研究的重心,逐渐从关注教师的专业地位转向教师的专业发展,从强调外在条件的支持和保障,转向唤醒教师的自主发展意识。从广义的角度说,幼儿教师专业化及专业发展,均指加强教师专业性的过程,所以在本质上并无区分。但从狭义的角度说,教师专业发展主要指教师个体内在的专业性提升,教师专业发展既有对教师整体的诉求,也有个体发展的需要。这也符合人们对这一问题的认识发展过程。

对幼儿教师专业发展的认识,大致可以分为以下几种。一是幼儿教师的专业发展具有阶段性,每个阶段都有其必须掌握的技能。二是幼儿教师专业发展既有幼儿教师个体的又有幼儿教师群体的专业发展。从个体角度看,主要是指幼儿教师在专门的训练和自我学习的基础上,逐渐成长为一名专业人员的发展过程,即由"新手"成长为"专家"的过程。从幼儿教师群体角度看,幼儿教师专业发展依赖于幼儿教师职业真正成为一个专业、幼儿教师成为专业人员得到社会承认这一发展的结果。三是幼儿教师专业发展即自我理解过程,是教师对自我教育观念和实践的反思;四是幼儿教师专业发展还意味一种环境的依托和文化的构建。

由此可以看出,幼儿教师专业发展的内涵主要是将其看成幼儿教师在严格的专业训练和自身不断地主动学习及内化的基础上,逐渐成长为一名专业人员的发展过程,包括两个层面——宏观和微观。从宏观上,幼儿教师专业发展即明确教师的专业地位,同时用法律来保证其专业地位。从微观上,即幼儿教师通过持续的学习和探究,积极地反思教育经验,逐渐完善自己的专业素质结构,在"学习、掌握—反思、再学习、掌握"不断的循环中发展专业素质。

二、幼儿教师专业化发展的阶段及终极目标

(一)教师专业化发展阶段

上面我们提及教师的发展有阶段性,教师专业化发展阶段经历了福勒(Fuller,1969)的教师关注阶段论、卡兹(Katz,1972)的教师发展时期论、伯顿(Burden,1979)的教师发展阶段论、费斯勒(Fessler,1985)的教师生涯循环论、斯特菲(Steffy,1989)的教师生涯发展模式。

我们主要来看福勒的教师关注阶段论和斯特菲的教师生涯发展模式。

福勒对教师不同时期的需要和所关注的焦点问题进行研究,把教师的成长过程划分为三个阶段,即福勒所谓的教师关注阶段论。

1. 关注生存阶段

关注生存是教师成长的起始阶段。由于教师刚刚走上工作岗位,因而他们非常注意自己在幼儿、同事及学校领导心目中的地位,会把大量时间用于处理人际关系,与幼儿搞好个人关系,或者控制幼儿,基本不具备教育机智和教学反思等能力。这个阶段的教师非常关心自身生存的适应性,时刻关心这样的问题:儿童是否喜欢我?领导是否肯定我的工作?等等。

2. 关注情境阶段

在这一阶段,教师认为自己在新的教学工作岗位上站住了脚跟,就开始把注意力集中在注意提高教学质量、提高幼儿的心智发展、关心班集体的建设等方面来,感觉到时间的压力,关注备课是否充分等与教学本身有关的问题。

有研究者(Venman,1984)认为,这个阶段的教师比较关心八个问题:

(1)课堂纪律

(2)激发动机

(3)因材施教

(4)评价学习

(5)与家长关系

(6)教学组织与管理

(7)处理学习个别问题

(8)备课

3. 关注幼儿阶段

这个阶段的教师能认识到幼儿存在不同的发展水平,考虑到幼儿的个别差异以及具有不同的情感和社会需求,认识到对幼儿的教育应因材施教,选择不同的学习材料和方法进行教

学。可以这样说,能否自觉关注幼儿,是衡量一个幼儿教师是否成熟的重要标志。

接着,我们来看斯特菲(Steffy)的教师生涯发展模式。斯特菲认为,教师的生活周期远景,经过如下六个阶段:

(1)新手是刚踏进学校的新教师。
(2)工作头1~2年便是学徒期。
(3)能够很好胜任教学便成长为专业教师。
(4)如果成为国家教学专业委员会的成员便是专家。
(5)那些影响课堂教学政策的教师便是著名教师。
(6)在教育领域作出重大贡献、退休后仍能发挥余热者便是退休名誉教师。为教师发展的最高峰。

新手—学徒—专业教师—专家—著名教师—退休名誉教师,这实际是一个从低到高的台阶,代表教师一生的成长过程,大部分人只能走到最初几个台阶。

从以上发展阶段可以看出,教师专业化发展是一个漫长的、动态的、纵贯整个职业生涯的历程,作为教师自身,通过对发展阶段论的理解,应对自己的教师生涯预作规划,积极回应成长阶段的变化和需求。

(二)幼儿教师专业发展的终极目标——专家型教师

幼儿教师专业发展的终极目标就是成为专家型教师。何为专家型教师,以及新手教师与专家型教师之间区别何在,这是值得我们探讨的问题。

1. 专家型教师有丰富的组织化了的专门知识,并能有效地应用于教学

1987年舒尔曼(Shulman,1987)研究指出,专家型教师具有七方面的专门知识:
(1)所教的学科知识。
(2)具有适应不同学科的一般教学策略、教学方法和教学理论。
(3)课程材料以及适应不同学科和年级的程序。
(4)教特定学科所需要的知识,教某些学生和特定概念的特殊方式。
(5)了解学习者的性格特征和文化背景。
(6)了解学生学习的环境,如同伴、小组、班级、学校及社区。
(7)教学的目标和目的。

2. 专家型教师能高效地解决教学领域中的各种问题

专家型教师与新教师相比,能高效地解决教学领域中的各种问题的原因在于:
(1)专家型教师比新教师有更多的可以供自己利用的专业知识和经验。
(2)专家型教师比新教师更擅长于监控自己恰当地处理问题。
(3)专家型教师的各种教学技能比新教师更熟练,更能使他们集中注意力处理教学中的高难度问题。

3. 专家型教师善于创造性地解决问题,有很强的洞察力

专家型教师善于获取有用的信息,突破常规思维,以自己独特的方法分析问题,创造性地使问题得到恰当解决。此外,专家型教师的教学效能感普遍高于新教师。

三、幼儿教师专业化发展的特点

（一）复杂性与多样性

首先，幼儿教师的教育对象是个性千差万别的活生生的幼儿，这直接影响着幼儿教师教育因素的多样性、教育内容的丰富性以及教学过程的动态生成性。其次，幼儿教师从事的教育活动领域复杂，他们不仅要研究教材、幼儿、课堂，还要进行班级管理以及与同事的合作和人际协调。再次，幼儿教师教学环节的变动性，也对教师的各种能力不断提出新的挑战。这一切都决定了其专业发展具有多样和复杂的特点。

（二）可持续性与全面性

幼儿教师的专业实践历程也是与幼儿共同成长的历程，在与幼儿学习的过程中实现教学相长，学习是终身的可持续的。同时，幼儿教师对幼儿的保育和教育是全面的，包括健康、语言、社会、科学与艺术五大领域，每一领域都有目标和内容。幼儿教师既要懂得科学的育儿知识，也要具备对音乐、美术的感受力，各项素质应全面发展。

（三）自主性与创造性

主体意识的增强是幼儿教师专业发展的关键，幼儿教师自身对职业的认识、感受，能激发其从业的内在驱动力，在工作实践中不断反思，努力追求专业发展。幼儿园的教育教学充满着偶发的教育事件和不确定的教学情境，可谓处处时时是教育时机。从环境的创设到教育活动的组织与实施，以及处理教学中的预设与生成的关系，都是幼儿教师创造性地开展工作的过程。幼儿教师主动性和创造性地开展教育活动，也是其专业化发展的必然选择。

四、幼儿教师专业化发展的基本途径

研究表明，一个新教师通过以下途径可以成长为一个专家型教师。

（一）微格教学

微格教学是指以较少的学生为对象，在较短的时间内（5~20分钟）进行的小型尝试教学。微格教学的目的在于通过分析教师的教学过程，提高教师的教育教学能力。微格教学要求把教学过程摄制成录像带，然后进行课后分析，发现问题并且找出解决问题的对策。微格教学的程序是：

（1）明确作为分析对象的教学行为，如把幼儿教师如何实施游戏过程作为微格教学的对象等。

（2）观看他人的有关教学录像，指导实习者或新教师掌握教学要点。

（3）实习者或新教师制订教学计划，选定少量的学生为听课对象，进行实际教学，并把教学过程摄制成录像。

（4）指导者与实习者共同观看录像，分析教学行为，找出问题，探索改进的办法。

（5）在对第一次微格教学分析评论的基础上，设计改正第一次微格教学中存在的问题，准备进行第二次微格教学。

（6）选择其他学生作为微格教学的对象，把教学过程摄制录像。

(7)实习者与指导者一起观看录像,分析第二次微格教学。反复进行,直到满意为止。

(二)观摩、分析优秀教师的教学活动

组织新教师观摩、分析尤其是观摩分析优秀教师的课堂教学活动,是提高新教师教学能力水平的一条基本途径。观摩主要分为两种形式:

(1)组织化观摩,是指有计划、有目的的观摩。在观摩之前制订周密的计划,明确观摩的内容、角度、程序,在观摩过程中应细心体会,详细记录,在观摩之后,又进行有计划、有针对地讨论,学习掌握适合自己教学需要的经验。

(2)非组织化观摩,是指没有明确目的和计划的观摩,泛泛地对教师的教学进行的观摩。观摩其他教师的经验,重在思考分析,思考其他教师所采用的教学模式、教学策略和自己所采用的教学模式、策略的差异,分析原因,总结经验,达到举一反三。

(三)教学决策训练

1967年特韦尔设计的训练教学决策的过程是:

(1)向受训练者提供学生班级状况信息,包括学业水平、学习风格、班级气氛等。

(2)让受训者观看其他教师的教学录像,在指导者的指导下吸取自己认为重要的成分,供自己教学所用。通过这种训练,可以获得实际上课的教学经验,改善教师的教学行为,提高他们的教学能力和水平。及时了解和掌握将要教学的班级状况,在指导者的指导下观看其他教师对自己将要教学的班级的教学,从中找到自己教学的最佳行为的过程。

(四)行动研究

行动研究是指幼儿教师运用教育理论独自或与专业研究人员合作对教育教学实际情境中的具体问题进行的创造性的研究。行动研究是幼儿教师以科学的方法研究自己在教育教学实践中遇到的问题,目标指向为发现现实问题、解决现实问题,具有鲜明的现实性和重要的现实意义。通过行动研究,一方面可极大地促进幼儿教师的专业发展,另一方面帮助幼儿教师解决了教育教学中的实际问题。

(五)教学反思

教学反思是教师对自己的行动、决策以及所产生的结果,着眼于自己的教学活动所进行的审视和分析。林崇德曾指出,"优秀教师=教学过程+反思"。反思不仅是一种能力,更是一种处事态度和行动方式。这种态度和方式能够促进教师的专业发展,提高教师的自我觉察水平。

反思的内容可包括两个方面:一方面,是幼儿教师对自己的专业行为与活动的反思,内容包括幼儿教师平时的技能、风格及教育理念、教学知识等;另一方面,是幼儿教师反思专业成长过程,反思自己目前的专业发展状况、水平及所处阶段,以使自己更明了自己的专业发展方向。

反思方法是灵活多样的,包括分析文献、写传记、写教学日记、记录关键事件等。反思时可借助一些工具,如教学录像、教师教学经历和自传、教学日记等,还可使用调查问卷、测试量表,清楚自己目前专业发展状况,从而提升教学与管理能力。

（六）加强教学效能感

效能感是指人对于自己进行某一活动的能力所作的主观判断，是由美国心理学家班杜拉提出来的，来源于他的自我效能理论。班杜拉认为，决定人是否行为取决于人两个预期成分。一个是结果预期，指个体对自己某种行为会导致某一结果的推测。如某一幼儿教师预测到她在幼儿园教学工作中做得出色（如形成了自己的教学风格），就会获得小朋友的喜爱、家长的信赖、同事的尊崇、职业的快乐，那么她努力工作的行为就可能被唤起。另一个是效能预期，指的是个体对自己能否成功地进行带来某一结果的行为的主观推测和判断，即主观效能感。如这位幼儿教师不仅知道工作出色可以赢得诸多精神回报，而且还确信自己有能力把工作做得出色，才真正会全身心地投入和钻研业务。班杜拉认为，一个人可能作出有利于自己的判断（结果预期），但不一定认为自己有能力从事这一活动（效能预期），人的行为主要是受效能预期的控制。效能预期影响人行为的方式、努力程度、情绪体验。效能预期越强烈，行为就越积极、越努力，情绪反应也越激烈，动力就越大。

总之，幼儿教师要树立终身学习的观念，形成科学的教育观，充分发挥自己的主体性、积极性和创造性，培养自己的教学效能感，早日成长为专家型的教师。

【本章内容概览】

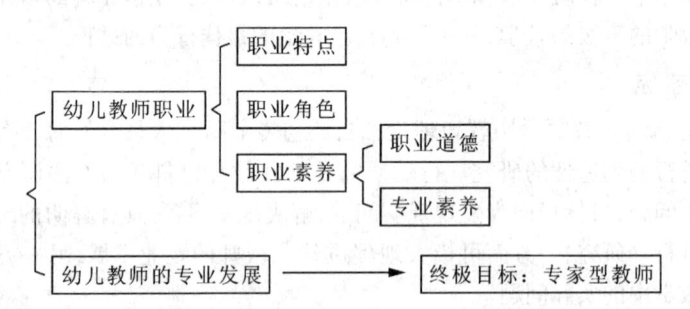

```
            ┌─ 职业特点
幼儿教师职业 ├─ 职业角色
            │              ┌─ 职业道德
            └─ 职业素养 ───┤
                           └─ 专业素养

幼儿教师的专业发展 ──→ 终极目标：专家型教师
```

【思考题】

1. 幼儿教师如何根据职业特点规划自己的教育教学？
2. 幼儿教师如何处理游戏活动中的偶发事件？
3. 对幼儿教师都有哪些能力要求？
4. 成为专家型教师的途径都有哪些？

第十一章　幼儿教师职业幸福

【问题求索】

1. 什么是人生幸福和职业幸福？
2. 幼儿教师职业幸福包括哪些方面？
3. 怎样追求和享受自己的职业幸福？

第一节　解读幸福密码

一、幸福是一种主观体验

什么是幸福？依照积极心理学的理念，幸福是个人的主观体验，泛指一个人愉悦的情绪反应及整体的生活满足感。主观幸福感高的人会更多体验愉悦情绪，对未来充满了乐观期盼。

如果说人生的幸福感来源于心灵的愉悦，那么，这种心灵愉悦又体现在哪些方面？不同的人可能会有不同的答案，一个人在不同的人生阶段也会有不同的答案。但人类的幸福感还是有普适性的共同要素，我们以为主要包括以下三个方面。

（一）感到与自我相处和谐

内心不幸福的人有相当一部分是对自己不满意：觉得自己不漂亮、不成功、处处不如人，等等。所以在某些场合，一些事情上觉得不自信、困窘，甚至逃离对自尊有威胁的情境，结果却陷入更深的自卑。

相反，内心幸福的人对自己是谁、自己生存的权利和价值、自己的长处和不足认识得很清楚，不会以自己是否做出了在外人看来有价值的事业来评判自己，也不会穿着一身"防御盔甲"置身于环境。他们会根据事实、自己认可的价值标准做事，而不是为了寻求别人的赞同；他们真诚地对待自己，坦然地接受随时随地流过内心的各种积极、消极的一切，也能以现实的、建设性的态度对待他人的所作所为；他们对自己的生活负责，愿意经历变化，不枉费心机去追求十足的快乐、幸福，不企求完全免除焦虑、抑郁、灰心。这种人的内心是强大的，在任何情况下都能够自我支持，所以感到内心自由和幸福。

（二）感到与他人相处和谐

内心不幸福常常来自人际冲突：与上司关系紧张，与同事恩怨纠结，夫妻热战或冷战，孩子不听话，等等，因而每天处在烦恼、忧虑、愤怒之中，何来幸福？

内心幸福的人会感到自己的社会支持和资源很多，来自领导、同事、家人和其他各个方面,碰到任何事都不是自己"孤军作战",更不会"四面楚歌",愈是困境愈能感到人间温暖、患难真情。

内心幸福的人还有自己被需要、有价值的感觉。他们被同事追随拥戴,被朋友左右环绕,被家人视做支柱,自己内心安全稳定,充满自豪和幸福。

(三)感到与工作相处和谐

内心不幸福的人会感到工作是任务、负担,是不想干又不得不干的事;每天要应付一大堆没意思、没意义的事,还要承受来自各方的检查、评价甚至指责,自己就是困在工作中无法脱逃的奴隶!

内心幸福的人会在工作中找寻快乐和意义。他们奉行的原则是:既然人一生中有多半辈子都在工作,为什么不掌握主动权,在胜任工作中享受工作的愉快?因为他们这样想这样做,工作就不再仅仅是体力、智力、心力的付出,而是离不开、放不下、舍不得的生命享受,是他们人生幸福的重要组成部分。

二、幼儿教师的职业幸福感

与工作相处和谐是幼儿教师职业幸福感的主要来源。而要达到职业幸福感,第一是喜爱所从事的职业;第二是能胜任职业,从容应对职业生活中遇到的各种困难和压力;第三是能享受职业,享受它的过程和结果带来的回报。

(一)职业喜爱感

对职业的喜爱有自然的和应然的两种。以幼教职业为例,自然的喜爱是对幼教工作有一种不由自主的向往和兴趣。感到每天和天真烂漫的幼儿在一起很有意思,感到自己的个性和兴趣很适合这个职业,相信自己在这个职业中会如鱼得水,做出成绩。应然的喜爱是最初并没有对这个职业的特别感觉甚至并不中意这份工作,但在从事这份工作之后,逐渐了解到这个职业的神圣和意义,并且在努力工作和胜任工作中逐渐产生了对这个职业的感情。

无论是自然喜爱还是应然喜爱,只要有了这份工作兴趣,就会在工作中少了许多勉强和无奈,更多自觉自愿地投入和倾心,这是获得职业幸福感的前提。

(二)工作胜任感

胜任工作指对于自己所承担的幼儿教育各种工作任务都能够熟练进行,并取得令人满意的结果。一个人在一项自己能够完全掌控的事物面前,油然而生的是安全感、成就感和价值感。当一个人处于特别关注自己的职业声望和地位阶段时,这些感受是他职业幸福感的重要部分,也是他继续积极投入工作的内驱力。

(三)工作享受感

工作享受感是职业幸福感的最高境界。此时,工作中的困难和问题,已经不是对个人自尊和地位的威胁,而是他倾心研究的课题;工作中一时一事的得失,已经不再让他陷于烦恼纠结,儿童能否健康快乐地成长是他最关心的事。所以他更能专心致志地去体验儿童的内心世界,去探索帮助儿童健康快乐成长的路径。在这个过程中,他获得了最大限度的职业自由,甚至困苦和挫折在他心中也是走向成功不可缺少的"情节",有了诗意的色彩。

人的内心世界有极其丰富和复杂的关联。幼儿教师与自己所从事的工作相处和谐,是职业幸福的核心感受,但也与自我和谐和人际和谐的感受息息相关。所以我们将从职业和谐、自我和谐、人际和谐三个角度探讨如何增进幼儿教师的职业幸福。

第二节 职业和谐:潜心研究和从容应对

上一章内容主要从幼儿教师应该具备的职业品质、职业素养等方面探讨了作为专业工作者如何实现对工作的胜任。在此基础上,本章重点讨论幼儿教师如何潜心研究幼教工作和从容应对职业压力,来增加自己的职业幸福感。

一、潜心研究幼教工作

(一)改变观念,做工作的主人

人常说,做自己想做而又能做好的事是一种幸福。

如果工作是我们的兴趣所在,那无疑是很幸运的事。因为热爱和迷恋会使你不觉辛苦,甘之如饴。即便如此,你还需要在"巧干"上下一番工夫!

如果工作最初不是自己所爱,那么面对的就是双重困难:一是工作形同苦役,二是工作难度很大。

我们倡导的新观念是:爱工作就是爱自己!如果人一辈子中多半辈子都要工作,把自己置于一种无奈、勉强、痛苦的状况无异于慢性自杀。不如一开始就掌握工作的主动权,在胜任工作的过程中发现工作的乐趣和意义,进而发展出事业心和挑战欲望。所以,我们要做工作的主人而不是它的奴隶。

同时要树立过程与结果并重的观念。把目光过分放在事情的结果上,情绪容易被结果的顺逆所左右,会失去许多工作的乐趣,甚至完全感受不到生活的乐趣。如果能认清成就不是获得生存优势的唯一途径,工作、生活和生命过程中有许多值得珍视的东西,就会发现工作和生活的路途中有许多意想不到的风景。

(二)潜心研究,获得职业自由

幼儿园工作平凡而具体,需要我们脚踏实地认真做好。但平凡中有真理,具体中蕴含规律,有许多理论和实践中的课题需要我们去探索研究。

幼儿园工作研究的一种比较好的方法是行动研究。行动研究是一种以先进理论为指导,解决现实问题的研究方法。它的基本流程是社会心理学家勒温最早提出来的,包括计划、行动、观察、反思四个环节,行动研究过程可以从任一环节开始,经历四个环节的内循环直到问题解决。一个问题的解决可能暴露更深层次问题,又是下一轮行动研究的开始。

【经典回放】

行动研究的四个阶段

1. 计划

计划是指以大量事实和调查研究为前提,制订总体计划和每一步具体行动计划。要注意:

①计划始于解决问题的需要,要弄清楚:现状如何？存在哪些问题？关键问题是什么？解决受哪些因素的制约？创造怎样的条件、采取哪些方式才能有所改进？

②计划包括总体设想和每一个具体行动步骤,至少安排好第一步、第二步行动研究进度。

2. 行动

行动就是指计划的实施。行动包括:

①在工作中有目的、负责任、按计划地进行变革,朝向问题解决的目标。

②幼儿教育工作者是主要的行动者,幼儿、家长与社会人士也可作为合作的对象。

3. 观察

观察主要指对行动背景、过程及其结果的考察。观察的内容包括:

①行动背景因素及其制约因素。

②行动过程,包括什么样的人以什么方式参与了计划的实施,使用了哪些材料,安排了哪些主要活动,有无意外的变化和干扰,如何排除,等等。

③行动的结果,包括积极的和消极的。

4. 反思

反思指对行动及其效果进行审视思考。

①寻找"教育的成功":幼儿获得的发展,幼儿教育工作者获得的成功体验和收获。

②寻找"教育的遗憾"。

③随着对行动及情境认识的逐步加深及各方面参与者的评价建议,不断调整行动计划。

④把自己的研究过程记录下来。

幼儿教师从事行动研究可以借用一些比较成熟的"工具"。下面列举了一些可借鉴的行动研究设计、记录和报告的模板①。

【前沿投递】

行动研究方案

○研究主题

○现状分析(现存问题及其原因)

○研究拟达到的目标

---

① 刘如平等.以学生发展为中心的高中教学策略研究[M].西安:,陕西人民出版社,2010:12,64-65.

○改进措施设想
○时间进度安排

行动研究记录表

	起止日期	计划	行动	观察	反思
第一步					
第二步					
第三步					
第四步					
……					

行动研究报告

○问题的提出(为什么研究该问题)
1. 发现了什么问题
2. 研究的必要性:问题造成的危害,解决的迫切性
3. 研究的可行性:问题形成的原因分析,解决问题的有利因素
○研究方案(如何解决该问题)
1. 研究思路
2. 措施设计
○行动研究过程(具体怎么做的)
建议用"计划—行动—观察—反思"表格呈现关键内容。
○研究结果
研究者的切身感受,同事、学生、家长的声音。
○个人体会(总反思)

许多一线工作者在行动研究中,逐步达到了"从心所欲不逾矩"的职业境界,收获了成功和快乐。

二、从容应对职业压力

(一)压力与压力应对

1. 压力

在心理学上,压力指个体察觉到的需求与满足需求能力的不平衡感。或者说,压力是个人感受到的外部要求与个人资源的不平衡感。

此处,压力并非物理学的解释,而是指心理压力。而心理压力也非主观自生,而是指个体将外部要求内化为自我需求,感到自己的胜任力受到挑战的内心感受。所以,心理压力具有很大的个体性,和每个人的目标期待、自我评价、胜任能力等因素有关。

心理学研究表明,适度的压力会激发人的动机和表现,从而提高活动效率;但压力过大,则会导致焦虑、倦怠,会降低活动效率。

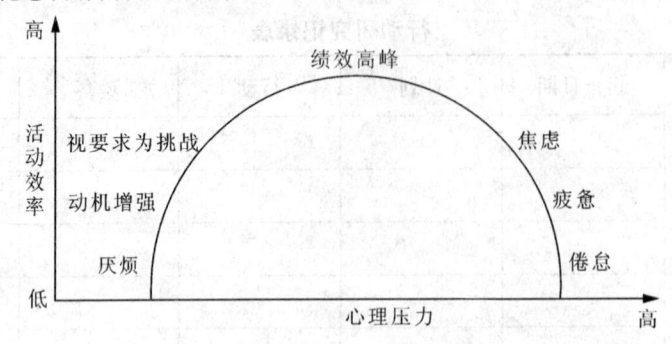

图 11.2.1　压力与活动绩效的关系

根据图 11.2.1 所示可知,压力不足或压力过大,都会使活动效率下降。换言之,当个人的心理压力处于一个最优值时,其心态是昂扬向上的,活动效率是最高的;而当个人的心理压力低于或高于这个最优值时,其心态是厌烦、焦虑和倦怠的,活动效率都不能达到最佳水平。所以,压力对于个人来讲,并非都是坏事,适度的压力是身心健康和活动效率的必要前提。

2. 压力应对

压力应对指个人为控制需求与满足需求能力的不平衡感所作出的努力。

当人面对挫折与困境,体验到的是焦虑和疲惫,此时的心理压力处于个人感到力不能及的较大强度。化解这种心理压力的路径有三:

一是重新评估事件对满足自己内在需求的重要性。如果至关重要,就要奋起一搏,哪怕失败,也无遗憾。当然,要通过千方百计的努力增加自己的胜算。如果不甚重要,是自己把它夸大了,就可以放下,或者让自己处在无可无不可状态,心无所求反而利于做事,正所谓"无心插柳柳成荫"。

二是重新评估自己的能力和资源。能力指自己在类似事情上积累的学识和经验,资源指自己可利用的人力、物力、财力、信息,等等。如若尚可,就要鼓足精神,全力争取最好结果;如若不足,就要承认自己的局限性,先接受现状,再通过不断学习摸索,为以后处理此类事务做好准备。

三是积蓄自己的心理资本。心理资本是近年来流行的一个新概念,指个体在成长和发展过程中表现出来的一种积极心理状态。心理资本是贮藏在我们心灵深处的原动力,是促进个人成长和绩效提升的自有资源,是抵挡人生风雨的精神盾牌。心理学家提出心理资本的五种核心要素是:(1)自我效能感——成功的信心;(2)希望——意志和途径;(3)乐观——现实而又灵活;(4)韧性——复原与超越;(5)情绪智慧——有效管理自己和他人的情绪。

(二)幼儿教师的压力源

1. 外部原因

压力源可能来自生活的方方面面,常常"不请自来,不期而遇"。以下是幼儿教师可能会遇到的压力因素。

社会压力源：国家要求，社会地位，工资待遇，经济社会环境的变化。

职业压力源：幼儿的健康、安全，教育工作持续漫长的情感付出和工作效益的滞后，集体劳动性质使个人价值难以体现。

组织压力源：单位氛围，工作负荷，角色不清或多重角色。

家长压力源：高期待，家长素质。

家庭压力源：夫妻关系，子女教育，老人赡养，个人健康……

2. 个人原因

压力的外部原因，人无法左右，但压力最终被人体验为内在的心理失衡。所以，压力一定和人的主观因素有关，包括人格因素、认知方式、应对方式、情绪智慧、胜任能力，等等。

比如，具有易焦虑、紧张、要求完美、缺乏弹性人格特点的人，容易感受到较多的压力。而有一种 A 型人格的人，会自我加压。

【心理自测】

你是 A 型人格吗？

指导语：在下列各特质中，你认为哪个数字最符合你的行为特点？

1. 不在意约会时间	1 2 3 4 5 6 7 8	从不迟到
2. 无争强好胜心	1 2 3 4 5 6 7 8	争强好胜
3. 从不感觉仓促	1 2 3 4 5 6 7 8	总是匆匆忙忙
4. 一时只做一事	1 2 3 4 5 6 7 8	同时要做好多事
5. 做事节奏平缓	1 2 3 4 5 6 7 8	节奏极快（吃饭，走路）
6. 表达情感	1 2 3 4 5 6 7 8	压抑情感
7. 有许多爱好	1 2 3 4 5 6 7 8	除工作之外没有其他爱好

记分：累加 7 个问题的总分，然后乘以 3，分数高于 120 分，表明你是典型的 A 型人格。分数低于 90，表明你是典型的 B 型人格。

分数	人格类型
120 以上	A$^+$
100～119	A
100～105	A$^-$
90～99	B
90 以下	B$^+$

A 型人格的特点：总是在活动，走路很快，吃东西很快，说话很快，没有耐心，同时干两件事，不知如何处理休闲时间，用数量测定绩效，具有竞争性和攻击性，总是感到时间的压力，常有敌意情绪倾向。

B 型人格的特点：做事从容不迫，有耐心，不自吹自擂，对有兴趣的事很着迷，不太关注名誉和地位,认为经历比成功更重要,闲暇时不感到内疚,没有时限的压力,对人对事采取温和的态度。

相对而言,A型人格的人易患高血压、心脏病等身心疾病,也容易因过度的身体与心理透支而"过劳死";B型人格更为可取。

(三) 从容应对压力

压力有不请自来的特性,所以我们不能奢望没有压力,而应把精力用于应对压力。那么如何从容面对压力呢?

我国心理学者岳晓东提出了"耐"与"弹"两种应对策略。面对生活的挫折与逆境,人既需要有耐挫力,也需要有排挫力。耐挫力会使人勇于承受各种生活压力,不因一时的困境而丧失斗志,放弃对自己的信念;排挫力则使人善于化解各种生存压力,化险为夷,转危为安。

【延伸阅读】

压力应对的四种表现[①]

① 烦躁勇进型:表现为低承受力、高反弹力,长于化解压力却短于承受压力。
② 逆来顺受型:表现为高承受力、低反弹力,自欺欺人。
③ 自我挫败型:表现为低承受力、低反弹力,对困难不思进取、怨天尤人。
④ 乐观进取型:表现为高承受力、高反弹力,对困难表现得积极乐观,反弹迅速。

怎样修炼让自己成为心有压力仍乐观进取的人?可以从问题关注策略、情绪关注策略、意义关注策略三个方面下工夫,逐渐形成适合于自己的"耐与弹"压力应对模式。

1. 问题关注策略

问题关注策略,指通过采取具体措施解决问题,来缓解压力给人带来的内心困扰,使人内心重归平衡。这是积极应对的表现,包括个人独立解决和群策群力解决。

个人独立解决,可以采取四种明智的行动:(1)绕过障碍,独辟蹊径;(2)调整目标,减缓步调;(3)改变目标,另作他求;(4)调整心态,幽默处之。

群策群力解决,可以采用头脑风暴的方式,集聚大家智慧。

【延伸阅读】

"头脑风暴"的程序

1. 确定议题。一个好的头脑风暴法从对问题的准确阐明开始。
2. 会前准备。收集一些资料预先给大家参考,以便与会者了解与议题有关的背景材料。
3. 确定人选。与议题相关人员,以8~12人为宜,也可略有增减。
4. 明确分工。1名主持人,1~2名记录员。主持人的作用是在会议开始时说明讨论的议题和纪律,在会议进程中启发引导,掌握进程。记录员的任务是记录与会者的所有意见,最好写在黑板等醒目处,让与会者能够看清。记录员也应随时参与意见。

[①] 岳晓东.构建中国人的心灵小康——压力管理自助餐[EB/OL],岳晓东新浪博客,2011,09.

5. 规定纪律。可规定几条纪律要求与会者遵守,如开门见山,不要客套,畅所欲言,异想天开,越多越好,不要评价,平等相待,整体利益为重等。

6. 掌握时间。会议时间最好安排在30~45分钟之间。倘若需要更长时间,可把议题分解成几个小问题分别进行专题讨论。

2. 情绪关注策略

情绪关注策略,指通过有效的情绪管理,来舒缓压力带来的焦虑和倦怠体验。

(1) 化解焦虑

首先要重新认识焦虑的意义。在压力超过一定强度时,人的第一反应就是焦虑。焦虑是工作要求与主观胜任力失衡的内心体验。从积极的意义讲,是个人在乎工作、希望取得成绩的体现,也是个人内心渴望自己有价值、能发挥作用的体现。焦虑的意义在于,提醒我们事情很重要,需要额外的专注和关照;也提示已有能力和资源不足,需要自我学习和求助外援。

人们以往对待焦虑的态度更倾向于尽快免除焦虑,会有意无意地采取各种办法来解除焦虑,心理防卫是常用的内心调整方式。心理防卫指人在协调、解决内心矛盾过程中,逐渐发展出的一些习惯性的反应方式,它们能使内心由焦虑而重归平静,同时,在主观上认为与现实相适应。这些习惯性的反应方式因而具有某种心理保护的功能,故而称作心理防卫。

【延伸阅读】

心理防卫的主要类型

① 合理化:以看似合理正当的理由原谅自己的失败。如考试失败是因为考题出偏了,工作失误是因为自己身体不好。

② 投射:认为别人和自己一样甚至更糟。如自己做了有损于他人的事,将自己的错误归结到人都是"舍人为己"的,会降低内疚和负罪感。

③ 压抑:把具有威胁性的记忆、念头、冲动或知觉禁锢到无意识中,不再意识到痛苦。如认为生气有损于自我形象,将怒气压抑,强作欢颜。

④ 置换:以不致引起焦虑的对象或行为替代引起焦虑的对象或行为。如失恋者将热情投向文艺创作或其他有益于社会的活动,或者父母不在身边的孩子,可能会演化出一些使孤独恐惧降低的强迫行为。

⑤ 退行:从人格发展的较高阶段倒退回早期阶段。如成年人在内心焦虑时不自觉地咬手指,或沉湎于幻想、酒精和网络。

⑥ 躯体化:把心理上的痛苦、焦虑转化为躯体症状,从而避开了直接的焦虑痛苦体验。如有的学生一到上学时或考试时就肚子疼或不舒服。

心理防卫有缓解心理危机、赢得解决时间的积极作用。但某些消极防卫长此以往,会导致身心问题,后患无穷。

化解焦虑的良方是善待自己的焦虑。①把焦虑作为提醒自己资源不足的信号。②紧急时适度防卫,缓解危机。但要防止消极防卫成为心理习惯。③认知调整,理性分析拥有资源与任务要求的差距,可为,全力以赴;不可为,果断放弃。④注重过程和失败的学习效益。⑤发现最适合自己的化解焦虑的方式。

(2) 防止和克服倦怠

如果焦虑长期不能化解,会恶化为职业倦怠。

职业倦怠指个体因为不能有效地应对工作上延续不断的各种困难,而产生的一种由情绪衰竭、去人性化和成就感降低三个维度构成的心理综合症状。

【延伸阅读】

职业倦怠的心理特征

情绪衰竭:是职业倦怠的核心内容,指个体的情感资源过度消耗,疲乏不堪,精力丧失。

去人性化:指对待服务对象的负性的、冷淡的、过度疏远的态度,将服务对象视为"物"而不是当成"人"看待和对待。

成就感丧失:指自我效能感、工作胜任感降低,倾向于对自己作出消极评价。

职业倦怠的具体表现

①逐渐对工作和服务对象失去爱心和耐心,时常将工作过程中遇到的正常阻力扩大化、严重化,情绪反应过度。如将一个小小的工作冲突看成是严重的冒犯,处理方法简单粗暴,或对工作中出现的问题置之不理,听之任之。

②在工作中遇到挫折时拒绝他人的帮助和建议,将别人的关心看做是一种侵犯,或者认为他们的建议和要求是不现实的。

③对现有工作完全失去热情,甚至开始厌恶、恐惧工作,想离开现有岗位。

④个性缺陷凸显。如心胸狭窄、意志脆弱、过于争强好胜、个人主义、自我封闭、过于敏感等。

教育、医疗、公安、服务行业等是职业倦怠的高发职业。因为这些职业属于情感投入较多的工作,具有较多的人际压力源存在。

职业倦怠的危害主要有:①影响任职者的工作满意度、工作投入和工作绩效;②影响个人身心健康和家庭婚姻生活;③具有蔓延性,会影响整个工作团队的士气和风气。

防止和克服幼儿教师的职业倦怠,可以从以下几点努力。

①关注工作的兴奋点。在充满变化的每一天工作中,在充满活力的孩子中,发现自己新的兴奋点和生长点,唤起自己的情趣和热情。如上一堂观摩课,准备一次新讲座,申请一个新课题。

②改变内部心理元素。面对不尽如人意的各种事情,除去那些让自己更加沮丧的想法,尽量从积极的角度想问题。比如,自己一颗牙疼,应该庆幸:多亏不是满口牙都发炎;没有被评上先进,要想:那么多比自己做得出色的人也没有当上先进,并且自己的初衷也不是为评先进而努力工作的。

③善于奖励自己。要多关注自己成功的点点滴滴,积极地进行自我肯定。职业倦怠者内心隐藏的是对肯定的渴望,外在的肯定是有限而短暂的,自我肯定才是一种持久而强劲的自我支持。

④努力创造自我。失去自我的工作容易让人产生厌倦感。因此,幼儿教师在培育幼儿的时候,要特别用心生成自己独特的教育教学风格,提出自己独到的教育见解和研究成果。

⑤丰富文化生活。无论工作多么忙,都应该善于忙里偷闲,参与一些有益身心健康的活动,在多彩的生活中培养自己的生活情趣,增加自己的生活乐趣。幼儿园工作的特殊性,使得生活情趣和工作情趣可以相互作用、相得益彰。

(四)意义关注策略

意义关注策略,指通过深入的哲学思考来梳理压力给人带来的精神困扰。

我们不能企求外界的自然因素和社会因素自动合乎自己的心愿,也不能奢望自己的身体一生远离病痛。那么,我们能否拥有自己的幸福?回答是肯定的,因为每个人都可以成为"最好的自己"。

心理学认为,人人都有追求发展与卓越的愿望与潜能,正是这种精神力量支持人们在一生中不断地进取,不断地超越自我。曾经经历过纳粹集中营生死考验的心理学家弗兰克提出:

(1)人虽然受外部条件制约,但有选择行动超越命运的意志自由。人需要探索生活的意义、个人的责任,并以此为精神支柱。否则,生活会处于缺乏意义、缺乏目标的空虚绝望状态。

(2)人可以从三方面发现生活的意义:予——创造生活的价值;取——享受生活的价值;忍——战胜困难的价值。

(3)超越自我的人应具有的心理品质:在选择自己的行动方向上是自由的;不被自己之外的力量决定;对自己的生活负责;开创适合自己的有意义的生活;有给予爱和接受爱的能力;能够感受予、取、忍的价值;是献身工作的,通过职业或劳动向世界提供有价值的东西;是指向未来的,朝向远景目标和任务。

当然,有时人们的烦恼不是来自没有目标,而是来自目标太高。诺贝尔奖获得者西蒙提出,人生不要求"最佳解",而要求"满意解"。最佳解投入大,期望高,风险大,失望也大;满意解投入小,期望适度,风险小,失望也小。比如,在地里摘玉米,要找一个最大的玉米是很麻烦的,因为要把地里所有的玉米比较后才能得到,工作量与玉米地面积成正比,还不能排除别人早已摘走的可能。若只求在地里摘个大玉米,问题就简单多了,工作量甚至与玉米地面积无关。

第三节 自我和谐:悦纳自己和善待自己

一、悦纳自己

(一)知道自己是谁

反思自己的性格,在以下的九种类型中选出与你最像的一种。

1. 完美型

内向,被动,批判;关注错误,纠正错误,喜欢每件事都井井有条,顺序编排,持续监测;急于把事情做好,追求完美;有理性,独立,勤奋工作;有责任感,成熟,有目标且看重效率;对自己和他人都很喜欢批评,没耐性,吹毛求疵,常埋怨和生气他人做事不够好;先工作,后享乐,压抑冲动和渴望;过度刚性,嘴边常挂"应该怎样做";一向坚持自己的原则,很难容忍其他不同意见;个性严谨,不苟言笑,很少顾及家人。是一个合理、实际、脚踏实地的人。

2. 助人型

外向,主动,感情丰富;乐于付出,努力满足他人的需要;想成为他人不可缺少的,压抑和疏忽自己的感受,有时会有强烈的寂寞感觉,会掩饰或不去触动自己的焦虑;很希望被他人接受,并获得他人的认同、尊重、爱护及钦佩;喜欢朋友并乐于倾听他们的事情,对人热情、友善、有爱心和耐心;重视人际关系,通过对别人付出来表现自己,缺乏自主和想法;很难直接向某人表达自己的不满情绪,但可能会向其他人抱怨他(她);很难拒绝有求于自己的人,即使有困难,也会牺牲自己成全别人。是一个关怀他人、乐于助人、慷慨的人。

3. 成就型

外向,主动,善于交际;关注任务,执行力强,争先,相信"世上无难事,只怕有心人";注意力集中在结果,而非意义;基于成绩得到认可和接受,喜欢与人竞争,通过超过别人来建立自己的优越感;坚持自己的目标,达不到就恼火;效率高,有时为了求效率而走捷径;精力充沛、热爱工作、奋力追求成功,以获得地位和赞赏;疏忽自己的感受;为了事业成功、声望、财富,有时牺牲情感、婚姻、家庭或朋友。是一个受人欣赏、有能力、出众的人。

4. 自我型

内向,被动,多愁善感,感情丰富;特别被人生哀愁、悲剧所触动,对别人的痛苦具有深切的同情,会立刻抛开自己的烦恼去支持在痛苦中的人;把焦点放在关系和感觉上,认为被他人误解是一件特别痛苦的事;和不熟的人交往时会表现沉默和冷淡,对不合自己心意的人,会表现出拒人千里之外的态度;不开心时,喜欢独自一人处理负面情绪;以创造力、热情和丰富的感情吸引他人;有时会感到忧郁,心中有很多梦想和理想,可总是很难实现;当遭到拒绝、挫折时会退缩,变得沉默、害羞。是一个直觉、敏感、有创造力及理想化的人。

5. 理智型

内向,被动,自我,喜欢思考;冷静,机智,好学,分析力强;关注探究,思考代替行动,喜欢别人欣赏自己的学问;与感觉相分离,讨厌情绪激动,很难表达自己心中的感受,不擅长对他人说好听的话;自我满足和简单化,不喜欢娱乐活动,在人际关系上显得比较木讷和保持理性状态;寻求独自感觉,不喜欢自己的空间受到打扰;喜欢自己解决问题或制订计划并执行之,不喜欢过度计划的生活或每周一次的例会。是一个理解力强、重分析、好奇心强、有洞察力的人。

6. 疑惑型

内向,主动,保守,忠诚;关注潜在的危险、威胁、伤害;质疑并反向思维,不会轻易相信别人;对事情通常想得太认真,很在意配偶和伙伴的想法,经常犹豫不决;常充满矛盾,希望寻求权威的庇护又不相信权威,渴望别人喜欢又怀疑别人;期望公平,要求付出和所得是相匹配的,易被人觉得斤斤计较;会常常提防别人陷害和利用,所以和人保持一种安全距离,被人觉得不好相处;常反思自己是否做错事,害怕因错而被责备。是一个忠诚、值得信赖、勤奋的人。

7. 活跃型

外向,主动,乐观,贪玩;关注什么是未来可能的,对有兴趣的事很着迷,认为经历比成功更重要;不喜欢接受规范,不想被约束,不善于处理烦琐和细节的任务;头脑灵活,变通快,多计,勇于尝试,富有冒险精神;放任自己,喜欢我行我素,讨厌无聊,喜欢尽可能忙碌;喜欢刺激和紧张的关系,不喜欢稳定和依赖的关系;很少用心倾听别人的感受,所以很难了解别人感受;多才多艺,喜欢聚餐、娱乐、旅行或与朋友谈天说地。是一个快乐、热心、思想正面的人。

8.领袖型

外向,主动,乐观,冲动,有正义感;关注权力,独断,力求控制空间和领域;充满活力,讨厌虚伪,喜欢危险和冒险的刺激感;愤怒爆发直接,硬碰硬,很难听从别人的意见,很难站在对方的立场来思考,别人会觉得专横霸道;喜欢被人尊重而不是被人喜爱,喜欢控制大局和授权给别人的乐趣,但不喜欢被控制;通常会支持比较弱势或不利的一方,会保护、支持朋友、家人和下属;相信自己能战胜一切困境而不喜欢求人,不停地增值自己的能力;对家人粗心大意,缺乏温柔。是一个坚强、自信、果断和马上采取行动解决问题的人。

9.和平型

内向,被动,乐观,随和;关注周围人对自己的抱怨,顺从,服务,很难说"不";向往从容和熟悉,避免冲突;不善于排列事情的优先顺序;不像他人那样关注名誉和地位,与世无争;时常为问题烦恼但却不去解决,特别喜欢看电视和睡觉;容易耽误事情,别人会觉得被动;慢条斯理,经常拖延而不去行动,满不在乎;不喜欢命令别人,但当别人命令自己时,会反感和变得倔犟;能看到不同观点的分歧和争论的方方面面。是一个友善、随和、包容和忍耐的人。

(二)自信而不自傲

大文学家罗曼·罗兰说:"每个人都有他隐藏的精华,和任何别人的精华不同,它使人具有自己的气味。"请记住,你所属性格的优点就是你的优势。同时,你性格中的不足以及你不具备的其他性格类型的优点,就是你的局限性。

你要做的是:(1)认清自己性格的优势,增加自己优势与生活(包括事业、家庭等)的契合度;(2)承认自己有局限,尽量弥补不足,坦然接受尽力而为还是不及别人的结果。

(三)自谦而不自卑

谦卑是人的美德,谦卑使人知耻而进,知道自己有不足,有臣服正义、真理之心;谦卑也是一种自我保护方式,可以让人由退让争取到安全。自卑是一个人稳定的个性特征,主要是自己低估自己。自卑会带来多方面的害处。一是自己在精神上打倒自己,不战而败,放弃许多发展自我和展现自我的机会。二是会衍生许多消极特征:怨天尤人,优柔寡断,郁郁寡欢,脆弱依赖,等等。三是会伤及他人,有一句话讲"自卑的人也自私"。这里的自私不是通常意义上的唯利是图,巧取豪夺,而是说自卑的人一方面对自己的"无能"痛心,一方面又格外自尊,对别人的态度和评价特别敏感,因而过于自我关注而无暇关心他人;同时自卑的人内心并没有真正放弃自己的要求和欲望,有时为了证明自己的价值或达到某种目的,会不顾一切地实现之,伤害他人也在所不惜。

所以,最好的选择是自谦而不是自卑。在自己得意时,不忘乎所以;在自己失意时,不妄自菲薄。胜不骄,败不馁,不卑不亢,心平气和地看待自己,就会处于与自己和谐相处的幸福状态。

二、善待自己

(一)活出自己的幸福

人不需要左顾右盼,攀比别人,而是要追求自己的人生目标,努力做好自己的事情,活出自己的幸福。

如何活出自己的幸福？下面一则寓言故事，或许有助于我们找到答案。

从前有一个石匠，他很勤劳，每天把石头敲碎制作成各种有用的东西。石匠的许多朋友、邻居都非常羡慕他健康的身体和自在的生活方式，他却不太满意自己的命运，一直希望能过一种比较尊贵的生活——富有、奢华、地位显赫。有一天，石匠照例在敲石头，突然，他看到一大片尘土飞扬。在尘土中出现了一辆华丽的马车，上面坐着一位大臣，身旁有许多侍卫，看起来很威严。石匠看得目瞪口呆，他内心深处涌出一个愿望："真希望我也能成为这样的人！"刹那间，从山顶传来一声雷鸣般的巨响，原来山神听到了石匠的愿望，让他梦想成真了。转瞬间，石匠变成了一位大官，他以前的愿望全部实现了，变得有钱、有宫殿、有侍卫，还有大片土地，他很自豪。他经常四处巡视，然后向国王禀报，向国王跪拜行礼的时候，他身上穿着非常厚重的官服，觉得腰酸背痛，但是，他从不敢在这种场合脱下官服。有一次，国王派他到一处很遥远的地方去处理国家事务，途经一片非常大、非常热的沙漠，碍于钦差大臣的身份，为了名誉、为了财富、为了人们对他的崇拜，他还是尽量忍耐，没有脱下官服，结果他差点儿热死在那里。他抬头看到太阳自由自在、高高在上，而且光亮美丽，他说："当大臣真是太可怕了，还是当太阳比较好，我要当太阳！"霎时"砰"一声巨响，他发现自己已经身处地球的最上方，用他的爱和温暖照耀着世界万物。他好快乐，赐福给众生，他觉得自己很伟大、很快乐、很高贵。突然间，他感到很奇怪："怎么会这么黑？"原来有一大片乌云竟敢挡在前面，把他全部遮住。到处都是黑漆漆的一片，他在里面挣扎着不知道怎么出去，所以他非常生气地说："太阳不好！我得变成云，云比太阳还伟大！"霎时"砰"的一声，这个不知满足的人又再度感到满意了，因为他变成了云。他也快乐了一阵子，降雨给大地，滋润花朵，滋润万物，使每个人快乐，自己也快乐。没想到一阵风突然吹过来，把他吹散了，他变得越来越稀薄，越来越渺小，直到细如游丝。突然间，风把他吹过一个山顶，山抓住了他，他被挂在山顶。他非常生气地说："所有的东西都是来来去去，只有山永远屹立不动，永远那么强壮。哦！山是最好的，我一定要当一座山！"然后又是"砰"的一声，他变成了一座山。他又感到非常快乐，即使刮风、下雨、下雪、出太阳，没有任何东西可以干扰到他，他觉得自己好伟大，把鼻子翘得好高。有一天，他觉得好像有人用刀子或钉子之类的东西在戳他的脚，往下一看，看到一个石匠正在山脚下敲石头。他非常非常生气，说道："你怎么敢戳我的脚，很痛啊！"但石匠不管，继续用一只大铁锤和非常尖锐的凿子把石头一块一块敲下来，而且还快乐地边唱歌边吹口哨。他生气极了，说道："啊！我一定要做个石匠！"

这个故事形象地说明了这样一个道理，当我们总是羡慕别人的幸福而去追求时，最终会像这个多变的石匠一样，永远都在追索着短暂的"幸福"，却永远无法真正享受自己所获得的幸福。美国作家洛根在哈佛大学演讲时说："人的一生有两大目标：第一，得到你想要的东西；第二，享受你得到的东西。只有最聪明的人才能实现第二个目标。"

（二）觉察自己的内心

幼儿教师每天生活在忙忙碌碌的各种事务中，特别容易忽略自己的内心。久而久之，会觉得成天疲于奔命，自己并不愉快，烦恼反而越来越多。

心理学家把人的内心比做浮在水面上的冰山，露出水面的部分很小，是别人能看到自己也能意识到的行为和情绪,水面下是别人看不到、自己也常常意识不到的更大更深的部分,诸如行为和情绪背后的感受、想法,对人、事、物的期待,内心最深层的渴望。一件事情来了,人们经常用经验和习惯去解决问题,很少留点儿时间给自己,追究一下在这件事情上自己内心发生了什么,对自己有什么影响。如果人能觉察自己对这件事注意到什么,知道自己体验到什么,心情怎样,知道自己是怎样解释发生的事情的,又做了什么,可能更容易发现自己在想法和行为上的偏差,把事情解决得更好,也更能照顾和疏导自己的心情。

(三)善待自己的负面情绪

负面情绪指给人带来不快的情绪,如愤怒、悲伤、消沉、迷惘、愧疚、恐惧……过去人们认为负面情绪是由外部的人、事、物引起的,所以愤怒难当,会任情绪泛滥,图一时痛快;有时又告诫自己负面情绪会带来危险,必须用意志来驾驭,但内心却委屈压抑。其实,无论是放纵还是压抑,既于事无补,又不利于身心健康。

新的观念是:让我们的认识、意志与情绪合作!学会与自己的负面情绪相处,了解和改善情绪背后的想法、期待,发现并用有效的方式满足自己的深层渴望,使负面情绪得到真正的疏导。

【前沿投递】
负面情绪自我管理要诀
①让自己冷静,感受一下是一种什么样的心情。
②检查有什么不合理的想法和期待,让自己心情不好。
③如果没有,就接受自己的情绪,找一种安全的方式把它宣泄出去。
④如果坏心情背后有错误的想法和期待,用积极、合理的想法和期待代替它们。
⑤经常出现的坏心情预示着自己内心深处的某种渴望没满足,如渴望被爱、被认可、被尊重、自己有用、有价值、自由……用积极行动去满足它们。

(四)善于满足自己的需要

谈到满足自己的需要,经常会被人甚至被自己冠以"自私"的罪名。这是一种误解。需要是人行为的内驱力,没有生理需要、安全需要,人就不会为生存而奋斗,猿甚至不会进化到人;没有交往的需要,就没有人类社会的种种亲密关系,人的幸福感就折损了大半;没有成就需要,人类社会就迈不开革新超越的脚步;没有求真、向善、审美的需求,人类社会和动物世界就没有了区别。所以,人的需求只要是在合理正当范围,都是无可非议理当满足的。尤其是高层次需求,是引领时代风尚的精神高地,是人类心灵深处的最渴望实现的理想和追求。

但满足自己的需要不是很容易的。首先要意识到自己的需要。幼儿园教师很忙,很容易忽略和忘记自己还有健康需要、情感需要、学习需要、闲暇需要。此外,还应记住要为自己的需要负责,否则,你会付出身体透支和心理透支的代价。

其次,不通过改变别人而凭借改变自己来满足自己的需要最有效。比如,获得认可、尊重的需要,我们一向认为来自他人,但恰恰是这种认识,使我们活在别人的评价中,被别人的好恶控制,失去了自我。实际上,只要我们自己变得更接纳欣赏自己,表现出自己朴实真诚、自主自强的本色时,就会赢得他人的尊重和信服。再如,在与他人冲突时,我们认为只有对方改变、认输才能满足自己有价值、不被打败的需要。实际上,单方面要求别人改变一般会导致对方更加强硬。如果此时考虑"双方都有被尊重、有价值的需要",采用不再一争高低,而是表达自己的感受和期望的行为来影响对方,很可能得到双赢的结果。记住,为自己的需要负责的最好办法是改变自己!

第四节　人际和谐:付出关爱与享受亲密

一、搞好同事关系

(一)合宜的人际距离

当今时代,人的自我意识、独立意识更为觉醒,更看重自己的个性和主张,也更能接受别人由于境遇不同而和自己观点不同。尤其是年轻人,更少权威崇拜和趋同倾向。我们要把上述变化看做社会走向开放和个体走向成熟的好事,并且身体力行,营造一种亲密而有界的同事关系。

这种关系是独立而不隔绝的。独立而不隔绝指在这种关系中个人有足够的安全感和价值感,不会因为自己不够完美、怕失身份而害怕和他人交往,也不会因为别人和自己意见不一致而不愿打交道。相反,主动交往,开诚布公,充分表达自己的善意和主张,同时在关系中也能尊重别人的独立性,允许别人不赞同、不满意、发表个人意见。追求一种可以讨论、争论的工作关系,人际关系才会简单而健康。

这种关系是交融而不混淆的。交融而不混淆指真诚与人相处,以不干涉之心尊敬之,以不算账之心帮助之,以不计较之心宽容之,以不隐匿之心规劝之。不会把关心他人当做换取信任和服从的工具,不会把搞好关系当做赢得他人认可和响应的手段,更不会用权力控制别人,把自己的观点强加于人。

(二)提高人际魅力

加拿大籍心理学家伯恩(E. Berne,1910—1970)的人格理论对我们提高人际魅力很有启发[①]。他认为每个人的人格中都有儿童自我、父母自我、成人自我三种成分,每一种自我都有两重性:父母自我关爱他人,但容易强迫控制;成人自我理性成熟,但容易感情淡漠;儿童自我活泼率真,但容易任性冲动。所以,应择其善而行之。并且,三种自我的力量要均衡,自我状态失衡,会造成某一种或两种自我过于强势的状况。例如,父母自我状态占有过多的比重,要么谨小慎微、瞻前顾后,事无巨细都放不下,都亲力亲为;要么非常专横、控制,喜欢指责、挑剔,不满现状。再如,成人自我状态过多,这种人人情练达,处世周全,但会生活得太现实而不会有太多的自我意志;有时也会表现出超理智,事事以规则、条例为准,处处评判是非善恶,严肃拘谨,缺乏人情味和幽默感。

由此,三种角色的均衡发展、相机而用,可以提高我们的人际魅力。一是做好父母角色,关爱他人,去除控制;二是做好成人角色,慎思明断,去除淡漠;三是做好儿童角色,活泼率真,去除任性;四是根据情境灵活展现合宜的角色。

---

① 郑日昌等.当代心理咨询与治疗体系[M].北京:,高等教育出版社,2006:159-163.

(三)满足他人需要

中国有句古话:"顽石之中,良玉隐焉;寒灰之中,星火寓焉;是以君子不轻弃人,不轻量人。"我们应该秉持的人性观应该是:不神化人,不丑化人,不苛求人。要坚信,我们周围更多的是"有缺点的好人"。

人内心深处的渴望之一就是被赏识,自己特别看重的某一方面得到别人的赞美,内心收到喜悦和激励是巨大而长久的。比如,幼儿教师会比较在意他人对自己学识、人品、能力的肯定,也比较在意自己的业务水平得到认可和推崇,如果你能用真情的语言、真实的细节表达自己的赞赏,会被视为"知己"。

赏识他人不等于否认自我,抬举同事不等于放弃竞争。但对不善表达对他人赞美的人来说,要学会给予他人欢乐,令他人感到温暖,你越是在交流中赞赏他人,就越可能自己也得到欢乐。

(四)有效解决冲突

冲突不可避免。幼儿教师面临的冲突,既可能是他人之间的冲突,也可能是自己卷入冲突。解决冲突的能力会影响人际关系的质量。

首先要对冲突有正确的认识。传统观点认为,冲突带来不安定、破坏性,应全力避免、消除。现代观点认为,冲突并非全是坏事。与工作相关的冲突有两重性。常规任务冲突,可能对工作效率有负面影响;非常规任务冲突,可能引发深入的讨论,产出更多的创意;而个人恩怨性冲突,往往导致消极结果。

(1)解决他人之间的冲突

非原则冲突:劝双方回避、克制或妥协均为上策。

原则性冲突:双方都有一定道理,则静观其变,或促其双赢;一方是,一方非,则促其竞争或出面仲裁。

对他人冲突处理的要诀:倡导公开讨论,注重目标相容,减少冲突回避倾向,追求建设性冲突效果。

(2)解决自己卷入的冲突

对他人持宽容态度,有容人雅量,扬善于公堂,归过于私室;表现人格修养:猝然临之而不惊,无故加之而不怒;做出明智反应:耐心地倾听对方,平静地表达意见;弹性处理问题,对自己正确的意见,学会温柔的坚持。

二、密切家人关系

家庭关系对幼儿教师的幸福感至关重要。家庭关系中,夫妻关系、亲子关系最为重要。

(一)夫妻关系

大量的婚姻家庭理论研究和治疗实践表明,家庭关系中排在首位的是夫妻关系,夫妻关系的好坏,决定了家庭生活的氛围和其他关系的状况。

美国华裔心理学者黄维仁博士提出,密切夫妻关系的秘诀有三:精心维护感情,有效处理冲突,发展健全真我[①]。

---

① [美]黄维仁. 亲密之旅——爱家婚恋情商课程培训教材[M]. 北京:中国轻工业出版社,2008.

1. 如何维护婚后感情

首先要多在对方的"爱情银行"中存款。"爱情银行"的观念是心理学家魏拉德·哈利提出的,爱情银行指夫妻心里都有个情感账户。存款就是让对方开心,觉得被欣赏、肯定或感受到爱。提款就是让对方痛苦,觉得被批评、误解或伤害。存款丰厚,爱能遮掩许多错,使大事化小;债台高筑,任何小错都可变成大罪。

存款还需智慧。不是自己认为对别人好别人就能收到。心理学家盖瑞·查普曼提出爱有五种语言:两人时刻;精心的礼物;服务的行动;身体的接触;肯定的话语。每个人对爱的需求不同,聪明的人会根据伴侣的需要"投其所好"。

2. 怎样有效处理冲突

首先,要重新解读冲突的原因。家庭生命周期的重大事件可能是家庭冲突高发的原因,比如,新家庭诞生、新生命的到来、孩子到了青春期、成年孩子离家,都可能引起家庭的震荡;年龄、城乡、个性、原生家庭、出生次序差异,也可能是导致夫妻冲突的原因;处理冲突的习惯性做法,如指责、辩解、逃避、负面"读心",也可能是夫妻关系恶化的原因。了解冲突原因的意义在于让过去不曾意识到的因素进入到意识范围,知道大多数情况下不是对方故意更不是恶意伤害自己,这种相互理解就为解决冲突、修复关系奠定了心理基础。

其次,要本着满足需要、修复关系的原则处理冲突。黄维仁博士为疏导情绪、解决冲突设计了要诀和步骤。

【前沿投递】

疏导情绪的五大要诀

①学习暂停,为爱点燃一盏灯,从潜意识做主掌控的"冲动反应"状态,进入由意识做主掌控的"理性响应"状态。

②了解、标明被激发的情绪。

③省察情绪背后的思维。

④探索心理需求,知道自己真正想要的是什么。

⑤思考如何通过自己的一点改变,请求对方合作来满足双方的渴望。

解决冲突的五大步骤

(为便捷应用,将黄博士的十步简约为五步)

①客观描述事件及其结果。"那天……结果……"。要领:切忌指责对方。

②说出当时或现在的感受。"我感到难过、担心、害怕、生气……"。要领:不怕示弱,示弱比逞强更能令对方软化、响应。

③表达内心渴望。"我所需要的是(被理解、被尊重、被爱)……","我希望我们俩的关系能亲密、信任、合作……"。要领:说出自己内心最需要、最看重的。

④表达行为要求。"我可以为此改变的是……我需要你帮助我或为我做的是……"。要领:最好具体可行。

⑤说出这样做的好处。"如果这样……那么我会……(个人目标)或我们会……(关系目标)。"要领:对方没有马上改变也能够接受;内心的负面情绪宣泄了;可以等待。

不管是五大要诀还是五大步骤,贯串始终的是情绪智慧:不压抑自己的情绪,而是通过表

达自己的感受、期望来疏导自己的情绪;不指责对方,不强迫对方改变,而是念及对方的好,通过自己改变并请求对方合作来满足双方的渴望。

3. 如何发展健全真我

以上种种努力都是在做自我的修炼。

自我的修炼还表现在提高自己的"3Q"上。一是 LQ,即学习商数,有颗愿意学习、想要改善的心。二是 EQ,即情绪智慧商数,有颗能够了解、疏导、掌控自己内在情感状态,同时可以正确地解读、帮助调整他人内在情感世界的心。三是 SQ,即精神商数,有颗不忍、愿为别人着想、愿意去爱的心。

(二)亲子关系

在此只针对目前我国家庭教育和园校教育中的突出问题谈几点意见。

1. 无条件而有分离度的爱

新精神分析心理学家埃里克森提出了人格发展的"八阶段论",认为人不同年龄阶段的社会文化要求是外因,由此引发的个体内心的矛盾冲突是内因,两者共同规定了人格的成长路线。

在埃里克森的人格发展的八阶段理论中,学习信任、成为自主者、发挥主动性、变得勤奋、建立自我同一性,是人从出生到成人所经历的五个关键阶段,也是家庭教育和学校教育发挥最大作用的阶段。从埃里克森这五个阶段发展任务的线索中,不难看出各方教育的主要使命是帮助儿童的自我成熟。从出生到一岁,母亲要给婴儿无条件的爱,让孩子感受到他(她)是妈妈的至爱,在妈妈的怀抱里无比安全,由此衍生出对周围世界人、事、物的基本信任。在这个阶段,最关键的是对孩子爱的"无条件",不因孩子的性别、模样和其他因素而有不同。要让孩子体验到他(她)对你多重要,你多么爱他(她),尽可能地陪伴孩子,但是在物质上不要"有求必应"。接下来父亲、幼儿教师、中小学教师、同龄伙伴先后加盟孩子的"教育团队",他们对孩子的爱需要增加新的内涵:放手和指导,才能使孩子成为自主者,发挥主动性,变得勤奋,直至达到自我独立性和社会责任感平衡的自我同一性成熟。这种爱是逐渐增加分离度的爱,是让孩子在自由和规则中学会辨别、选择、担当责任的爱,是更高层次的爱。

对孩子"有条件的爱"是我国家庭教育和园校教育出现偏差最大的方面之一,生活中屡见不鲜的是:在学龄段,只有学习好,父母才对孩子宠爱有加;只有学习好,才会得到老师器重;学习出了问题,父母、教师不自觉地会对孩子表露出不满与嫌弃。人本主义心理学家罗杰斯提出这种"有条件的爱"是导致人性扭曲的作祟者。怎样做到"无条件的爱"?就是要从根本上肯定每个生命存在的价值,看到每个生命蕴涵的潜能和光彩,要因循孩子本性和潜能支持他们成长,而不能控制、逼迫他们成长。

"没有分离度的爱"也是我国父母容易犯的"爱的错误"。表现为一味溺爱、凡事包办,不知不觉中孩子养成了依赖、逃避、懦弱无能的习惯,或骄横跋扈、胆大妄为的个性。到孩子长大后,父母又会抱怨他们无能、无趣、无心。实际上,孩子的活力、情趣、爱心可能早在多年的娇纵下退化了。"有分离度的爱"就是要促进孩子的成长成熟、早日独立。在孩子出于好奇和探索而做事时,要鼓励他们尝试并给予必要的指导,让孩子感受到父母对他(她)的赞赏和允许犯错的信任。当孩子做得好时,用实在的语言、真实的细节表扬孩子,让他(她)感受到父母对自己的优良品质和行为是多么的看重和满意。在孩子出问题时,本着让孩子学会辨别、学会选择并为自己的选择后果负责任的原则,进行必要批评和惩罚,让他(她)承担做错事的自然后果或逻辑后果。让孩子从小学会为自己的行为承担责任,学会在遇到类似事情时做更好的选择。

2. 慎用"禁止信息"和"应该信息"

心理学家伯恩提出,造成心理病态的深层原因在于,人早年所形成的不良人生脚本①。人生脚本指个体小时候在无意识中定下的一生的计划,约在 2~7 岁时完成。比如,有人内心认为自己是个小人物,做不了什么大事;有人内心认为自己很强大,做什么都没问题。交互作用理论认为,童年时父母给予的"禁止信息"和"应该信息",是儿童产生消极的人生脚本的主要外部因素。

禁止信息是父母通过言行举止对孩子传达的"你绝对不可以……"的信息,孩子可能将它印刻在心里成为终身的禁止信息。禁止信息大多来自孩子接收的父母非语言信息,有时父母未必有那个意思,但孩子却坚信而且决定要服从那个命令。例如,父母忙碌时不让孩子靠近,虽然父母心里并没有拒绝的意思,但孩子由父母的表情会强烈感受到这种信息有拒绝亲近的意思,多次发生,孩子就可能形成"我永远得不到家人的爱和别人的爱,只有自己保护自己""接近别人会受到羞辱,要和别人保持距离"的早期决定。禁止信息并不是都有问题的,关于做人的基本行为规范是儿童成长为文明而有责任感的公民的必修课。但不容否认,很多父母给孩子的禁止信息是严苛和扭曲的,妨碍孩子发展内在潜能和满足自己的合理需要。

应该信息指父母出于保护和照顾孩子的愿望对孩子所说的话,如"学习好才有出息""要使自己快乐,生气是不好的"一类的话。人遵循应该信息做事时,内心常常经历挣扎和冲突:要么个体为了服从"应该"而牺牲自我的需要,要么当自我满足而不符合"应该"调节时,又会陷入深深的内疚。于是大量的能量被消耗在这种分裂和冲突中,阻碍了个体机能的充分发挥。如已经被某件事情激怒了,心里却想"有教养的人不应该发脾气,应该有自制力",把怒气吞回去而不是解决问题,随之而来的后遗症是自我贬低和心理阴影。

伯恩理论给我们的一个启示是:孩子容易在早年受"禁止信息""应该信息"的伤害,因此父母在教育孩子时,要慎用"应该"和"禁止"信息,以免孩子从小套上种种沉重的精神枷锁,无力起飞。更应该警惕的是,0~6、7 岁是"人生脚本"的形成期,"禁止信息"和"应该信息"可能导致儿童"灰色的人生脚本",将他们导向人生歧途。

3. 与孩子保持适度的心理界限

德籍心理学家皮尔斯(F. Perls,1893—1970)提出了心理界限的概念,包括自我的内部界限、自我与环境的界限(外部界限)。内部界限是指是否能觉察自己内心的认知、情感、意向的活动并使之协调合作。内部心理界限好的人,能够把自己精神和躯体、理智和情感、自主性和自发性的资源很好地整合起来。外部界限是指自我是否既保有自己的独立性,又能与环境(包括自然界和社会)相互渗透。内外界限好的人,既能自我支持,又能与环境相互支持②。

---

① 郑日昌等. 当代心理咨询与治疗体系[M]. 北京:高等教育出版社,2006:168-169.
② 郑日昌等. 当代心理咨询与治疗体系[M]. 北京:高等教育出版社,2006:125-131.

皮尔斯的心理界限概念对亲子关系的处理是一剂良药。我国父母有爱孩子的美德和牺牲精神,父母对孩子在生活上百般照顾,在学业上严格要求,孩子也承载着父母期待甚至家族声望的重托。但这种亲子关系常常是一种捆绑在一起而没有界限的关系,以致弱化孩子独自面对生活和问题的能力,父母也失去不少享受工作、享受生活的乐趣。更加严重的是,亲子任何一个方面的风吹草动,都会牵累另一方,如孩子的问题会导致夫妻关系紧张,夫妻不和,孩子也会充当调停人或替罪羊。这种相互纠缠的情况,归根结底是缺乏心理界限、责任归属的意识和能力。养育子女是父母的责任,但不能过界越权,因为孩子只有感到自己是独立的主体时,他才会扛起自己的责任。而处理好夫妻关系是大人的事,孩子无需承担责任。推而广之,每个人能担负自己的责任,又愿意与别人相互支持,是全社会和谐的心理保障。所以,将孩子从一个需要环境支持的婴儿,培养成为能够自我支持且与环境相互支持的人,是父母的使命之一。父母与孩子清晰而有弹性的心理界限是:相信孩子可以处理自己的问题,如果孩子需要帮助,父母就在这里,不过要由孩子决定是否需要大人的帮助。父母不会大包大揽,也允许孩子出错,相信孩子能从错误中得到学习。

【本章内容概览】

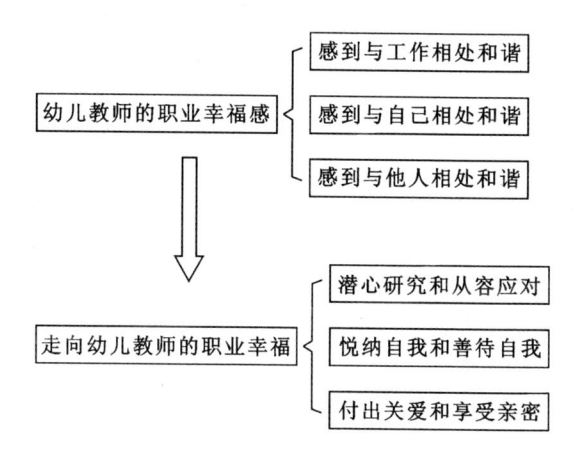

```
                    ┌─ 感到与工作相处和谐
幼儿教师的职业幸福感 ─┼─ 感到与自己相处和谐
                    └─ 感到与他人相处和谐
         ⬇
                    ┌─ 潜心研究和从容应对
走向幼儿教师的职业幸福 ┼─ 悦纳自我和善待自我
                    └─ 付出关爱和享受亲密
```

【思考题】

1. 为什么自我和谐、人际和谐、职业和谐都关乎职业幸福?
2. 实现职业和谐需要从哪些方面努力?
3. 你的人格类型属哪类?要达到自我和谐,你会做哪些改变?
4. 综合人际和谐的主要内容,谈谈你最感兴趣的方面。

第五编

儿童教育教学心理

第十二章 学前儿童教学活动设计与指导

【问题求索】

1. 幼儿园教学活动目标的本质是什么？如何制订和表达教学活动的目标？
2. 如何选择幼儿园教学活动的内容，有何依据？
3. 在选择好适当的教学活动内容后，教师应该如何编排幼儿园教学活动内容的顺序？
4. 如何设计和运用幼儿园教学活动的方法？
5. 幼儿园教学活动导入、实施过程和结课环节的设计应注意哪些问题？

第一节 教学活动目标的设计

教学是一种有计划、有组织、有目的的活动，它总是要从一定的教学活动目标出发，围绕一定的教学活动目标展开。教学活动的目标具有两大功能：一是引领功能，即引领教师对教学内容、教学方法、教学技术、教学资源的选择与运用；引领儿童参与学习；引领教学活动结果的测量与评价。二是聚焦功能，即教学活动目标是教学系统内各组成要素的联结点和灵魂，对其他要素起着统领、聚焦和协调的作用，使教学要素发挥出最佳的教学整体效能。教学活动过程中每个环节的处理都应为教学活动目标服务，不能偏离教学活动目标。

一、幼儿园教学活动目标的来源

制订教学活动目标是学前儿童教学设计的第一步，也是最重要的一步。我们先从教育的不同层面出发，了解一下教学活动目标在教育目标层次中处于何种位置，进而了解教学活动目标的由来。图12.1.1就是教育的目标层次图。

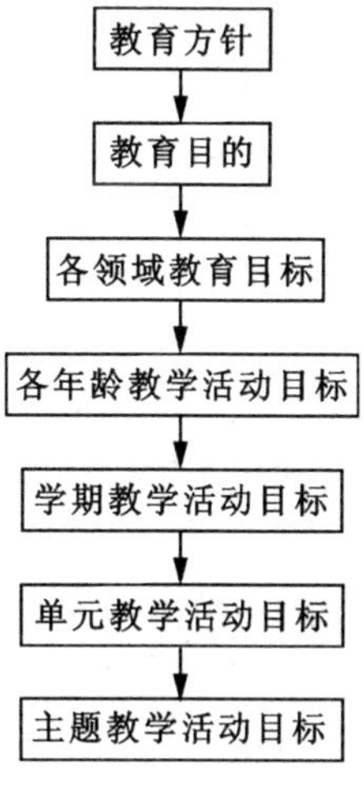

从图12.1.1中可见，教学活动目标是一个目标体系，以国家总的教育方针为基础，逐层具体化和深化。教育方针、教育目的反映了在教育的不同层面上的教育要求。在具体教学任务中，教师接触的主要是各年龄、各领域教学活动目标、单元目标和最具体的主题教学活动目标。我们这里所讨论的教学活动目标的制订和表述，指的就是最具体的主题教学活动目标。

图12.1.1 幼儿园教育目标层次

二、教学活动目标的制订与表述

（一）教学活动目标的本质

由于教学活动目标的意义重大，教师应该尽可能地花时间去认真思考教学活动目标的相关问题,尽可能以具体、有意义的术语描述有效教学活动所要达到的目标。我们有必要先了解一下教学活动目标的本质。

让我们先从一个案例开始思考。

这是一个以《认识三角形》为主题的教学活动目标,请大家思考此目标是否正确。

教学活动目标:

  让儿童认识三角形

  学习三角形的画法

  培养儿童的合作精神

  培养儿童德智体美等全面发展

我们需要思考以下几个问题:

让儿童认识三角形——

质疑:教学活动目标最终是教师要完成的,还是儿童要完成的?

学习三角形的画法——

质疑:教学活动目标表达的应该是学习的结果还是过程?

培养儿童的合作精神——

质疑:类似的教学活动目标能否在一次教学后实现,即便能够实现的话,如何测评?

让我们来思考一下教学活动目标的本质是什么?

1. 目标是学习的结果而不是过程

  教学活动目标要规定经过教师的教和儿童学的一系列过程以后,最终要求儿童达到什么标准,或能够做些什么,而如何达到这一结果的过程则不属于教学活动目标。在教与学的过程中,儿童最终获得的知识和能力以及形成的个性化行为才是目标。因此,过程不能成为教学的目标,因为目标本质特性就是一种终结性,而过程本质是一种动态流程。"学习……"这种表达正是强调学习的过程而不是学习的结果。

2. 行为主体应是儿童,而不是教师

  教学活动目标是指在学习活动后,儿童能够达到的结果性行为,而不是教师要达到的行为。因此,教学活动目标表达的主体应该是儿童而不是教师。这一点,不少教师往往容易混淆。他们认为,教学既然主要是教师在教,因而其目标应当是教师能够干什么。如果将教学活动目标改为"学习目标",似乎就不易混淆了。其实,教学活动目标和学习目标本质是一致的,属于同一概念,只是不同的人的使用习惯而已。因为,教学是以儿童为中心,教师教学的一切行为都是为儿童服务的。

3. 目标要明确、具体、可操作性强

  从幼儿园教育目标体系来看,从低到高,各层次目标是越来越抽象、概括化和笼统,作为最具体、最底层的主题教学活动目标,其特点就是具体、明确,可操作性强,能具体指导、调控教师的教学过程。否则,也就丧失了其作用。可以这样说,目标越是明确和具体,目标的可操作性就越强,而目标的达成度就越高。但就我国目前的情况看,不少公开发表的带有"范例性"的教案仍然使用很多不具体、笼统的语词。如上面的例子:"培养儿童德智体美等全面发展"就是一个大而全的要求,儿童不可能在一次学习后实现,也无法操作。像这样的目标就属于"教育目的"和"教学活动目标"混淆了。我们可以具体区分一下教育目的和教学活动目标的差别,教育目的:艺术欣赏水平的提高;教学活动目标:能识别不同节奏的乐曲所表达的情绪。

4.教学活动目标应具有可观察性和可测量性

教学活动目标的一大功能,即用来测量和评价儿童的学习效果,因此,教师所表述的教学活动目标应当能够体现出可观察和可测量的功能。上述例子中,"培养儿童合作精神"这个目标,就无法体现其可观察和可测量性。我国教师比较习惯用含糊的用语表述教学活动目标,如"理解、体会、掌握"等。但在教学之后,教师很难测量儿童在这些方面表现出的行为的程度。因此,教师在表达教学活动目标时,选用的行为动词应该是能够描述儿童所形成的可观察、可测量的具体行为词语,如"说出、阐述、表达、展示"等等,而不是"掌握、领会、理解"这样的描述内部心理变化的词语。

(二)表达教学活动目标的基本要素

美国心理学家马杰在行为主义心理学理论基础上提出了目标陈述技术。马杰认为,表述好的目标具有三个要素:

一是说明通过教学后儿童能做什么(或说什么)。

例如:能区分形状并说出颜色;能复述故事;按顺序组织不同部分。

二是规定儿童行为产生的条件。

例如:在3分钟内,搭建具有主题的积木;依据指定的读物,比较两种动物的特点;提供图片,大胆猜测将要发生的事情。

三是规定符合要求的作业标准。

例如:按照恰当的顺序;至少80%的正确;保持队形。

一个正确的教学活动目标应当同时具备以上三个要素。例如:"通过照镜子(条件),观察并画出自己的脸(行为),能画出脸的主要部位(标准)。"又如:"给出5道5以内的加减法题,儿童能在3分钟内给出答案,正确率为90%。"

也有人提出了一种目标表述的ABCD技术。A指的是Audience,即儿童;B指Behavior,即行为;C指Condition,即行为产生的条件;D指Degree,即行为达到的标准。一个教学活动目标应该包括上述四种成分。

(三)教学活动目标的制订

我们解决了教学活动目标的表述问题,知道如何正确和合理的表述目标了,接下来,我们必须要思考的问题是,正确表述只是传达教学活动目标的一种工具或是方法,关键问题是如何制订正确的教学活动目标。

具体的教学活动目标可以典型地分为三大领域:认知领域、方法技能领域和情感、态度价值观领域,即我们所倡导的三维目标。教师可以根据三维目标的分类,将教学活动的目标分为三个方面。实践中,不少教师理解三维目标对儿童的重要性,在制订教学活动目标时通常习惯于将教学活动目标分为这三个领域,再将所有领域的目标分成了解、理解、掌握和运用四个层次。需要注意的是,上一个问题我们谈的是教学活动目标的制订要具体、清晰、可操作性强,三维目标显然只是一个目标框架而已,并不够细化,尽管有些教师将其划分为四个层次,但仍旧不够清晰,比如,就"了解"这个层次而言,"说出""背出""辨认""识别"都属于了解,很多情况下,一次的教学我们并不能完全实现所有的行为。因此,我们必须要将三维目标进一步细化和分层。见表12.1.1所示。

表12.1.1　三维目标层次分解

三维目标	各领域目标层次
认知领域	了解
认知领域	理解
认知领域	应用
方法技能领域	模仿
方法技能领域	独立操作
方法技能领域	迁移
情感态度、价值观领域	感受
情感态度、价值观领域	反应
情感态度、价值观领域	内化

从表12.1.1可见,在认知领域目标、方法技能领域目标和情感态度、价值观领域目标中都可以进一步细化为三个层次,且每个领域的三个层次表现为逐层递进的关系。在表述教学活动目标时,这三个层次的体现并进一步地细化主要是通过动词来实现的。下面,我们来了解一下各个层次可以用到的动词有哪些。

1. 认知领域目标

在教学活动设计中受到最多的关注的就是认知领域的目标的实现,它包括知识或信息、命名、解决问题、预测以及其他方面的智力因素。认知领域目标可以分为三个层次水平,即了解水平、理解水平和应用水平。三个层次逐层递进。

了解水平——指再认或回忆知识;识别、辨认事实或证据;举出例子;描述对象的基本特征等。可以用到的动词有:说出、背诵、辨认、回忆、选出、举例、列举、复述、描述、识别、再认……

理解水平——把握内在逻辑联系;与已有的知识建立联系;进行解释、推断、区分、扩展;提供证据;收集、整理信息等。可以用到的动词有解释、说明、阐明、比较、分类、归纳、概述、概括、判断、区别、提供、把……转换、猜测、预测、检索、收集、整理……

应用水平——在新的情境中使用抽象的概念、原则;进行总结、推广;建立不同情境下的合理联系等。可以用到的动词有应用、使用、质疑、辩护、设计、解决、撰写、拟定、检验、计划、总结、推广、证明、评价……

2. 方法技能领域目标

教学活动目标的第二个领域是方法技能领域,它包括需要运用并协调身体的动作,如体育活动中的操作、操纵等技巧,或是在认知领域的基础上掌握学习过程中面临的各种学习方法和技巧。方法技能领域的目标可以分为三个层次,即模仿水平、独立操作水平和迁移水平,三个层次逐层递进。

模仿水平——在原型示范和具体指导下完成操作；对所提供的对象进行模拟、修改等。可以用的动词有模拟、重复、再现、模仿、例证、临摹、扩展、缩写……

独立操作水平——独立完成操作；进行调整与改进；尝试与已有技能建立联系等。可以用的动词有完成、表现、制订、解决、拟定、安装、绘制、测量、尝试、实验……

迁移水平——在新的情境下运用已有的技能；理解同一技能在不同情境中的适用性等。可以用的动词有联系、转换、灵活运用、举一反三、触类旁通……

3. 情感态度、价值观领域目标

教学活动目标的第三个领域是情感领域。情感领域包括态度、鉴赏力、价值观、动机以及感情方面的享受、保护和尊敬等子目标。这个领域通常在教育中被认为是意义非同一般的，但却又是我们所知甚少的一个领域，特别是在设计具体的、可操作性强的教学活动目标方面更是如此。情感态度、价值观领域目标也可以分为三个层次水平，分别是经历感受水平、反应认同水平和领悟（内化）水平。三个层次逐层递进。

经历（感受）水平——包括从事相关活动，建立感性认识等。可以用到的动词有经历、感受、参加、参与、尝试、寻找、讨论、交流、合作、分享、参观、访问、考察、接触、体验……

反应（认同）水平——包括在经历基础上表达感受、态度和价值判断；作出相应反应等。可以用到的动词有遵守、拒绝、认可、认同、承认、接受、同意、反对、愿意、欣赏、称赞、喜欢、讨厌、感兴趣、关心、关注、重视、采用、支持、尊重、爱护、珍惜、蔑视、怀疑、摒弃、抵制、克服、帮助……

领悟（内化）水平——包括具有稳定态度、一致行为和个性化的价值观念等。可以用到的动词有形成、养成、具有、热爱、树立、建立、坚持、保持、确立、追求……

情感领域的具体目标是最难编写的。不少教师认为，既然教学活动目标是要具体、细化、可操作性强、可测量的，而情感目标多数又是深远的，一次教学难以实现的，更何况，活动之后要能测量和评价出来。因此，在这一方面似乎产生了矛盾。如何解决这个问题呢？其实，从前面对情感态度和价值观领域目标的分析可见，情感领域的前两个层次，即经历水平、反应认同水平均是具体的、可操作性强、可测量的，只有最后一个水平，领悟水平是需要较长时间实现的。

在进行教学活动目标设计时，划分三个领域的好处在于能够为教师提供一种设计的思路，同时教师能够确定每一个具体目标的学习要求，用来检验具体目标是否贯串各个不同层次而不是都集中于某一个层次的目标。另外，设计三维教学活动目标是制订教学策略的基础，我们完成这项任务，可以通过对这些具体目标分类，提出教学活动策略的"处方"。

第二节 教学活动内容的选择和编排

教学内容是实现教学活动目标的载体和对象，与教学活动目标紧密相连，所以，教师在明确教学活动目标的基础上，还需要对教学内容进行选择和编排，以保证教学活动目标的落实。

一、教学活动内容的选择

所谓教学活动的内容,是指为实现教学活动目标而要求儿童学习的知识、技能、行为经验、情感态度的总和。教学活动内容的确定需要注意的问题是较为复杂的。

学前儿童教学活动内容丰富、形式灵活,因此,并不要求教师一定要根据教材进行教学。教师在使用教材时,需要对教材进行二次加工,以最有效的方式呈现教学活动内容。教材不是教师教学的唯一资源,教师可以以教学主题为导向,开发相应的其他形式的资源,如软件、网络资源等。但现实问题是,教师可利用的教学资源是丰富的,但教学的时间却是有限的,而教师如何将丰富的教学资源呈现于有限的教学活动中,显然,教师需要从相关资源中按照一定的标准筛选教学的内容。那么,选择教学内容的标准是什么呢?我们从以下几个方面加以分析。

(一)依据儿童心理发展水平

1. 兴趣性

爱因斯坦曾说过:"兴趣是最好的老师。"孔子也有云:"知之者不如好之者,好之者不如乐之者。"兴趣是人们积极探究某种事物或从事某种事务活动的意志倾向,是人们认识事物所需要的情绪表现,是动机中最积极最活跃的成分。

很多教师深知兴趣对儿童学习的重要性,因此,在选择教学内容时的首要标准,就是看是否能够激发儿童的内在学习意愿和兴趣。比如,在教学中添加生动的故事、图片、实例等,试图通过此种途径提高儿童的学习效率。毋庸置疑,学前儿童主要以形象思维为主,在选择教学活动的内容时,教师必须考虑能够激发儿童兴趣的形象化的事物,但是,需要注意的是,并不是所有能够激发儿童兴趣的内容都能促进儿童学习,这要考虑教学的关键经验。

心理学相关研究证实,学习者感兴趣的内容不一定能促进其学习。心理学家加纳等人在1989年给大学生和七年级儿童阅读有或没有诱惑性细节(画线的为诱惑性的细节)的有关昆虫的短文。文章如下:

有些昆虫独自生活,有些则生活在大家庭里。独居的黄蜂叫做独居蜂,一种抹泥蜂就是独居蜂。甲虫也是独居的。当甲虫仰面掉下时,他把自己往上抛,在发出"咔嗒"声的同时,正好一边朝下落了下来。蚂蚁生活在大家庭中。有许多种蚂蚁。一些蚂蚁生活在树上,黑蚂蚁生活在地面。

一些昆虫是奔跑健将,另一些则是飞行健将。蟑螂是速度很快的奔跑者。抓住它们很难。它们善于奔跑和躲藏。蜻蜓飞得很快。苍蝇大概是飞得最快的昆虫。当苍蝇每秒扇动它的翅膀约200次时,你会听到嗡嗡的声音。

一些昆虫通过将自己伪装得像其他动物来保护自己。另一些则通过伪装得像植物来保护自己。昆虫应当保护自己免受蛇的吞食。蛇吃一些昆虫、蠕虫、青蛙、老鼠、兔子和鱼之类的活的动物。鸟并不经常吃黑红色蝴蝶,因为它们看起来太像橙褐色蝴蝶。鸟大概知道橙褐色蝴蝶味道不好吃。当一只直翅目昆虫静静地趴在一枝细枝上时,它看起来就像一枝细枝,敌人很难发现它。

研究结果发现,对两个年龄组来说,阅读没有诱惑性细节文章的儿童,实际上比阅读了有诱惑性细节的儿童能回忆更多重要信息。进一步的研究表明,虽然诱惑性细节的本身能很好地被回忆出来,但是并不能改善学习者对教学材料中关键信息的学习。

研究证实,给枯燥的材料添加有趣但无关的细节,并不会改善儿童对教学内容的学习和理解力。①

哈普和梅耶让儿童阅读一段解释闪电形成原因的文章。这篇文章有550字,分为6段,每段有一个说明性图片,其中一段如下:

在云中,空气运动导致了电荷的生成。虽然科学家还不完全清楚这是怎么发生的,但大多数人认为,电荷是云中轻轻的上升的水珠和细小的下落的冰晶、冰雹碰撞的结果。带负电的粒子落到了云的底部,大多数带正电的粒子则升到了云的顶端。

要给这段文字添加诱惑性细节,可在这段的第一句话后面加上:"为理解这些过程,科学家有时通过往云中发射卫星火箭来创造闪电。"还可以在这段话的右边,添加一幅科学家在开阔的原野上往雷雨云中发射小火箭的图片。这些诱惑性细节增加了儿童阅读的兴趣,而且与"闪电"这一大的主题相关,但与闪电形成原因的解释无关。

为评价儿童的学习,研究者让他们写下对闪电形成原因的解释(回忆测验),也让他们回答一些迁移性质的问题,如:"假设你看到天上有云但没有闪电,这是什么原因?"然后,研究者计算了儿童在回忆测验中回忆出正确的因果论断的数目,也计算了他们在迁移测验上提供的正确答案的数目。结果发现,增加诱惑性细节对儿童的回忆和迁移都有所损害。后来,研究者还利用多媒体技术,给已有的文本添加了一些更生动的诱惑性细节,结果发现给儿童对文本的回忆和迁移都造成了有害的影响。

这说明,在教材中添加诱惑性细节对重要信息的学习没有促进作用,通常还会产生有害的效应,因为诱惑性细节导致教学内容变长,而且包括了许多无关的细节,儿童要花更多时间来阅读,这会降低对重要内容的学习。国外也有研究支持这一论断。有人发现,儿童如果阅读课文长度1/5的总结性材料,要比阅读全部材料更能把握课文实质。②

那么,我们是否没有必要改进教学活动的内容来吸引儿童学习兴趣呢?答案是否定的。现代心理学区分了两种不同的兴趣:一是认知兴趣,是儿童理解教学内容后对其内容本身的兴趣;二是情境性兴趣,是由环境的有趣引起的。诱惑性细节激发起的是情境兴趣,我们要提高教学内容的吸引度,要更多地从调动儿童的认知兴趣入手,如教学内容本身有良好的逻辑性、连贯性和探究性,儿童发现教学内容中蕴涵的内在逻辑关系,会更乐于学习。

可见,虽然学前儿童的教学活动中提高儿童的情境性兴趣非常重要,但教师不能单纯以活跃气氛、激发情境性兴趣为主要教学目标,而应注重激发儿童的认知性兴趣。

2. 可接受性

可接受性是从儿童心理发展方面出发,立足于目标,把高难度和量力性有机地结合起来,

---

① Mayer ,R. E. . Learning and Instruction[M]. New Jersey:Merrill Prentice Hall,2003:466.
② Mayer ,R. E. . Learning and Instruction[M]. New Jersey:Merrill Prentice Hall,2003:467.

使内容的难度符合儿童的"最近发展区"。如果难度太高，儿童感到其能力与最终要达到的要求之间遥不可及，那么，对成功的期望值就会降低而失去学习的意愿和信心。所以，教师在选择教学内容时要考虑儿童的原有认知发展水平，要符合儿童心理年龄特征。

3. 发展性

发展性是指教学内容蕴涵了培养儿童能力的显著成分和价值，通过教学活动，能明显地促进儿童各方面的发展。教学内容的发展性已经成为世界各国在教学内容选择上的一种趋势。根据发展性标准，那些实用性不够强但对儿童能力发展特别有效的知识或技能也可以作为教学活动的内容。比如，珠算能力虽然对现实生活的实际作用并不是很大，但它们对培养儿童的逻辑思维能力等有着极其特殊的作用。

（二）教学内容的广度

1. 注重各领域之间的"晕化"

当前，随着学科分化的日益加剧，越来越不能简单地按照人类知识体系中的学科来建构幼儿园教学内容体系，而特别应该充分地考虑知识的"晕化"、知识系统的一体化。这里的"晕化"即指幼儿园各领域间是相互渗透、相互联系的，不存在绝对的界限，只存在动态的、相对区别的"领域"。知识"晕化"、一体化理念的做法之一就是整合课程、主题网络课程的设计及相应的教学活动设计；如果只停留在"知识"这个层次而不注重非学科化的知识，那么我们就会使知识的学习变得过于零碎或漫无边际。因此，教师在选择教学活动内容时，应当追求各领域之间的融合和渗透，力求一个教学活动目标通过多领域内容来实现。

2. 融通教学与生活经验

教师需要认识到：第一，儿童学习是儿童生活的一部分，但又不能等于儿童生活，而应该看到它的特殊性，即它是儿童生活中学习含量高的那个部分，因此它应该与儿童生活融通，这是局部与整体的融通；第二，儿童本来就是社会的一个组成部分，儿童生活从来就是社会生活的一个组成部分，这个组成部分有其特殊性，儿童的学习生活既要与大社会生活融通，又必须保持其特殊性，否则，儿童的学习就不成其为学习，儿童也不成其为儿童了；第三，儿童学习与社会生活的融通，即意味着教师在选择教学活动的内容时，必须符合时代发展、社会发展的趋势和现实。

二、教学内容的编排

（一）内容模块化处理

内容"模块化"处理，指的是将一组逻辑相关的主题集中为一个模块，教学可以由许多模块组成。在教学活动中，模块也就是教学活动的环节，但模块更加强调内部逻辑相关性。教学活动内容为什么要进行模块化处理呢？原因在于，从记忆的原理分析，模块化处理有利于儿童的组块记忆。

例如：

请你读一遍下面的一行随机数字，然后合上书，按照原来的顺序，尽可能多地默写出来：

7 1 8 6 3 9 4 5 2 8 4 9 3 8

现在再读一遍下列随机字母,然后用上述相同的方法来测试自己的记忆:
HJMROSFLBTWQAG

假如你的短时记忆像一般人那样,你可能回忆出7个数字或字母,至少能回忆出5个,最多回忆出9个,即7+(-)2个。

短时记忆是指信息的保留时间一般在3秒至1分钟之间的记忆。这种记忆在日常生活、学习和工作中经常遇到。短时记忆的突出特点是其容量的有限性。美国洛克菲勒大学心理学教授米勒通过实验,在1956年发表了《神奇的数字7+(-)2:我们信息加工能力的限制》一文,明确提出了短时记忆的容量为7+(-)2。后来人们利用数字、单词、字母、无意义音节等各种实验材料得到的结果都和米勒的结果一致。

如此的话,我们就会产生疑问,那为什么一些人会在很短的时间内记住大量的内容呢?比如,挑战吉尼斯纪录的人,能在短时间内记住100个数字及其排列顺序,难道这样的人有特异功能吗,还是7+(-)2的容量不具有普适性呢?

组块记忆心理学研究发现,人的短时记忆是以组块(Chunk)为单位的,短时记忆的容量为7+(-)2个组块。每一个组块内有多少个信息是相对变化的。一个组块可以是一个字母或数字,一组字母或其他材料,甚至一组词或一个句子,组块内部的信息是互相联结的,而不是各自孤立的。学习无关联的材料时,可以把孤立的记忆材料建构为一个大的组块。利用组块来记忆,可以大大增加人的记忆容量。组块现象在各种学习材料中大量存在着。例如,汉语中的成语、谚语、词组,英语中的短语、习惯用语,人的名字、职务,甚至数学公式也存在着组块。

可见,"组块"是记忆的特殊的单位,是一个有一定可变度的客体,它所包含的信息可多可少。若要增加短时记忆的容量,可以利用已有的知识经验,通过信息加工,将若干较小单位联合成熟悉的、较大的单位,扩大每个组块中的信息量来实现。对短时记忆的容量的决定因素,往往不是信息的绝对项目数,而是其组块数。如 i、l、u、v、o、y、e、o 是八个字母,这八个字母通过短时记忆的话并不容易记住,但是如果将这八个字母按照组块记忆的话,它会变成 I love you 三个单词组成的一句话。八个字母孤立地记忆是八个组块,而按照单词记忆就只有三个组块。通过组块,就记住了更多的信息而又减轻了记忆的负担。

教师在进行教学内容的组织时,可以利用组块记忆的原理,将逻辑相关的内容组合成一个模块呈现给儿童,这样,有利于儿童的理解和记忆,同时有利于儿童结构化的学习,能够帮助儿童有效的迁移。

(二)内容序列化处理

接下来需要思考的问题是,将内容分成不同的模块后,如何处理这些模块的先后呈现顺序呢?在教学实践中,我们经常会发现,在其他因素一致的情况下,由于教师呈现内容顺序不同而产生不同的教学效果。所以,教学内容选择和确定后,并不是杂乱、随意地拼凑在一起的,而是要按照一定线索组织成有内在联系的整体。这项工作被称为教学内容序列化处理。

内容排序的方法有很多。依照怎样的优先次序编排教学内容呢?我们主要了解一下波斯纳(Posner)和斯特赖克(Strike,1976)提出的教学内容排序策略。它是基于学习关联、世界关联和概念关联排序[1]。

我们先来概览一下这三种排序的方法。第一种是学习关联排序,其排序的方法是基于儿童分析中确定的儿童特征。这种排序方法考虑了学习材料本身的难度、学习内容对儿童本人的吸引力或兴趣大小程度、先决性信息要求如何、儿童认知发展水平等各种因素。由于这种排序法是从儿童的需要出发来安排教学内容的,所以,很适宜作为教学单元的初始排序之依据。

另外两种排序法——世界关联排序和概念关联排序,是基于单元教学内容的类型做出的排序方法。比如,世界关联排序提出的排序,以教学内容的空间、时间、物理之间的同一关系为基础;同样,概念关联排序法提出的排序,则是以概念之间的关系为基础的。经过基于儿童特征的最初排序后,你必须从世界关联或概念关联排序中选择一个适合教学内容的最佳方案。所以,如果你想为一系列相关概念排序(如食草动物、食肉动物、杂食动物及其具体实例),决定哪一个概念排在最前面,哪个排在第二和第三,那么,以概念相关排序为依据将是最合适。下面,我们将以表的呈现方式来进一步讨论每一个排序方案。

表 12.2.1 学习关联排序

现象	实例／原理
相关的先决条件	* 首先教会一项技能,并用它来完成另一项技能 * 在教儿童计数之前先教儿童点数
相似性	* 开始于最熟悉的信息,再逐步推进到最远的部分 * 先教我们周围的哺乳动物,再教其他地区的哺乳动物
难度	* 在教较难的知识前,先教容易的知识 * 先辨认三角形,再学习画三角形
兴趣	* 开始于能激起儿童最大兴趣的主题或任务 * 先让儿童玩儿水里的东西,再教他们沉浮的原理
发展	* 在教一项任务和主题前,确定他已达到的发展水平 * 教儿童辨认绿颜色,再教他们怎么读这个单词

表 12.2.2 世界关联排序

现象	实例／原理
空间	* 从左到右,从上到下,从北到南 * 描述一种植物从花蕊开始,再有顺序地转到根上
时间	* 按照历史事件的先后顺序;从快到慢 * 当描述怎么跳远时,按照顺序依次描述每一个步骤
物理	* 形状、质地、大小、颜色等 * 当探索布的吸水性时,按照布的质地进行分类(麻布、化纤等)

---

[1] Steven M. Ross. 设计有效教学[M]. 严玉萍译. 北京:中国轻工业出版社,2007:123.

表 12.2.3　概念关联排序

现象	实例／原理
类别关联	＊ 先教类别的特征，再教类别中各组成部分的特征 ＊ 先教动物的概念，再教动物的种类
命题关联	＊ 先给出一个例子，再给出命题 ＊ 先给儿童一些金属膨胀的例子，然后解释金属受热后会膨胀
复杂性	＊ 从具体的、简单的概念过渡到抽象的、复杂的概念 ＊ 先教苹果、葡萄的概念再教水果的概念
逻辑上先决条件	＊ 首先教逻辑上先决条件的概念 ＊ 先教三角形的概念，再教等边三角形概念

第三节　教学活动方法的选择与运用——心理学取向

在教学活动目标和内容确定好之后，用什么方法和手段实现教学活动目标和内容，是教师需要认真思考的问题，它要求教师根据教学活动的要求和儿童的情况来选择运用何种教学方法来完成任务。"教学有法，而无定法"，在学前阶段的教学中更是如此。每一种教学方法都有它的合理性和科学性。

任何一种教学方法，最核心的作用，就是为实现教学活动目标和完成教学任务服务。教学方法的实质就是把教师的教学、儿童的学习和教学的内容有效地连接起来，使这些基本要素能够在教学活动过程中充分地发挥它们各自的功能和作用，实现预期的教学活动目标，达到预期的教学效果。

本节主要探讨三个在幼儿园教学活动中最常用的方法，包括讲授法、示范法、提问法。

一、讲授法

一切教学活动最起码的目的，就是将教学内容传递给儿童。实际上，从全息的理念来讲，教学内容的含义比这种理解还要广泛得多，它应该是"传授给儿童全部的信息"，包括所传授的知识、技能，所表现的情感态度、价值观，包括一切直接的或潜在的、微观的或宏观的、肤浅的或深奥的信息。而这一切的教学信息都必须体现于教学语言中，并通过教学语言操作将它们发送给儿童。可以这样说，最可观、最可感、最不可缺少的教学操作行为就是教学的言语。在学前阶段，这种言语主要体现在口头言语和体态言语两种形式上。接下来，我们就对每一种教学的言语的含义、技术构成及其标准进行分析和说明。

（一）讲授中的口头语言

教学口头语言，是指教师在教学时运用发声器官的活动来操作语言的行为。口头语言的讲解是学前教育活动中最常用的方法，也是教师最难以掌握的方法。下面我们具体来评析一下问题教学口头语言和优质教学口头语言。

1. 问题教学口语现象评析

（1）语流滞塞

本来进行了充分的备课，但开始教学活动后，话到嘴边就没有了词儿，断断续续、吞吞吐吐。这是由于教学思路阻断，教学常用语言积累不够造成的。初次组织教学活动的教师多少都会遇到这种情况。

（2）语无伦次，翻来覆去，不得要领

这是由于头脑中思路不清，或者无法将头脑中的思路与口头语言两者吻合起来，想说的说不出来，说出来的却不是想说的，再作补充，再说一遍乃至几遍，儿童仍不解其意何在。这是言语思路混乱，缺乏逻辑控制力的表现。

（3）语速过快，缺乏语气表达力

为了完成既定教学内容，一开始快速讲解，越来越快，以致达到极快的程度，仿佛只要内容讲完便万事大吉，不管儿童是否听得清听得懂。儿童只听教师讲解的声音，逮不住其中的关键信息。语速过快，语词、停顿、重音等也就无法顾及了，因此，也就丧失了口语中语气的重要表达功能。这种情况在年轻教师，尤其是执教经验不多的教师身上较为多见。

（4）言语不清，词句累赘

在教学中用词累赘，或者"这个……这个""嘿嘿""啊啊""哈哈""我说""就是说"等"口头禅"不断。这些不良的口头教学语言习惯，有很顽固的生存力。

（5）缺乏临场针对性

无论课前准备多么充分，在实施过程中，总会有意料不到的情况发生。例如，儿童的答问、提问超出了事前预计的范围，或知道怎样回答儿童的问题，但却一时无法组织起恰当的语言。面对这种情况，为了避免出现语塞现象，有些教师干脆不理睬儿童的问题，径直按原来的准备讲下去，教学言语缺乏针对性，儿童问题未能得到解决。

（6）语言成人化，不够生动、不具亲和力

学前儿童教学要求教师能用亲切、生动化语言。有些教师的语词的运用以成人为标准，不易于儿童理解；语言的表达生硬，亲和力不够，不能为儿童营造愉快和安全的学习氛围。

2. 优质教学口语现象评析

（1）针对实情（儿童年龄、活动的内容要求和临场变化），恰当运用语气词语，教学语言与教学实情紧紧吻合，形成一种双向交流性很强的气氛。

（2）语流畅达，语气富有节奏感。语言一气而出，顺流而下，高低、速度、轻重、停顿变化有致，有较强的表现力。

（3）逻辑层次分明。语词语句环环相扣，每一段话都为说明这一中心而排列有序，形成环环紧扣的语言链。

（4）形象生动，富有感染力。用词用句表现力强，直观生动，富有趣味和亲和力，情感充沛。

3. 口头语言讲解的教学策略

（1）语言要准确，剔除含糊用语

教学的语言不同于日常用语，用语需要尽可能的清晰和准确，不仅要简洁明了，而且要精准到位。除此之外,语言的清晰和准确还体现在教师必须剔除含糊用语。如"大概""也许""可能"这类的不确定语言,以免给儿童造成不必要的认知负担。

(2)术语要前后一致

在一次教学活动中或是一个单元中,使用一致的术语可以帮助儿童理解。例如,教师在教学中时而使用"电子邮件",时而使用"E-mail",或者"Mail";有教师一会儿用"过滤器",一会儿又称"筛子"。也许你会说,这些不过是表达的不同,实际意义是一样的。但是,这就会给初学此内容的儿童造成一定的认知负担,儿童不仅要集中精力学习新知识本身,还要额外地耗费精力应付层出不穷的新名词,而且对此不熟悉的儿童很容易被这些相似的术语弄糊涂。因此,教师应该争取使用一致的术语,以减少儿童的认知负担和困惑。

(3)语言要具体化、直观化,给儿童创造出心理表象

什么是语言的具体化?语言这种抽象的事物如何具体化呢?语言的具体化,就是指那些能够很容易地为儿童创造出一些心理表象的字词,能给儿童创造出心理想象的空间,使儿童有身临其境的感觉。这时的讲解不能是照本宣科,而需要教师对教学材料中的内容作些补充改动,使讲解有别于书面语言,而且又能突出教学材料中要表达的思想,这对教师的语言能力提出了要求。如讲到巨杉,教学材料上是这样讲的:世界上最大的植物是巨杉,最高的可达142米,直径有12米。教师不能照着念,而可以这样讲:你们知道世界上最大的植物是什么吗?是生长在北美洲加利福尼亚海岸的一种树,叫做巨杉。最高的巨杉有142米,当小鸟在树梢上唱歌,在树下的人听起来像蚊子叫。这种树的直径有12米,要30多个人手拉手才能抱拢来,在树干下端开个通道,汽车能在里面行驶;四个骑马的人,能并排从这里通过。要是把树锯倒后,用梯子才能爬上树干呢!儿童原本对"142米"、"12米"这些数字没有直观的感受,但经过教师的加工,儿童似乎"看到"了巨杉,可以说,此时,教师就为儿童创造出了心理表象。这里教师的讲解没有背离教学材料中的内容,但对其作了补充改动,需要用到的方法就是列数字、作比较的说明方法。

(4)出声思考

教师教学过程中,更多注重的是通过其外显行为传递教学内容,但是,教师将其头脑中的内部化的智力操作过程外显化更能增强儿童的理解力和迁移能力。教师将自己解决问题的过程、方法、决策过程、控制思维的方法大声说出来,将自己对所做工作的合理性判断大声说出来,教师的话语描述了其自我监控的思维过程,使得其监控过程清晰地呈现在儿童面前。这样,教师不仅讲解了教学内容,而且在不知不觉中对儿童进行了元认知示范。元认知示范可以使儿童准确地认识和体会自我监控的过程,减少模糊的认识和猜测。需要注意的是,教师在进行元认知示范时要使儿童意识到策略运用的条件,向儿童展示策略运用的切入点,并加以提示。教师可以有意识地提供多种范例或设置多种情境进行示范。元认知示范仅仅是一个开端,儿童一旦接受元认知示范中传递的信息,就会学习应用。

(5)不要使用居高临下的语言

教学是教师和儿童互动的过程,需要教师营造一种和谐的和愉悦的氛围,才能促进儿童更高效的学习。教师的语言就在其中发挥重要的作用。有些教师习惯对儿童使用"注意了,认真给我听……""你不要给我……",还有一些教师一手叉腰,一手伸出来平举在儿童上方,

手心向下,从左到右覆盖班级每个儿童,嘴里振振有词地说:"你们这些小朋友……"不难想象儿童的感受,有儿童曾经说:"我们的老师就像国王。"这种姿态表现的是教师的强势,教师有意无意地将自己放在居高临下的位置,不利于营造和谐的教学氛围。

(6)明确教学环节之间过渡的信号

所谓过渡的信号,即一个概念或一个教学环节结束而另一个概念或教学环节开始的标志性的语言。比如,"刚才小朋友们表现很好,接下来,我们再认真思考一个问题"。一些教师认为这样的语言不含有任何教学信息,因此可有可无,甚至有些教师认为浪费时间。接下来,我们分析一下这种环节之间的过渡语言的必要性。我们先从一个小测试开始。

请大家快速记忆以下字母,两分钟后请大家合起书写出你记住的字母。

L F M P A O R W B A C E Q V
K D H R S F Q W V F D A H

请问,你记住了以上哪些位置的字母呢?有规律吗?心理学研究证明,通常我们容易记住前面几个和后面几个字母,见示意图12.3.1。

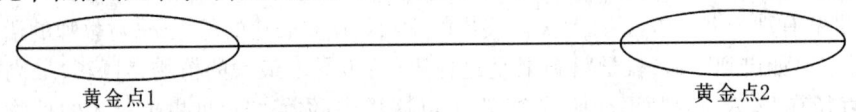

黄金点1   黄金点2

图12.3.1 记忆和注意黄金点示意图

材料的开始和结束是学习者注意和记忆的黄金点,而中间的材料是学习者记忆的盲点。心理学研究认为,先学习的材料对识记和回忆后学习的材料有干扰作用,即前摄抑制;而后学习的材料对保持和回忆先学习的材料也有干扰作用,即倒摄抑制。黄金点1之前,没有学习的材料,不存在前摄抑制,而黄金点2后也没有学习的材料,因此不存在倒摄抑制,而中间的材料,由于受到前摄抑制和倒摄抑制的影响,其识记和回忆的效果最差。同样的道理,教学活动时,开始和即将结束时是教学的黄金时期,而中间是教学的盲点。这样的话,一次教学活动中大部分时间都是注意和记忆的盲点,如何改善此状况呢?我们可以通过借助教学环节之间过渡性的语言增加教学过程中的黄金点。如图12.3.2所示。

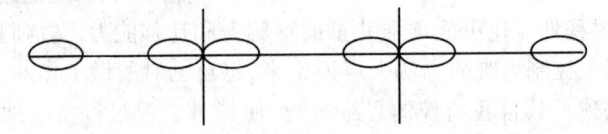

图12.3.2 三个教学环节的记忆和注意黄金点示意图

图12.3.2表示的是将一次教学活动分为三个环节,当教师在每个环节结束,另一个环节即将开始时的过渡阶段,有意地提示儿童,可以有效地打破儿童在上一环节学习时产生的认知疲劳,进而开始认真学习下一个环节的内容。当教师人为打破了儿童学习的频率和节奏时,就将某个教学环节独立于整个教学过程之外,这样的话,根据前摄抑制和倒摄抑制的原理,教师就能给儿童在此环节创造出两个黄金点,以此类推,教师能够在每个过渡阶段创造出两个黄金点,如果一节课被划分为三个环节的话,一节课就能产生六个黄金点,有效地提高了教学的效率。

(二)讲解中的体态语言

与教学口头语言紧相伴随的是教学体态语言。教学体态语言指的是教师通过手势、姿态、表情等来传达教学信息的一种语言活动。教学活动中,教师的一举一动都在儿童的视线中,比平时更多得到儿童的特别注意。不管教师的主观意愿如何,儿童们都会对教师的举动作有意义的理解,以至于影响到教学活动开展和教学效果。20世纪70年代以来,教育科学出现了一个新的研究领域——举止神态学,它运用社会学和心理学的理论知识,研究在教育活动中教师的体态语言,即教师的动作、姿态、眼神、目光、表情等非语言信号对教学活动的影响。

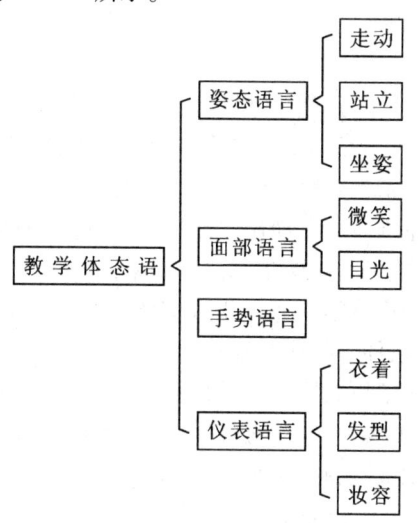

1. 教学体态语言体系

教学体态语言体系如图12.3.3所示。

```
                        ┌─ 走动
              ┌─ 姿态语言 ─┼─ 站立
              │          └─ 坐姿
              │
              │          ┌─ 微笑
              ├─ 面部语言 ─┤
教学体态语 ───┤          └─ 目光
              │
              ├─ 手势语言
              │
              │          ┌─ 衣着
              └─ 仪表语言 ─┼─ 发型
                         └─ 妆容
```

图12.3.3 教学体态语言体系

2. 教学体态语言技术评析

(1)问题教学体态语言评析

同样道理,因教学体态语言水平太低或给儿童造成不良印象者,也将大大影响他所获得的教学评价。在教学活动中,教师最容易出现的教学体态语言问题有如下几个方面:

①教学动作神态不自然或僵硬(僵化),站在儿童中间一动不动,头、颈、手势活动极少,面部表情呆板;或慌乱不安,六神无主,在教室不停地走来走去,甚至跳来跳去,手臂无目的地抖动,面部表情紧张,莫名其妙地笑等。

②教学气度不佳。弯腰曲背,体态不正;手插在口袋里,不明原因地摸脸、梳理头发;眼光朝天花板或朝地或直盯某儿童,忽闪不停,游离不定;一会儿坐、一会儿站,解纽扣拉扯衣服;矫揉造作,装腔作势,动作过于夸张等,这些都是有损教师教学气质的不良体态行为。

③教学仪表不适,或衣着陈旧不整,永久不变,披衣敞怀,蓬头垢面;或衣着过于花哨,发型奇异,化妆浓艳,首饰佩戴过多等。

(2)优秀教学体态语言评议

①教学动作神态从容大方，站立、行走、手势、目光、看材料等都从容不迫，按照教学内容思想感情的需要而自然交换，动作轻松流畅，姿态神情端正。

②教学气度良好。教师的所有体态语言不仅规范、自然流畅而且富有某种审美价值和感染力，或者动作力度偏柔，端庄秀雅；或者动作力度偏刚，情感充沛，气势轩昂；或者二者兼有，时柔时刚，动作富有节奏感等。这一切，实际上已标志着教师的体态语言进入了艺术的境界，是一位具有自己独特教学风格的教师。

③教学仪表脱俗得体。教学服饰庄重但不呆板，有个性，且能与活动内容特性有所关联。教学化妆适度、清爽淡雅。

二、示范法

示范法是指教师以具体动作为范例，使儿童了解动作技术的要领。动作示范是直观教学的一个重要的环节，示范教学法就是要求教师示范动作的标准，给予儿童一个动作的定型。

众所周知，学前阶段的儿童主要以具体形象思维为主，抽象思维尚待发展。儿童在学习的过程中，最大的特点就是思维需要在动作的伴随下进行，儿童容易做到边想边做或是先做再想，但很难做到先想再做，缺乏动作操作而仅用抽象化的语言难以让儿童理解完整的动作要领和掌握正确的技术环节，这种学习违背儿童思维发展的规律。因此，教师动作的示范和儿童模仿是动作学习的先决条件。教师正确的示范会让儿童看到语言所不能表达的一面，丰富儿童感性认识，使儿童对所学技能技巧有更加深刻的认识，在头脑中建立正确的动作表象，以便能让儿童更快地掌握技术要领。一个正确、完整、高效的示范能激发儿童学习的兴趣和欲望，并能调动儿童学习的积极性和主动性，提高教学活动的效率。

（一）当前教师运用示范法存在的问题

实践中，绝大多数教师认可动作示范对儿童学习的重要意义，也将示范法作为教学活动中常用的方法，但相当多的教师并未反思自身示范的效率，他们认为示范很容易：就是向儿童展示要做的事。那么，我们如何向儿童展示要做的事呢？不少教师出于经验或是直觉回答：教师边讲、边示范，儿童边看、边听、边模仿。但是，当我们接下来再问教师这样做的效率如何时，很多教师承认其效率不高，不少教师由此才开始意识到示范不仅是展示动作，而且涉及效率问题。

为什么教师边讲、边示范，儿童边看、边听、边模仿这种常用的示范方法效率不高呢？

从儿童心理发展的角度思考，在同一时间内，儿童把注意同时指向两种或是两种以上不同活动或对象中的能力，称为儿童注意的分配能力。注意的分配是一种积极主动地管理注意的能力，但这种能力不是与生俱来的，注意分配的基本条件就是同时进行的两种活动中至少有一种非常熟练，甚至达到自动化的程度。由于儿童掌握的熟练技巧较少，注意的分配比较困难，常常顾此失彼。如跳舞时，注意动作，就忘了表情；做操时，注意了动作，就无法保持队形的整齐等。因此，当教师在进行动作示范教学时，如果教师边讲、边做，同时要求儿童边听教师讲、边看教师做，同时自己还要模仿，这就要求儿童要将注意同时分配在三个方面，做到

"一心三用",既要用眼,又要用耳,还要动手。毫无疑问,对于初学者而言,这三方面技能中没有一种能够熟练到自动化的程度,因此,儿童很难做到同时处理视觉、听觉和动觉刺激,因而导致动作示范效率不高。

针对儿童注意分配能力有限的问题,教师应该尽量避免儿童在初次学习时就要一心多用。但问题就在于,很多教师认为示范教学的同时必须要进行相应的讲解,这样的话儿童势必要边听、边看。如何解决这样的问题呢?

(二)示范法的步骤及策略

需要解决的关键问题是,教师应当尽量避免儿童在初学时注意的多元分配而产生认知负担,同时又要解决教师边示范必定要有讲解而导致儿童必须一心二用的矛盾,教师至少应当示范两次,第一次示范,重点让儿童听和看,控制其模仿行为;第二次示范时,儿童可以在教师的引导下模仿。示范的效率主要取决于教师第一次示范。除此之外,教师应该在进行示范之前做好充分的准备工作,保障示范过程中儿童高效的学习。之所以要在示范之前做好准备,主要是为了避免儿童由于同时处理多种信息而产生认知负担,因此,教师在进行示范之前的准备工作时,要尽量控制儿童的模仿行为。如手工教学活动之前,教师最好不给儿童发放操作用的材料;动作示范时,不要让儿童跟着一起做,尽可能避免干扰因素,让儿童单纯地运用听觉刺激获取最初的感性经验。

以下是示范教学的六个步骤,其中前四个步骤是教师第一次示范,此阶段教师不给儿童发放操作材料或是要求儿童动作模仿,主要要求儿童认真听和看;后两个步骤是教师第二次示范,此阶段儿童已经获取了关于所学内容的感性经验,可以在教师的引导下模仿。

第一步:给儿童呈现教师示范的目的。

有一些教师在活动开始就发放给儿童操作工具,告诉儿童接下来的活动是老师怎么做,儿童就怎么做,但是并没有告诉儿童要做什么,也就是教师不向儿童呈现明确的活动目标。而另一些教师是这样展开教学的:"我先拿出一张纸,接下来我会通过六个步骤把它变成一只可爱的小狐狸,小朋友们先要认真看……"那么,哪种教学效率更高呢?

需要思考的问题是,教师是否需要将教学活动的目标清晰地展示给儿童?很多研究者运用认知心理学的概念与原理进行解释,认为儿童在活动之前知晓教学活动目标,能使儿童更关注目标指向的学习内容,进而提高学习的效率。

达迪斯(Datis)1970年以十年级儿童为被试,以健康教育为主题,比较了精确的目标、含糊的目标和无目标三种条件对儿童成绩的影响。结果发现,精确陈述目标同另外两类目标相比,前者促进了儿童学习成绩的提高[1]。对于儿童而言,当其明确活动目标指向后,能够增强其对未来活动的执行力和控制力,提醒儿童为接下来的活动任务做好心理准备。因此,教师应该在示范开始时向儿童明确讲明活动的目的。

第二步:教师清晰地说出每一个步骤。

让我们先进行一次换位思考。作为教师的你是否曾经看过电视上厨师示范做菜?有时

---

[1] 王小明.教学论——心理学取向[M].上海:上海教育出版社,2005:86.

候你专注于他们的动作技巧以致漏掉一半的食谱内容,在其他时候你专注于食谱以致漏掉技巧,你不能有效地同时处理视觉和听觉的信息。因此,为了帮助儿童注意教师的示范而不遗漏内容,教师在示范之前应当先说出动作的每个步骤,让儿童知道接下来学习的基本路径,为新的学习做好心理和知识的准备,避免其将注意集中于猜测接下来的学习经过而产生焦虑情绪,使儿童能够将其注意力更多地集中于示范内容的重点上。

第三步:教师说出每个步骤中的重点,避免出现"专家化"倾向。

很多教师抱怨,认为自己给儿童示范了很多次,他们还是不能掌握要领。如果儿童只是看了示范,而不知道示范内容的重点,他们很可能表现不正确。对于初学儿童而言,当教师没有主动将重点展示出时,儿童很难主动发现重点,其注意力容易集中于动作示范过程中的细枝末节上。正所谓:"外行看热闹,内行看门道。"曾经有教师反思道:当我发现全班的孩子在做体操时都在有意无意地甩头发时,尽管多数儿童并没有长头发,才意识到他们是在模仿我的习惯性动作,而我示范的重点内容,儿童却并未做对。显然,儿童的注意力并未集中于示范内容的重点上,这主要是因为他们并不知道表现优秀的关键特征是什么,他们仅仅是模仿了不相干的动作和非关键特质。因此,教师有必要在示范之前提示儿童在每个步骤中的动作要领,清晰地展示示范动作的关键特征。很多研究表明,清晰地呈现关键特征能够提高儿童学习的效率,而非关键特征呈现得越多,教学干扰就越多,儿童的学习效率就越低。

教师在示范之前说出每个步骤,也是避免教师自身出现的"专家化"倾向,即太熟知某一项技巧以至于自然而然地不再用语言描述你做了什么事或你如何做。某一教师在示范折纸狐狸后,儿童自己操作,但儿童的作品怎么折都不如教师折的好看,后来发现,教师在某一步骤时折得略偏向一侧,而教师并没有意识到儿童观察不到,几乎所有儿童没有偏向一侧折,因此折出的效果就不一样。因此,教师说出每个步骤及其重点,也是在帮助自己克服"专家化"的毛病。

第四步:引导儿童将示范动作视觉化处理。

我们需要思考一个问题:儿童一旦观看了良好的示范后,他们就应该模仿和独立操作吗?答案是否定的。如果儿童立即练习,他们很可能做错。在操作前,教师如果能够引导儿童回顾动作技巧,要求儿童尽量记住动作技巧的重要成分,就可以提高儿童独立操作的准确性。很多研究表明,当学习者将动作过程视觉化处理后,也就是进行心理练习,可以大幅度降低实际操作中的错误率[1]。由于儿童主要以形象思维为主,这种抽象的想象活动特别是对于小班或中班儿童略显困难,教师可以适当进行语言和动作的提示,引导儿童回顾动作的重点和步骤。

第五步:教师示范

在做好示范前期的四个准备工作后,教师就可以给儿童发放操作材料进行示范了。教师在示范过程中应当注意以下四个方面的问题:

(1)边说边示范,语速要慢

经过示范前期的准备后,儿童已经获得了一些感性经验,做好了知识和心理的准备。此

---

[1] 钟启全.教学原理[M].上海:华东师范大学出版社,2003:167.

时,教师可以一边示范,一边讲解,并要求儿童一起操作。但是,教师的语速要慢,让儿童有充足的思考时间,减轻儿童的认知负担。

(2)重视同伴示范

儿童在操作过程中遇到的困难有时是教师无法预测的,儿童的这些体验是很珍贵的资源,同伴示范作用是教师无法替代的,教师应根据现场情况,将儿童这种自发的、无组织的珍贵资源,通过引导,有效地加以利用。

由于儿童认可教师与自己存在差异,因此,教师的成功示范并不能成为成功的替代性经验而促进儿童努力达到和教师一样的标准。但是,同伴的成功示范却能起到替代性经验的作用,儿童看到同伴操作成功,能够增强自己的信心和成功的意愿,从而增强学习的动机。

(3)注重启发性

很多教师认为示范教学不涉及启发性,儿童只要能够模仿教师即可。实际上无论何种教学方法都应该遵循启发性原则。例如,教师在示范游泳技巧时,可以引导儿童在模仿之前先思考,船头为什么是尖的而不是平的,这可以帮助儿童理解游泳时手的姿势。教师也可以引导儿童思考青蛙为什么游得快,它的腿是怎么游的等,这些问题都能引发儿童思考,最终导致儿童动作的迁移。具有启发性的示范教学,使儿童感觉并不是机械地模仿,有利于儿童集中注意力,激发儿童学习的动机。

(4)尊重儿童的创造性

示范教学法主要是引导儿童模仿,进而能够独立操作,但高质量的模仿并非追求与教师完全一致。例如,美术、手工等教学活动中,教师可以仅教会儿童最基本的动作技法,如用蔬菜拓印,然后鼓励儿童用所学到的基本拓印方法创造和构思新的作品,留给儿童更多想象的空间。

第六步:作品展示

示范教学法的最后一个环节,可以通过展示儿童的作品促进儿童之间的交流和互动。如美术、体操、舞蹈等动作技能教学活动后,教师可以将儿童的作品陈列出来或是给儿童提供表演的机会,引导儿童相互欣赏和学习,为儿童后续学习树立榜样,而不是带回家让父母欣赏,将活动走向完结和封闭。

教师也应当积极地将儿童作品作为教学环境创设的资源,如将儿童作品作为墙式创设的材料。这样不仅可以装饰环境,更主要是让儿童参与环境创设,能够增强儿童的归属感和主动性,进一步提高示范教学活动的效率。

示范教学法在动作教学活动中起着重要的作用,儿童动作技巧学习的效果主要取决于教师示范的步骤和方法。因此,教师应当结合儿童的特点关注示范教学法的效率,使其发挥更好的作用。

三、提问法

提问是优化教学的必要手段之一,也是教师教学艺术的重要组成部分。恰如其分的提问不但可以活跃气氛,激发儿童学习兴趣,了解儿童理解情况,而且可以开启儿童心灵,引导儿童思考,开发儿童智能,调节儿童思维节奏,与儿童作情感的双向交流。

(一)提问过程的构成

从教师的最初提问(主问题),引导出儿童最初的反应或回答,再通过相应的师生相互作用,引导出最终希望得到的回答,并对儿童的回答给予分析和评价,这个过程称为提问过程。提问过程可分为以下几个阶段:

1. 引入阶段

在即将提问时,教师用不同的语言或方式来表示这一问题,可使儿童对提问做好心理上的准备。因此,提问前要有一个明显的界限标志,表示将由语言讲解或讨论等转入提问。例如:"小朋友们,让我们一起动动脑筋想这样一个问题……"

2. 陈述阶段

在引起儿童对提问注意之后,教师需对所提问题作必要的说明,引导儿童弄清要提问的主题,或激活儿童原有经验。例如:"你们还记得我们学过……吗?"此外,在陈述问题时,教师应清晰、准确地把问题表述出来。

3. 介入阶段

在儿童不能作答或回答不完全时,教师可以从以下五个方面帮助或引导儿童回答问题:核对或查问儿童是否明白问题的意思;儿童没听清问题时,原样重复所提问题;在儿童对问题不理解时,用不同词句重述问题;让儿童尽快作出回答或完成教学指示;提示问题的重点或暗示答案的结构。

4. 评价阶段

教师可以不同的方式来处理儿童的回答,主要有教师重复儿童的答案;以不同的词句重述儿童的答案;根据儿童回答中的不足,追问其中要点;纠正错误的回答,给出正确的答案;对儿童的回答进行评价;依据儿童的答案,引导儿童思考另一个新的问题或更深入的问题;就儿童的答案加入新的材料或见解,扩大学习成果或展开新的问题;检查其他儿童是否理解某儿童的答案或反应。

(二)提问的类型及作用

在教学中,儿童学习的知识类型多种多样,其思维方式也有不同的形式和水平。这就要求教师提出的问题不能千篇一律,应包括多种类型。我国学者皮连生等人根据提问所达到的要求,将问题分为低级问题和高级问题两大类,表12.3.4说明了两类问题的区别。这两类问题在学前教育过程中都比较常见。

表12.3.4 问题的类型[1]

比较方式	低级提问	高级提问
所需知识	用所记忆的知识照原样回答	在儿童的内心引起新知识的问题
思考	不需要更深入地思考,判断时较容易	需儿童自己思考,根据提问意图作出判断

---

[1] 皮连生.教学设计——心理学的理论与技术[M].北京:高等教育出版社,2004:145.

续表

比较方式	低级提问	高级提问
答案	有且只有一个正确答案,要么正确要么错误	判断答案是否有道理,有无独创性,或在几个答案中比较哪个更好,或根本没有固定答案
具体分类	回忆	理解、运用、分析、综合和评价

国外学者伯克(Boker)等研究人员根据问题与儿童学习的关系,将问题分为机械性问题和有意义的问题两类①。机械性问题是指针对学习内容的具体事实的问题,儿童可以根据回忆找出现成的答案,只要记住具体事实,儿童就可以正确回答。有意义的问题是指针对学习内容中概念、观点之间内在联系以及与儿童已有知识间联系的问题。儿童需要在理解内容的基础上才能回答。

在学前教育过程中,每种问题都有其作用。比如,在学习实物与其名称一一对应时,儿童就需要进行回忆再现式的学习,这种学习教师就主要是以提出低级问题(机械问题)为主。当儿童在听完一个故事时,教师问儿童这个故事告诉我们的道理时,教师的提问就属于高级问题(有意义的问题)。需要注意的是,每种问题都有其作用和意义,需要教师精心设计提问,以满足儿童不同的学习需求。

【经典回放】

雷卡兹的实验②

1974年雷卡兹(J. P. Rickards)的研究对机械问题和有意义的问题这两类问题的效果作了检验。他让儿童阅读一篇800字的关于一个虚构的非洲国家"马拉"的文章。一组儿童每读完两段后阅读机械性问题,如:"马拉的南部年降水量是多少?"另一组儿童每读完两段后阅读有意义的问题,如:"为什么说马拉的南部会成为沙漠?"还有一组阅读的问题是些无关的问题。然后对他们进行结果测试。在之后的回忆测试中,有意义问题组的儿童回忆起了35条信息,机械性问题组儿童回忆起21条信息。研究者指出,有意义的问题促使儿童去组织学习的内容而不是机械地记住一些事实。

看来,教学中问题的使用非常重要,编写好问题的关键是看教学活动目标,如果要让儿童记住一些具体的事实,就可以设计一些机械性的问题,如果要让儿童把握教学内容的内在联系和结构,就需要设计一些有意义的问题。儿童的学习,不能停留在机械记忆事实上,要突出学习的建构性,让儿童去思考、把握教学内容的内在联系。这就需要教师设计一些有思考价值的问题来引发和促进儿童的建构过程。设计一个有意义、有价值的问题,是教师的一项重要的基本功。下面是促进儿童学习的精加工提问的方式,见表12.3.5。

---

① 王小明.教学论——心理学取向[M].上海:上海教育出版社,2005:163.
② Mayera, R. E.. Learning and Instruction[M]. New Jersey:Merrill Prentice Hall,2003:335.

表 12.3.5 促进学习的精加工式提问

解释为什么	分析学习内容中明确的和隐含的过程和概念
解释怎样	将术语转换成不同的词汇
……的主要思想是	识别学习内容的中心思想
你怎样将……用到……	在另一种情境中应用信息
……的新例子是什么	生成概念或程序的新例子
如果……你认为会发生什么	提取背景知识并与学习材料整合以便预测
……和……有什么区别	分析比较两个概念
……和……如何相似	分析比较两个概念
你能得出什么结论	基于呈现的内容得出结论
……如何影响……	分析观念间的关系
……的优缺点是……	分析和整合概念
最好的是……为什么	基于标准和证据评价观念
……与我们以前研究的……如何联系	激活原有知识并与新信息整合

从表中可以看出,这些问题的目的或是促进儿童建立新知识内部的联系,或是激活原有知识并促进新旧知识的整合,简言之,这些问题的目的就是促进联系、促进理解。

(三)提问的时机

注意是儿童进行学习的前提条件之一。为使儿童在学习过程中维持良好的注意,教师需要在教学过程中设计一些问题。这些问题什么时候出现呢?是应该在教学内容呈现之前出现,还是应该在教学内容呈现后再根据内容提问呢?对此,伯克(Boker)用实验进行了检验。他选用一段有关历史和地理的文章让小学生阅读。课文共2500字,被分成10小节。对每个小节设计了两个选择题,问题或置于每节之前,或置于之后。阅读后进行40个项目的测验。其中有20个问题是阅读中提问过的问题,其余20个是没有被提问的问题。测验进行了两次:在学习后立即测验和一周后复测。儿童根据自己的速度阅读,但不能回过去看前面一节,而且在问题出示并给予回答后,不准再看课文。结果发现,在即时测验和一周后测验,有问题的两组对问题提及的内容的学习成绩均优于单纯阅读组的成绩;但在对问题未提及内容的学习方面,问题放在内容后的组的成绩显著优于问题放在内容前的组的成绩①。该研究说明,问题在前与问题在后的学习效果是不同的,这一点与学者王小明的研究结果也是一致的。问题在前,儿童容易只学习与问题有关的内容,对与问题无关的内容容易忽视,而且也不大可能在所学内容之间建立内在联系。问题在学习内容之后提出,不仅有助于对与问题有关内容的学习,而且对与问题无关内容的学习也有促进作用。相比而言,教师最好将问题放在教学内容

---

① 皮连生.学与教的心理学[M].上海:华东师范大学出版社,2003:315.

之后提出①。

我们认为,在学前教育的过程中,不同领域教学活动的内容和方式相对于中小学而言较为灵活多样,再加之教师的教学风格各不相同,儿童的学习风格也各有差异,因此,提问的时机不一定完全一致,还需要教师根据儿童学习风格和个人教学风格及其他因素灵活设计提问的时机。

(四)问题的分配

在问题的分配上,教师需要考虑两个方面:一是问题应该根据儿童的特点将不同难度层次的问题分配给适合的儿童;二是叫答的方式。

1. 分层次地提问

一般来说,教师可利用儿童的个性特点来指导儿童的回答。根据对问题的理解程度和回答的积极性,有这样四种儿童:理解能力强,能积极回答;理解能力强,被动回答;理解能力弱,被动回答;理解能力弱,积极回答。对于这四类儿童,教师可分别处理,具体见表12.3.6。

表12.3.6　回答问题的儿童类型与教师的处理办法

儿童类型	儿童特点	教师处理误区	教师正确处理
理解能力强,能积极回答	学习好,善于发表见解,在教师提出问题后很快要求回答,并能正确回答	对他们关注较多,乐于让他们回答问题	可利用他们活跃气氛,起到回答问题的带头作用
理解能力强,被动回答	学习好,但不愿意在众人面前表现自己,不积极回答问题	注意较少	注意鼓励措施的运用,如"你对这个问题回答的非常好。全班儿童要向他学习",培养其回答问题的积极性
理解能力弱,积极回答	学习较差,善于表达并积极举手回答问题,但不能正确回答	注意较多,但讨厌其总是错误回答问题	引导其进一步对问题进行思考,如"换个角度,你再思考一下",但不要挫伤其积极性
理解能力弱,被动回答	学习较差,不善于表达且不举手回答问题,或根本不想回答	注意最少,基本遗忘这些儿童	给一些较容易的问题,通过其正确回答,以正反馈的方式培养其积极思考和回答问题的兴趣

为了调动每一个儿童学习的积极性,让他们主动参与教学过程,教师必须对提问进行适当地分配和指导。首先,教师必须细心观察班级里谁在积极参与活动,谁对参与活动不感兴趣,对不愿参与的要调动其积极性;其次,对于不善于表达思想的儿童要给予锻炼的机会,对于理解能力不强的儿童让他们先回答比较简单的问题,不断地给予鼓励和帮助;最后,要特别

---

① 王小明. 教学论——心理学取向[M]. 上海:上海教育出版社,2005:163.

注意坐在教室后面和两边的儿童,这些区域常常被教师忽视。

要想使问题得到合理的分配,教师还必须学会控制儿童的回答。对于不愿意参与的儿童,在提问时应将注意力对准他们,即有所指向地望着某个儿童,但并不一定让他回答问题,主要是促使其对问题进行思考。另外,教师不要接受未举手而讲出来的回答。假如有几个儿童七嘴八舌地讲出答案,教师对他们的肯定等于鼓励他们这种无规矩的行为,这样将导致提问和教学都无法控制。同样,如果教师对正确答案不能肯定和表扬,对错误的回答不能提示和帮助,将会造成纪律混乱,从而不能很好地指导儿童。

2. 叫答策略

教师在提出问题后需要思考的问题是由谁来回答问题。在教学中,教师容易出现的错误有几种情况。如叫一个儿童回答所有的问题,或是仅叫自己喜欢的儿童回答问题。这种叫答方式对鼓励儿童学习的积极性效果不佳,特别是对学习积极性不高的儿童而言,这些儿童会敏感地感受到教师并不重视他(她)的学习,而且教师认为他们并不能回答出问题,他们往往最终被边缘化;还有教师设计了大量的问题,为了不在点儿童名上花费时间和精力,教师宣布了一种提问答问规则,即全班儿童按照座位依次答问。这种叫答方式也不利于儿童积极行为的形成和保持。有研究表明,最好的方法是采取随机和非系统的叫答方式。如果教师的提问是按照座位次序进行,那么,儿童就会估计到自己被提问到的可能性有多大,因此,就不会集中注意去参与教学。相反,如果教师采取随机提问的方式,那么,儿童便会意识到教师的每次提问都可能与自己相关,于是,便会集中注意力。长期下去,便形成并会保持上课注意听讲的良好习惯。

(五)教师的理答行为

1. 理答的重要性

教学活动是一种师幼相互交流的活动,教师提出问题后,要求儿童回答,而儿童回答问题后,同样需要教师的反馈,即理答。

最早证实教学中反馈作用的是桑代克。他在1931年让被试闭上眼睛画4英寸长的线,并且从始至终都闭着眼睛画。被试被要求每天都画,直到画了3000条线为止。这一令人枯燥的研究的结果很清楚:对反应重复了3000次,没有产生学习,即在研究结束时,被试的表现并不比研究开始时的表现好。但在另一个研究中,在每画一条线后桑代克均给予反馈。如果所画线条与目标线条的误差在1/8英寸内,就说"正确",否则说"错误"。在这些条件下,被试的表现有所改进。在近4000次练习后,表现的正确率从13%上升到25%。在这些研究的基础上,桑代克认为,只有练习不会改进学习,但有反馈的练习则会改进学习[1]。

约翰逊(Johnson)1968年研究了未来教师准确观察儿童具体行为的能力。21个师生相互作用的录像片段被作为训练工具呈现给教师,在训练之后的观察技能测验中,训练期间立即得到反馈的一组比没有反馈的一组成绩要好,而没有反馈的一组的成绩与未受训练的控制组

---

[1] Mayer, R. E. Learning and instruction[M]. New Jersey: Merrill Prentice Hall, 2003: 257.

相差不大①。

认知心理学家特罗布里奇和卡森(Trawbridge & H. Cason)早在1932年就证实了这一信息。他们让4组被试练习画3英寸的线条100次,一组被试从未获得画的结果的知识,另一组在画线后获得无意义的音节,第三组每次画完之后,会得到对或错的结果,最后一组获得了准确的反馈,如长了多少,或是短了多少的知识。在练习之后立即进行的保持测验中,准确的反馈组和对错式的反馈组的准确率要比无意义的反馈组和无反馈组高,而且,准确的反馈比对错误的反馈更好②。可见,教学离不开教师有效的理答行为。

2. 理答的基本要求

(1)足够的等待时间

教学中的等待时间主要包括"等待时间1",即教师问完问题之后的等待,这个等待时间主要是给儿童更多思考的时间以做好回答问题的充分准备;"等待时间2",即儿童在回答问题时,教师要给予儿童充分的解释、完整的表达的时间,以便儿童能有宽裕的时间在思考的同时正确表达出自己的观点;"等待时间3",即教师引导儿童回答完问题后,留出时间让儿童进一步思考,启发儿童进一步提出质疑。罗伊(Rowe,1986)认为,教师通常等待儿童回答问题的时间是1秒钟或是1秒之内。他发现,等待儿童回答问题的时间超过3秒以上,就会产生下列情况,儿童解决问题的能力与这些情况存在着直接关联。

* 儿童回答问题的时间平均增长300%~700%。
* 儿童用事实和逻辑论证进行回答。
* 儿童的提问增加。
* 儿童之间的意见交流增加,以教师为中心的活动减少。
* 回答问题的儿童人数增加。
* 儿童的失误行为减少。
* 更多的儿童主动回答问题。

罗伊认为,儿童会根据教师等待儿童回答问题时间的长短来决定他们回答问题的方式及内容。教师越能够耐心地等待,儿童的回答就越会深思熟虑,富有逻辑③。

(2)恰当的理答评语

教师教学中理答的语言应该以尊重儿童、不打击和侮辱儿童为前提,在此基础上做到准确性强、能引导儿童后续学习。

在向儿童进行反馈的过程中,首先,教师要明确告诉儿童,他的回答是否正确;其次,教师需要采取合理的方式,不要使儿童感到尴尬沮丧。儿童最初的回答往往是原始粗糙的,有时不合逻辑甚至荒谬可笑(在别人或教师看来)。此时如果教师作出了不适当的反馈,这就会极大地伤害儿童的感情。如一位儿童回答教师提问,回答错了,教师说:"连这都不懂,白给你讲

---

① Gagne, R. M. &Rohwer, W. D.. Instructional Psychology[J]. Annual Review of Psychology,1969:399.
② 皮连生.学与教的心理学[M].上海:华东师范大学出版社,2003:175-176.
③ Jackie Acree Walsh.优质提问教学法[M].刘彦译.北京:中国轻工业出版社,2009:68.

这么多了?""××小朋友的回答不错,但还是不够好。"反馈的目的不应该是裁断儿童的对错,而是提供引导与线索,让儿童自行判断。做到这些就必须让他们在和谐的氛围中回答问题,在每个人独立完成问题后公布答案,只提供问题的正确答案。教师评价语言有肯定的,也有否定的。在对儿童进行否定性评价操作时,切记要保护儿童的自尊心。否定是在爱护儿童、帮助儿童进步前提下的否定,此种语言操作在用词、用句、语气等方面,都应该十分考究。另外,教师还可以要求儿童写出答案或是进行口头回答,这样就能够确定每个人都参与了问题的思考,而不是依赖别人提供的答案。

在教学中,教师应当尽量避免千篇一律地使用如下单调的评价语:"回答正确!""好!""答对了!""答得好!""对!""没错!""不对!""完全错误!""有些对,有些错。"

在使用上述评价语时,必须简练说明"为什么"。

教师可以熟悉下面这样一些教学评价语,并针对教学实际产生更多的确实、简练而富有情感的评价语:"说得很完整、很清楚!""可以看出小朋友认真思考了,我们要向他学习。""你观察得很仔细,把爸爸的样子说得很清楚,老师听你讲了爸爸,就像亲眼看见了你爸爸。"

并且,一个班几十个儿童对内容的理解肯定存在着水平上的差异,故教师对不同儿童的发言必然应当有不同评价,即评价语言要有区分度、精确性。一句笼统简单的评价,儿童甲听到后可能十分得意,因为他在班上学业不佳,常常表现出动脑筋不够,但儿童乙的回应却很平淡,因为这种表扬一点不能看出他与其他儿童不同之处,不能激起他的兴奋。久之,儿童甲和乙都有可能对此类评价产生漠然的情绪,因为得来太简单,也没有实际内容,儿童希望从教师那儿得到不同于其他同学特点的信息,这种信息无论是肯定或部分肯定的,都会使儿童感到教师对自己的特别用心和关注,感到教师对自己的了解,从而促进教与学双边活动的积极开展。

(3)有效的追问

教师提出问题后,应当接着就儿童的回答进行追问,这样,才能使得这个问题更有意义,引出儿童富有创见的回答。进一步追问能够把儿童最初的、表面的、不够深入的答案引向深入。通过一步步地追问,初步粗糙的答案会得到深入、丰富和扩展。同时,通过追问能够对先期的答案进行修订,使答案更为清楚明白,并由此考虑成熟的后续问题。不仅如此,追问还可以为教师提供钻研儿童的观点和改进教学的机会。后续问题要求儿童通过反思自己的初始答案来解释、验证和支持自己的所思所想,或者生成个性化的观点。通过这一步,儿童便更有可能发现教学内容所蕴涵的意义。

那么,如何追问才能实现这样的意义呢?在前面我们论述过精加工问题的相关内容,我们认为,精加工问题能够促进儿童反思自己的初始回答,进而能帮助儿童理解被自己隐藏在表面观点背后的思想。精加工问题主要用于激励儿童更全面地理解内容,并构建一个更完善的认知操作。如:"你那么说有什么意思吗?""你怎么知道那个的?""你为什么那么说?""你怎么想到这一点的?"这些问题为教师提供了很多关于儿童思考了什么和如何思考的信息。它们也开创了拓展儿童观点的新途径。正是儿童的回答而不是教师的提问,能发掘儿童知识的广度和深度;儿童的回答可掀开他们如何思考、如何掌握自身思维操作的神秘面纱。

第四节　教学活动传播媒介的设计

教学方法设计好之后,需要考虑的就是教学传播设计了。教学是一个传播知识的活动,传播的方式直接影响教学的效果,好的教学传播方式能够帮助教师更好地实现教学活动目标。教学的传播主要是教学媒体的设计。从传统的书本、粉笔、黑板、教师言语等媒体到录音、广播、电影、计算机、互联网等现代媒体,都在教学过程中得到不同体现和应用。

在学前儿童的教学活动中,教师使用最多的就是图片、玩教具等传播媒介,接下来,我们就对教学中图片的使用进行详细阐述。

教学过程中使用图片是必不可少的。很多教师认为选择图片最关键的是要看图片是否符合生动、直观、有趣或是逼真等特点。那么,什么样的图片是最适合的图片呢?如果是单纯为取悦儿童而与教学内容没有联系的图片,则最好不用。在多数情况下,要使用与教学材料内容有密切联系的图片,而且图片的运用也有讲究。

一、有效图片的选择和设计——突出教学关键特征

教学中用什么样的图片:是逼真的照片还是突出关键特征的线条画?现代科学技术发达,获取逼真的图片已不是难题。很多教师很喜欢使用一些实物照片,认为这样更真实,效果更好,但这种直觉的认识并不为研究所支持。

德威厄(Dwyer)在1967年做了一个研究,让四组大学生学习人的心脏解剖结构。四组都听有关心脏知识的录音讲解,但使用的辅助手段不一样,第一组,一边听录音,一边在屏幕上看录音中提到的心脏各部位的名词;第二组,一边听录音,一边看屏幕上有关心脏各部位的轮廓图;第三组,一边听录音,一边看屏幕上有关心脏各部位的带有阴影的较详细的图;第四组,一边听录音,一边看心脏的照片。实验结果发现,轮廓图突出了心脏的关键特征,消除了无关特征,所以它导致最佳的学习效果。而实物的照片增加了无关特征,掩盖了有关特征,故导致学习效果最差。

这项研究说明,使用图片进行说明时,图片要能突出事物的关键特征,这样才能取得比较好的效果。但这不是说照片的效果不好。好与不好的标准要看图片突出教学内容的关键特征的能力:有时照片不如轮廓图能突出事物的关键特征,有时轮廓图则又不如照片能突出关键特征。教学材料中到底该采用什么图片,要根据这一标准来选择,但不能简单认为,逼真的照片的效果一定比轮廓图效果好。

这一点在学前阶段的教学活动中也同样适用。幼儿教师需要找准教学活动的关键经验,设计的图片、玩教具一定要为教学服务,帮助教师实现教学活动目标,同时要记住,非关键经验越是突出,教学的效果将会越差。

二、不同类型图片的使用

梅耶根据图片的用途,区分了四种教学材料中使用的图片:

1. 装饰性图片

旨在取悦读者,如在一段描述自行车打气筒工作原理的文字中插入一张儿童骑自行车的照片。教师可以用这类图片激发儿童学习动机,但对儿童学习的理解并不会有实质性的意义。

2. 表征性图片

描述的是单一的成分,如上边的例子,教学材料中插入一张打气筒的照片,这种图片可用来指代人、工具、景物或事件等。

3. 组织性图片

描述各成分间的关系,如用线条画的形式将打气筒的各个组成部分画出并标明。

4. 解释性图片

解释某个系统是如何工作的,如用一系列的画面演示打气筒手柄上提、下压时,打气筒的不同变化状态。

这四种图片哪种能最有效地促进儿童学习?研究表明,装饰性的和表征性的图片不能为儿童建立系统各部分之间的关系提供帮助,难以促进学习。组织性的和解释性的图片有助于儿童理解系统各部分间的关系,因而能促进儿童的学习。用心理学的术语讲,前两种图片不能帮助儿童建立新知识内部的联系,而后两种则具备这种特征。建立知识内部的联系以及新旧知识的联系,被现代心理学认为是儿童学习的核心。

三、图片的使用要避免产生认知负担

教师应当尽量避免呈现给儿童的图片有认知负担,作为初学者,认知负担越小,学习越容易。例如,图 12.4.1 是描述生物、动物和狗三者之间从属关系的图。哪个认知负担小呢?

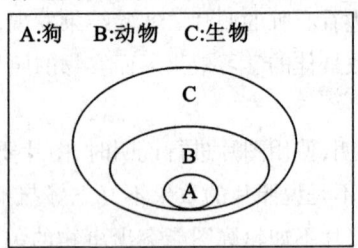

图 12.4.1 有无认知负担的图片比较

显然,左边的图比起右边的图来说,认知负担就更小一点。这样有助于儿童将更多的注意聚焦于学习内容本身。

常用的方法有删去非主要部分,如画面复杂的背景、过多的无关信息等;有选择性的强调基本部分,如放大、着色、运动、画线、对比。

第五节　教学活动实施过程的设计

一、导入

（一）导入的目的

不少教师存在疑惑，认为导入涉及的相关教学内容很有限，只不过就是一个教学的过渡环节，有必要花时间在此环节吗？我们认为，儿童的学习需要有准备，这种准备包括知识上的准备和心理准备两个方面。教学过程的首要环节就是活动的导入，导入的目的是为儿童做好知识和心理的充分准备，帮助其更好地实现学习目标。那么，为什么要为儿童的学习做好充分的知识和心理准备呢？

1. 做好知识的准备

教学首先是要考虑如何依据儿童的原有知识进行。这里的知识是广义的知识。在进行教学时，要首先了解儿童的原有知识基础，然后再根据新知识与儿童原有知识之间的关系确定相应的教学方法。

对于儿童的原有知识在学习与教学中的作用，心理学家展开了长期大量的研究，成果十分丰富。最早对原有知识作用进行实验研究的是英国心理学家巴特利特。他在20世纪30年代，运用重复再现、系列再现等研究方法，研究了人们对故事图片的回忆状况，结果发现人们的回忆内容与原来的相比，都有所扭曲。如在对故事的回忆中，通常会出现对一些细节的省略，对突出特征的强化以及根据自己的期望使材料更合理化的现象。巴特利特认为，之所以会出现这些扭曲，是因为被试头脑中的原有观念在起作用。这种观念就是一个人具有的与故事内容有关的原有知识。巴特利特的一系列研究，证实了原有知识会对学习材料的学习产生影响作用[1]。

20世纪70年代，研究又发现，原有知识的"质"和"量"不同，对儿童的理解都会产生不同影响。从原有知识的量的角度而言，教师的导入给儿童铺垫的知识量的多与少影响了儿童对新知识的学习。皮尔逊（Pearson）等人1979年给被试阅读同一篇关于蜘蛛的文章。在阅读前，找了两组被试：一组具备许多有关蜘蛛的知识，另一组则很少。阅读过后，对两组被试的事实回忆与推理作了检测，发现有较多蜘蛛背景知识的一组比另一组多记住25%的事实，所作的推理是另一组的3倍[2]。这说明，无论从学习的广度还是深度上讲，背景知识的量都影响儿童阅读的效果。

原有知识的"质"也能影响儿童对新知识的学习。皮切特（Pichert）和安德森（Anderson）1977年给两组被试阅读同一段文章，文章讲述的是两个逃学的儿童到其中一名儿童家里玩儿，并把家里的情况向其同学作了介绍。在阅读文章前，给两组被试不同的指导语，以激活不

---

[1] 巴特利特. 记忆：一个实验的与社会的心理学研究[M]. 黎炜译. 杭州：浙江教育出版社 1998：97.
[2] Mayer, R. E. The Promise of Educational Psychology：Learning in the Content Areas[M]. New Jersey：Merrill，1999：80.

同的背景知识。对一组被试,让他们从购房者的角度理解内容;对另一组被试,则让他们从夜盗的角度理解。结果发现,第一组被试记住的多是房子的情况,如墙壁粉刷过,卫生间很大等;第二组被试记住的多是钱和贵重物品放在何处①。这说明不同的背景知识会导致不同的理解。因此,教师在进行导入的时候不能为了导入而导入,设计一些与教学内容不相关或是表面相关的内容,如果导入的方向发生偏差,导入就会成为儿童学习的认知负担,不仅起不到促进的作用,反而干扰了儿童的学习。

2. 做好学习的心理准备

做好学习的心理准备主要是指教师在呈现新的学习内容之前,激发儿童参与学习的动机。学习动机是推动儿童进行学习活动的内在原因,是激励、指引儿童学习的强大动力。学习动机指的是学习活动的推动力,又称"学习的动力",包括:学习的需要,对学习的必要性的认识及信念;学习兴趣、爱好或习惯等。在教学活动中,学习动机主要指在活动中儿童认知参与的质量,而不是身体上努力的强度或所花时间的长短。教师应在教学之前激发儿童的内在动机,使其愿意投入将要到来的新内容。

可见,导入环节在教学过程中至关重要,下面我们就导入环节的教学策略进行详细阐述。

(二) 导入的教学策略

1. 向儿童明确呈现目标

教学活动目标对儿童的学习如何起作用?现代认知心理学出现以后,研究者运用认知心理学的概念与原理进行解释,认为教学活动目标起到对儿童的注意进行引导的作用,使儿童更关注目标指向的学习内容。这一观点得到了许多实证研究的支持。

达蒂斯(Datis)1970 年以十年级儿童为被试,以"健康教育"作教材,比较了精确的目标、含糊的目标和无目标三种条件对儿童学习成绩的影响。结果发现,精确陈述的目标同另外两类目标相比,前者促进了儿童学习成绩的提高。汉密尔顿(Hamilton)1985 年回顾了一系列有关研究,发现各种不同类型的目标都有助于儿童回忆他们阅读过的材料。只要目标清晰地陈述了要学习的材料,不论目标的类型如何,都有助于言语信息的保持②。

教学初期,大多数儿童都不明确他们所应达到的学习目标。也就是说,他们对应掌握的知识技能及所应具备的资质都不甚了解。在这种情况之下,他们就会对相应教学活动产生莫名其妙的焦虑,这种焦虑无法使儿童长时间保持注意力集中,使他们在学习过程中不能做到全神贯注。所以,在教学之初,教师就应向儿童讲明他所应达到的目标。这样就消除了儿童对学习的莫名焦虑和疑惑,树立起对学习相应内容的合理期望。

2. 提供先行组织者

促进新旧知识联系是最为关键的一个教学事件,可以说是整个教学过程的核心。如果说给儿童提供概览是促进新学习的知识之间的内部联系,那么提供先行组织者就是促进儿童的新旧知识发生联系。只有建立这两种联系,新的知识才算被理解和习得了。

---

① Mayer, R. E. The Promise of Educational Psychology: Learning in the Content Areas[M]. New Jersey: Merrill, 1999:79.

② 王小明. 教学论——心理学取向[M]. 上海:上海教育出版社, 2005:86.

先行组织者教学技术是奥苏贝尔提出的,它是指先于学习任务本身呈现的一种引导性材料,比原学习任务有更高的抽象、概括和包容水平,并且能清晰地与原有观念和新的学习任务关联。设计先行组织者的目的是为新的学习任务提供观念上的固定点,增加原有知识的可利用性,或新旧知识之间的可辨别性。先行组织者的作用就好比一个树形结构中的主干,在儿童对新知识的学习过程中它起着标识作用,而树形结构中的分支则是即将要学习的内容。没有提供如上知识,新的教学内容易于模糊甚至完全迷失方向。先行组织者为儿童提供了挂靠关键概念的"智力之钩环",因而还有帮助儿童对以后的学习集中注意力的作用。

3. 激发儿童学习动机

凯勒(J. Keller)1987年开发了一个动机教学模式,叫做 ARCS 模式,其中 A 代表注意,R 代表相关性,C 代表自信心,S 代表满意。该模式由两部分组成:第一部分是在许多动机理论基础上提出的综合性的命题和原则;第二部分是动机设计过程,利用各种动机因素分析儿童的动机条件,以便形成合适的动机激发策略。表 12.5.1 列出了这一模式的大致架构。表中每个类别都提示了一些问题,供教师在处理儿童动机问题时提问,以指导其设计过程。

表 12.5.1　动机教学模式

	种类	处理的问题
注意	A1 感知的唤起	我做什么才能引起他们的兴趣?
	A2 好奇的唤起	我怎么才能激发求知的态度?
	A3 变异	我怎么才能保持他们的注意?
相关性	R1 目标定向	我怎么才能满足学生的需要?
	R2 动机匹配	我怎样、何时向我的学生提供合适的选择、责任感和影响?
	R3 熟悉	我怎么才能将教学与学生的经验联系在一起?
自信心	C1 学习需要	我怎样才能帮助学生建立起积极期望成功的态度?
	C2 成功的机遇	学习经历怎样才能支持和提高学生对自己胜任能力的信念?
	C3 个人的控制	学生将清楚他们的成功是建立在努力和能力的基础上?
满意	S1 自然的结果	我怎样才能给学生提供应用他们新获得的知识或技能的有意义的机会?
	S2 积极的结果	什么东西将对学生的成功提供强化?
	S3 公平	我怎样才能帮助学生对他们自身的成就保持积极的感受?

激发动机主要是为了吸引儿童的注意力,并在随后的教学中加以维持。为学会完成某一学习任务,儿童必须注意该任务。吸引儿童的注意可以用到以下几种方式。

(1)将所教的内容与儿童的强烈兴趣做联结。你可以用两种基本方式来创造联结:从儿童的兴趣开始,并和主题联结;或从主题开始,并和儿童兴趣联结。从儿童兴趣开始时,找出所有儿童的共同兴趣,并以它为核心主题。例如,儿童的共同兴趣是狗,教师就可以让儿童学习有关狗的材料,说狗的特性,以狗为教学活动的主题,画狗,思考有关狗的数学问题。

(2)以实际的问题开始一个主题。让儿童面临目前有兴趣的实际问题,而且是他们能够解决的,这些问题不是模拟的,而是教师刻意安排的。这或许是以问题为本的教学的一部分。

(3) 提供真实情境中一个模拟的情境

有时你无法提出实际的问题,但是你可以提供一个情境,要儿童遵循真实世界中某一特定角色所可能采取的相同步骤。真实情境中的许多因素都会呈现,教师可以呈现情境并向儿童提出问题。不论采取个人或小组的方式,儿童要依据角色来执行工作。例如,在学习交通规则的教学中,教师首先要求儿童扮演来自四面八方的行人,要求他们在同一时间过同一个十字路口,看会发生什么情况,通过这种情境的模拟,让儿童思考交通规则的意义。

(4) 指出何时何处用到所学的这些教学内容,帮助儿童认识和理解将要学习的知识的价值

若儿童有些真实世界的概念,教师可直接说明主题的运用,解释待学内容如何被使用,描述观念或技能使用的情境。讨论中,教师可以问儿童他们看到所学的观念、技能等知识如何运用。仍以学习交通规则为例,教师可以在儿童模拟完真实情境后,让儿童讨论,谈一下为什么要学习交通规则,引导儿童认识到将要学习的内容的价值。

(5) 创设认知冲突或好奇新颖的任务情境

这种方法一般是给儿童呈现与其原有观念不一致的内容,或者从原有观念出发,推导出与原有观念矛盾的结论,从而引发认知上的冲突,吸引儿童继续学习下去的兴趣。如很多儿童认为物体的沉浮与重量有关。教师可以给儿童演示一块被揉成球的锡纸,发现其沉入水底。之后再将锡纸取出,压平并放入水中,儿童会发现同样重的锡纸,只是"样子"不同就不会沉入水底了。通过教师创设情境,引导儿童实验的方法,引发儿童的困惑并尽力想弄清楚为什么的心理。

(6) 解说成功应用的例子,提高儿童迎接将要来临的学习任务的自信心

教师向儿童介绍成功的个案或优良事迹,特别是儿童群体中的个体,让儿童通过了解自己身边的人如何从所学内容中受益,能够为儿童提供成功的替代性经验,使儿童对未来的学习产生信心。

二、教学活动过程要调动多种感官参与学习

新西兰教育家克里斯蒂·沃德在《友善用脑》一书中提出的多感官教学法为我们提供了理论依据和实践方法。研究表明,调动越多的感官,就可以利用越多的大脑通路,从而建立起更多的神经连接。刺激多感官,可以建立对活动的深刻记忆,更多的记忆能被轻松地存储下来。新西兰著名记者戈登·德来顿(Gordon Dryden)在《光明的未来》中也提出,"通向大脑的六个主要通道:我们学习是通过我们所看、所听、所学、所嗅、所触、所做。"这说明,在教学过程中,教师要有效地调动儿童多种感官,并让它们共同发挥作用,让儿童利用更多的大脑通路来处理学习信息,建立起对知识与技能的深刻记忆,从而促进儿童提高学习效率。

这些观点也在其他的众多研究中得到了证实。心理学研究表明,单用听觉,3小时作用能保持所获知识的60%,3天后则下降到15%;单用视觉,3小时作用能保持70%,3天后则为40%;如视听并用,3小时能保持90%,3天后为75%,这些统计说明,视听并用将获得更多的教学信息量、更长的记忆保持效果和更佳的学习效率。

运用一种或运用很少的感官学习的效果并不良好。在学习的过程中,感官参与的量越多,学习效果就会越好。我们可以从心理学的研究成果中找到原因。研究还表明:人们接受外来信息和接受知识,主要是通过人体的各种感觉器官来实现的,按其比例,视觉占83%,听觉占11%,嗅觉占3.5%,触觉占1.5%,味觉占1%。

儿童之间存在着很大的个别差异。他们的感官发展是不一样的,各人存在各自的优势,也各有各的不足。有的儿童听觉发达,有的儿童视觉发达,有的儿童触觉发达,有的儿童则属于听觉、视觉、触觉统合发展型……单一感官刺激不能满足儿童更多的获取知识信息的需要。在以往教学中,我们常常采用一种教学方法贯串始终,致使一部分儿童获取的信息较少,不能完全掌握所学内容,从而造成学习效率较低。

为了让儿童在教学活动过程中充分动脑、动口、动手,在学有所得中体会到学习的乐趣,促使儿童认知理解和更好的记忆,教师在教学中应尽可能多地设计让儿童多种感官参与教学的活动,让儿童通过摸一摸、看一看、说一说、猜一猜等多种形式接受、理解、获取相关的知识,从而提高儿童学习的效率。

【教学案例】

学说重叠词

教学主题:学说重叠词。

教学年级:大班

教学目标:

理解重叠词的意义;

运用三个字的重叠词造句。

教学准备:

菠菜、西红柿、水晶球、核桃、棉花、三角铁、蛋糕、装有臭豆腐的小瓶子等;

重叠词词卡等。

教学过程:

环节1:看一看,说一说。教师出示西红柿、菠菜等实物,引导儿童说"红彤彤"、"绿油油"等词,并运用其造句。

环节2:闻一闻,说一说。教师出示装有臭豆腐的小瓶子让儿童闻,引导儿童说"臭烘烘",并引导其思考还有什么味道可以用重叠词形容。

环节3:摸一摸,说一说。教师将核桃装在袋子里,让儿童摸,引导儿童说"硬邦邦"等词。

环节4:尝一尝,说一说。教师出示蛋糕、巧克力等食品,让儿童品尝,引导儿童说"甜丝丝"等形容词。

环节5:听一听,说一说。教师给儿童敲击三角铁等乐器,引导儿童用形容词说出自己听到的声音和感受,如"慢悠悠"、"脆生生"等。

环节6:拓展延伸活动(省略)

三、结课

教学活动是一个过程,有始必应有终,设计和实施善始善终的教学活动是教师重要的专业技能之一。教学活动结束技能是指某一教学内容或是活动终结时,教师通过回顾、总结、概括、归纳、评价等行为,帮助儿童将所学知识、技能、态度等系统化、迁移、升华的行为方式。

(一)有效结课的意义

很多教师在组织教学活动时只注重活动的导入、准备和基本环节的操作,却忽视了教学结束阶段的组织。一些教师认为,一次教学活动的重点在于教学内容,结束部分不涉及内容本身,因此把结束部分看做一种可有可无的形式。如一些教师以让儿童到户外活动作为结束环节,还有一些教师在儿童做完作品后以带回家让父母欣赏作为结束而没给儿童反馈的信息。还有不少教师认为,教学活动,特别是低年级的教学活动,通常主题较为简单,活动做完就自然结束。其实,没有完整的结束环节的教学,经常使人感觉教学活动戛然而止,缺少对儿童后续发展的引导。这样有始无终、虎头蛇尾的教学行为使教学活动的意义大打折扣。因此,有必要切实关注教学活动的结束,提出有效的结束策略。

(二)有效教学活动结束的步骤及策略

有效教学活动结束的策略应该遵循由简入繁、循序渐进的原则,分为四个步骤:一是在原有的学习水平上进行回顾,突出所学内容的重点和难点;二是在回顾所学内容的基础上促进儿童在同一知识水平上进行迁移,促进儿童发散性思维的发展,使新学的经验纳入到儿童原有的知识体系中;三是在同一水平的迁移活动的基础上引导儿童拓展和升华到更高的知识和能力水平上,促进儿童构建新的知识体系;四是表演和展示,从儿童社会性发展的角度和教学评价的角度促进儿童交流和自我反思。

1. 回顾本次教学活动的重点与难点

[教学情景再现]

科学活动《布的秘密》片段[①]

儿童自由操作后,教师说:"请小朋友把你的实验结果告诉其他小朋友。"一名儿童说:"我发现棉布会吸水的。""你观察得真仔细,还有哪些布能吸水?"教师接着问。"纱布、牛仔布会吸水的。""棉布吸水快,牛仔布慢。"教师说:"哪些布不会吸水的?"儿童说:"雨伞布不会吸水,""塑料布不会吸水"……孩子纷纷交流了自己观察的结果。教师最后总结说:"今天小朋友真能干,知道了布有这么多的秘密,我们一起找一找教室里还有哪些布!"

案例分析:

以上案例中,教师把让儿童去找更多的布作为活动的结束环节。很多教师将这种结束作为一种教学的延伸活动。实际上,教学的延伸更多指的是儿童思维的延伸和拓展,而不是形式上的延伸或完成同一任务在时间上的延长。这样的教学结束不利于儿童掌握知识。活动结束本来是一次很

---

① 金芳.《教学活动的导入和结尾的艺术》. http://xsshuyou.igrow.cn/teachers/subject-222565-c422.heml.

好的知识概括、拓展延伸的机会,但教师组织的结束与儿童先前感知的布的吸水性关系不大,教师没有概括和总结,也没有引导儿童比较分析。此结尾华而不实,缺少经验提升。

在教学活动结束的第一个环节,教师应该引导儿童回顾本次教学活动的主要内容,强调重点和难点,目的是使知识、技能、情感固化,为之后的学习奠定基础。这一环节的方法主要有归纳总结法和在此基础上的比较分析法。

(1)归纳总结法

在教学活动结束时,教师用准确凝练的语言,把教学中的主要内容加以总结概括和归纳,使儿童加深对所学知识、技能的印象。如科学活动——"布的秘密",在结束环节时,老师可以如此总结:"通过实验我们知道很多布的秘密,有些布会吸水——棉布、纱布、绒布、牛仔布;有些布不会吸水——尼龙布、塑料布;有些布吸水较快——棉布、纱布;有些布吸水较慢——绒布、牛仔布。"这样的结束强调了重点,巩固了学习的主要内容。

(2)比较分析法

儿童有两种学习方式,机械学习和有意义的学习[1]。机械学习是指儿童主要靠回忆进行学习,有意义的学习是指儿童在学习过程中需有积极思考和分析比较的学习。雷卡兹(Rickards)的研究表明,当儿童进行有意义的学习时,比进行机械学习能记住更多的事实,所作的推理也更多[2]。显然,当教师引导儿童进行有意义学习时,儿童不论从深度还是广度上都能取得更好的效果。

如果说归纳总结法是引导儿童进行机械学习的话,那么比较分析法就是让儿童在归纳总结的基础上进一步思考,引导儿童进行有意义学习。如"布的秘密"这一教学活动,在上一环节进行归纳总结后,教师可以引导儿童继续思考:"吸水快的布和吸水慢的布有什么不同之处?"教师还可以引导儿童分析:"为什么有的布吸水快,有的布吸水慢?"这样,儿童不仅可以再次巩固本次教学活动的内容,而且通过教师的提问,儿童能够带着悬念走出课堂对问题进行更深层次思考。

(3)促进儿童迁移

迁移主要是指儿童能够在同一知识和能力水平上做到举一反三、融会贯通。学习迁移能力的发展,是儿童创造性思维发展的一个重要侧面或途径,甚至可以说,学习迁移就是检验在教学过程中,是否达到"发展智力"或培养发散性思维能力的可靠的指标之一[3]。"为迁移而教"是当今教育界流行的一个很有吸引力的口号,其主要的目的是让儿童"为迁移而学"、"学以致用"。儿童学习的目的不仅是把知识、经验储存在大脑之中,而是要将所学的知识经验应用于实际的各种不同情境中,去解决现实生活中的各种问题。如何有效地来解决问题呢?这就必须通过迁移来实现。儿童的迁移能力正处于初始阶段,教师要有意识引导他们主动运用已有的经验,提高其学习迁移能力,从而为儿童的后继学习和终身学习打下基础。

引导儿童迁移的方法有两种。一种是引导儿童练习,练习的情境尽可能要与未来迁移的

---

[1] 王小明.教学论——心理学取向[M].上海:上海教育出版社,2005:163.
[2] Mayer,R.E..Learning and Instruction[M].New Jersey:Merrill Prentice Hall,2003;.335.
[3] 魏家恩.浅谈幼儿学习迁移[M].河南大学学报,1998(6):19.

情境一致。如训练儿童在游戏场所应对陌生人拐骗的技能,则在练习时就要在实际的游戏场所,由陌生人向儿童许以好吃、好玩的诱惑来让儿童做出应对反应。迁移的另一种方式是使用变式,即引导儿童超越具体情境对知识、技能等的限制,寻找广泛使用的灵活的反应方式。如以下案例所示:

[教学活动片段分析]

主题:美术活动——"小鱼小鱼游啊游"(陕西省某幼儿园教学活动)

活动对象:小班

活动准备:教师绘制一幅鱼儿在海里游的壁画(长2.5m×宽1.5m);水彩颜料;不同大小的瓶盖。

活动主要目标:儿童学会用瓶盖拓印(泡泡)。

活动基本部分(略)

活动结束:

教师:小朋友们,我们今天在海里玩儿得很高兴。帮助鱼儿吐了很多的泡泡,大家猜猜,鱼儿高兴吗?

小朋友:鱼儿很高兴。

教师:我们以后要多帮助别人,这样的话,别人会因为我们的帮助变得很高兴的。

上述案例中,教师的行为看似有教学结束环节,但是这样的结束并不能引发儿童思考,也没有引导儿童迁移。给鱼儿印泡泡的主题与乐于帮助别人的结束语并无直接关系,似乎教师是在为了有结束环节而结束的,结束环节过于牵强,并没有起到迁移的作用。不仅如此,教师的结束语与教学活动主题不符,给儿童造成认知干扰。

根据教学活动以促进儿童迁移为目标,上述教学可以采用这样的方式结束:

教师:小朋友们,我们用瓶盖给鱼儿印了很多的泡泡,大家想想,我们还能用什么给鱼儿印泡泡呢?

小朋友:瓶子口;杯子盖;杯子口;纸杯;把纸卷成筒状……

儿童在前面活动中已经理解和掌握了用瓶盖拓印的技巧,在此基础上也比较容易想出其他拓印的工具。教师这样的教学行为,就是在使用变式,在引导儿童在同一知识和能力水平上,引导儿童进行发散性思维,培养儿童的创造性。

(4)引导儿童拓展和提升

教学时间比较短,内容简单,儿童理解能力有限,教师应有"点睛之笔",在迁移环节的基础上尽量融合各领域活动内容将活动延伸,通过拓展和提升使儿童进入更高的知识、技能或情感水平,进一步促进儿童创造性思维的发展。

仍以小班美术活动"小鱼小鱼游啊游"为例,了解迁移与拓展的区别及拓展的意义。

教师:小朋友们,刚才我们想出那么多的给小鱼印泡泡的方法,接下来大家再想想,除了能用圆形的东西印泡泡之外,还有什么东西可以蘸上水彩颜料印出好看的图案?

小朋友:我的手;积木;萝卜;花菜;切开的玉米;豆子;纸球……

不难看出,迁移的结束策略是指在同一个知识、技能层面引导儿童思维发散,而拓展是在迁移的基础上,在更高的知识和技能水平上引导儿童思考和创新。从心理学的角度而言,迁移的结束策略是一种同化,即把新的知识、技能或情感纳入到原有的知识体系中,使其成为儿童自身原有经验的一部分;而拓展是顺应,即儿童所学习的新经验不能纳入原有知识体系中,需要重新建立新的结构。因此,儿童需要在掌握迁移的基础上进一步拓展和提升。结束环节引导儿童拓展,可以给儿童更多想象和思考的空间,使封闭的教学走向开放。

(5)展示儿童作品

教学活动中的交流不仅指师幼之间的交流,儿童与其同伴的交流必须重视。同伴的替代性经验对于儿童的成长更加直接和有效。同伴间的交流,不仅有利于他们分享经验、交流各自的想法,还有助于儿童重新思考自己的作品,有助于发现问题和自我反思。

教学案例:

主题:中班美术活动"我的背心最好看"(陕西省安康市某教学活动)

活动目标(略)

活动过程:

一、儿童用铅画纸(在儿童的背心上作画水彩不流)裁剪背心并穿上;

二、在别的小朋友背心上作画。

活动结束环节:

教师:大家做的背心都很好看,而且我们在别人的帮助下使白背心变成好看的花背心,我们是不是要感谢为你背心作画的小朋友啊?现在大家都向给你作画的小朋友表示感谢吧。

教师:时尚背心展示会就要开始了,请小模特儿们准备上场。(音乐响起)

教师:我们做了这么多的时尚背心,接下来我们开个小店把漂亮背心拍卖了吧?

(教师引导儿童将制作的背心挂起来相互欣赏,看谁制作的背心卖得最好)

这个教学活动结束,教师不仅让孩子们学会了感恩,也给了儿童展示作品的机会,而且利用了情境化活动设计"背心展示会",使儿童在参与活动的过程中展示自己的作品。最后教师还将活动进一步的延伸,设计"开背心商店拍卖"的活动再次展示儿童作品,通过"谁的背心卖得好",引导儿童观察和比较自己与别人的作品,以此来反思自己,促进儿童的发展,可谓是一次高效的教学结束。

教学活动的最后一个环节可以通过展示儿童的作品促进儿童之间的交流和互动。如美术、表演等教学活动后,教师可以将儿童的作品陈列出来或是给儿童提供表演的机会,引导儿童相互欣赏和学习,为儿童后续学习树立榜样,而不是带回家让父母欣赏,将活动走向完结和封闭。

教师也应当积极地将儿童作品作为教学环境创设的资源,如将儿童作品作为墙饰创设的材料。这样不仅可以装饰环境,更主要是让儿童参与环境创设,能够增强儿童的归属感和主动性。

教学结束环节是一个完整的教育教学活动必不可少的有机组成部分,高效的教学结束策略使一次教学走向开放,引发儿童更多思考。可以说,"一个好的结束是下一个活动的开始"。很显然地,精心设计一个适宜而有效的结束方式很有必要。

【本章内容概览】

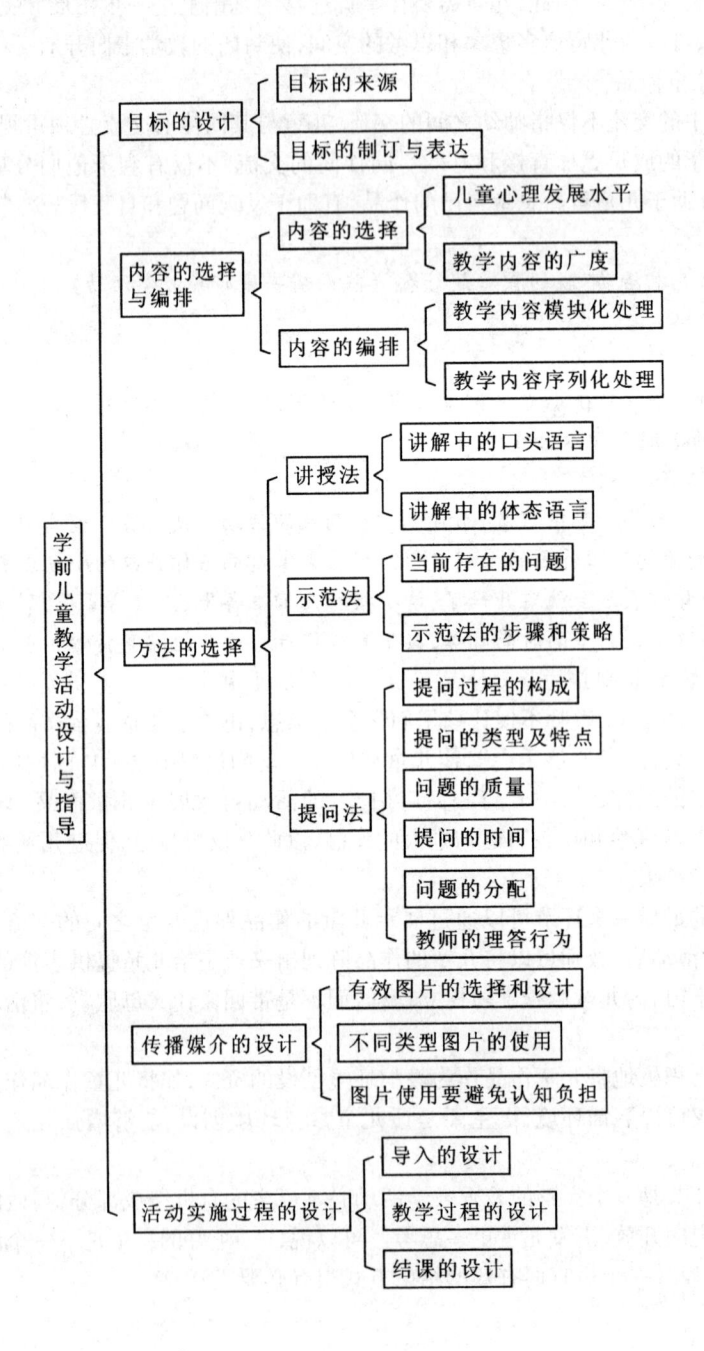

```
                                          ┌─ 目标的来源
                        ┌─ 目标的设计 ─────┤
                        │                 └─ 目标的制订与表达
                        │
                        │                                  ┌─ 儿童心理发展水平
                        │                 ┌─ 内容的选择 ──┤
                        │                 │                └─ 教学内容的广度
                        ├─ 内容的选择 ────┤
                        │   与编排        │                ┌─ 教学内容模块化处理
                        │                 └─ 内容的编排 ──┤
                        │                                  └─ 教学内容序列化处理
                        │
                        │                                  ┌─ 讲解中的口头语言
                        │                 ┌─ 讲授法 ──────┤
                        │                 │                └─ 讲解中的体态语言
                        │                 │
                        │                 │                ┌─ 当前存在的问题
 学前儿童教学           │                 ├─ 示范法 ──────┤
 活动设计与指导 ────────┼─ 方法的选择 ────┤                └─ 示范法的步骤和策略
                        │                 │
                        │                 │                ┌─ 提问过程的构成
                        │                 │                ├─ 提问的类型及特点
                        │                 │                ├─ 问题的质量
                        │                 └─ 提问法 ──────┤─ 提问的时间
                        │                                  ├─ 问题的分配
                        │                                  └─ 教师的理答行为
                        │
                        │                                  ┌─ 有效图片的选择和设计
                        ├─ 传播媒介的设计 ─────────────────┤─ 不同类型图片的使用
                        │                                  └─ 图片使用要避免认知负担
                        │
                        │                                  ┌─ 导入的设计
                        └─ 活动实施过程的设计 ─────────────┤─ 教学过程的设计
                                                           └─ 结课的设计
```

【思考题】

1. 教学活动设计之前分析儿童特征的目的是什么,从哪些方面分析?
2. 请举例说明表述教学活动目标的基本要求是什么?
3. 请写出"认识三角形"的教学活动目标。
4. 选择幼儿园教学活动内容的依据和原则是什么?
5. 如何编排教学活动内容的优先次序?

第十三章 幼儿园班级管理及班级学习环境创设

【问题求索】

1. 幼儿园班级管理的意义何在？
2. 幼儿园班级管理的原则是什么？
3. 如何运用幼儿园班级管理的方法？
4. 幼儿园班级学习环境创设的意义是什么？
5. 幼儿园班级学习环境创设的原则是什么？
6. 如何营造支持性的幼儿园班级学习环境？

第一节 幼儿园班级管理

一、幼儿园班级管理的意义

班级是幼儿园的基层组织，是实施幼儿园保教任务的基本单位。对儿童来说，班级是主要的生活场所，他的大部分活动都是在班级内进行的。班级生活常规、教学内容、班级环境、班级气氛、人际关系等各个方面对儿童的个性、身心的健康成长有着最直接的影响。

（一）对儿童将来适应社会生活的影响

儿童的心理和生理特点决定了学前教育的目的不是以传授知识为主，而是对儿童进行生活管理与教育，促进儿童的行为自律与团队合作意识的形成，最终促进儿童的全面发展。儿童在班级里生活，在教师的引导下，在游戏中学习知识技能、伦理道德，学习良好的行为方式，学习将来在社会上怎样"做人"和"做事"，其行为要受班级常规和道德规范的约束。因此，班级管理工作能否科学、合理、高效地开展，儿童能否较好地适应班级生活，接受班级管理，形成良好的行为方式，提高自律自理能力，对儿童在未来能否很好地适应小学、中学乃至社会生活有很大的影响。

（二）对儿童学习的影响

儿童在班级中的学习效果，不仅与教师的教学能力和态度有很大的关系，还受到班级环境和气氛的影响。科学、合理的班级管理，可以在班级中形成和谐的人际关系、积极向上的学习气氛，能够使儿童感到班级的温暖、教师的可亲。在一个良好的班级气氛下，儿童会情绪平和、心情愉快，注意力会更集中，思维更活跃，联想更丰富，同伴之间互相探讨，互相启发，互相帮助，也能帮助儿童更好地理解和掌握新知识和新技能。

班级管理应当成为幼儿园课程决策的重要组成部分，搞好班级管理工作，给儿童创造一个最佳的教育和学习的环境，对儿童的身心发展有重大意义。

二、幼儿园班级管理的原则

班级管理原则是对班级进行管理必须遵循的普遍性行为准则。它对班级全面管理具有重要的指导意义。幼儿园班级管理的实践证明,主体性原则、整体性原则和高效性原则是班级管理中最基本的三大原则。

(一)主体性原则

主体性是指教师作为班级管理的主体具有的自主性、创造性和主动性,同时又充分尊重儿童作为学习者的主体地位。强调这一原则的目的在于引导作为班级管理主体的教师充分投入地从事班级管理工作,能从自己所在班级的实际出发,提出一系列管理策略和方案,创造性地运用多种理论和方法,协调班内的多种因素。在提高班级管理成效的同时,儿童作为学习、游戏的主体地位得到保证和确立,使教师作为管理者的主体性与儿童作为学习和游戏者的主体性有机结合。要贯彻好这一原则,应注意以下几个方面。

1. 明确教师对班级管理的职责和权力

要把班级管理明确地作为教师工作的重要内容,并鼓励教师在班级工作中充分发挥主动性、积极性和创造性,鼓励和支持教师在班级管理中的新举措,充分提高班级管理质量。同时,在管理中最大限度地反映儿童的愿望,调动儿童参与班级活动、听从管理的主观能动性。

2. 作为班级管理者的教师应充分了解并把握班级的各种管理要素

要把握这些要素及要素之间的关系,应同时努力具备驾驭这些要素的基本能力,具有创造性地开展班级管理工作的思想、知识和能力基础,这是发挥主体性的必要前提。

3. 教师还应正确地理解和处理与作为被管理者的儿童之间的关系

在许多情况下,教师是管理的主体,儿童是管理的客体或对象,这是一个基本事实。而儿童作为被管理者,并不意味着就失去了其在管理活动中的主体地位及主体性。在任何时候,儿童必然是也应该是学习和游戏活动的主体。再者,就是在管理活动中,我们也主张让儿童进行自我管理,在这种自我管理中,儿童居于管理活动的主体地位。认识到这一点,对于班级管理的成效,对于儿童的发展是极为重要的。

主体性原则的指导作用在管理中的表现是多方面的。它应自始至终贯串于班级管理的全过程、全方位。例如,从儿童的生活教育环境的管理来讲,教师应充分发挥自己的创造才能。教师为了优化活动室的物质条件,总是积极考虑材料的品种、色彩、大小结构、安全卫生性能的特点及组合和利用的可能性,选择适合儿童心理、生理发展规律的材料,调动儿童参与对环境进行装饰布置的积极性。在情感培养方面,教师在体现自己的思想、观念、创造性的同时,应充分尊重、理解、热爱儿童,与孩子广泛交往,积极沟通;提供儿童之间交流活动的机会,指导儿童掌握交往的技能。另外,在保教活动的设计中,从主题的选择、目标的明确、操作的指导都应尽可能针对儿童的兴趣爱好。在主体性原则指导下,班级的物质环境,儿童的心理氛围都要反映教师和儿童的主体性地位。

(二)整体性原则

整体性原则是指班级管理应是面向全体儿童并涉及班内所有管理要素的管理。整体性原则保证了班级全体儿童的共同进步而不是部分儿童的超常发展,确保班级各种管理要素得到充分的利用。整体性原则指导作用的发挥应注意以下几点。

1. 教师对班级的管理不仅是对集体的管理,也是对每个儿童个体的管理

应避免在班级管理中抓两头丢中间的现象,更应杜绝只重视优秀的,忽视一般的或发展较落后的儿童。应把班集体中的每一个人都纳入管理工作的视野,且切实地加以管理。把全班儿童作为一个系统,作为一个整体来对待,这是当今科学的管理观、教育观所倡导的。为了切实做到这一点,教师应从本班实际出发,从儿童不同的特点和水平出发,建构一套行之有效的班级管理策略,真正促进全班儿童全面和谐的发展,真正使整个班级呈现出新的面貌。

2. 教师应充分利用班集体作为一个整体的熏陶作用和约束作用

注意班级中不同个体之间产生的各种联系,按规章的要求组织力量,形成一种能在一定程度上约束儿童的班风,使班级管理向自觉性、自律化方向发展。

3. 班级管理不只是人的管理,还涉及物、时间管理

对人际关系管理冲击最大的往往是由空间、物质等要素引发的矛盾和冲突。因此,班级工作是全方位的,且是相互联系、相互制约的。要贯彻整体性原则,教师需对班级教育环境进行整体考虑,使环境中物质因素都能为儿童的学习服务,如结合学习内容设计活动室墙壁、合理设计区角、科学投放玩教具,并思考玩教具的质量和数量等物质因素。

另外,就是幼儿园时间的管理问题。幼儿园时间主要分配于常规活动时间,如如厕、吃饭、午睡、接送园等以及教学时间。教师需合理安排幼儿园一日生活和学习的时间,整体而言,要做到动静交替,室内、室外活动相结合,对过渡时间进行合理安排等。就教学时间管理而言,教学时间一般可分为四种层次:(1)分配时间。就是教师为某一特定的学科设计的时间,它是由课表决定的,这个时间主要是指学校的"计划课时数"。(2)教学时间。是在完成常规管理以及管理任务(如考勤、处理行为问题等)之后所剩的用于教学的时间。这个时间包含了教的时间、学的时间和管理的时间三个方面。(3)投入时间。也称为专注于功课的时间,属于教学时间。它是儿童实际上积极投入学习或专注于学习的时间。这个时间包含教的时间和学的时间。(4)学业学习时间。属于投入时间,指儿童以高度的成功率完成学业功课的时间。这个时间主要用于儿童的学的时间。四个层次之间的关系见图 13.1.1:

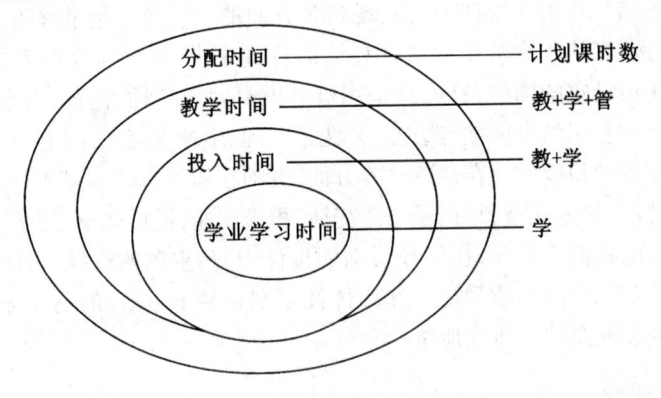

图 13.1.1　教学活动时间分配

为了提高时间利用的效率,目前总结出一些有效的教学策略:

(1) 增加参与

增加儿童的投入时间,开发和设计能够引起儿童的兴趣和儿童参与程度高的课程。有研究表明,教师授课时比儿童自习时儿童的参与性要高;给儿童提供较多积极参与的机会,有利于增进学习;在结构完善的合作学习课程中的投入时间比在独立的自习中的投入时间要多得多。

(2) 保持动量

动量是指避免打断或放慢教学进度,即教学的紧凑性。集体教学活动过程中保持动量是儿童深度参与的关键,在一个保持良好紧凑性的班级里,儿童总是有事可做,并且一旦做起来就不会被打断。当儿童们正全神贯注地听讲时,教师突然中断讲课,花几分钟时间(有时更长)大张旗鼓地处理一件本可以忽略的小事,这对参与的干扰极大。儿童浪费的不仅仅是一点时间,更糟的是,在处理事故之后,儿童需要更多的时间安定和回到活动中来。

(3) 保持教学的流畅性

流畅性指不断地注意教学意义的连续性。流畅的教学从一个活动转向另一活动时所花的时间极少,但应避免毫无过渡地从一个主题跳到另一个主题上。儿童课上的不良行为许多都与教师教学时的跳跃性有关。当教师毫无理由地走来走去,重复和复习儿童早已懂得了的知识;或者无端停下来,思考下一个问题或准备材料;或中断活动,处理一件微小或完全可以在活动之后处理的事,都会产生纪律问题。

(三) 高效性原则

高效性原则是指教师进行班级管理时,要求以最少的人力、物力和时间,尽可能地使儿童获得更多、更全面、更好的发展,使班级呈现更健康的面貌。

在幼儿园班级活动中,人力、物力和时间、精力对管理者和儿童来讲都是有限的,如何使这些有限的物质和精神条件发挥充分的作用,是管理中必须考虑的问题。贯彻高效性原则应注意以下几个方面。

1. 班级管理目标的确定要合理,计划的制订要科学

过高和过低的班级管理目标都会产生人力和财力的浪费。因为目标过高而不能完成时,实际上就失去了制定目标的意义,管理的效率就无从谈起,也会浪费管理资源。目标过低会使人陷入简单重复的境地,人为地浪费资源,难以产生应有的管理效益。

2. 班级管理计划的实施要严格而灵活

规范地实施管理计划,严格按计划的目的和程序进行管理,是使儿童班级活动避免发生意外的主要控制手段。但儿童活动的多变、不稳定特点更需要管理者灵活的应变能力,适时调整管理的计划与方法,不断解决管理中的新问题,才能保证高效管理继续进行。

3. 班级管理方法要适当,管理过程中重视检查反馈

高效性原则要有先进的管理方法做基础,管理人员要认真学习幼儿园班级管理知识,及时总结经验教训,不断提高自己的管理水平,掌握先进的管理方法。同时,管理过程中要重视检查与反馈,制定科学合理的评价体系给予指导。

三、幼儿园班级管理的方法

幼儿园班级集体中一般由二三十个儿童一起生活、学习和娱乐,他们虽然具有相同的年龄特征,但个性、品质、生活经验和能力却多种多样。要保证集体中每个儿童较自觉地接受生活教育管理,掌握一定的生活常规和知识技能,从而达到儿童保教目标,保教人员必须掌握一定的班级管理方法。科学的班级管理方法是每个保教人员基本的工作技能。那么,幼儿园班级管理方法有哪些呢?严格说来,随着管理经验不断丰富,管理方法总是在不断变化和完善中,而具体地说明班级管理方法的种类和操作要领是比较困难的。但基本的管理模式还是存在的,我们常常把班级管理的方法归纳为五种,即规则引导法、情感沟通法、互动指导法、榜样激励法、目标指导法。

(一)规则引导法

规则引导法是指用规则引导儿童行为,使其与集体活动的方向和要求保持一致,或确保儿童自身安全并不危及他人的一种管理方法。规则引导法是对班级儿童最直接和最常用的管理方法。其中规则是指儿童与儿童、儿童与保教人员、儿童与环境、儿童与材料之间互动的关系准则。儿童必须在这些规则下活动才能取得预期的效果。

规则引导法的操作要领是:

(1)规则的内容要明确且简单易行

规则是一种约束儿童行为的准则,所以遵守规则的过程也就是儿童行为规范化的过程。那么幼儿园应有哪些规则,如何确定这些规则呢?确定幼儿园规则的内容应注意如下三点。一是规则的必要性。当我们在确定一个规则时,必须考虑这个规则是不是必要的,不必要的规则就意味着对儿童行为的不合理约束。规则过多会造成儿童无所适从或无法实践。因此,幼儿园规则应突出重点且适量。二是量力性。所选定的规则必须是在充分考虑儿童现有能力和水平的基础上确定的,儿童生活经验有限,行为约束力也不强,所以所选规则不应超越至少不能过多超越儿童的现有水平。三是参与性。规则内容的选择是一项理性的工作,不应是一人包办,应充分发动教职工、家长的参与,有些规则甚至可以让中、大班的儿童参与制订,以便使更多的人知道规则的重要性、必要性及操作要领。

(2)要提供给儿童实践的机会,使儿童在活动中掌握规则

规则的介绍,必须结合实践活动,应在具体的情境中引出规则,让他们在活动中明白规则的具体要求,并懂得规则执行的意义。有些规则要求教师在活动中进行示范。如果有些规则在执行的过程中出现问题,应在活动中与儿童一起商讨、修正,以使规则真正具有科学性,并成为儿童行为的指南。

(3)教师要保持规则的一贯性

教师保持规则的一贯性,就是同一规则不能前后有变化。如果在特定情况下必须作某些变化,那也必须向儿童说明变化的原因。此外,坚持规则的一贯性,还表现在一个规则必须在所有适用该规则的情境中都得到运用,而不能忽有忽无,不然规则难以产生预期的效果。对每个儿童也应一视同仁,不能出现不公或偏颇。只有做到规则的一贯性,儿童才便于照章行事,规则才便于成为行为的准绳。

在此介绍一个规则制订、执行,与环境相结合的规则,以引导儿童行为的例子。许多幼儿园开展活动区、活动角的儿童自选活动。各园根据各班活动室面积大小、活动区角数目多少,规定进入区角活动的人数,这便是一种对儿童的选择行为加以约束的规则。进入各区角的人数,可直接告诉儿童,也可以把它融在环境设计布置中。如阅读角,为节省空间,许多幼儿园铺设地毯,让儿童席地而坐阅读图书。教师可在阅读角入口处的地面上贴六双脚印,并告诉儿童"进入阅读角后脱鞋,鞋子覆盖在脚印上,没有剩余脚印怎么办",儿童就知道应另选他处。在此,所设计的这个规则的内容有三个,一是进入阅读角后脱鞋;二是将鞋子放整齐;三是满员的不能再进。类似这种利用环境设计与布置引导儿童按规则行事的做法,还可以在其他活动中进行,如在餐室、盥洗室用可爱的造型,动作情节鲜明、主题突出的图画作品,引导儿童遵守规则。这可免去教师许多语言的提醒,也可使儿童处处受暗示,并且把环境中的暗示转化为具体的行为。

(二)情感沟通法

情感沟通法是指通过激发和利用师生间或儿童间以及儿童对环境的情感,以引发或影响儿童行为的方法。

幼儿园儿童情绪较成人外露,易受暗示和感染,所以教师很容易把握儿童的情绪特点,容易从儿童情绪着手,对儿童的行为加以影响和引导,以达到管理的目的。另外,儿童的情绪伴随于儿童身心活动的全过程。所以,情感沟通法可以辐射到儿童的全部生活、教育、游戏活动中去。它既能加强对儿童的管理,又能促进儿童情感的发展。由于儿童的情感是丰富的、纯真的、自由的,情感沟通法很少有统一的实施步骤,但可以归纳出实施管理的主要着眼点。

1. 教师在日常生活和教育活动中,要观察儿童的情感表现

发现儿童情感产生和表达的特点,了解不同儿童的情绪表达方式和情感需求,尤其应注意不同的情绪类型对儿童行为的影响。情感沟通法特别强调儿童与儿童情感方面的沟通。充分理解儿童,掌握儿童的心理发展规律是沟通的基础。所以,运用情感沟通法进行班级管理,就必须非常仔细地了解每个儿童在班级活动中的情感需求,并采用恰当的方式,激发儿童相应的情感,引发儿童积极向上的行为。

2. 教师要经常对儿童进行移情训练

使儿童从小就有站在他人的立场、角度理解他人情感的习惯和能力,并能从他人的困境、痛苦出发,产生助人行为,为儿童今后进一步的亲社会行为的发展打好基础。

3. 教师要保持和蔼可亲的个人形象

教师的言行举止要表达自己积极而真切的情感,同时还要创设更多情境,让儿童处于丰富的情感世界里,使儿童在愉快积极的氛围中活动和交往,以提高活动的质量。例如,在一次半日活动观摩中,户外体育活动休息时,教师对孩子们说:"大家在草地上安静休息一会儿,听一听大自然的声音。"过了一会儿,一个女孩说:"老师,我听到了花开的声音。""老师,她在骗人,花开根本没有声音。"一个男孩叫道。老师笑了笑说:"我喜欢她的想象,或许这样的孩子长大了真能让花儿歌唱。我也喜欢你的勇敢,敢对别人的想法提出自己的意见,真是个好孩子。"女孩自信地笑了。得到了教师的赞许,在心里得到了一个美好的期望。男孩羞涩地笑了,得到了老师善意的批评与鼓励。在这段对话中,教师热爱自然、理解儿童的情感流露得淋漓尽致。儿童从中感到教师的爱,也从中感悟到自然界里蕴藏着美好的一切。

情感沟通法的基础是教师对儿童的理解和爱。理解儿童需要教师有童心、有爱心。儿童的情感反应都是以儿童的现实感受为基础的。对教师而言,不要轻易判断儿童的情感及相应的行为,而应把活动与情感联系起来判断,这样对儿童的引导才会有针对性,才能真正理解幼儿并被儿童理解和接受。教师要不断巩固儿童教育专业思想,端正儿童教育观念,正确运用这种方法进行班级管理。

(三)互动指导法

互动指导法是指幼儿园教师、同伴、环境等相互作用的方法。因为班级活动的本质是由儿童参与的,同指向的对象发生相互作用的活动,即班级活动过程就是儿童同不同对象互动的过程。因此,指导儿童主动地、积极地、有效地同他人交往,是班级管理的一种重要方法。

任何管理都是一个双向作用的过程,互动指导法是师生相互作用、相互影响有机结合起来的管理方法。班级管理过程中,对确定儿童活动的目的、内容等方面,教师处于毋庸置疑的主导地位,而儿童则是活动的主体,儿童亲身经历和体验着具体活动操作的过程和解决活动中遇到问题的过程。要使儿童的体验丰富、深刻,就必须提高儿童同他人及环境互动的质量。就儿童的生活经验、能力而言,还不能实现真正有效的互动,必须有教师的指导和帮助。教师应让儿童在具体的活动情境中,掌握互动的基本方法、基本规则,学会对不同的对象采用不同的互动方式。当然,应避免儿童的行为过多受教师左右的倾向。对教师来讲,活动中缺乏儿童的参与,缺乏儿童创造力的发挥,这样的管理结果往往事倍功半。过分强调儿童自主,教师没有适当的指导,这种管理又是盲目的无秩序的管理。所以,幼儿园班级管理要加强师生各自的不同作用,充分有效地发挥他们的主体地位和主导功能。互动指导方法的运用要注意如下几点。

1. 教师对儿童互动指导的适当性

对儿童活动如何指导要根据儿童身心发展水平、个性特点及活动的性质和情境来确定。一般地说,如果儿童所从事的活动是儿童力所能及的已反复进行多次且没有新的影响因素,那么,教师可让儿童充分自主地进行活动;如果儿童所从事的活动是儿童首次进行的,互动对象是儿童不熟悉的,那么,教师适当地指导是必要的。过多的指导会抑制儿童的自主性、积极性,缺乏指导也会影响儿童所从事的互动的效果,有时,甚至会造成不良后果。例如,儿童对废旧材料感兴趣,正在进行操作活动,教师有必要让儿童知道这些材料的特性和使用时注意的事项,以避免儿童在活动中受伤害。

2. 教师对儿童互动指导的适时性

互动指导除了要注意适当性外,还应注意适时性。有些指导应在儿童互动活动开展前就进行,称为事先指导;有些在儿童活动后进行,称为事后指导。事先指导主要是针对一些原则性行为(如不损害他人等)和与儿童安全有关的行为,必须在活动前加以指导。有时,为了让儿童深切地体验和感受某些规则、做法,不妨让儿童感受小小的失败,然后对他们进行指导,为的是让儿童更加深切地掌握某些互动行为和方式。

3. 教师对儿童互动指导的适度性

所谓指导的适度性是指教师的指导要有一个合适的度,不能过于笼统,也不能过于细致,应从特定儿童的理解能力、行为水平等条件出发,加以指导和帮助。教师不能把对儿童的指导变成对儿童的行为示范,使儿童失去思考的机会。此外,教师在指导中应采用不同的方式,可以语言指导,也可行为指导,还可以是表情的暗示;可以在儿童的活动外加以指导,也可参与到儿童的活动之中加以指导。我们可从下面的例子,来看互动指导法的应用。

角色游戏的开始,教师让儿童自己选主题,并以平等协商方式进行角色分配。教师还可以与儿童一同布置游戏环境。当儿童做完上述工作,游戏情节按他们所愿在发展,角色之间交往已正常,教师就在一旁观察,不去干预游戏的任何方面。此时,一儿童在娃娃家反复地拿小壶,烧水倒茶,满足于这一行为中。然后,四处张望,不知该干什么。教师发现后,对该儿童说:"客人走了,已不想喝水。我想请你帮我去买些东西,我们一块儿去商店好吗?"在商店,教师让这个儿童参与对商品的外形、用途和价格的讨论。这样,教师以活动角色的一员引导儿童转化了活动行为。教师在角色游戏中,起先只让孩子自己选择内容、自己进行交往,充分发挥他们活动的主体作用;对其中一孩子观察后,通过角色引导来影响儿童行为,提高儿童活动的质量。在这一活动中,师生相互作用,彼此满意地让儿童继续活动。

(四)榜样激励法

榜样激励法是指通过树立榜样并引导儿童学习榜样以规范儿童行为,从而达成管理目的的方法。人们常说,"榜样的力量是无穷的"。对爱模仿、易受暗示的儿童来说更是如此。教师在班级管理中可利用具体的健康形象和成功的行为做示范,来引导和规范儿童的行为。榜样激励法的使用要领是:

1. 榜样的选择要健康、形象、具体

榜样的选择是教师为班级儿童选择学习对象的过程。榜样应具备健康、具体、典型的形象。儿童能通过现实的感知和教师的介绍理解榜样的真实性、可贵性。因为针对儿童的活动要求,榜样的来源十分广泛。他可以是儿童身边的小伙伴,可以是儿童熟悉的故事、人物或动物,但这些榜样的行为必须是积极向上的,儿童经过努力可以达成的。

2. 班级集体中榜样的树立要公正,有权威性

第一,班内树立的榜样行为,要有目共睹,其模范行为是得到公认的。第二,榜样树立之后,要引导儿童感知和了解,鼓励儿童产生学习榜样行为的愿望,并提供充分的表现机会。第三,教师对所有儿童须一视同仁,给予表现优秀行为的儿童以公平的充当榜样的机会,激发全班儿童形成良好的行为习惯。第四,班内的榜样不必是完美的,只是教师和孩子对其某一行为的认可,从而鼓励儿童在各方面争做榜样。第五,鼓励和引导儿童自己发现榜样并积极表现榜样行为。

3. 及时对儿童表现的榜样行为作出反应

榜样的行为不仅要在儿童心理上产生共鸣,最重要的是要反映到儿童的行动中去。当儿童自觉地以榜样的精神为动力,以榜样规范行为,做出良好的表现时,教师应给予充分的表扬,使儿童感受到学榜样的益处,从而强化榜样的影响力。某班教师针对班上个别孩子总将好的东西留给自己的倾向,利用儿童欣赏歌曲"李小多分果果"的活动,使儿童先对李小多有个认识,但没有立刻要求每个儿童都要做李小多,而是又进行分纸活动。纸由三位值日生来分。教师有意识地在每一叠纸中央夹上一张不同颜色的纸,按照儿童的心理特点,总是喜欢拣异样颜色的纸。果然，三位值日生分到这张纸时都看了看，其中两位把纸给了同伴，而另一位值日生却留给了自己。教师看在眼里笑着说："今天，我们班上又多了两个李小多。"就这样，孩子们在以后许多活动中都争做李小多。在这个活动中，教师利用李小多这个歌曲人物榜样，及时肯定了两个"李小多"行为的值日生，又以这两位值日生的行为暗示了另一位值日生。这里妙在教师没有点名表扬和批评，保护了儿童自尊的需要，同时又进行了榜样激励教育，使孩子遵照榜样行为来行动。

（五）目标指引法

目标指引法是教师以行为结果作为目标，引导儿童的行为方向，规范儿童行为方式的一种管理方法。从行为的预期结果出发，引导儿童自觉识别行为正误是目标指引法的基本特点。目标指引法的使用要注意如下几点。

1. 目标要明确具体

只有明确的具体的目标存在时，儿童才有可能有行为的参照方向。由于儿童理解力、记忆力的限制，在确定儿童活动目标时，不能过于复杂，目标数不宜过多，也不能过于抽象。最好由师幼共同参与目标的讨论和制订，使目标在儿童心里有个具体的形象，并使儿童了解为什么要实现这一目标。

2. 目标要切实可行，要具有吸引力

目标的实现不能过于困难，而应适应儿童的行为能力，适应儿童的心理接受力。在活动中要使儿童时时感受到目标的存在以及目标的吸引力。没有吸引的目标，对儿童来讲就失去了前进的动力。因此，目标必须是可行的，能吸引儿童做下去的。

3. 目标与行为的联系要清晰可见

在儿童活动中，儿童通过注意、记忆、思维等心理活动时时纠正自己的行为，走向目标。在给儿童解释或引导儿童讨论目标时，要让儿童意识到与完成这一目标相关的行为，并努力去追求这种行为。

此外，目标有个人目标和团体目标，教师在日常班级管理中应对这两类目标都加以注意，并努力注意这两类目标的结合。这种结合，也就是个人行为与团体行为的联系与一致。下面列举个人目标与团体目标结合使用，引导儿童预期行为产生的目标指引法的事例。针对中班儿童阅读无目的和不爱护图书的行为，老师同孩子们一起设计了一个卡通造型的放书壁挂。壁挂上每个口袋里放了一本书，总共10本书。教师连同书把壁挂放在阅览角，对全班孩子说："大家看书要仔细，故事的内容要看完整，还要保护书，不要弄脏弄破书。否则，破一本书，下周就少换一本。"过了一个星期，老师检查发现一本书有点儿破，这本书就不给换。孩子们恳求老师原谅他们。教师说如果四位小朋友把图书里的故事完整地讲出来，就把这本书换给你们。有一位小朋友讲出了完整的故事，老师就换了一本书。然后约定一星期后再来检查和换书，还要奖励能够讲述故事的小朋友。过了一段日子，不仅使孩子养成了爱护图书小心翻书的习惯，也使孩子知道读书要仔细看书中内容。这个事例中，爱护图书才能换书是个集体性目标，需要靠大家在目标指引下，共同努力才能达到。讲出图书中的故事又是儿童个体目标，它可以促使孩子能多看一本书而自己个人作出努力即可。这种目标指引法使教师少花了精力，提高了管理效果。

四、儿童问题行为的处理

问题行为指不能遵守公认的正常儿童行为规范和道德标准,不能正常与人交往和参与学习的行为。这样的行为不仅干扰正常的教学活动,引起纪律问题,而且还会影响到儿童的身心健康。因此,高效的教学离不开教师有效的监控行为。

(一)问题行为的类型

国内外的许多心理学家都试图从不同的角度对问题行为进行分类。我国心理学家根据调查研究认为,从儿童行为表现的主要倾向来看,可以把儿童的问题行为分成两大类。一类是外向性的问题行为,包括活动过度、行为粗暴、与同伴关系紧张、学习活动三心二意、不专心参与活动,严重的还有逃学、欺骗和偷窃行为等。另一类是内向性的问题行为,包括过度的沉默寡言、胆怯退缩、孤僻离群,或者神经过敏、烦躁不安、过度焦虑、冷漠等。

美国的威克曼(Wickman)把破坏教学活动秩序、不遵守纪律和不道德的行为等归纳为扰乱性的问题行为;把退缩、神经过敏等行为归纳为心理问题行为。心理学家奎伊把问题行为分为品行性问题行为、性格性问题行为以及情绪上、社会上的不成熟行为等三种类型。

问题行为无论是外向性的还是内向性的,扰乱性的还是心理性的,品行性的还是情绪性、社会性的,都无外乎可归纳为品行方面的问题行为和人格方面的问题行为,这样分是为了便于教育并对其进行管理。表 13.1.1 列举了这两类问题行为的种种"症状"。

表 13.1.1　问题行为表现

品行方面的问题行为	人格方面的问题行为
坐立不安	寻求快乐无能
寻求他人注意	忸怩
破坏	自卑感
狂暴	心事重重
注意短暂	害羞
漫不经心	退缩
缺乏兴趣	缺乏信心
学习怠慢	易慌张
不服从	缺乏兴趣
不合作	不负责任
被动/易受暗示	白日梦
多动	离群
易分心	易分心
粗鲁	冷漠神经质/极度紧张不安

一般来讲,品行方面的问题行为较为外显,容易被老师发现,容易引起教师(包括家长)的关注;而人格方面的问题行为较为内隐,不易被教师(包括家长)所觉察、辨认和确定,因为有这种行为的人常表现出依顺和服从("好孩子"),避免引起他人的关注,显出不存在困难和无需他人帮助的样子。其实,这类问题如不加重视,会引发出各种各样的危害身心健康的问题。

研究还发现，有经验的教师会更多地从心理原因上看待问题，而没有经验的教师则更多地从行为的外在表现和近期后果来判断问题行为。

(二) 教师监控管理策略

面对出现的问题，教师切不可视而不见、不理不睬，教师必须让儿童明白，自己是言行一致、说话算数、"言必信，行必果"的。但是，作为一个有效的管理者，并不有意公开纠正每一个小小的犯规。这种公开的注意，实际上反而会强化这种不良行为。经常纠正儿童犯规的教师，其班级并不一定就规规矩矩。关键在于教师要知道发生了什么，为什么会发生，什么才是重要的，这样就能防止问题。

教师必须处理的大多数不良行为问题都是一些小乱子。如做小动作、交头接耳、不遵守规则和程序、注意力不集中、四处张望、擅自起立，等等。这些事并非真正严重，但为了保证学习的正常进行，这些行为必须被消除。教师在考虑对策时，最好想想自己的意图，并不只是为了保证纪律而处理纪律问题。儿童在学校不只是学一点"1+2"之类的东西，他们最好还能学会了解自己是一个胜任的学习者，学习是快乐而满意的。一个温暖、支持和接纳性的环境对培养这样的态度是至关重要的。如果儿童不尊重老师，老师也不尊重儿童，是不可能建立一个良好的环境的。教师是一班之主，要对全班的利益负责，尽管教师在组织时，应让儿童一起设置班级规则，并且要考虑儿童的需要或接受儿童的建议，但教师始终是建立和强化规则的领导，儿童必须遵守这些规则。班级规则和程序应当成为儿童的第二天性，一个教师如果没在班上建立自己的权威，他就得花很长时间来处理问题行为，或者对儿童大喊大叫、声嘶力竭，以保证教学活动有效。

在处理日常行为问题时，最为重要的就是要以最少干预为原则，就是要用最简短的干预纠正儿童的行为，许多研究发现，花在保证儿童纪律上的时间量与儿童的成绩呈现出负相关。处理日常不良行为时，教师要尽量做到既有效又不需打断上课。如果有可能，在处理不良行为时，课还能照常进行。下面我们来讨论处理典型纪律问题的策略。这些策略是根据中断上课的程度排列的，前面的策略中断程度最小，后面的策略中断程度最大。

1. 预防

预防是最好的良药。教师要尽量做到以预防为主，以处理为辅。把教学活动组织好，不断地密切监控，防止违反纪律，等等，都有助于预防问题行为的发生。

2. 非言语线索

许多不良行为，不必中断教学，只用非言语线索就能消除。这些非言语线索包括目光接触、手势、身体靠近和触摸，以及和表现不良的儿童保持目光的接触等行为，就有可能制止其不良行为。例如，有两个儿童正交头接耳，教师只需看看这两个儿童或其中的一个就行。走向行为不良的儿童也常常能制止其行为。如果这一招不管事，把手轻轻放在儿童的肩膀上，可能会奏效。这些非言语策略传递了同一个信息："我看见你正做什么，我不喜欢你这样。快回到学习上来。"不用言语传递这一信息，好处在于不需打断上课，相反，如果口头批评，则会使其他儿童中断学习。

3. 表扬与不良行为相反的行为

对许多儿童来说，表扬是强有力的激励。教师要想减少儿童的不良行为，不妨表扬他们所做出的与不良行为相反的行为。这就是说,要从这些儿童的正确的活动入手。如果儿童常擅自离开座位,教师就要在他们坐在座位上认真学习的时刻表扬他们。

4. 表扬其他儿童

表扬别的儿童的行为,常会使一个儿童做出这一行为。例如,如果张××正在做小动作,这时教师说:"我很高兴……看到这么多小朋友都在认真画画,李××做得不错,王××在专心致志……"当张××最后也开始画画后,教师也应当表扬他,不计较他曾走过神,而是一如既往,"我看见赵××、孙××和张××都在全神贯注画画。"

5. 言语提示

如果没法使用非言语线索,或者非言语线索不能奏效,那么简单的言语提示,将有助于把儿童拉回到学习上来。教师在儿童犯规之后要马上给以提示,延缓的提示通常是无效的。如有可能,教师应当提示儿童遵守规则,做想要让他做的事,而不是纠缠他正在做的错事。这就是说,如果儿童违反了程序,就应向儿童提醒这一程序并让他跟上。例如,说"张××,请注意你自己的画"就要比说"张××,别学李××画画"要好一些。和给反面提示相比,给正面提示表达了对未来行为的更积极的期望。当然,教师也可以用一种平和、友好的方法,让儿童说出正确的规则和程序,然后遵守。值得注意的是,给提示要对事不对人,某个儿童尽管其表现无法令人容忍,但这个儿童本人始终是受班级接纳和欢迎的。

6. 反复提示

在大多数情况下,一个非言语暗示、强化其他儿童、给以简单的提示,一般足以消除小小的不良行为。但是,有时,儿童有意无视老师的要求或者与教师争吵,或者向教师请求,想以此试一试教师的意志。如果儿童认识到教师立场坚定,并且要采取适当的措施加强有序的和有建设性的环境时,这种试验将会慢慢消失。

当一个儿童拒绝听从简单的提示,教师就要反复地给以提示,无视任何无关的请求和争吵。这就是坎特(Canter,1976)等人所谓的"坚定性训练"。它是对儿童不良行为的明确、坚定而友好的反应。教师应确定他们想要儿童做的行为,并清楚地告诉儿童,可以反复重复直到儿童消除不良行为为止。下面试举一例。

教师:"张××,我要你开始做作业。"(说出愿望)

张××:"我画好这个图马上就做,只要几秒钟。"

教师(坚定地):"张××,我知道,但是,我要你现在马上做作业!"

张××:"你从未给我足够的时间来画图。"

教师(平静地、坚定地):"问题不在这儿,我要你现在马上做作业。"

张××:"我不喜欢做作业。"

教师(坚定地):"我知道,但是,我要你现在马上做作业。"

张××:"好,你一定要我做,那我就做吧!"

这位教师只是简单重复他的要求,避免和儿童进行长长的争吵。当儿童说"你从未给我足够时间画图"和"我不喜欢做作业"时,他不想进行真正的讨论,只是想试一试教师的意志。教师都置之不理,只是平静地重复他的要求,以"问题不在这儿……""我知道","但……"将它放在到一边。当然,如果这个儿童提出的问题是合法的或者抱怨是真实的,教师就应当加以处理。

坚定性反应是相对于教师的正面反应和敌意反应而提出的。在一个正面反应里,教师不是直接告诉儿童做什么,而是要求儿童努力想一想适当的行为。教师可能会评论儿童的问题行为,而并没告诉儿童要做出另外一个行为。这种评论常表现为下面一些问题:"你为什么要这样做?你不知道这个规则吗?"或者"张××,你是不是要扰乱班级",或者教师可能会明确说出应当做什么,但是从未说明犯规的后果,每次都给儿童"下一次机会"。或者教师可能对儿童的不良行为视而不见,或者等很长时间才做出反应。而在敌意的反应里,教师可能不明确指出儿童应当做什么而谴责这个儿童。如"你应当为你的行为感到羞耻",或"你从未不听话",或"你怎么像三岁小孩似的"。教师也可能愤怒地威胁儿童而最终又很少实现,也许是因为这个威胁太含糊了吧,如"你那么做,要是让我发现了,你会后悔的",或者更严厉。例如,有的教师告诉儿童一周不许参加某个活动,但没过两天,该活动正差一个人,又让他参加了,以后再也没提那事。一般来说,当坚持不良行为时,一个做正面反应的教师常常会变成做出敌意的反应。而坚定性反应则是让儿童知道,教师是很关心他们和学习程序才会禁止不适当行为继续下去的。坚定性教师明确表达他的期望,为了更奏效,教师常常看着儿童的眼睛,叫着他们的名字,也许会碰一碰儿童的肩膀。教师的声音平静、坚定而自信,他们并不斥责儿童"你不懂"或"你不喜欢我"。坚定性教师并不想和儿童讨论规则的公正性,只是期望他改变,而不是承诺和道歉。

7. 应用逻辑后果

当所有前面的步骤都不能使儿童顺从明确而合理的要求时(在理想情况下,很少出现),最后的办法就是让儿童做出一个选择:要么听从,要么后果自负,如让儿童独自去活动室的安静角,让儿童站几分钟,剥夺儿童的某些权利等。教师在应用逻辑后果时要注意,不听从教师的要求的后果应当是轻微的不快、时间短,并且尽可能在行为发生之后马上实施,而且,要使儿童明白你说话算数,这比后果严重对儿童而言更为重要。尽量不要使用长时间的严厉的惩罚(如一星期不学习),长时间的严厉的惩罚会带来很多不利,会造成儿童的仇视和敌对态度。轻微而又必然的后果能使儿童知道:"我不能容忍这种行为,但我还是很关心你的,希望你尽快准备好,重新来参与游戏。"教师在向儿童说后果时,必须绝对肯定自己能贯彻实施,切不可干吓唬或者比较含糊。当教师对儿童说"你要么马上学习,要么停止一切活动5分钟"时,教师一定要肯定有人能监视他5分钟。空洞或模糊地威胁"你赶快停止那么做,否则你小心着",或"你马上学习,否则我让你中断一个月……"。不仅没用而且更糟糕,因为教师不能实施这一后果,儿童根本不会把它当回事。当后果实施完后,教师尽量不要再提这一事件。例如,当儿童在教室活动区外站10分钟后回到活动区,教师应当接纳他,不要有什么嘲讽或歧视,这样该儿童可能就会珍惜这新的开始。

第二节 幼儿园班级学习环境创设

自从环境心理学作为一门分支学科从20世纪60年代创立以来,环境对人的影响,环境与人的行为关系,愈来愈受到各方面的重视。把环境作为幼儿园教育中的一个重要因素,也就是受了环境心理学的影响,也可以说,是把环境心理学的理论应用到幼儿教育中来。在这里,环境是广义的,它既包括物质环境,也包括社会环境和心理环境。在环境对人的行为的影响中,行为也是广义的,它既包括人的外显行为,也包括情绪、态度和思想等内隐的"行为"。

有一位幼儿教育家说:"教育有其自身的课程,它告诉儿童,他可能是谁,以及他要如何学习。这便是强调环境的意义。你意识到教室环境有什么影响了吗?也许没有,它们太平常了,往往不会引起人们的关心,然而,我们生活其中的物质环境确实影响着我们的行为和学习。你可以想一想你的家,你在厨房、卧室或客厅的行为是一样的吗?这便是物质环境对人的影响。"

就像一个家庭的物质安排会引导家庭的行为和兴趣一样,一个幼儿教育者设置的环境也将影响儿童和成人的行为。卢梭认为,一种纯粹的环境,如森林中的小屋,就是一个教育儿童的天地。福禄贝尔也肯定有准备的环境对儿童的教育力量。

目前,大部分幼儿教育工作者都已确认,物质环境拥有巨大的力量,能够影响儿童的成长和学习。创设一个有利于儿童正态发展的学习与生活环境,应成为建构幼儿园班级教育环境时努力追求的境界和尽力实现的目标。这样一个教育环境意味着儿童拥有经历高质量学习过程的可能,儿童在此环境中能深深地感觉到这是为他们准备的地方,能在这样的环境中根据自己的兴趣主动寻找他们需要的东西和他们想做的事情,能有足够的时间和空间去探索并有机会展现自己的才能。

一、幼儿园班级学习环境创设的原则

(一)安全性

在一个安全的环境里,幼儿的生命才能得到保障,才能谈得上发展。安全性是幼儿园学习环境创设的最基本原则。安全必须考虑到儿童身心两个方面:心理上的安全意味着让儿童感到是受欢迎、受关怀、受尊重的,感觉是温暖的;身体的安全除了必须注意教室的光线、色彩、温度、湿度、通风等,还必须意识到幼儿园场所中潜在的危险,尽量减低其发生的可能性,尽可能地避免事故的发生。

(二)启发性

启发儿童的创造力、想象力、思考力、判断力,并使之具有解决问题的能力。所以,学习环境并不只是提供材料,这些材料经过生动的创设和活泼的布置,才可发挥高度的启发性。

(三)参与性

在学习活动中,儿童是主体,必须扮演主体的角色。若是儿童不能参与各种学习区角,即使是经过精心设计的学习环境,也无法发挥其教育功能,所以学习环境的创设必须考虑儿童积极而具体的参与性。比如,游戏的地方必须适合儿童年龄、需要,玩具的摆设必须易取易放,游戏内容的选择、编排及布置,应力求生动、活泼而不呆板,并且具有一定的挑战性,以尽可能地吸引儿童。

(四)渗透性

任何形式的学习环境,其本身就应是教材。因此,环境的创设要依据儿童身心发展的需求,并与幼儿园课程设计相结合,使幼儿园的每个区域都能渗透出教育的意义,与儿童开展意义"对话",成为儿童学习的资源。

(五)完整性

每一处环境布置都应有一个主题、目标,一个表现要点,使之自成一完整的系统,才能使幼儿易于发现其中的中心思想、知识与因果关系等。

(六)需要性

学习环境的创设,应尽可能地利用现有的环境空间,配合课程及儿童的需要,开发适当而实用的学习环境。

(七)特殊性

各个幼儿园都有其个别的特殊环境,除配合教材与儿童的需要之外,应该鼓励教师充分利用当地特殊的地方资源环境,开发成为具有地方特色的学习环境。

(八)和谐性

学习环境的创设应力求与幼儿学习能力相适应,应力求美学上的和谐;无论是室内或室外的布置或摆设,应力求与其环境景象相和谐。

(九)可变性

各个学习环境的创设必须具有可变性。例如,能配合季节或单元教材的进度,经常讨论作有计划或临时性的变化与调整。此外,也应该能提供不同的用法与活动,也就是说,能通过儿童的参与从事更为广泛的学习活动。

二、幼儿园班级学习环境创设的取向

在创设环境时,必须根据教师个人对儿童发展的知识观和价值观,来考虑提供儿童何种经验,同时还必须考虑学习环境的安排方式会影响到环境内所发生的情况,以下几种取向或倾向性,可作为创设环境时的参考。

(一)冷硬—柔和

这主要是指一个环境的感应性和物理适应感。冷硬的环境特色为由坚硬、不易损坏的材料建造,颜色通常为绿色或灰褐色,灯光刺眼,强调使用性而未能考虑到舒适及人际互助的因素,如一排排同一方向的固定的硬桌椅。柔和的环境特色为柔和、舒适的布置,地毯或柔软的草地,柔和的灯光等。心理学家的研究表明,柔和的环境可导致更高的生产力、更佳的技能、更高的动机和士气。柔和可以改变环境的特性和感受,因此幼儿园的环境应多反映出家庭的柔和而不是冷硬。此外,教师的行为也可使学习环境软化,当教师给予温暖、与幼儿身体接触、拥抱、抚摸、蹲下来与儿童谈话时,可以为环境带来柔和气氛。但是,当教师与孩子保持距离或不理不睬时,则会使学习环境冷硬化。

(二)开放—封闭

这里主要是指器材及器材的放置,以及教师行为对儿童活动所作限制的程度。比如,迷宫即属于封闭式的,而诸如沙水等有着众多玩法的"器材",则属于开放式的。在这里,开放与封闭并不意味着好与坏,如果能提供充分的挑战和成功的机会的话,封闭式器材也可对孩子极具吸引力。开放与封闭之间的平衡,可随着儿童需要的变化而改变。比如,可以借用提供新的选择,或通过鼓励探索、修正来增加环境的开放性。限制儿童行为或安排特殊作业则可以为环境带来封闭性。

(三)单纯—复杂

主要指不同设备吸引儿童兴趣的方式,单纯式器材只有一种明显的用途,儿童不能自由操作;复杂式器材则可让儿童自由发挥,在游戏中引入预期之外的因素。复杂的器材和环境有助于增加儿童的注意时间,并鼓励创新、创造和想象力,同时也可以培养儿童的合作性行为。对于较小的儿童、有特殊需要的儿童所准备的教室,应比对年龄较大、较有经验的儿童所准备的教室来得单纯些。当幼儿有能力处理更复杂的情况时,则可逐渐添加器材、工具,或是通过教师的引导行为来增加环境的复杂性。

(四)干预—隐退

主要是针对外界事物对儿童的影响而言。干预会带来新奇和新刺激,是强化儿童学习经验的方式之一。比如,参观和访问等,让儿童接触更多的预想不到的外界刺激。隐退则可使儿童专心学习和作业,并给他们思考的时间和独自相处的时间。若环境设计未能提供儿童可以隐退的机会,教师则可用一些指导语来尽量达到隐退的效果,如"不要讲话""好好做自己的事情"等,这种"隐退",对儿童的学习以及儿童的生活都是有帮助的。

三、营造支持性幼儿园班级学习环境

有一种观点认为,幼儿教育的重要特点就是环境教育。2001年颁布实施的《幼儿园教育指导纲要(试行)》以大教育观来界定幼儿园环境,文件的第三部分关于"幼儿园教育的组织实施"中,还对环境作了专门论述,"环境是重要的教育资源,应通过环境的创设和利用,有效地促进幼儿的发展"。"幼儿园的空间、设施、活动材料和常规要求等应有利于引发、支持幼儿的游戏和各种探索活动,有利于引发、支持幼儿与周围环境之间积极的相互作用"。

教师是教育环境中最具能动性的因素,要使物质材料有利于引发、支持儿童主动获得经验,教师就要为班级的幼儿创设支持性的学习环境,发挥环境对幼儿行为的积极影响作用,使幼儿在与环境材料的互动中学习和成长。

(一)玩具材料的提供要将儿童置于活动主体的地位

幼儿园的教师要为儿童提供丰富并且恰当的玩具和操作材料。材料的提供一定要将儿童置于活动主体的地位,应有利于引发和支持幼儿通过与材料的相互作用,主动获取有益经验。这里衡量评价的标准并非是高档化,并非花钱买来的才是好的。农村有得天独厚的自然条件,幼儿园可以根据当地实际,使用大量乡土材料玩具,如卵石、黄泥、竹枝等自然材料及各种废旧半成品材料。再有,农村幼儿园周边就是丰富的自然环境,教师可以带领幼儿到田间地头认识动植物生长等,未必要模仿城市幼儿园也在室内设置自然角。城市幼儿园也应多为儿童提供半成品材料,便于幼儿主动操作探究,创造性地加以使用。

教师在为幼儿创设支持性的学习环境,发挥物质材料作用时,需要注意以下几点:

第一，材料应能体现教育意图，是教育目标、内容的客体化。

第二，材料应能激发幼儿的探索兴趣，满足其不断增长的需要。

第三，幼儿可以自主选择使用，与材料发生积极的相互作用。

（二）注意活动空间的合理布局和有效利用

在幼儿园里，幼儿的活动场地、空间要在满足当地基本要求的基础上，尽可能充分发挥作用。这里也有一个因地制宜的问题，即布局合理，因需调整，从而最大限度地发挥空间、场地的使用效益，而不是多多益善，相互攀比，搞超大规模幼儿园，这是不符合可持续发展思路的。

在物质材料提供和空间利用上，教师是最关键的因素。教师要对教育资源有正确的理解，发挥自身的积极能动性、创造性，在教育实践中认真分析、探索，提高开发和利用教育资源的意识和能力，挖掘幼儿园环境中各种教育因素，为幼儿提供有益的学习机会，使儿童在与环境的充分互动中活动和发展。

（三）活动室墙壁的创设

教师还要注意利用活动室的墙壁，可以将墙壁创设作为一种课程和教育活动来开展，而不宜为创设而创设。也就是说，幼儿园墙壁的创设不是为了装饰，而是要使其成为有效的教学资源。有的教师将墙壁作为表达幼儿的经验、想法的空间，不断与幼儿进行"对话"，这不失为发挥静态环境的动态效能的良好经验。

（四）学习区角的创设

学习区角（兴趣中心），是指一个有规划且多样性的学习环境，幼儿能够在这里依照自己的兴趣、能力与发展阶段，有效地、有系统地完成某种学习活动，或达到某一学习目标。学习区角的规划方式不下百种，但有其基本步骤与原则。

学习种类与范围或多或少，或大或小，并无定论，但应以"完整教育"为原则，即满足幼儿身体、智能、语言、大小肌肉、情绪与社会性发展需求。

教师可依实际的空间条件（如面积大小、格局、形状等）、幼儿人数、年龄、编班方式及经费多寡等客观条件配合的情况来考虑。例如，在一个约75平方米的可供30名5岁儿童使用，且经费充裕的教室里，可设立语言、益智、科学、建筑、数学、美劳等六个特色学习区角，然后拟定每个学习区角的主要学习目标。

设定好各区大目标后，教师可依班上幼儿的整体发展程度与个别差异状况，以月为单位，将各区的具体学习目标（包含知识、情意、技巧三方面），由简入繁地一一列出。隔三至四周后，教师视幼儿实际学习状况，删除孩子们已达成的项目（撤换玩具），替之以更高层次的学习项目。就这样，借这些循序渐进的具体学习目标，帮助幼儿成长，达成各区的大目标。

各学习区角的目标与内容决定后，教师便要开始思考，如何营造一个自由的学习与生活空间，让幼儿不知不觉中，展现其主动、自发的学习意愿，以及让"环境"发挥潜移默化的力量。但要提醒教师的是，自由学习的气氛不是自然形成的，更不是一朝一夕可形成的；自由的环境也不等于为所欲为的世界。它必须是建立在团体中的每一分子都能认同并遵守大家所共同建立的制度与规则上，而这种共识的建立是靠时间及有序的环境，循序渐进地加以诱导。因此，学习区角的规章，首先在于明晰性与次序性，要让每一位幼儿在进入"环境"后，即能清楚地了解并体认:(1)当他想做什么的时候,就知道去哪里满足需求。(2)他可以在各区内尽情发挥,但他同时也明白:"在这里我可以做什么"及"我不可以做什么"。(3)轮流等待、相互尊重是建立和谐人际关系的基本要素。(4)分享经验、互通有无是一件非常愉快的事情。

教师首先依各区的设施与条件及预定的使用人数,在现有空间内找寻其最佳位置:(1)美劳区常常需要用水,需要在有水的地方。(2)积木区、表演区人数较多,肢体活动量也较大,需要较宽敞的活动空间。(3)科学区最需要自然探光,且能延伸到户外的活动区。(4)语言区、益智区需设在较隐蔽的角落。

每个区域或许都有数个理想场所,但教师还需注意:(1)各学习区角的界限应力求明显,让各区在进行活动时,彼此干扰的程度减到最低。教师可利用各种矮柜、书架、地毯、钢琴等设备作为区隔屏障。(2)各区域所需之教材、玩具应"随手可得",避免让幼儿横过教室取拿物品,增加不必要的喧闹。(3)除了个别学习的空间设计外,教室内也需有可供小组及团体活动的地方。(4)来往各学习区角的交通线力求畅通,避免任何绕道的状况,或在行走时会有冲撞、推挤,甚至干扰正在进行的活动。例如,教室正中央或门口都不是设置学习区角的理想场所。

教材、玩具的呈现方式关系着幼儿能否主动地发现并进行学习,因此,教师需要考虑各区的教材、玩具的如下情况:

1. 自理性

所摆放的教材或玩具应力求自理程度高,让幼儿无需处处征求老师的同意才可使用,或完全依赖老师的指导才知如何。如每一个篮子(盘子)内只摆放一件或一种教材或玩具,让学习目标单纯化。这么一来,幼儿在使用时就能"一目了然";知道该教材是做什么用的,同时也无需在一堆物品中翻翻弄弄,不但浪费时间且又易制造混乱场面。而一个个篮子摆放的教具也暗示幼儿一次只能拿一个篮子里的教具,操弄完毕,按标示归放原位后再拿另一个篮子里的。在这样的过程中,不但可以建立其独立自主的能力,更可以培养其轮流、分享的社交态度。

针对一些指导性较高的教材、玩具,如棋类、扑克牌等,教师可以通过小组活动方式,先指导或介绍给幼儿使用方法,再置于学习区角,如此便可提高幼儿的自理程度。而像拼图、胶泥等属于创意性的教材、玩具,可直接放入学习区角,让幼儿自行探索。

2. 数量

各区教材、玩具量应与其使用人数相配合,以免造成过度空旷或拥挤的场面。以可同时供10人使用的益智区为例,其教材、玩具的种类,最好在20种左右。

3. 安全性

清除或预防任何尖角、易燃或有毒物品,以及湿滑的地面。一个丰富的学习环境,若不能注意幼儿的安全,而导致意外的事件频出的话,也是枉然的。

4. 教学性

任何玩教具都应为教学服务。为教学服务的玩教具应突出教学的关键经验,而避免呈现过多的与教学无关的经验,给儿童造成认知负担。如教师使用画有三个不同颜色苹果的图片教授幼儿数量,教学的关键经验是数量,而不是颜色,颜色是教学的非关键经验,而在教学中非关键经验越多,教学的效果就会越差。

5. 美观、明朗性

幼儿的注意力与耐力较成人短暂也较情绪化。因此需在学习环境中营造活泼而轻松的气氛,以引起幼儿学习、参与的动机,并强化其注意力。例如,光线充足、空气流通、暖色系且明度高(如粉蓝、粉绿、鹅黄等)的墙面与家具色调等,是比较合宜的色调选择。

(五)活动室环境创设的具体要求

教师在进行活动室环境创设时,可以考虑以下几个要点问题:

(1)活动室环境的创设要以安全性为第一要务;

(2)活动室要通道畅通,便于走动,并且尽可能腾出比较大的空间;

(3)活动室布置及活动的安排,要能使教师关注到每个幼儿;

(4)空间和活动区的设计要能够提示和激发相应的学习行为;

(5)教师呈现学习材料时要让每个幼儿都能清楚地看到和听到;

(6)玩具、活动材料和教学器材要容易取放;

(7)活动室环境要能够引起幼儿及成人的兴趣,使他们感到愉悦;

(8)要让幼儿参与布置活动室和创设学习环境。

环境的创设取决于教师的儿童观、教育观。教师要在实践中不断反思和调整自己的教育观,创设有益于儿童发展的班级学习环境。

再有,幼儿生活和学习的班级环境,不仅指物质的环境,还包括心理环境,或称之为软环境,这主要是靠班级保教人员通过与幼儿之间的人际互动来营造的,在此不再赘述。

【本章内容概览】

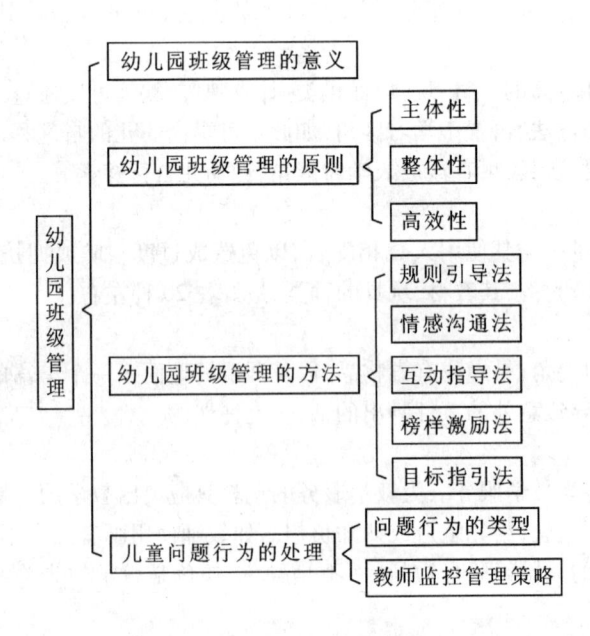

```
                    ┌─ 幼儿园班级管理的意义
                    │
                    │                      ┌─ 主体性
                    ├─ 幼儿园班级管理的原则 ├─ 整体性
                    │                      └─ 高效性
幼儿园              │
班级     ───────────┤                      ┌─ 规则引导法
管理                │                      ├─ 情感沟通法
                    ├─ 幼儿园班级管理的方法 ├─ 互动指导法
                    │                      ├─ 榜样激励法
                    │                      └─ 目标指引法
                    │
                    │                      ┌─ 问题行为的类型
                    └─ 儿童问题行为的处理   └─ 教师监控管理策略
```

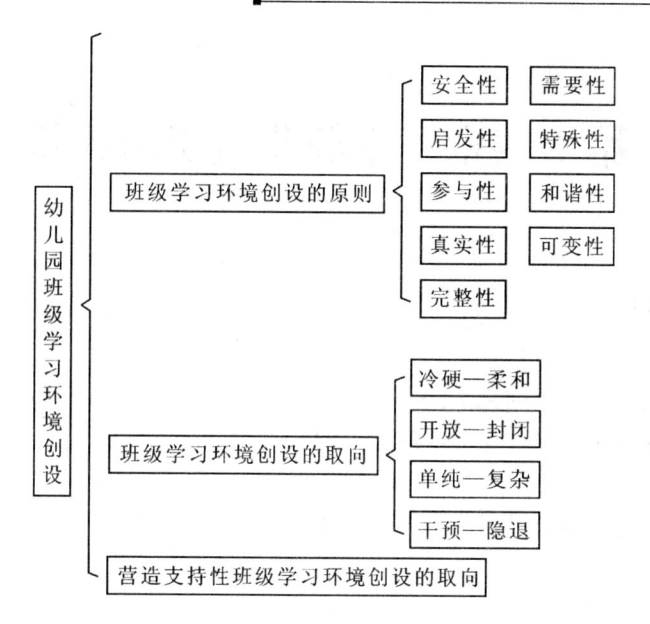

```
                                    ┌─ 安全性    需要性
                                    │
                     ┌─ 班级学习环境  ├─ 启发性    特殊性
                     │  创设的原则    │
                     │                ├─ 参与性    和谐性
                     │                │
                     │                ├─ 真实性    可变性
                     │                │
                     │                └─ 完整性
幼儿园班级学习环境创设 ┤
                     │                ┌─ 冷硬—柔和
                     │                │
                     │  班级学习环境  ├─ 开放—封闭
                     ├─ 创设的取向    │
                     │                ├─ 单纯—复杂
                     │                │
                     │                └─ 干预—隐退
                     │
                     └─ 营造支持性班级学习环境创设的取向
```

【思考题】

1. 简述幼儿园班级管理的方法。
2. 如何高效的处理课堂问题行为？
3. 幼儿园环境创设的原则是什么？
4. 如何营造支持性学习环境？
5. 区角环境创设应注意哪些问题？

第十四章 学前儿童学习评价

【问题求索】
1. 什么是学前儿童学习评价?
2. 学前儿童学习评价有何意义?
3. 学前儿童学习评价总体发展趋势是什么?
4. 学前儿童五大领域评价有什么特点?
5. 怎样评价学前儿童的学习才是有效方法?

第一节 学习评价概述

儿童的学习评价目前是学前教育关注的热点领域。如何评价儿童在各个领域的学习发展情况,评价儿童在教学活动过程和日常活动中获得的发展,成为学前儿童评价研究的核心内容。教师只有通过评价,才能了解儿童的学习效果,进而改善教学,更好地促进儿童的学习。本章将会介绍多种实用的评价方法,帮助教师全面理解学习评价的意义和价值,初步掌握评价的方法。

从20世纪初美国心理学家桑代克编制第一套标准化的教育测验后,纸笔测验评价在儿童学习评价中开始占据主导地位。然而,纸笔测验对于正处在初期发展、学习阶段的学前儿童来说,却不太适合。随着人们对儿童教育的关注,人们发现传统的儿童纸笔评价无法成为评价学前儿童发展和学习的主要形式,于是针对学前儿童的评价思想逐步出现,各类评价工具也逐步被开发出来。

一、学习评价的概念

(一)评价与测量、评估的区别

1. 评价(Evaluation)的定义

教育界对评价有多种定义,归纳起来大致包括以下几种。美国的教育家泰勒在1929年首次提出了教育评价,将教育评价解释为确定教育目标在实际上被理解何种程度的过程,这是以目标为导向的评价;之后布鲁姆提出了教育目标分类法,他把对儿童的评价分为三个领域,即认知领域、动作技能领域、情感领域。到了20世纪60年代,克隆巴赫突破了这一目标模式,提出教育评价是一种有系统地去寻找并搜集信息资料,以便协助决策者在诸多可行的途径方案中选择一种的历程,他强调在方法途径的多元化的基础上择优而行。20世纪80

年代,我国教育界认为教育评价是对教育的社会价值作出判断的过程,教育评价是按照一定的价值标准,对受教育者的发展变化及构成其变化的诸多因素进行价值判断的过程,这是教育评价的价值论说①。于是从20世纪80年代开始,我国的教育评价的实践和研究工作得到了迅猛发展。国家教委颁布的两个法规以法律的形式规定了幼儿园的任务:"实施保育和教育相结合的原则,对儿童实施体、智、德、美全面发展的教育,促进其身心和谐发展。"这一界定以促进儿童身心和谐发展为价值取向,规定了幼儿园教育评价的范围。

2. 教育评价与测量、评估二者的区别

测量(Measurement)是利用合适的工具,确定某个给定对象在某个给定属性上的量的程序或过程,作为测量结果的量通常用数值表示。1951年史蒂文斯(Stevens)给测量下了一个定义:"从广义而言,测量是根据法则给事物分派数字。"从中概括出测量包括三个要素:"第一,事物的属性;第二,数字;第三,规则"。教育测量:从广义来说,就是对教育领域内的事物或现象,根据一定的客观标准,作缜密的考核,并依据一定的规则将考核的结果予以数量的描述②。因此,测量的定义更接近教育目标论,其特点是以明确的目标为导向,以量化数值为表达的工具化测量。

评估(Assessment)是指依据某种目标、标准、技术或手段,对收到的信息,按照一定的程序,进行分析、研究,判断其效果和价值的一种活动,是评价和估量的意思。评估具有一套客观、特定的方法或步骤,有较为严格的程序特征,以诊断为基本步骤,而后帮助设计合适的治疗/训练,并且度量治疗/训练的效果。因此,评估是针对已经存在的问题展开的有步骤的诊断、设计评估,具有治疗、修正的目的。

从以上定义可以看出,教育评价、测量和评估三个概念是有差别的,面对处在发育、生长、学习阶段的儿童,我们主张以开放的方式来对其学习和发展进行评价,不主张带入太多的工具主义测验色彩,也不主张带入先入为主的问题诊断态度。学前教育阶段的评价对象是0~6岁的儿童,他们还不能进行严密的逻辑思维,因此不能像大学或是中小学那样,采用标准化的问卷、纸笔测验等,来对其进行智力、能力和个性品质方面进行考察。另一方面,考虑到学前儿童在这个阶段发展的不均衡性和个体差异性,教师也不能带入先入为主的诊断心理对其进行评估,因为每位儿童的情况都不一样。

(二)发展、学习与评价的关系

发展评价指对儿童身心发展情况的一种评价,属于发展心理学的范畴。对身心发展的评价理论基础是生理心理发展心理学。瑞士心理学家皮亚杰从认知发生论的角度认为:"心理发生就是从一个较初级的结构转化成为一个不那么初级的(或较为复杂)的结构。"③另一些心理学家,如前苏联的心理学家列昂节夫则从社会文化理论的角度认为,发展是指某一方向上质的变化,发展的方向部分地取决于文化、人与人之间的需求以及特定的环境,但是它没有

---

① 孙萍. 中国教育心理学历史及其发展趋势[J]. 教育探索. 2002(10).
② 王孝玲. 教育测量[M]. 上海:华东师范大学出版社. 1989:1,2,6.
③ 皮亚杰. 发生认识论原理[M]. 王宪钿等译,北京:商务印书馆. 1996:4.

一个普遍的或者理想的发展终点①。由此看来，无论是从发展的广度和深度来看，人的发展都是没有终点，是延续一生的过程。当然，一般来说，人的发展都具有顺序性、阶段性、稳定性、可变性、不均衡性、整体性以及个体差异的特点②。

学习是指儿童因经验而引起的行为、能力和心理倾向的比较持久的变化。这些变化不是因成熟、疾病或药物引起的，而且也不一定表现出外显的行为③。从学习的定义中，我们可以看到学习结果是内化的、持久的，学习的过程是以学习主体个人经验的积累而引发的。这一定义从学习心理学的角度以个体为出发点，关注儿童本身的变化。皮亚杰认为，学习从属于发展，儿童学到什么取决于他的发展水平。例如，当儿童达到一定的认知发展阶段时，他们才会通过心理运算来推断，而如果此时儿童还没有达到这个阶段，就算成人告诉他答案，他也是无法理解的，无法理解就意味着无法发生经验的积累，无法实现学习。因此，学习从属于发展。

然而在评价中，我们并不是简单地评价儿童的发展情况，也不是仅仅只关注儿童的经验持久变化，而是关注受教育者通过外部环境（如教学）的影响，通过后天学习，对其整个受教育情况进行全面的评价。该评价的理论基础是前苏联教育家维果茨基提出的"最近发展区"理论。

"最近发展区"理论认为，儿童的心理发展有两种水平：一种是现有发展的水平，即目前已经能够独立解决问题的能力；另一种是潜在的、可能的发展水平，即那将达到的发展水平。在"现有发展水平"和"潜在发展水平"之间的差距区域就是"最近发展区"。所谓最近发展区是指儿童现有的发展水平与经过他人帮助可达到的较高水平之间的差距。在维果茨基看来，教师应该在教学中创造出最近发展区，而两个水平之间的动力状态是由教学决定的。因此，维果茨基提出"教育应该走在发展的前面"，同时，维果茨基还强调要在"学习的最佳时间"内发挥教学的最大作用。

由上可知，重视教育教学的先导作用，关注儿童的发展和自身能力的持久变化是学习评价的主要内涵。当然，这样的评价理念也对"最近发展区"教学设计提出了更高的要求。

（三）学习评价的分类

学前儿童的学习评价方式基于不同视角会有不同的分类。从功能分类视角来看，有安置性评价、形成性评价、诊断性评价、终结性评价；从参照对象分类视角来看，包括相对评价、绝对评价；从评价者分类视角来看，包括他人评价、自我评价；从评价实施度量方式的不同，有定量评价和定性评价。

1. 按照评价的功能分类

基于评价功能的分类，可以将评价分为四种类型④：安置性评价、形成性评价、诊断性评价和终结性评价。

（1）安置性评价（Placement Evaluation）

在教学开始之前对儿童的基础条件和所具备的相关准备进行评价，目的是为了某种教学

---

① 刘琳娜. 社会文化理论视野下儿童发展评价的重要特征[J]. 北京教育学院学报. 2006(1).
② 全国十二所重点师范大学联合编写组. 教育学基础[M]. 北京：教育科学出版社. 2008(12):139.
③ 施良方. 学习论[M]. 北京：人民教育出版社. 2001(5):5.
④ 李亦菲. 一种实用的教学评价分类系统[J]. 基础教育课程. 2005(4)

方案选择适当的学习对象,或者根据儿童的个别差异来设计适当的教学方案。

(2) 形成性评价(Formative Evaluation)

形成性评价是在进行某项教学过程中进行的评价,为了使活动效果更好而不断进行的评价,这样能及时了解儿童学习近况和存在的问题,根据反馈信息及时强化成功的方面,改善其失败的方面,并给予积极地引导。

(3) 诊断性评价(Diagnostic Evaluation)

诊断性评价也称"教学性评价",一般是指在某项教学活动开始之前对儿童的知识、技能以及情感等状况进行的预测。通过这种预测,可以了解儿童的知识基础和准备状况,以判断他们是否具备实现当前教学目标所要求的条件,为实现因材施教提供依据。

(4) 终结性评价(Summative Evaluation)

终结性评价又称事后评价,一般是在某一相对完整的教育阶段结束之后,对整个教育目标实现的情况作出评价。它主要用于检查教学的效果以及考查儿童学习的结果,在评价次数上比较少。

表 14.1.1 安置性评价、诊断性评价、形成性评价和终结性评价的比较

评价种类	安置性评价	形成性评价	诊断性评价	终结性评价
作用	了解儿童学习类别及适合的教学方法	确定学习效果	了解儿童的准备情况和目前存在的问题	评定学习成果
主要目的	合理安置儿童,采取因材施教的教学方法	改进儿童学习过程,调整教育者教学方案	目前问题,有针对性地解决问题,并寻找因材施教的教学方法	证明儿童已达到某种水平,预言今后教学过程中可能成功的概率
评价重点	划定现有水平	过程	跨越问题障碍	结果
测评内容	预备知识不同水平有区分度的测验	参考课程和单元目标设置的形成性作业、日常观察	特殊编制的测验、必要性的预备知识、技能样本,与儿童行为有关的各种因素、观察分析记录等	课程的总教学目标下的考试
实施时间	进入教学阶段前的准备时段	较短阶段单元目标完成后	问题基本确定后	较长阶段教育目标完成后
主要特点	"存在现状"	"前瞻式"	"问题式"	"回顾式"

2. 按照参照对象分类

(1) 相对评价

相对评价是在被评价的儿童群体中建立一个基准(通常均以这一群体儿童的平均水平作为基准),然后把该群体中的每一个儿童逐一与基准进行比较,以判断该群体中每个儿童的相

对优势。

(2) 绝对评价

绝对评价是将教学评价的基准建立在被评价的某个儿童群体之外(通常是以教学大纲规定的教学目标为依据来制订这一基准),再把该群体中每一个儿童的某方面的知识或能力与基准进行比较,从而判定其优劣。

3. 评价者分类

(1) 自我评价

自我评价是自我意识的一种形式,是指儿童对自己思想、愿望、行为和个性特点的判断和评价。儿童把自己当做认识主体从客体中区分出来,开始理解我与物和非我关系后,通过别人在对自己评价和对别人言行评价的过程中,逐渐学会自我评价。自我评价是自我意识发展的产物,它是自我教育的重要条件。

(2) 他人评价

他人评价是通过他人来对自己的思想、动机、行为和性格特点进行的判断和评价。例如,学前儿童的适应技能、人际交往、自我控制的评价,主要由家长和教师来评价。

4. 按照评价度量方式分类

(1) 定量评价

定量评价是采用数学的方法,收集和处理数据资料,对评价对象作出定量结果的价值判断,如运用教育测量与统计的方法、模糊数学的方法等,对评价对象的特性用数值进行描述和判断。定量评价强调数量计算,以教育测量为基础。

(2) 定性评价

定性评价是不采用数学的方法,而是根据评价者对儿童平时的表现、现实和状态或文献资料的观察和分析,直接对儿童作出定性结论的价值判断,如评出等级、写出评语等。定性评价是利用专业的知识、经验和判断,通过记名表决进行评审和比较的评标方法,强调观察、分析、归纳与描述。

二、对学前儿童进行学习评价的意义

(一) 教师在了解儿童学习水平基础上为其发展提供更有效的教育支持

中国古代就倡导因材施教,因此了解儿童学习的水平,更能有助于教师将其安置到合适的小组进行教育。此外,加德纳(Gardner, 1983, 1999)的多元智能理论也倡导人的智力多元化,不同的儿童在八种智慧技能里发展并不是均衡的,有些儿童擅长于言语,有些儿童擅长于动作,对其发展得好的智慧技能,我们希望它继续保持优势发展,对其发展得相对较慢的智慧技能,我们积极提供教育支持,提供相应课程,帮助其获得全面发展。正如加德纳在《多元智能》里所说:"除非对儿童在不同领域以不同认知过程学习的状况进行准确的评估,否则,再好的课程改革也没有多大用处。"[①]评价有助于把握儿童的学习起点,正确地确定教学目标和选择教学策略。

---

① 加德纳. 多元智能[M]. 沈智隆译, 北京:新华出版社. 1999:165

无论是在教学过程中的形成性评价，还是当儿童学习、发展遭遇问题时，教师给予的诊断型评价，其目的都是希望能够给予适合儿童的教育。因此，这些学习评价报告在实际教学中起着重要作用，它能提供大量的信息，帮助教师详细了解儿童的学习情况，在而后的教学设计中创造出适合儿童的"最近发展区"，让儿童在有针对性的教学中获得快速发展。

（二）终结性评价和过程评价相结合，能全面地反映和分析儿童的学习结果

对于儿童的学习成果，我们既有结论式的终结性评价，也充分强调对其学习过程的关注，通过过程性评价更为全面地反映和分析儿童的学习结果。如果只靠单一的终结性评价方式，那么，就会让儿童的学习带有很强的功利目的；缺乏对儿童即时学习过程的关注，就会忽视儿童在学习过程中遭遇的各类问题。例如，当儿童遇到学习障碍无法得到帮助时，儿童学习的积极性会逐渐降低，当儿童遭遇各类情绪情感困境，不被教师及时关注时，低落情绪的积累也会严重影响学习的效果。因此，关注儿童学习过程的具体情况，了解其努力程度、学习态度、学习进程、学习情绪等等，可以更全面地评价儿童的学习成果。

（三）帮助家长全面了解儿童的学习水平，有益于家园配合共同促进儿童发展

全面评价能让家长全面了解儿童在幼儿园的表现和学习成果，也能让家长在了解儿童的情况下更加积极地配合幼儿园的教育。有研究表明，家长如果积极支持幼儿园的教育工作，儿童就能获得更好的发展，如果家长不了解儿童的在园情况，家长就无法从家庭教育的角度配合幼儿园工作。

如何在家庭和幼儿园之间架设沟通的桥梁？这关键取决于儿童的家长和幼儿园保育员以及幼儿教师直接进行交流的情况。如果双方能够积极沟通，幼儿园方面能确保所有家长都能及时的、定期地获取其子女在园的生活和学习情况，家长通过了解儿童在园的各种表现，搜集的学习过程资料，就能够知道自己应怎样帮助孩子的学习以及在哪些方面给予支持。这样的相互配合，显然能够更好地促进儿童的发展。

（四）即时评价有助于改善教学活动，提高针对性和有效性

儿童的评价其实也是对教师教育教学的一个反馈。在教学活动中，重要的不是教师教了什么，而是儿童学得怎么样。因此，了解儿童的学习成果能帮助教师设计更有针对性的课程模块和教学环节，提高教学的有效性。例如，在安置性评价中能将儿童安置到适合自己的班级或课程模块中，让其接受相应的教育；在形成性评价中，通过持续不断的学习成果反馈，教师也在不断地调整自己的教学方式，帮助儿童学到更多的知识、获得更多的能力提升；在儿童遭遇学习困境时候，教师可以即时地发现儿童学习的困难点，然后选择适当的教学内容、教学方式、教学手段帮助其跨越障碍，使其获得发展。当儿童获得了发展，教师有效改善课堂教学也就达到了目的，教师的自我效能感也会获得提高，因此，其投入工作的热情也会增加，这种教育情绪会帮助教师投入之后的工作，这样产生的良性循环能极大地提高教师课堂教学的有效性。

（五）评价过程中应该关注个体差异

以促进儿童发展为目的的评价，能让教师关注到每一个儿童。0~6岁儿童的学习发展会受到遗传、环境、教育的多种因素影响，因此每一个儿童在认知、情感、社会交往领域都会具有

不同的特点。透过形成性评价、详细的学习记录以及多种学习成果的汇集,能让我们对这些差异一目了然。

三、学习评价的趋向

学习评价经过几十年的发展,目前呈现以下四个评价趋势。

(一)从注重结果到注重过程

随着人们对儿童学习评价领域的关注,对儿童的学习评价方式也从注重追求结果转变成关注儿童学习过程的细节感受和累积效果。关注评价过程,需要我们仔细思考,教师的评价是在儿童学习过程中产生持续不断地激发儿童学习的动力、增加儿童自我效能感,还是在不断评价的过程中打消儿童学习积极性、降低儿童自我效能感。如果是前者,那么评价就是正面意义的评价;如果是后者,则需要教师在评价过程中及时调整,避免造成累集的负面评价效应。

【延展阅读】

小红花的革命[①]

自2007年9月我到东北师范大学附属儿童学园做园长以来,我发现儿童的脸上和身上经常被贴上一些小红花、小卡通贴饰(本文将这类小奖品统称为"小红花"),孩子们非常喜欢它,家长也很重视它。如果孩子在学园生活了一天,一朵小红花都没得到,不仅自己会感到沮丧,家长也会认为孩子"表现不好"。那么,小红花代表什么意义呢?为什么家长和孩子都对它如此偏爱?带着对这些问题的思考,我对全园幼儿教师和孩子们进行了调查……为了弄清楚孩子们到底懂不懂得小红花的评价意义,我对多所幼儿园的500多名儿童进行了调查,得到小红花的孩子对这一问题的回答几乎是一样的:"我是好孩子,老师喜欢我。"而问及没有得到小红花的孩子:"你们为什么没有得到小红花呢?"有的孩子说:"我表现不好,不听老师话,不遵守纪律,老师不喜欢我。"还有的孩子说:"我做游戏时淘气,与小朋友说话,老师不高兴。"孩子们对小红花的判断是缺乏明确而稳定的评价标准的,对其意义的理解模糊而笼统……从教师的回答中得知,小红花这类奖品代表的是教师对孩子的教育评价。即得到小红花的孩子,就是听话的好孩子;而没有得到小红花的孩子,就是不太听话的孩子。于是,小红花在孩子和家长心目中就成了好孩子的象征,成了孩子每日表现好坏的重要标志,为此受到了"密切关注"。很多家长甚至因为自己的孩子没有得到小红花而与老师发生矛盾,责备老师不够公正……可见,这种早已被人们接受并且经常使用的教育评价方式,尽管存在着某些问题,但却没有引起人们的质疑。

……

---

① 张向葵.探索儿童教育评价方式的变革——小红花的革命[J],人民教育,2009(11).

"小红花"奖励作为一种评价方式,可追溯到行为主义理论。美国行为主义心理学鼻祖华生曾强调,人的行为就是刺激与反应之间的联结。当孩子表现出一种积极的行为时,马上就给孩子一个正性强化物(如小红花之类)来强化出现的行为,这样就会巩固这个行为。相反,如果孩子的行为是消极的,就给另一种负性强化物,即批评或不给小红花之类,其目的是促使不良行为消退。但这种在行为主义理论指导下的儿童评价方式是否有些机械与刻板?是否缺少对儿童行为的有意指导?是否因为它长期被使用就合理了?实际上,行为主义理论下的小红花评价方式属于一种"二元论",是非此即彼的教育评价方式:要么好,要么坏。对儿童来说,这种评价方式存在着两个严重的问题:一是绝对化,二是抽象化。就绝对化而言,它很容易使孩子的自我评价僵化抑或极端,即当某种表现好时就是全好(好孩子),某种表现不好时就是全不好(坏孩子)。这种不准确的好或坏的概念在儿童早期一旦形成,就很容易给孩子的思维带来凝固、刻板及僵化等不良影响。而且,这种不良影响会波及他们以后的学习及对问题的处理方式,乃至影响到他们一生对自我的正确认识、积极评价与完整人格的形成……面对我国儿童教育评价方式的弊端,我们能不能在新时代下给"小红花"评价赋予新的内涵?找到一种新的评价方法来取代"小红花"?

(二)评价方式从单一走向多元

随着心理学不断深入的研究,人的智能内涵也在不断扩大,因此评价的方式也自然而然从单一走向多元。例如,早在比奈智力测验年代,只以单一智能作为评价儿童学习的唯一依据,随着研究进一步深入,之后英国心理学家斯皮尔曼(Spearman)提出了双因素说,认为能力由一般因素(G因素)和特殊因素(S因素)构成。而后美国心理学家卡特尔(Cattel,1963)等人主张智力由两种成分构成,一种是流体智力,另一种是晶体智力;美国心理学家吉尔福特(Guilford,1967)紧接着提出了三维智力结构理论。美国心理学家斯腾伯格(Sternberg,1985)提出智力的三元论理论,对传统智力观念提出更大的挑战性。最后美国哈佛大学教授加德纳(Gardner,1983,1999)在《智能的结构》一书中提出了人类有八种智力的多元智能学说,并认为随着人的不断发展,智力的种类还有可能增加,这就彻底打破了最初单一化的智能理论。多元智能学说不仅成为自20世纪80年代以来美国智力研究的主流之一,而且在教育界引起了广泛的轰动,该学说以各种形式被应用到教育实践中,几乎影响到美国教育的每个领域,如今,这一学说也在我国教育领域越来越得到重视。

这一系列智力理论发展的背后都让我们看到多元化和异质性的发展情况,因此对儿童的评价也应该从单一走向多元。

(三)评价从静态走向动态

通常我们喜欢采用标准化的评价方式来对儿童的学习情况进行评价,但实际上每个儿童自身的异质性决定了其发展与学习结果都呈现差异的特点。以类似于实验的"前测—干预—后测"的方式设计评价,势必无法真实客观地反映儿童已有的发展水平和学习后的效果。在原先相对静止的评价模式中,我们应该多考虑儿童所处的文化背景,进入学前机构中的先前经验和知识背景,考虑儿童自身的特点,这样具有个体针对性的评价以及动态的关注更能有助于儿童的成长。从模式单一的静态评价走向动态关注,将是儿童评价的又一趋势。

例如，当教师对儿童进行绘画的评价，可以考虑儿童是因为需要帮助才开始绘画的，还是因为他们自己的兴趣而开始绘画的？是教师让他们画才画还是他们自身就有通过绘画来表达自己想法的愿望？儿童画画时候是考虑别人的观感而作画还是只考虑自己的喜好？等等。动态地去考虑儿童进行绘画的经验与表达，有助于我们从更深层次去了解儿童的发展和学习状况。

（四）评价从教学与评价分离到二者的相互结合

很多时候，我们的评价多是站在教学和课堂之后进行的，通过某种测试和考量来对教学的效果进行评估，对儿童学习的水平进行评价，因此只能了解到儿童学习后所处的水平。这种评价方式虽然可以了解儿童学习的结果，但却不能在学习过程中即时地了解儿童的学习情况，从而像维果茨基所说去创造一些教学情境来帮助儿童在"最近发展区"内得到更进一步的发展。因此这种教学之后进行的评价方式只能了解儿童的现有水平，而不能够帮助教师找到儿童的"最近发展区"，从而为教师提供有效的教学帮助。维果茨基的社会文化理论强调"发展在活动中的变化"使得教学与评价从分离到融合，评价的目的是帮助教师有效教学和促进儿童的发展。通过下面这个例子，我们应该能很好地理解如何让学习评价与教学相结合，在教学中透过评价来帮助儿童发展。

【前沿投递】

在"最近发展区"中帮助儿童发展[1]

美国教育者 Bodrova 和 Leong 描述了两名儿童 Teresa 和 Linda 在走平衡木时的情景：Teresa 和 Linda 都不能走过平衡木，她们站在起点上往下看，教师过来拉着她们的手给予帮助。尽管教师给了两个孩子同样的帮助，Teresa 只能紧紧地抓着老师的手站在平衡木上，而 Linda 则在教师的帮助下很容易地走过了平衡木。在这个例子中，当我们看见两个女孩子对同样的帮助作出的反应时，我们知道她们处于不同的水平。如果评价的问题仅仅是："这个孩子能走过平衡木吗？"那么当孩子们站在平衡木上不动时，评价就应该停止了，可以很简单地对两个孩子作出判断："不能。"但是因为强调的是在指导下了解每个儿童的现有水平，这种更有弹性和更具有互动性的评价，就给教师提供了关于每个具体的儿童不同需要的更重要信息。

四、学前儿童评价的原则

总而言之，儿童的学习评价是一把双刃剑，科学有效的评价有助于激发儿童的潜能，促进儿童的发展，而不当的评价则会误导儿童教育的发展方向，甚至会对儿童身心健康成长造成严重的伤害。发挥儿童评价的正面导向与调控教育作用，需要幼儿教师在实践中注意处理好以下几对关系[2]。

---

[1] Barbara Rogoff, Cognition as a Collaborative Progress, in *Handbook of Child Psychology*, (1998).
[2] 韩冰清. 儿童评价必须处理好几对关系[J]. 教育导刊. 2011(6).

（一）要处理好公平性与差异性的关系

公平性强调评价标准和要求公平一致，要求教师对所有的儿童公平公正，一视同仁，不能偏心。同时，教师应承认和关注儿童在经验、能力、兴趣、学习特点等方面的个体差异，避免用整齐划一的标准评价不同的儿童。这就要求在具体的评价中必须因人而异，把握儿童发展的多样性，以评价为引导，做到因材施教，使每个儿童都能从评价中汲取力量，得到发展。

（二）要处理好原则性与灵活性的关系

儿童评价必须坚持基本的要求和标准，原则性强调的是在儿童评价实践中，教师必须坚持评价标准的客观性和要求的一致性，对于一些基本的规定和要求，教师必须坚持原则。但是，由于实际情况的复杂性和儿童发展的多样性，评价实施中教师也可以因时因地因人制宜，灵活应变，对不同的儿童作出适宜的评价，以促进儿童的发展。

（三）要处理好一元评价与多元评价的关系

一元评价是指评价主体、评价对象、评价内容或评价标准的单一性；多元评价是指评价主体多层次、评价对象多角度、评价内容多方面、评价方法多样化或评价标准多维度等。一元评价方便易行，但容易以偏概全，不利于全面客观地评价儿童。教师要坚持一元评价与多元评价相结合，多元评价有利于调动各方的积极性，能比较客观地对儿童各方面的发展作出正确的评价与分析，有利于充分挖掘儿童发展的潜力。

（四）要处理好肯定性评价与否定性评价的关系

"好孩子是夸出来的"，教师在对儿童进行评价时，要多用肯定性评价，要用放大镜去寻找孩子的优点并加以表扬和鼓励。肯定性评价有助于孩子产生被关爱、被认同的感觉，有利于激发和培养孩子的责任感与自信心。但是，多用表扬的肯定性评价并不排斥批评等否定性评价的作用，对于儿童的某些不当的行为与表现，教师绝不能纵容，而是要坚持原则，这样才有助于儿童尽早地形成正确的判断和认知，明确是非标准。

（五）处理好形成性评价与终结性评价的关系

儿童形成性评价是基于儿童自身现有状态与过去情况进行比较，对儿童的发展水平、发展潜力做出综合判断的质的评价方式，也就是让儿童自己与自己比，通过纵向比较分析来明确儿童发展的优势与不足，扬长避短，促进儿童成长。而终结性评价是对儿童某一阶段或某一方面的发展质量所作的结论性评价，其目的是给儿童下结论或者分等级。由于儿童是发展中的人，在实施评价过程中要注重形成性评价，慎用终结性评价，重视过程评价，应以发展的眼光看待儿童，既要了解儿童的现有水平，更要关注其发展的潜力。

总之，对儿童进行评价，既要坚持公平性又要适当兼顾差异性，既要坚持评价的原则性，又要结合具体对象灵活应变、多元评价。坚持肯定性评价与否定性评价相结合，以肯定性评价为主；发展性评价与终结性评价相结合，以发展性评价为主。唯有如此，才能最大限度地发挥评价的教育功能，促进儿童全面健康发展。

第二节　学前儿童评价的指标体系及各类常见评价工具

一、学前儿童评价指标体系

众所周知,学前儿童的发展包括五大领域:健康领域、语言领域、社会领域、科学领域、艺术领域,因此有学者建议按照这五大领域来进行分领域评价,建立了学前儿童评价发展指标体系,如表14.2.1所示。

表 14.2.1　幼儿发展评价指标体系[①]

幼儿发展目标	健康领域（运动智能）	身体控制	包括:执行动作、记忆动作、控制能力
		运动创意	包括:对身体动作的理解、创意动作水平、创意动作效果
	语言领域（语言智能）	语言表达	包括:倾听习惯、对语言的理解、表达能力
		语言运用能力	包括:语言的清晰度、新语言交流行为类型的生成、交往情境的敏感度、交流双方的理解程度
		语言创意	包括:创意的态度、创意的水平、创意结果的检测
	社会领域	对自己的理解	
		对他人的理解	
		与他人交往	包括:交往态度、交往能力、交往关系
	科学领域（数理逻辑智能）	探索解决问题	包括:面对问题的态度、探寻问题的方式、解决问题的策略、做出决定的意向、解决问题的能力
		观察技能	包括:观察的动机、观察的态度、观察的技能、观察的整合
	艺术领域（空间智能、音乐智能）	视觉艺术	包括:感知能力、创作能力、想象探索能力
		音乐	包括:感知能力、创造能力

同时研究者也指出,虽然这个评价体系没有完全涵盖《幼儿园教育指导纲要(试行)》的全部内容,但教师了解评价指标体系及其要求的同时,应当明确评价内容不等同于教学内容。教师在教育教学工作中既要重视评价指标体系所涉及的教育内容,也要重视各个领域内的其他教育内容。当然,《纲要》在划分幼儿园课程内容的五大领域时,要求"各领域的内容相互渗透,从不同角度促进儿童情感、态度、能力、知识、技能等方面的发展。"

[①] 高美娇.王黎敏.儿童发展评价指标体系的建构与实施[J].儿童教育.2003(7)

二、幼儿园各领域评价体系及指标

（一）健康领域的评价

遵循学前儿童身体生长发育、发展的特点和规律，以身体练习为基本手段，以增强学前儿童的体质，发展学前儿童的身体素质和初步运动能力，提高儿童的健康水平和健康意识为主要目的而进行了一系列锻炼身体的教育活动。例如，儿童学习走路时，要关注他们躯干、头、眼睛、两臂、两脚的状态：保持躯干整体竖直，头要摆正，眼看前方，自然挺胸，不耸肩；两臂前后自然而轻松地摆动，五指自然并拢，摆臂时肘部稍弯曲，前摆臂的高度不超过胸；两脚依次进行蹬地向前迈步，后脚跟先着地，然后迅速过渡到前脚掌。两脚走时不擦地，落地要轻，步幅不大不小。集体走时不抢步，不落后，使自己走的速度、方向同集体协调一致，并能保持前后距离适度等。

另外，学前儿童身体动作方面的评价，一般可以以设计活动让儿童参与的方式进行，在进行活动的过程中，观察和评价儿童的身体动作发展。如果儿童自发出现了有创意的运动技能，教师也可以及时记录下来，帮助其进一步发展。

例如，表 14.2.2 所示：

表 14.2.2　某幼儿园大班身体学习发展领域评价量表

身体的协调和发展项目	优秀	良好	再努力
助跑屈膝跳过 40cm 的高度			
手脚协调地连续跳绳 5 次以上			
在平衡木上快速行走			
10 米以内边跑边拍球			
……			

评价时，教师避免使用"差"等评语，这会让儿童感到似乎没有更多的发展潜质。作为教师，应该用发展性的眼光来看待儿童的学习表现，而非结论性的下定论。使用"再努力"一类的评语能体现教师鼓励儿童身心发展的积极态度。

此外，学前儿童的卫生习惯和自理能力也是健康领域评价关注的一个重要内容。例如，小班儿童学习洗手，可以通过游戏情境来观察，编一首朗朗上口的歌曲，让儿童一边洗一边唱着："先把手心搓一搓，再把手背搓一搓，完后用毛巾擦一擦，小手洗好了……"然后观察儿童是否掌握了洗手的方法。在用观察法来评价儿童穿衣服、扣扣子等生活自理学习情况时，如果教师发现儿童自己扣上扣子，但位置却扣错了，教师可以通过过程评价首先肯定幼儿独立意识，表扬他："真能干，能自己扣上扣子。"然后接着纠正："只是一颗小扣子进错了门，重新扣一次好吗？"这样可以使儿童产生良好情绪，提高自信心。

（二）语言领域的评价

学龄前是儿童的言语爆发期，在这一时期孩子的语言能力飞速发展。每日生活中充斥着大量的对话，所以对儿童而言，听说能力显得尤为重要。与此同时，儿童的读写能力也应给予极大的关注。为了促进儿童全方位语言的发展,我们应该注重儿童这些能力的均衡发展。

儿童语言发展的主要内容包括:倾听理解、词句积累、复杂句式、词韵意识、早期阅读、阅读能力等方面。倾听的过程就是儿童积累词汇、学习和掌握句式的过程,这将为其将来"开口说、说完整"打好基础。

学前儿童语言领域的评价,也可以建立一些指标作为参考,如表14.2.3所示。

表14.2.3 小班第一学期语言领域儿童发展水平评价指标

语言技能领域及项目	优秀	良好	再努力
能安静地听老师与同伴讲话,不随便打断别人说话			
听懂并愿意说普通话			
学习正确发音,愿意纠正不正确发音			
愿意用语言与成人、同伴交往			
愿意在集体面前讲话			
喜欢看图书,能讲出单一图片的内容			
会传递成人的简单要求			
……			

儿童阶段不同年龄语言领域的发展都会有较大差异,小班第二学期则要求"学会一些日常生活、学习、游戏、交往等方面常用的名词、动词、形容词、量词等词汇,理解词义,并学习使用",或"会独立朗诵儿歌或诗歌及绕口令5~6首,并能用动作和表情表达对文学作品的理解"来评价儿童语言技能的发展;中班则应该基本能够"会有表情地复述故事2~3个,并能进行故事表演"等等。因此教师应该更多地关注每个儿童语言发展情况,创设情境、鼓励其多说多锻炼,这样才能更好地让儿童在语言关键期内发展语言领域的技能。

(三)社会交往领域的评价

社会交往领域的评价往往与儿童的情感存在紧密相关的联系,包括情绪、依恋、移植等方面。

积极的情绪是学前儿童心理健康的核心和重要的表现形式。良好的情绪和情绪反应适度表现为学前儿童能够在不同的情境中表现出适当的情绪;能够经常有积极的情绪体验;能够准确地识别自己和他人的表情和情绪,有恰当的移情反应;能够开始逐步调控自己的情绪。有一些儿童常常会伴随着情绪情感异常,如焦虑、忧伤、抑郁、情绪表现异常;常因环境变化而烦躁、过于敏感或反应迟钝;情绪的自我调控能力差。

保持愉快情绪与他人交往的学前儿童,通常能恰当地处理与同伴发生的矛盾,对同伴表现出更多的亲社会行为,对同伴表现出同情、欣喜等。而避免在与同伴发生纠纷的时候出现攻击性行为;虽然偶尔与同伴有矛盾,但能很快在教师、家长、其他同伴的劝说下恢复良好的同伴关系,并在活动和游戏中主动、积极、自主地处理与同伴的关系。相反,有一些学前儿童在同伴中表现出冷漠,漠不关心;在群体活动中往往独自一人游戏,不参与其他同伴的活动,甚至在同伴和教师的邀请下也不愿意参与;当与同伴发生争执的时候,容易冲动,表现出攻击性行为等。

而依恋则是一种更为特殊的情感联结。根据安斯沃斯(Ainsworth)等人的研究,儿童的依恋可以分为回避型依恋、焦虑型依恋和安全型依恋,而前两种依恋模式对儿童的心理发展都是不利的。学前儿童的依恋根据不同对象可以分为对父母(抚养者)的依恋,对教师的依恋,对同伴的依恋。心理健康的儿童在这些依恋上都是一种安全型的依恋,表现为对他人依恋,但不控制他人;有自主性,但不回避他人。

一般来说,学前儿童会从父母那里学会应对情感的策略,如果孩子的父母控制不住生气的情绪,对人不友善,那么孩子会与其父母一样出现同样的情绪问题(Gottman & Katz, 1989)。这时,学前儿童开始意识到并逐渐理解自己的情感,当他们逐渐理解自己以及其他人出现各种情绪的时候,他们也将逐步开始学会合作的行为,其社会性交往也会得到相应的发展。

另外,学前儿童还有一个情感上的发展特征就是逐步出现移情。当其社会性和情感方面发展到一定阶段的时候,学前儿童开始具备理解和回应他人感受的能力。他们会与身边的朋友通过交谈和肢体动作来进行情感沟通,并进一步解释彼此产生某种情绪的原因,通过移情才能逐步过渡到社会领域的交往。一般来说,能够学会移情的孩子在社会性交往方面有更突出的表现。

因此,对学前儿童社会性发展的评估,可以借助交往过程中的情绪表达以及依恋、移情等问答来进行。例如,设计一些情境游戏来进行,通过拟定的场景或者特别设置的游戏来观察儿童的情绪反应以及情绪表达,通过问答来了解儿童是否对他人情感的表达有更细腻的体察,由此来评价其社会交往的发展水平。

在具体评价的指标上,我们可以从行为结构角度来研究儿童的社会技能,在评定表中,可以采用具有特定情境的、能明确地区分于其他的行为单元,如"集体活动中能按要求排队","为老师带信给家长(口信、便条等)","在适当的时机请求老师的帮助和指导","在需要时向他人作自我介绍","和不认识的孩子能很快混熟,跟他们玩儿","会警告别人不要欺负自己"等。考虑了儿童实际生活的各种情境,按社会事件所涉及的行为对象将儿童的主要行为划分为三大类:环境适应技能、人际关系技能、自我相关技能。这种划分主要考虑了(1)以行为对象划分技能成分可以使技能成分与特定的社会环境相结合;(2)三种生活事件基本涵盖了儿童实际生活的主要方面;(3)在教师家长测评中有一定的可操作性[①]。适应技能、人际交往、自我控制的评价主要由家长和教师来评价。

(四)科学领域的评价

学前阶段我们希望儿童能够在经验的基础上对周围的科学、技术建立表象水平的初级科学概念,通过观察、分类、测量、思考、实验和交流信息,以及操作、解决问题的方法技能,发展儿童的观察力、思维能力、创造力、动手操作能力和初步的解决问题能力。培养其对探索周围世界、学习科学技术的兴趣,以及热爱大自然、关心保护自然资源和自然环境,培养其具有独立性、主动性、创造性、自信心、自制力、责任感和合作性等良好的个性品质。

---

① 苏玲. 儿童社会技能评定表编制与技能表现现状研究[J]. 赤峰学院学报(自然科学版). 2009(6)

在科学教育中，每个年龄段的教育内容大致可以分为四个方面。(1)生命科学。包括认识动物和植物以及生活环境的内容;(2)地球科学。包括认识地球物质(沙、石、土、水、空气等)、天气、气候和季节现象的内容;(3)物理科学。包括认识常见物理和化学现象的内容;(4)技术及科技产品。包括了解技术和常见科技产品、学习使用简单工具等内容。例如:对大班儿童科学领域的评价，可以观察儿童与不同环境中的动、植物及其与环境的相互关系;儿童对于季节、人类、动物、植物与环境等关系的感性经验，是否形成四季的初步概念;儿童是否了解或接触周围生活中的现代科学技术及其在生活中的运用，如钟表、电脑、手机;是否能按照自己规定的不同标准对物体进行分类;是否会学习使用各种工具进行自然测量，掌握正确的测量方法，等等。

(五)艺术领域的评价

艺术领域评价通常围绕儿童美感的发展和对文化的认识与欣赏来展开，其中包含的内容很多，如美术、音乐等。为了帮助儿童形成正确的理解美、感受美和评价美的观点，艺术领域通常以过程性评价为主。

艺术领域一般可以透过儿童的作品来进行评价。当然，儿童通过作品来感受美、表达美实际上与其身体、肌肉的发展情况密切相关，因此教师不能简单以成人的视角来评价儿童的作品，下面以绘画为例介绍。

儿童美术发展理论中，最为有名的是美国美术教育家罗恩菲尔德(Lowenfeld, 1947)。他在《创造和心智的成长》(Creative and Mental Growth)一书中，完整地描绘了儿童绘画发展的六个阶段[1]，当然，不同的个体在这几个阶段的体现大致如此，但也不排除少数儿童的绘画发展阶段会少有延迟或提早的发展，但大致顺序是一致的，如:

涂鸦期(2~4岁):基于肌肉运动的最早的图画，随后成为心理活动的表征;各种各样的涂鸦包括无序乱涂、纵向乱涂和画圈;这个时期的后期，儿童可以为自己的涂鸦命名。

图式前期(4~7岁):符号表征早期发展，特别是出现表现人物的基本造型。

图式期(7~9岁):符号表征继续发展，特别是出现人物、事物、构图和颜色方面的图式;使用基地线。

写实主义绘画期(9~11岁):以事物本来的空间深度和颜色来绘画的能力不断增强，同时也越来越表现出刻板性。

假现实主义期(11~13岁):对人物和环境更具批判意识，更注重细节描画;美术表现中的刻板性增强;画漫画。

决定期(青少年期):绘画表现更为复杂和细致。儿童的绘画水平能否达到这一水平，关键取决于本人的兴趣或他人的鼓励;一些人的绘画能力发展不到这个阶段。

正如陈鹤琴所说:"绘画像音乐、语言一样，是人类表情达意，交流经验，记录史事最早、最有效的一种工具……绘画可以依据儿童第一、第二信号系统的相互作用来促进儿童思维的发

---

[1] [美]Cathy A. Malchiodi. 儿童绘画与心理治疗——解读儿童画[M]. 李晓庆译. 北京:中国轻工业出版社. 2005:86.

展,儿童能在绘画中反映他所看见的,以及叫出名字的东西,并用言语来说出东西的名字。"①

【知识扩展】
加德纳多元智能评价原则

多元智能的评价方式开展有三个原则:①要给儿童提供诱人的、可操作的材料,如玩具类的、结构性的、有意义的材料;②根据情境所选用的材料应比较全面,而非片面地仅依赖语言来作为评价手段;③成人所要评估的技能,应建立在对孩子有意义的情境中,如要评估儿童的社会理解力,就可通过一个教室模型,让他们在解决冲突问题中进行。因为以儿童的亲历的实践和经验为基础,这种活动对儿童才有意义。

三、适用于各领域的具体评价工具及其特点

(一)档案袋评价

档案袋评价法(也叫成长记录袋)是一种新兴的质性评价方式。它的基本理论就是通过收集儿童一段时间内的学习过程和学业成果等相关信息,来最有效地展示儿童的学习成果,具有质性描述、目的明确、主体参与等特点。随着计算机技术在教育领域的应用,基于网络信息技术电子档案袋评价也开始成为一种便捷的工具,现代计算机手段能更好地帮助教师搜集和记录学前儿童的学习情况。

其提出者阿特尔与斯班德(Arter,Spandel,1992)指出,"档案袋是儿童作品的有意收集,用以描述儿童在某一个或多个特定领域中的努力、进步或成就。它必须包括内容选择过程中的儿童参与、内容选择的指南、评分的标准以及儿童自我反省的证据"②。

我国研究者(徐芬,赵德成,2002)在实践基础上进行总结,提出了一个本土化的定义:档案袋就是"根据教育教学目标,有意识地将儿童的相关作品及其他有关证据收集起来,通过合理的分析与解释,描述儿童在学习与发展过程中的优势与不足,反映儿童在达到目标过程中付出的努力与进步,并通过儿童的自我反思激励儿童取得更高的成就"③。

档案袋可以收集很多儿童学习过程中相关的内容,例如,儿童阅读过的图册书目、儿童的绘画作品、手工制作、文艺演出的海报及录像、个别教学计划、家校联系记录、教师评语或教师使用的观察评估记录,等等。

当然,教师在设计和应用档案袋时必须注意:所收集的每一项目都要有简要的说明,标明完成的日期及相关信息;要依据使用的目的或项目形式,将档案袋内容分门别类地加以组织;必要时创建和使用分领域的专门的档案袋(如艺术作品成长记录);要充分考虑档案袋的保存以及与相关人员分享的问题④。

---

① 陈鹤琴. 儿童绘画之研究[M]. 上海:上海教育出版社,1986:61.
② Arter J., Spandel V, "Using Portfolios of Student Work in Instruction and Assessment: A NCME Instructional Module," *Educational Measurement: Issues and Practices*, 11(1)(1992):36-44.
③ 徐芬,赵德成. 成长记录袋的基本原理与应用[M]. 西安:陕西师范大学出版社,2002.6.
④ 赵德成,兰继军. 成长记录袋在特殊儿童学习评价中的应用[J]. 中国特殊教育,2007(1).

(二)多彩光谱评价

多彩光谱评价的思路来源于"零点项目"创始人尼尔森·古德曼(Nelson Goodman)。他认为艺术思维和科学思维是同等重要的一种认知方式,但人们对此认识却微乎其微,于是立志从零开始,弥补科学教育研究与艺术研究之间的不平衡。这套旨在识别儿童个体差异的工具,是建立在认知发展领域最近研究成果"费尔德曼的非普遍发展说"和加德纳的多元智能理论基础上的。

这套工具通过给儿童提供涉足多种领域的机会,如用一些专门设计的活动来引发儿童的潜能,在自然情境中对儿童在各个领域所表现出的不同的潜能进行评估。这套评估工具无论是在理论基础,还是其工具本身,都与传统的评估工具有很大不同。

并且,"零点项目"的研究不是仅仅停留在理论上的分析比较,而是通过实证的研究方式,在实地应用"多彩光谱"评估系统对所选样本进行评估,并在此基础上将评估结果与幼儿园中现行的评估(包括教师和正式的非正式的日常评估)进行比较。比较的目的不是为了寻求评估体系或方法的替换,而是旨在为实践中的教师提供另一种在辨识儿童个体差异方面可以操作的方法,同时通过比较结果的分析,给教师提供一次反思自己教育教学的机会。

下面我们着重介绍一下多彩光谱的具体评价方式[①]:

对于各个领域,我们都可以用多彩光谱的三套工具来进行评价:评估活动、观察纲要、文件夹。

(1)评估活动

评估活动的确定不是从抽象、纯粹的智力出发,而是把智力与课程相结合来考虑。一共包括15种活动,被归为七个不同的知识领域:语言领域、数学领域、音乐领域、艺术领域、社会理解领域、科学领域和运动领域。这些活动是加德纳和费尔德曼融合了多位专家学者的见解,并精心设计经历了切实有效的活动。(见下面[知识扩展])

(2)观察纲要

教学实践中,教师对儿童的观察虽然比较日常生活化但却非常重要。然而大多数老师的观察浮于表面,诸如"他喜欢画画,她害羞"之类。观察纲要可以帮助教师在"关键能力"的指导下对儿童进行有目的、具体的观察和记录。通过这种观察,可以对儿童在不同的课堂活动中所表现出的行为进行有意义的分析和总结,可以了解到儿童在某些特定领域的特定认知技能。因此与一般性的观察相比,这种在关键能力指导下的具体观察有助于更准确地了解、评价儿童在不同活动中的多元智力特点,因而有利于课程设计和个性化教学。

(3)文件夹

又称为档案评价(与之前档案袋评价类似),即有意识地收集儿童的资料(如作品、图画、活动图片等),这样有助于不间断地对儿童一段时间的变化做出总结。资料的搜集可以是教师,同时也可发动儿童自己挑选,这样就鼓励他们积极参与到评价过程中。对文件夹中资料的分析,也应以关键能力为标准。文件夹则提供了有关儿童现有能力及其发展轨迹的有效信

---

① Chen. Lsberg & Krechersky,(1994). *Project Spectrum*:*Preschool Assessment Handbook*,Teachers College Press (1998).

息,这将有助于教师更好地设计、安排课程活动,更有效地与家长交流。

【知识扩展】

"多彩光谱"评估活动一览表

[运动领域]

创造性运动:旨在评估儿童在舞蹈和创造性运动领域的五种能力,即节奏感、表现力、身体控制、动作创意、配合音乐动作。平衡采用结构化的活动(如我说你做、小舟之旅)和开放式的活动(如用自由舞蹈)。

体育运动:多采用户外障碍活动课程,包括:跳远、平衡木、障碍跑、踏跳、跨栏、冲刺等。完成这些活动需要涉及许多运动技能,如协调、敏捷、速度、平衡和力量等。

[语言领域]

故事板活动:故事板活动为儿童编故事提供了一个具体而开放的框架。儿童借助故事板来讲故事,故事板上设有模糊的景观、树叶、住宅、分类立体形象、动物、道具(如国王、龙、珠宝盒)。此活动可测评语言技能的很多方面,包括词汇和句子结构的复杂性、叙述语气和对话的使用、主题一致性以及表达力等。

报告活动:用影片报告活动评估儿童叙述某段经历的能力。先让儿童看一部影片,然后讲述影片中所发生的事情并回答有关的问题。根据内容的准确性、词汇的复杂性、详细程度和句子结构等对其回答进行评分。另外还可以辅助以"周末新闻报告活动",每个星期一早晨让儿童假扮"记者"报道他们周末所做的事。录音并记录,作为对影片报告活动的补充。

[数学领域]

恐龙游戏:恐龙游戏旨在测评儿童对数概念的理解、数数技能、遵从规则的能力,以及运用策略的能力。游戏材料包括一块游戏棋板(上面画有孩子所熟悉的一只大恐龙)、两个骰子、用作棋子的塑料小恐龙两只。游戏的目标是小恐龙尽量逃离大恐龙的饥口以免被吃。游戏的两个人通过轮流掷骰子来决定其恐龙移动的方向和格数。最后,让儿童根据对自己最有利的原则自己摆出骰子后数,从中可看出儿童对规则的理解程度。

公共汽车游戏:公共汽车游戏旨在评估儿童创造有用的符号系统、进行心算和组织有一个以上变量的数目信息的能力。材料包括:一辆纸板汽车、一块游戏板(上面标有四个停靠站)、一些上下车的人、两套色棒。游戏中,儿童要一直记住汽车停靠各站时有多少乘客。难度随行程次数增加而逐渐增加。儿童在一些行程中需要用心算,而在一些行程中,可以借助色棒来记住人数。

[科学领域]

寻宝游戏:寻宝游戏旨在评估儿童进行逻辑推理的能力。游戏开始前,把不同种"宝物"藏在颜色不同的彩旗下。游戏的目标是让儿童尽量发现宝物藏处的规则,并运用规则预测某种宝物所藏之处。提供给儿童一个用颜色编码的盒子,让他用来记录她所找到的宝物,但不指导他如何使用这个盒子。儿童使用盒子对宝物进行分类的方式,反映了她组织信息的能力,并且能帮助她识别规则。

沉浮活动：沉浮活动旨在评估儿童根据自己的观察产生假设并加以实验验证的能力。活动材料包括一盆水、一些下沉和上浮的材料。让儿童对物体的沉浮作预测并加以解释。除此之外，儿童还可以根据自己想法对材料进行实验、探究。

装配活动：装配活动旨在评测儿童的机械能力。在儿童进行拆卸、装配的过程中评估其精细动作技能、视觉空间能力以及观察和解决问题的能力。此活动特别揭示了可能被传统课程所忽视的、但却非常重要的认知技能。

[社会领域]

教室模型：教室模型旨在评估儿童对教室里所发生的社会性事件和他/她在教室里的社会性经历进行观察、分析的能力。给儿童一个微型教室模型，配有各种装饰物以及贴着班级老师和儿童相片的立体象征物。儿童可以玩扮家家，儿童把各个人物安排在教室模型中的方式反映了他/她对同伴、教师和社会经历的理解。在儿童操作物体的时候，通过问儿童一些问题（如有关他对活动和友谊的偏好以及其他同学所偏好的活动和友谊）来评估。同时注意观察儿童所担任的社会角色，是领导者还是促进者。

同伴互动检表：同伴互动检表可以帮助教师对儿童与同伴的交往互动进行密切的观察和评估。在完成检表后，教师能看出儿童是否持续地扮演四种典型社会角色中的某一种：领导者、援助者、独立游戏者、合作成员者。每一种角色都具有一定的行为特征。例如，担任援助者角色的儿童常常喜欢和其他儿童分享信息并乐于帮助他人；担任领导者的儿童常常试图组织、影响他人。

[视觉艺术领域]

艺术夹：艺术夹用来收藏儿童整学期的艺术作品，包括图画、彩片、拼贴以及三维作品等。对儿童的艺术夹进行回顾和评阅，评估的标准包括儿童对线和形的运用和色彩、空间、细节、具象以及设计等方面，同时还注意儿童对艺术创作媒介的偏好。

结构性的活动：除艺术夹外，另外通过四个结构性的艺术活动来对儿童的艺术作品进行评价，其评价标准类似于艺术夹。活动中，儿童要完成三件绘画和一件三维作品，每个儿童需要完成的任务和接触的材料相同。

[音乐领域]

唱歌活动：唱歌活动旨在评估儿童在唱歌时保持准确的音高和节奏的能力，以及回忆歌曲音乐的能力。在活动中，要求儿童唱一首自己最喜欢的歌和一首流行的儿童歌。另外儿童还要回忆活动前老师教唱的一首歌。

音乐感知活动：音乐感知活动旨在评估儿童在不同情境中辨别音高的能力。活动的第一部分，通过录音机播放三段儿童最熟悉的旋律中的头四个乐句，让儿童尽快地识别出旋律。第二部分，让儿童倾听一首熟悉旋律的三个不同演奏曲，辨别出正确或错误的演奏。最后，儿童使用铃铛（或音块）做两个音高匹配的游戏，这些铃铛（或音块）看上去一样，但敲击时却发出不同的音调。

（三）其他测验类量化评价工具

韦氏儿童智力量表（龚耀先，戴晓阳，1992）。韦氏儿童智力量表包括知识测验、动物下蛋、图画填充、数学、图片概括、视觉分析、领悟、拼图、几何图形等。通过这些项目的测试,重点考察儿童的认知能力,包括:观察(如"知识测验"中对日常生活现象的观察和"视觉分析"中对事物微小差别的观察等)、记忆(如"动物下蛋"中不同颜色珠子和不同动物的配对记忆、知识的记忆等)、理解(如"领悟测验"中解答问题过程的理解)、概括和推理能力(如"图片概括"中的分类、概括和推理能力)等。

渐进矩阵(Progressive Matrices)。这是一个智力测量工具,由 Raven 于 1976 年开发,它主要是以图形推理为核心的智力测验。在这个测验中,每一组图形按照一定的规律排列,受试者须经过观察、分析、推理的认知过程,才能发现这些规律,从而填补空缺位置的图形。这个测验重点考察儿童在解答排列组合问题中认知方面的逻辑思考能力。

儿童观察记录(Child Observation Record)。这个评估工具测量儿童在主动性、社会关系、创造表征、音乐和动作、语言和读写、逻辑和数学六个范畴的发展(High Scope Educational Research Foundation, 1992)。

学前儿童评估(Child Evaluation Measure)。这个工具由评估学前儿童进一步发展为评估小学儿童,包括学习领域(如听说读写能力、数学和科学)、儿童发展领域(如社会、情绪/气质、身体运动能力)、现代社会希望儿童发展的基础领域(如音乐、视觉艺术、健康和科技应用等)(Atkins, Kelly, & Morrison, 2001)。

发展技能检核表(Developing Skills Checklist)。这是以教育建构理论(constructivism in education)为基础而设定的量表,它评量:准阅读、数学、社会和情绪发展、精细和粗动作技能,以及写字概念等(CTB/McGraw – Hill, 1990)。

儿童社交能力量表(Social Skills Rating System)。这是家长和教师评估儿童的社交技巧和能力以及行为问题的工具(Gresham & Elliott, 1990)。这项工具主要评估儿童的合作行为、接纳(或互动)行为、责任感、同情心和自我控制行为。还有,学前儿童社交能力量表(Interpersonal Competence Scale)(Cairns, Leung, Gest, & Cairns, 1995)亦用于评估儿童和青少年类似的社会行为特征和社交能力。[①]

[①] 成子娟. 香港学前儿童学习和发展的评估范畴[J]. 教育学报,2010(2).

【本章内容概览】

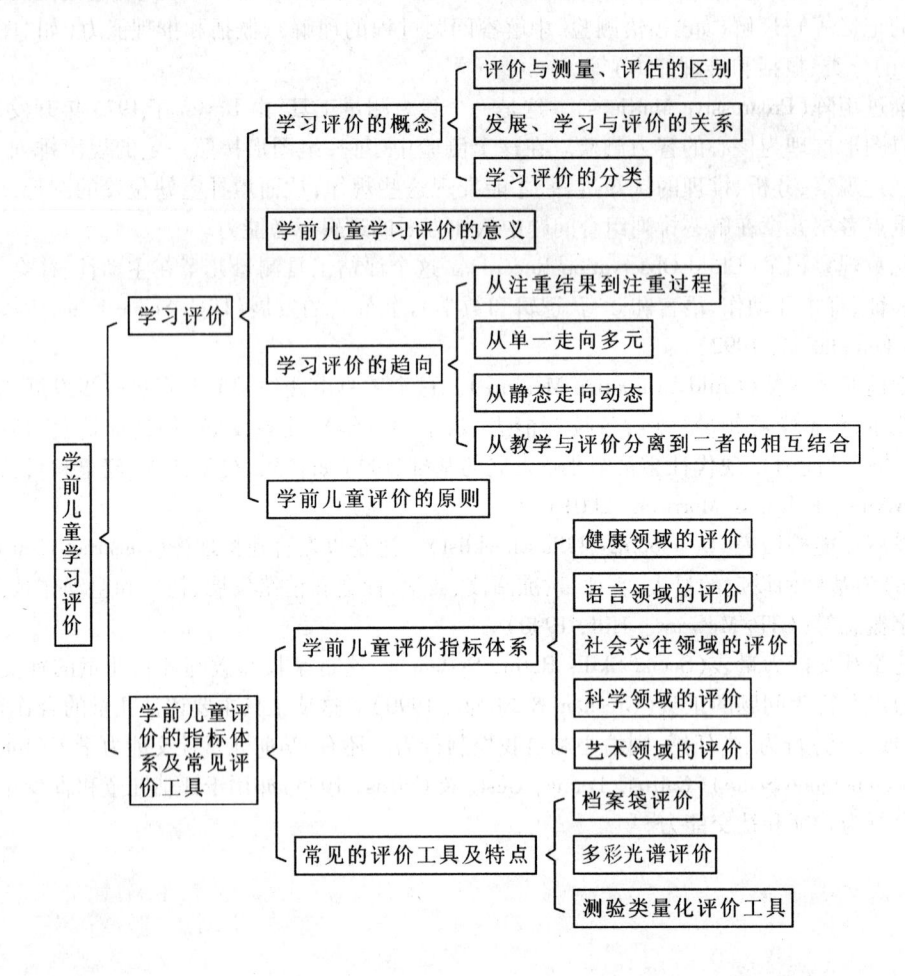

```
                                              ┌── 评价与测量、评估的区别
                        ┌── 学习评价的概念 ────┼── 发展、学习与评价的关系
                        │                     └── 学习评价的分类
                        │
                        ├── 学前儿童学习评价的意义
                        │
                        │                     ┌── 从注重结果到注重过程
              ┌── 学习评价 ── 学习评价的趋向 ──┼── 从单一走向多元
              │                               ├── 从静态走向动态
学前儿童学习评价│                               └── 从教学与评价分离到二者的相互结合
              │         └── 学前儿童评价的原则
              │
              │                                              ┌── 健康领域的评价
              │                                              ├── 语言领域的评价
              │                       ┌── 学前儿童评价指标体系 ──┼── 社会交往领域的评价
              └── 学前儿童评价的指标 ──│                         ├── 科学领域的评价
                  体系及常见评价工具  │                         └── 艺术领域的评价
                                      │                         ┌── 档案袋评价
                                      └── 常见的评价工具及特点 ──┼── 多彩光谱评价
                                                                └── 测验类量化评价工具
```

【思考题】

1. 什么是安置性评价、形成性评价、诊断性评价、终结性评价？请说说它们各自的特点是什么？
2. 学前儿童学习评价的意义是什么？
3. 学前儿童评价指标体系包括哪些方面的内容？
4. 什么是档案袋评价？教师在搜集档案袋材料时要注意什么？
5. 什么是多彩光谱评价？多彩光谱评价具体如何开展？

参考文献

著作类：

[1] 陈健翔.有一种美,叫教育[M].成都:四川教育出版社,2006.

[2] 罗伯特·斯莱文.教育心理学[M].姚梅林等译.北京:人民邮电出版社,2004.

[3] 林永海.幼儿教育心理学[M].北京:商务印书馆,2011.

[4] 巴特利特.记忆:一个实验的与社会的心理学研究[M].黎炜译.杭州:浙江教育出版社,1998.

[5] 杨汉麟.外国幼儿教育史[M].北京:人民教育出版社,2011(1).

[6] 刘金花.儿童发展心理学[M].上海:华东师范大学出版社,1997(6).

[7] 陕西省高等学校教师岗前培训指导用书编写组.教育心理学[M].西安:西北大学出版社,2010.

[8] 斯莱文.教育心理学理论与实践[M].姚梅林等译.北京:人民邮电出版社,2004.

[9] 陈帼眉、姜勇.幼儿教育心理学[M].北京:北京师范大学出版社,2011.

[10] 王振宏、李彩娜.教育心理学[M].北京:高等教育出版社,2011.

[11] 陈琦、刘儒德.当代教育心理学[M].北京:北京师范大学出版社,2007.

[12] 陈琦、刘儒德.教育心理学[M].北京:高等教育出版社,2010.

[13] 邦尼·米勒.与儿童在课堂上紧密联系起来[M].西安:国际计划陕西学校改进项目办公室,2005.

[14] 陈帼眉等.学前儿童发展心理学[M].北京:北京师范大学出版社,1995.

[15] 施良方.学习论——学习心理学的理论与原理[M].北京:人民教育出版社,1992.

[16] 孙瑞雪.完整的成长——儿童生命的自我创造[M].北京:世界图书出版公司,2010.

[17] 彭聃龄.普通心理学[M].北京:北京师范大学出版社.2001(5).

[18] 北京师范大学教育系《教学认识论》编写组.教学认识论[M].北京:北京燕山出版社,1988(12).

[19] 刘如平等.以学生发展为中心的高中教学策略研究[M].西安:陕西人民出版社,2010.

[20] 力诚.九型人格工作坊讲义[M].内部印刷,2009.

[21] 郑日昌等.当代心理咨询与治疗体系[M].北京:高等教育出版社,2006.

[22] 黄维仁.亲密之旅[M].北京:中国轻工业出版社,2008.

[23] 李晓东.教育心理学[M].北京:北京大学出版社,2008.

[24] 李山川.大学教育心理学[M].合肥:中国科技大学出版社,1991.

[25] 霍力岩、孙冬梅等.幼儿园课程开发与教师专业发展——比较教育的视角[M].北京:教育科学出版社,2005.

[26] 郭涛、靳丽萍.教育心理学[M].西安:陕西人民出版社,2003.
[27] 李进.教师教育概论[M].北京:北京大学出版社,2009.
[28] 林海涛.幼儿教育心理学[M].北京:商务印书馆,2006.
[29] 贾玉霞等.教育学[M].西安:陕西人民出版社,2011.
[30] 周金浪.教育学[M].上海:上海教育出版社,2005.
[31] 吴庆麟.教育心理学[M].上海:华东师范大学出版社,2009.
[32] 陈鹤琴.儿童绘画之研究[M].上海:上海教育出版社,1986.
[33] 李秉德.教学论[M].北京:人民教育出版社,1991.
[34] 皮亚杰.王宪钿等译.发生认识论原理[M].北京:商务印书馆,1996.
[35] 霍华德·加德纳.智力的新结构:面向21世纪的多元智力[M].北京:中国轻工业出版社,2004.
[36] 加德纳.沈智隆译.多元智能[M].北京:新华出版社,1999.
[37] 施良方.学习论[M].北京:人民教育出版社.2001(5).
[38] 徐芬、德成.成长记录袋的基本原理与应用[M].西安:陕西师范大学出版社,2002(6).
[39] 全国十二所重点师范大学联合编写.教育学基础[M].北京:教育科学出版社,2008(12).
[40] 朱智贤.儿童心理学[M].北京:人民教育出版社,1980.
[41] 外国教育丛书编辑组.学前教育[M].北京:人民教育出版社,1980.
[42] 董奇、陶沙.动作与心理发展[M].北京:北京师范大学出版,2004.
[43] 冯忠良、伍新春、姚梅林等.教育心理学[M].北京:人民教育出版社,2000.
[44] 董奇.儿童创造力发展心理[M],杭州:浙江教育出版社,1999.
[45] 吴凤岗.中国民俗育儿研究[M].北京:中国大百科全书出版社,1991.
[46] 陈英三、林风南、吴新华.动作教育的理论与实践[M].台北:五南图书出版公司,1994.
[47] J.P.吉尔福特.创造性才能[M].北京:人民教育出版社,1991.
[48] 季浏.全国高等学校公共体育课教材:体育与健康[M].上海:华东师范大学出版社,2000.
[49] 郑日昌.心理测量学[M].北京:人民教育出版社,1999.
[50] 毕淑敏.爱怕什么[M].北京:华夏出版社,2000.
[51] [意]玛利亚·蒙台梭利.有吸引力的心灵[M].北京:中国发展出版社,2011.
[52] [俄]列夫·维果茨基.思维与语言[M].李维译.北京:北京大学出版社,2010.
[53] [美]霍华德·加德纳.智能的结构[M].沈致隆译.,北京:中国人民大学出版社,2008.
[54] [美]劳拉·E·贝克.儿童发展(第五版)[M].吴颖等译.南京:江苏教育出版社,2002.
[55] 马启伟、张力为.体育运动心理学[M].台北:东华书局,1996.
[56] 陈英三、林风南、吴新华.动作教育的理论与实践[M].台北:五南图书出版公司,1994.

[57] [日]伊藤隆二.儿童与游戏[M].东京:日本文化科学社,1987.

[58] Ausubel,D. P. Educational Psychology:A Cognitive View[M]. NewYork:Jolt, Rine hamand Winston,1968.

[59] Mayer, R. E.. Learning and Instruction[M]. New Jersey:Merrill Prentice Hall, 2003:466.

[60] Gagne R. M. ,Rohwer W. D.. Instructional psychology. In: Annual Review of Psychology, 1969.

[61] Mayer R. E.. The Promise of Educational Psychology:Learning in the Content Areas [M]. New Jersey:Merrill,1999.

[62] Frostig. M. Movement Education Theory and Practice[M]. Chicago:Follet,1970.

[63] Deci, E. Work:Who does not like it and why. In:Pettijohn,T. F. Notable Selections in Psychology. The Dushkin Publishing Group,Inc. ,1994:217.

[64] Gardner. H. Frames of Mind:The Theory of Multiple Intelligences. New York: Basic Books,1993.

[65] Barbara Rogoff. Cognition as a collaborative progress In:Handbook of Child Psychology (Fifth Edition),1998:Vol. 2.

[66] Arter J. ,Spandel V.. Using portfolios of student workin, instruction and assessment:a NCME instructional module. In:Educational Measurement:Issues and Practices,1992,11(1):36 -44.

[67] A new look at an old controversy. In:Review of Educational Research,1992(7).

[68] Gary D. Borich.教师观察力的培养——通向高效率教学之路[M].么加利译.北京:中国轻工业出版社,2006.

[69] R·赖丁,S·雷纳.认知风格与学习策略[M].庞维国译.上海:华东师范大学出版社,2006.

[70] R. J. Sternberg&W. M Williams.教育心理学[M].张厚粲译.北京:中国轻工业出版社,2003.

[71] Steven M. Ross.设计有效教学[M].严玉萍译.北京:中国轻工业出版社,2007.

[72] Stephen L. Yelon.教学原理[M].单文经等译.上海:华东师范大学出版社,2003.

[73] Jackie Acree Walsh.优质提问教学法[M].刘彦译.北京:中国轻工业出版社,2009.

论文类:

[1] 魏家恩.浅谈幼儿学习迁移[J].河南大学学报,1998(6)

[2] 刘永芳、杜秀芳、庄锦英.动机研究的历史演变[J].山东师大学报,2000(1).

[3] 刘云艳.好奇心的实质与教师的支持性策略[J].学前教育研究,2006(2).

[4] 李培美.对促进幼儿学习迁移的研究[J].教育科学研究,1990(6).

[5] 杨红.影响学习迁移的因素分析及促进积极迁移的策略探讨[J].教育改革,1997(4)

[6] 马剑宁.运用"感觉他涉"指导幼儿学习儿歌[J].早期教育.2001(1).

[7] 顾本柏,冯廷勇,袁文萍等.3~5岁幼儿在主题—规则冲突条件下的类比推理[J].心理发展与教育,2011(2).

[8] 教育部关于印发《幼儿园教师专业标准(试行)》《小学教师专业标准(试行)》和《中学教师专业标准(试行)》的通知.

[9] 方均君.学前儿童个体差异的再认识——应用"多彩光谱"评估系统的一次实证研究[D].华东师范大学硕士学位论文,2001.

[10] 高美娇,王黎敏.儿童发展评价指标体系的建构与实施[J].儿童教育,2003(7).

[11] 李亦菲.一种实用的教学评价分类系统[J].基础教育课程,2005(4).

[12] 刘琳娜.社会文化理论视野下儿童发展评价的重要特征[J].北京教育学院学报,2006(1).

[13] 赵德成、兰继军.成长记录袋在特殊儿童学习评价中的应用[J].中国特殊教育,2007(1).

[14] 苏玲.儿童社会技能评定表编制与技能表现现状研究[J].赤峰学院学报(自然科学版),2009(6).

[15] 张向葵.探索儿童教育评价方式的变革——小红花的革命[J].人民教育,2009(11).

[16] 成子娟.香港学前儿童学习和发展的评估范畴[J].教育学报,2010(2).

[17] 韩冰清.儿童评价必须处理好几对关系[J].教育导刊,2011(6).

[18] 董奇,张红川,陶沙.出生季节与婴儿爬行动作的发展[J].心理发展与教育,1999(1).

[19] 王小英.幼儿创造力发展的特点及其教育教学对策[J].东北师大学报(哲学社会科学版),2005(2).

[20] 李雁冰.科学探究是什么[J].全球教育展望,2008(12).

[21] 毛宇丹.制约幼儿创造力发展因素浅析[J].幼儿教育,2003,2.

[22] Stone,J. Caregiver and teacher language—responsive or restrictive? In: Young Children,1993:48,4.

[23] Newell,K. M. (1986). Constraints on the development of coordination. In: M. G. Wade & H. T. A. Whiting(Eds.) Motor Development in Children: Aspects of Coordination and Control. Dordrecht,Netherlands: Nijhoff,1983.

[24] Morrison,K. L. (2004). Positive adult-child interactions: strategies that support children's healthy development. In: Dimensions of Early Learning,2004:32,2.